U0592748

本書出版得到國家古籍整理出版專項經費資助

宋元珍稀地方志叢刊

乙編

六

李勇先　王會豪　周　斌等　點校

四川大學出版社

至正金陵新志卷十

兵防志

兵者，聖人所以討强暴，平亂世，夷險阻，救危殆，恒不得已而用之。觀其本，起於陰陽之相勝，善暴之相形，而濟之以凶器。故善用兵者，必審天時、察地利、順民心，三者皆得，則可以戰敵，而亦聖人所慎。吴晋六朝建都江左，天下望爲正統。文物殷富，寶器在焉。然其分裂之際，毒民於兵。其備禦大要，在於據江防淮，治城浚隍，以逸待勞，攻不足而守有餘。至其道窮數極，中國舉之若摧枯振槁。故曰堅革利兵，不足以爲勝；高城深池，不足以爲固；嚴令繁刑，不足以爲威。由其道則興，不由其道則廢。宋自高宗南渡，以建康爲陪都，總以重臣，宿兵峙糧常數十萬。及天兵下襄樊，沿江諸將或降或遁，不數月而宗社爲墟〔一〕，曩之治險畜兵，其勝安在？今天下一統，城郭溝池悉廢爲畊藝，而中土之兵分翼鎮守，裝出其家，米鹽仰給縣官，統屬器械各有名籍，不著。著其設置、巡防大較，作《兵防志》。前代沿革自形勢至戰艦皆據舊志纂述〔二〕，以備參考。

形勢

諸葛亮曰：「鍾阜龍盤，石城虎踞，真帝王之宅！」李綱曰：「天下形勝，關中爲上，建康次之。宜以長安爲西都，建康爲東都。」衛膚敏曰：「建康實古帝都，外連江淮，内控湖海，爲東南要會之地。」劉珏曰：「金陵天險，前據大江，可以固守。」張浚曰：「東南形勢，莫重於建康，實爲中興根本。」陳亮曰：「舊日，臺城在鍾阜之側，據高臨下。東環平岡以爲安，西城石頭以爲重，帶玄武湖以爲險，擁秦淮青溪以爲阻，是以王氣可乘，而運動如意。」江默曰：「自淮而東，以楚、泗、廣陵爲之表，則京口、秣陵得以蔽遮。自淮而西，以壽、廬、歷陽爲之表，則建康、姑孰得以襟帶。表裏之形合，則東南之守不孤，其來尚矣。」餘見江防。

攻守

張敦頤曰：晉蔡謨曰：「時有否泰，道有屈伸。暴逆之寇，雖終滅亡，方其強盛，皆當詘而避之，要終歸於大濟而已。爲今之計，莫若養威以俟時。」王羲之曰：「以區區江左營綜如此，天下寒心久矣！中興之業，政以道勝寬和爲本，力爭武功，非所當作。」二人者，能言之而不得行之。行之而足以安江南者，孫權一人耳。陸瑁嘗勸權曰：「九域盤亘之時，率須深根固本，愛力惜費。」陸遜嘗勸權曰：「施德緩刑，寬賦息調。」權報之曰：「發調者，蓋謂天下未定，事以衆濟。若徒守江東，修崇寬政，兵自足用，何以多爲？顧坐自守可陋耳。」以此知權之志，未嘗不在於天下。然以傳考之，亦未嘗肯求逞於中原。曹公來侵，則破之、拒之而已。治艦立塢，築堤遏湖，作塗塘，明烽燧，始終所以備魏者至矣。及移牋於曹公曰：「足下不死，孤不得安。」則權固未嘗得志也。嘉禾中，因蜀寇魏，一攻淮南，聞明帝東行，遽則斂避。諸將之攻樊城，司馬懿救之，亦引軍亟退。自後觀之，謂之怯可也，而權不以爲耻。豈非天下之勢，既未有可投之隙，與其力爭而取敗，不若退守而待時也耶！史稱權繼父兄之業，有臣以爲腹心、股肱、爪牙，兵不妄動，故戰少敗而江南安，此權之所以爲治也。及嗣主立，諸葛恪爲政，首侵邊以怒敵。東興之戰幸捷，顧不能持勝。復違衆大舉，一敗塗地，恪既喪軀，而孫氏之業因以衰焉。則權之兵不妄動，利害果何如也！其後孫皓用諸將計，數侵盜晉鄙。陸抗曰：「苟無其時，雖復大聖，亦宜養威自保，不可輕動。今不務力農富國，審官任能，明黜陟，慎刑罰，訓諸司以德，拊百姓以仁，而聽諸將徇名，窮兵黷武，動費萬計，士卒凋弊，寇不爲衰，而我已大病矣！夫爭帝王之資，而昧十百之利〔三〕，此人臣之姦便，非國家之良策也！」抗之言，兼有陸瑁、陸遜、蔡謨、王羲之之論〔四〕，而皓不知用，此其所以亡也。東晉自庾亮經營征伐，皆不能有成。謝安父子乘苻堅傾敗之餘，圖之如恐不及。至於渡河入鄴，訖無尺寸之得。宋文自恃富強，加兵元魏，檀道濟再行無功，諸將以敗繼敗，而邊塵遂至瓜步〔五〕。梁武遭魏世之亂，陳慶之以數千兵入洛，而嵩高之襲幾至殲盡。及貪河南之地，納叛將，棄睢鄴，而身國顛覆。陳宣帝闢土宇於北齊，旋失淮泗於後周。雖以桓溫、劉裕非常之才，度越歷代諸將，而溫伐苻健、慕容暐，皆幾成而敗；裕平南燕，滅姚秦，亦既得而失，則六朝用兵攻伐之策可見矣！古今論守國事宜，范蠡最高，陸抗所言次之，餘非確論也。

江防

吴聿曰：「江出岷山，自湖口合流而下，奔放蕩潏，吐呑日月。山或磯之，則其勢悍怒，觸舞大艑，兀若轉梗。至其廣處，曠數百里，斷岸相望，僅指一髮。而舳艫上下，中流遇風，則四顧茫然，亡所隱避。自金陵抵白沙，其尤者爲樂官山、李家漾，至急流、濁港口凡十有八處，稱號老風波而玩險阻者，至是鮮不袖手。」《吴志》曰：「魏文帝有渡江之志，望江水盛長，瀰漫數百里，便引退，自歎曰：『魏雖有武騎千羣，無所用也。』」干寶《晉紀》曰：「魏文帝之在廣陵，吴人大駭，乃臨江爲疑城，自石頭至於江乘，垣以木植，衣以葦席，加采飾焉，一夕而成。魏人自江北望，甚憚之，曰：『彼有人焉，未可圖也。』乃還。」《宋書》：「元嘉二十七年，魏人聲欲渡江。太祖大具水軍，爲防禦之備。領軍將軍劉遵考、左將軍尹弘守橫江，少府劉興祖守白下，建威將軍、黄門侍郎蕭元邕守禆洲，羽寺左監孟宗嗣守新洲上，建武將軍泰容守新洲下，征北中兵參軍向柳守貴洲，司馬到元度守蒜山，諮議參軍沈曇慶守北固，尚書褚湛之先行京陵，使仍守西津，徐州從事史蕭尚之守練壁，征北參軍管法祖守譙山，徐州從事武仲河守博落，尚書左丞劉伯龍守采石，尋遷建武將軍、淮南太守，仍總守事。遊邏上接於湖，下至蔡洲，陳艦列營，周亘江畔，自采石至暨陽六七百里，船艦蓋江，旗甲星燭。皇太子出戍石頭，徐湛之守石頭倉城。」《齊書》：「建元元年，魏主宏聞太祖受禪，其冬發衆，遣丹陽王劉昶寇司、豫二州。明年，詔衆軍北討。初，虜寇至，緣淮驅略，江北居民猶懲佛貍時事，皆驚走，不可禁止。乃於梁山置二軍，南置三軍，慈姥置一軍，烈洲置二軍，三山置二軍，白沙置一軍，蔡洲置五軍，長蘆置三軍，徐浦置一軍，以備之，魏不能攻。」周世宗問江南虛實，孫忌答曰：「本國雖小，甲兵尚三十萬。」世宗曰：「江南不過十數郡，何見欺也？」忌曰：「精兵雖止十餘萬，然長江一條，飛湍千里，險過湯池，可敵十萬之師。國老宋齊丘，乃王猛、謝安之徒，又可敵十萬。」張虞卿曰：「歷考前世南北戰爭之地，魏軍嘗至瓜步矣，石季龍嘗至歷陽矣，石勒寇豫州，至江而還，此皆限於江而不得騁者也。然江出岷山，跨郡十數，備之不至，一處得渡，皆爲我憂。使吾斥候既明，屯戍惟謹，士氣振而人心固矣，恃江爲阻可也，雖無長江之險亦可也。苻堅百萬之衆，馬未及一飲江水，謝玄八千鋭卒破之於淮淝，豈非其效歟？不然五巢以奇兵八百泛舟即渡，吳人有『北來諸軍乃飛過』之語。韓擒虎以五百人宵濟采石，守者皆醉，遂襲取之。由是觀之，徒恃江而不足與守，鮮克有濟矣。曹操初得荆州，議者謂東南之勢可以拒操者長江也。操既得荆州，蒙衝戰艦浮江而下，則長江之險已與我共之。獨周瑜謂捨鞍馬而仗舟楫，非彼所長，赤壁之役，果有成功。至於羊祜之言，則以南人所長惟在水戰，一入其境，長江非復所用，他日成功，略如祜言。故臣以謂有如瑜者爲用，則祜之言謂之不然可也。無如瑜者，則祜之言不可不察也。彼爲説者，謂敵人以馬爲強，而江流迅急，渡馬爲難。敵人便於作栰，而江流迅急，非栰能濟，是未知侯景以馬數百一夕而渡，王濬自上流來未嘗作栰也。州縣一也，有最爲要害者。津渡一也，有最宜備豫者。苻堅自項城來壽陽，侯景自壽陽移歷陽，孫恩自廣陵趨石頭，王敦渡竹格，蘇峻泛横江，侯景渡采石，考前世盗賊與夫南北用兵，由壽陽、歷陽來者十之七，由横江、采石渡者三之二，至於據上流之勢以窺江左者未論也。」建炎三年冬，金兵自黄州渡，又自馬家洲渡。時杜充在建康，聞金人至，以軍六萬列戍江南岸，而閉門不出，師無統一，皆無鬬志。明年夏四月，韓世忠提舟師，截大江以邀金兵，相持黄天蕩四十八日。烏珠遣使與世忠約日會戰，世忠募海船百餘艘，進泊金山下，仍植一旗，書姓名表其上。金人望見大笑曰：「此吾几上肉耳！」按：《宋史》世忠伏兵金山廟，幾獲烏珠。世忠預命工鍛鐵相聯爲長綆，貫一大鉤，徧授諸軍之強壯者。平旦，敵擁十舟譟而前。比合戰，世忠分海船爲兩道，出其背，每縋一綆，則曳一舟而入。敵不得渡，遣使願還所掠及獻馬三千。世忠不聽，曰：「只留下烏珠，乃可去。」時達蘭所遣之兵在儀真〔六〕，江南北兩岸皆敵衆。世忠據中流，風帆浪檝，飄忽若神。烏珠閉壘不敢出，謂諸將曰：「使船如使馬，何以破之？」乃欲自建康謀北歸。烏珠兵在南岸，故自鎮江沿江西上求濟。凡古津渡又被世忠八面控扼，不得去。或獻謀於蘆場地鑿大渠二十餘里，今蘆門河是，在黄天蕩南。上接江口，舟從江背出世忠之上流，一夜渠成。次早出舟，世忠大驚，尾擊敗之，敵終不得濟。按《宋史》：金人悉趨建康，於冶城西南鑿渠。則今新開河，是故汪藻謂開兩河也。一日敵乘天霽無風，我所用海舟皆不得動，彼乃以輕舸絕江而遁。世忠戒其下勿追〔七〕，使去。烏珠回江北，屯六合。達蘭在山東，遣人誚烏珠入侵無功，盍止於淮東，候秋高相會，再侵江南。烏珠以前日渡江之危爲辭。呂頤浩言金人多詐難測，詔劉光世分兵以備江岸。紹興三十一年，金萬戶高景山以兵數萬犯揚州，劉錡提大軍禦之於清河。金以氈裹舟，載糧挽而上。錡募善沒者，鑿舟沉之，金人大驚。俄犯揚子橋，錡以兵扼瓜州。金騎逼江，錡遣麾下員琦設伏於皂角林，與敵接戰，誘敵入，張弩俄發，敵大敗，斬景山，俘數百人。金亮親統細軍駐和州之鷄籠山，臨江築壇，刑馬祭天，必欲由采石而渡。朝廷詔王權詣行在，以池州都統制李顯忠代權，命督府參議官、中書舍人虞允文趣顯忠交權兵。時顯忠未至，允文夜見建康留守張燾，議禦敵之計，燾但言己當死守留鑰。丙子，金亮登壇〔八〕，建黄綉旗二，中張黄蓋，亮執小紅旗麾衆渡江。時王權所留水軍車船咸在，而諸將未有統屬，莫肯用命，盡伏山崦，惟提舉張振、王琪稍任其責。允文自建康至，使人督之。敵舟稍近，振、琪與統制時俊、盛新等徐出山崦，列布江岸。敵初未之覺，一見大驚，欲退不可。我軍用海鰍船迎擊，士皆死鬬，敵舟沉溺者數萬。其回北岸者，亮皆殺之，遂不能濟。丁丑，金人往來望見車船遽卻，我軍復以海鰍船先往北岸，截横林渡口，用克敵弓射之。金兵棄船上岸者，悉陷泥中而斃。上急差楊存中措置守江，虞允文亦自建康馳至鎮江。時江岸有車船二十四艘，敵已瞰江，恐臨期不堪駕用，存中、允文臨江按試，命戰士踏車船徑趨瓜洲，迫岸復回，金兵皆持滿以待。其船中流，上下回轉如飛，金衆相顧駭愕。亮愈忿，召諸帥，約三日畢濟，過期盡殺之。諸帥謀曰〔九〕：「南軍有備如此，進有渰殺之禍，退有敲殺之憂，奈何？」一有總管萬戴者曰：「殺郎主與南宋通和，則生矣。」衆曰：「諾。」乙未，諸帥集兵射殺亮，並殺其太傅、三妃與謀事者十餘人。

紹興中，詔沿邊修守備。吳表臣言：「大江之南，上自荆、鄂，下至常、潤，其要緊處不過七渡。下流最緊者二：建康之宣化，鎮江之瓜洲是也。當擇官兵，修器械，以謹其防。」王彦恢言：「建康古都，乃用武之地。欲保建康，必內以大江爲之控扼，外以淮甸爲之藩籬，又必措置兵食，以贍國費。然大江以南，千里浩渺，決欲控扼，非戰艦不可。大江以北，萬里坦途，欲遏長驅，非戰車不可。舒、廬、滁、和良疇百萬，欲措置軍食，非營田不可。舟車之法，以輕捷爲上。彦恢所制飛虎戰艦，傍設四輪，每輪八楫，四人旋斡，日行千里。又有神武戰車，下安四輪，略同飛虎；頂張布帷，以避矢石；傍斜衝擊，其用如神。又有拒馬車，一人之力可以轉用，比之蒙衝、偏箱、鹿角，此尤至要。淮西良疇不可以數計，不須朝廷給本，秖以有無相濟，併力營田，計其戶口，什一養兵，則淮西可以守矣。如許令彥恢招兵教習，只乞那融淮西數州財賦，可足舟車之用。及以數州秋成所得那融營田，可足兵食之費。萬一金人入侵，及盜賊猖獗，彥恢當以此舟車摧鋒陷陣，以此士卒斬將搴旗，以此種蒔飛芻輓粟，保守江淮，決無疎失。」詔彥恢就本軍措置。宋之論邊防要害者，有曰自古倚長江之險者，屯兵據要雖在江南，而挫敵取勝多在江北。故呂蒙築濡須塢，而朱桓以偏將卻曹仁之全師；諸葛恪修東興堤，而丁奉以兵三千破胡遵之七萬，轉弱爲強，形勢然也。淮甸郡縣，不必盡守故城，各隨所在，擇險據要置寨柵，守以偏將。敵來仰攻，固非其利。若長驅深入，則我綴其後，二三大將浮江上下，爲之聲援。敵之進退，落吾計中，萬全之策也。又有曰無爲軍、巢縣之濡須及東西關，山川重複，蓋昔人尺寸必爭之地。大率巢湖之水上通焦湖，濡須正扼其衝，東西兩關又從而左右輔翼之。餽舟既已難通，故雖有十萬之師，未能便出大江，得逞其志。淮西雖號地平，而水陸要害皆可戰守，稍加措置，未易輕犯。

又有曰若金重兵出淮西，則池州軍出巢縣，而江州軍出無爲軍，便可爲淮西官軍之援。又有曰自建康至姑孰一百八十里，其險可守者有六：曰江寧鎮，曰礀沙夾，曰采石，曰火信口，其上則有蕪湖、繁昌，皆與淮南對境。其餘皆蘆荻之場，或碕岸斗絕，水勢湍險，難施舟楫。又有曰采石渡在太平州界下，馬家渡在建康府界上，宣化渡在府界下。采石江濶而險，馬家渡江狹而平，相去六十里，皆與和州對岸。昔金人入侵，直犯馬家渡，杜充以萬衆不能捍。亦嘗分兵犯采石，太平州以鄉兵禦之，遂退。雖杜充處置有未盡善，亦形勢使然，馬家渡比采石尤爲要害。又有曰和州烏江縣界可自江北車家渡徑衝建康府馬家渡，滁州全椒縣可自江北宣化渡徑衝建康府之靖安，兼泗州盱眙有徑小路，由張店、上下瓦梁、盤城亦可徑至宣化，不滿三百里。兀朮曾於此路來，至六合下寨，並自上瓦梁下船，直至滁河口，可以入江。宜於靖安渡、礀沙夾相對，三處防守，所有北岸滁河口、宣化兩處來路，應和州東地分，宜嚴切隄防。又有曰昨來金人自黄州張家渡渡江，由湖北鄂州武昌縣上岸，方入興國軍大冶縣界，取山路以犯江西。宜於興國軍大冶縣通山等處撥布防拓。又有言曰漢陽沌口係漢江下流，湖北師司所隸，尤宜嚴切隄防。隆興二年，議幸建康，張浚受任督府，講論軍務，不遑寢食。招來山東淮北忠義之士，以實建康、鎮江兩軍，凡萬二千餘人，萬弩營所招淮南壯士及江西羣盜又萬餘人。要害之地城壁皆築，其可因水爲險者皆積水爲堰，置江淮戰艦，諸軍弓矢器械悉備。兩年冬，金人屯重兵十萬於河南，爲虛聲脅和，有「刻日決戰」之語。將士望金人，至成大功。而金人亦知宋有備，卒不敢動。乃是浚又以宰相來撫諸軍，將士踴躍思奮。敵聞浚來，亦檄宿州之兵歸南京。沿邊清野，以俟淮北來歸者，旦夕不絕，山東豪傑悉願受節度，金人益懼。分屯建寨建康、太平、池三郡，江面計一千七十一里，共建大小二十九屯〔一〇〕。建康八屯：曰下蜀，曰馬家步，曰沙河，曰緝橋，曰王沙，曰新開河，曰下三山，曰汪蔡港。太平七屯：曰濮家圩，曰褐山，曰烏石磯，曰白泥浦，曰上三山，曰板子磯，曰周家莊。池州十四屯：曰菖蒲山，曰大通，曰梅根，曰穴港，曰戚家溝，曰李三河，曰寶寨磯，曰黃石磯，曰吉陽湫，曰祝家磯，曰烏石磯，曰香口，曰雙河。三郡諸屯，共創寨屋一萬一千九十五間：本府一千七百間，太平四千四百間，池州四千八百間，將佐衙屋不計焉。今各處萬戶府差軍守把，多係前代屯戍之地。亦有廢不守者，此不及詳著。

營寨教場

潘家寨，在上元惟政鄉。開寶中，潘美下江南，駐兵有潘亭塘，去城十里。都監寨，在上元縣地。太平興國元年，置侍衛馬軍與都統司，參錯如古南北軍之制，各以統制統領，出，三衙馬帥領之，號行司。乾道七年，移屯置寨，建康凡六〔二〕：其選鋒軍寨，在西門崇道橋。前、右、中、左、後五軍寨，一在虎頭山，一在黄家塘南，一在塘北，一在陰山東者並南門外，蔣山南者在東門外。駐劄御前諸軍各有統制、統領官，置都統制、副都統制領之。紹興十二年，移屯建康，置寨凡六：其遊奕軍、前、右、中、左、後軍寨，一在清化坊之北新街，一在桐樹灣北，一在高陽樓及東門外，一在保寧寺街，一在北門内大街東，一在上元縣之西景陽臺之南廂。禁軍營屋始皆草覆。紹興中，章森易以瓦數千間，號新營。其禁軍曰武雄第一指揮，威果第十三、第十四、第十五、第四十四指揮，忠節第十一指揮，全捷第六指揮，有馬雄略第十一指揮、横江水軍三指揮、忠義指揮等。諸營一在廣濟新倉東，一在證聖院東，一在院西，一在轉運衙西，一在太平橋北，一在清化市南之下街西，一在總領衙後，通附營凡七。其厢軍、効勇、第一、第二牢城、第一、第二指揮、剩員指揮營並在城内西北隅。沿江制置司諸軍寨，其遊擊軍前、右、中、左、後五軍寨：一在武定橋南，一在橋西北，一在北門内，二在桃源洞。有參議官胡居仁撰記。遊擊軍新寨，在馬帥衙東，開慶元年馬光祖建，買民地，拓基五百二十畝，屋三千間。制領將佐衙十一所，屋一百三十間。點亭、廟寨門共四十間，甃井廿五，亭十二。防江軍寨，在北門外耆闍山下。効用軍寨三，在直街之能仁寺後，武定橋南。小寨，在羅帛市。破敵軍寨，在大西門裏。精鋭軍寨，在都統衙後。親兵左右部營，在鹿苑寺側。策勝軍中軍寨，在城内東北角。右軍寨，在北門城内。制効軍寨，一在虎頭山，一在城内杏花村。龍灣遊擊水軍寨，在靖安鎮。靖安、唐灣水軍寨，在古龍灣茅草岡。義士、雄武二軍附遊擊軍寨、江東安撫司親兵寨，史正志建，在府治東，後廢。劉珙復建爲兩寨，在宫城東及北。慶元乙卯，守臣張杓復建軍房、甲仗庫合千二百八十七楹。又建亭，爲主將號令點集之所。東曰觀禮，西曰教忠。游九言撰記。淮西、江東總領所總効軍寨凡四：一在江寧縣北真武廟南，一在興嚴寺北，一在馬司選鋒寨東，一在報恩觀。東北諸軍教場有三：御教場在行宫東，親兵教場在府治東，中軍教場在蔣山東。《乾道志》禁軍東南第五將正副將各一員，及兵馬鈐轄分管之廂軍兵馬都監四員，及駐泊兵馬都監分管之。又《慶元志》：嘉祐四年，江寧府就置禁軍駐泊三指揮，以威果爲額。熙寧五年，以議者言東南兵寡而多盜，又以三千人戍揚州、杭州。江寧府自章森建新營，隸兵者始不與居民雜比。又江東轉運司嘗於江寧府聚十州兵，祗備上綱，置小營，見王逢原《廣陵集》。句容有管界、下蜀、東陽三寨。溧水有管界巡檢寨，在棲賢橋西。溧陽有山前巡檢寨，在縣北三十五里；舊縣巡檢寨，在縣西四十五里。今益都萬戶唐公廨，即舊遊擊軍寨地。北門大街舊准捷寨、翔鸞坊小馬司寨，今並爲軍營。大馬司寨街舊遊擊軍寨、遊擊右軍寨，並建養濟院、安懷院。東北隅舊戎司左軍寨，今爲益都新軍營。又舊遞鋪營處鋪兵，今錄事司是其地。今龍灣軍營，即舊遊擊水軍寨地。舊御教場，今爲教場。餘並爲民居園地。

尺籍

建康府廂禁軍隸安撫司四千人，親兵一千人。駐劄御前諸軍隸都統制司，兵五萬人，馬五千八十七匹。侍衛馬軍移屯建康府，以三萬人騎爲額。沿江制置司增置軍額，防江軍三千三百人，內步軍三千人，勝捷五百人，吐渾一千人，雄威一千五百人。馬軍三百人。効用軍一千四百五十五人，破敵軍一千四十四人，精鋭軍二千五百三十一人，親兵左右部共一千人，策勝中、右兩軍兩萬人〔一二〕，制効兩軍二千三百二十六人，靖安唐灣水軍五千七百二人，龍灣遊擊水軍二千九人，金山圌窩制効軍六百五十九人，遊擊軍五軍共一萬二千四百一十二人，雄武軍五百八十七人，義士軍一千八百七十三人，寧江新軍六千二百八十人，又有良家子新招帳前將官等兵。至元十二年歸附之際，軍民潰散，徐王榮所領投拜者悉名新附軍，分差各處，與漢軍相參鎮守，故略著其額云。

軍器

《景定志》云：「除戎器，戒不虞。」傳於《易》。「礪鋒刃，鍛戈矛。」誓於《書》。「修車馬，備器械。」序於《詩》。有備無患，其來尚矣。漢帝使人視吳漢何爲方修戰攻具，乃有「隱若一敵國」之歎。祖逖用二千人起冶鑄兵，固知其有誓清中原之志。李德裕請甲人於安定，弓人於河東，弩人於浙西〔一三〕，於是兵器皆犀利，而蕃詔不敢窺焉。修政安邊〔一四〕，兹非急務乎？本朝建閫金陵，藩屏畿甸，兵甲四出，則北援淮，東備海，南控荆楚，西助巴峽。開慶、景定間，凡甲冑、戈劍、弓矢之需取具於昇者無慮數十萬計，取之不竭，備有素也。至元乙亥，沿江制置趙溍聞兵至，取行宫公帑、金帛宵遁，而所積器械資儲悉歸行省。

戰艦

李綱嘗奏宋高宗曰：臣聞生於陵者安於陵，生於水者安於水。南方之人習水而善沒，其操舟若神，而北人有懼舟楫而不敢登者，習與性成也。騎兵施於南方非所便，而南人教之水戰必可取勝。昔曹操以數十萬衆順流襲吳，周瑜以三萬人逆戰於赤壁，因風縱火，焚其船栰，遂大破之，操自此不敢有窺江表之心，而鼎足之勢立。其後曹丕復以大兵次廣陵，觀長江風濤洶湧，吳人戈甲旌旗之盛，恐懼而退。晉有江左，苻堅以百萬之衆次淝水，而謝玄以八千人破之，衆皆奔北，聞風聲鶴唳，皆以爲王師將至。則東南之兵養育訓練，因地利而用之，亦足以自守。其地應沿河、沿淮、沿江帥府要郡，凡臨流去處，宜倣古制，以造戰船，上設樓櫓，可以施弓弩；下運艣棹，可以破風濤，頒法式以授之。仍募習水者爲水軍，以時教閱激賞。敵舟濟渡〔一五〕，會合掩擊。以我之素習擊彼之暫濟，其勢必勝。得一勝，則敵必破膽〔一六〕，不敢有窺東南之心矣。嘉祐中，范仲淹上言，乞於河陽置戰艦、水軍，以防契丹，當時以爲迂濶，不果行。使用其說，創設至今，則大河有備，靖康初金人豈能遽濟渡哉？先事而言，則近乎迂，事至而後圖之，則無所及，其實今日之急務也。所有諸路合置戰船，募水軍，欲乞專差官前去措置。建康府制置司累政修造戰船，自淳祐九年以後大略可考。造船、修船共三千五百隻〔一七〕。詳見前志。

本朝兵戍大略〔一八〕

至元十二年，中書左丞相、淮安忠武王巴延總襄陽兵南伐〔一九〕，用宋將呂文煥、程鵬飛、范文虎等爲鄉導，敗賈似道兵於丁家洲，池州守將以城降，沿江制置趙溍棄建康宵遁，馬步軍副總管、權制置司徐王榮及翁都統等帥軍民於太平州納款。二月十二日，大兵至南城外雨華臺下寨。廿七日，丞相平章呂參政等官入城，於府治玉麟堂開省調兵，大犒軍士，立建康宣撫司招安江東諸路，以萬戶廉希愿、招討索多兼宣撫使。三月三日，遣黄頭先鋒哨馬數百人至句容、瓜渚，殺知縣葛秉，縣民巫及元率衆詣軍前納款，授本處總管，同二李百戶偕往招安。三月十八日，立寨文孝廟，禁止剽掠。來降者各授總把，俾領其衆。溧水、溧陽二縣，以次降附。是夏，以暑熱，駐師建康，設江寧、上元二縣尉。秋七月，丞相巴延入覲上都，以上萬戶、追封曹南王阿嚉罕權行省事〔二〇〕，平章、河南王阿珠，萬戶、追封汝南王張弘範等屯兵瓜洲，宋將姜才、張世傑、孫虎臣水陸逆戰，相繼敗績。行樞密院駐劄鎮江，宋轉運判官趙淮起兵溧陽、宜興縣界，屯據長塘湖、垙山一帶，阻水拒守。冬十月，右丞相至自京師，留左丞相阿珠、右丞張惠等行省瓜洲，斷淮東援兵。自與阿嘍罕參政、董參政分兵三道，水陸並趣臨安。十一月，參政右師破東堨寨，拔溧陽、建平、廣德、四安、長興諸縣。闢獨松關，遣千戶奇塔特、總管徐王榮等破趙淮屯兵。十二月，大兵破常州，進次臨安之長安鎮，遣徐王榮詣瓜洲行省計稟，差新野奕千戶陳翼於建康宣撫司起新附軍五百、漢軍二百招捕溧陽末下鄉寨。十三年正月十一日，徐王榮等敗宋兵，執趙淮，解赴瓜洲行省殺之，徐王榮以功受驃騎衛上將軍、蘇湖招討使，帶已降虎符，充建康路總管兼府尹。十四年，罷宣撫司爲建康路總管府，立江東道宣慰司，以參政阿嘍罕、保定萬戶張弘範行宣慰使。自是連歲出兵，保定奕及福建奕廉萬戶、常州宋萬戶、寧國喬萬戶、泰州奕孟萬戶諸軍並諸附軍相繼分鎮建康各縣，置尉司，專主巡捕。在城錄事司，以判官兼。凡路、府、州、縣達嚕噶齊皆兼提控、捕盜、鋪兵、止遞、文書。十五年，張元帥追宋二王厓山，江淮行省發水陸師二萬從行。十六年二月，宋境悉平，廉、宋兩萬戶軍移屯各處。十八年，調兵東征日本。至元二十二年，江淮等處行樞密院開府建康。元貞元年，溧水、溧陽陞州，設捕盜司，以州判一員兼領。各鎮寨俱設巡檢司，僉撥弓兵，專以巡防捕盜，凡一十二處。江寧鎮、秣陵鎮、竹篠、龍都、茅山、下蜀、東陽、東壩、高淳、白馬橋、舊縣、山前。其州縣鎮守官軍則從萬戶府輪差，千戶、百戶管軍分戍要害。至元末年，行樞密院例革各萬戶府，徑隸樞密院及江浙行省提調。保定奕張副樞軍馬移屯武昌，孟萬戶移屯泰州，喬萬戶奕對遷寧國。大德元年，益都新軍萬戶府自寧國路移鎮建康，於前宋遊擊軍營內置府。達魯花赤、萬戶、副萬戶而下軍官、千戶、百戶、彈壓，通設一百餘員。所管蒙古、漢軍、新附軍，按月於有司支請鹽糧。其漢軍本戶元僉免糧田四頃，歲以所出爲封裝錢，給當役者。所在正軍，專一守把城池、倉庫、局院、坊廊要害去處，軍官不得多餘占使。非奉省院明文，諸衙門不許差調。集慶親隸行臺按治，歲時教習，紀律嚴明。龍灣有教習水軍萬戶府，係行樞密院於江北。河南行省管下蘄、黄、鄧、新、揚、高郵、真、滁、杭州等奕萬戶府撥軍二千餘名前來屯戍，專以教習，隸萬戶府提調。凡軍之新舊名籍、船艦、軍裝、器備及軍器局逐年成造器械，悉有額定工程名件，此不詳著。防戍地境有圖，見首卷。續報：謌嚕訥四處：亳州、寧國、廣德、江陰。許浦通事馬軍軍器，則歲造黑漆鐵甲二百三十付，真皮盔甲袋全四色，水牛皮甲二百二十付，紫真皮盔甲袋全羊肝漆，明稍角弓五百五十五張，手箭一萬八千隻，箭葫蘆、弓袋、雜袋八十付。其起解積貯，本路具有文卷。

【校勘記】

〔一〕宗：原本無，據至正本補。

〔二〕前代沿革：原本無，據至正本補。

〔三〕之利：原本無，據至正本補。

〔四〕後一「之」字，原本無，據文意補。

〔五〕邊塵：至正本作「胡馬」。

〔六〕真：原作「徵」，據《景定建康志》卷三八改。又「達蘭」，至正本作「撻辣」。下同。

〔七〕戒其下：至正本作「曰窮寇」。

〔八〕金亮：至正本作「逆亮」。下同。

〔九〕諸帥：至正本作「諸酋」。下同。

〔一〇〕屯：原本無，據《景定建康志》卷三八補。

〔一一〕六：原作「八」，據下文實統軍寨數改。

〔一二〕兩：原作「一」，據《景定建康志》卷三九改。

〔一三〕弩：原作「努」，據《景定建康志》卷三八及至正本改。

〔一四〕安邊：至正本作「攘夷」。

〔一五〕敵：至正本作「賊」。下同。

〔一六〕必：原作「心」，據《景定建康志》卷三八改。

〔一七〕「百」字下至正本有「十」字。

〔一八〕本朝：至正本作「國朝」。

〔一九〕忠武王：原作「惠武王」，據至正本改。

〔二〇〕阿嘍罕：至正本作「阿剌罕」。下同。

至正金陵新志卷十一上

祠祀志一

禮莫大於報本反始。天地者，生之本也；先祖者，類之本也；鬼神者，陰陽四時之本也。故天子祭天地，諸侯祭境内山川，卿大夫祭五祀，庶人祀其祖，尊卑鉅細，各有等差，而誠敬之道著焉。《傳》曰：「我戰則克，祭則受福。」又曰：「惟聖人爲能饗帝，惟孝子爲能事親。」言積其至誠之感。而氣之散者聚，游者反，精微之應，非聖人孰能知之？周衰禮廢，諸侯或僭郊祀，而大夫旅泰山，又其弊也。淫祀興，而民德濫焉，君子亦反經而已矣。

金陵故爲都邑，其以王者禮樂祀天地山川之屬甚衆。吴大帝赤烏十年，始爲康居僧會建寺崇佛，又爲僊者葛玄立觀方山。自是代有增加。梁、陳於佛尤所重，其三茅君、蔣子文祀皆原於漢、吴。蔣累號爲帝。而茅山之祠肇自隆古，書缺莫得而詳，今其處傳多薶瘞。玄帝命東海神瘞鼎，秦漢常瘞金璧〔一〕。由晉迄宋，死事之臣及有功德於民皆特立祠，最著者卞壼、謝玄、劉仁贍、曹彬、楊邦乂、姚興、王珙。我朝定江南，淮安忠武王巴延、河南王阿珠、曹南王阿嘍罕，皆以功最受封。淮安立祠杭州，河南祠汴梁，而曹南王今立祠集慶，禮所謂崇德報功者邪！因前志所紀，輯錄歷代郊社、佛道祠宇以下具著之，作《祠祀志》。

古郊廟

南郊壇。案《建康實錄》晉太興三年所築，郭璞卜立之，在宮城南十餘里。注云：「在長樂橋東籬門外三里。」又云：「今縣南有郊壇村，即吳南郊地。」吳大帝初稱尊號，武昌南郊，祭用玄牡。後自以偏方不郊。太元元年，始祭南郊，在秣陵縣南十餘里。《吳志》：大帝時，羣臣上奏，宜修郊社，以承天意。帝曰：「郊祀當於中土，今非其所，於何施此？」重奏曰：「普天之下，莫非王土。王者以天下爲家，若周文王都於酆鎬，非必中土。」帝不聽。終吳之世，郊祀廟社缺然，無可紀者。晉元帝渡江，太興三年，始議郊祀，立南郊於巳地。建武二年，定郊兆於建鄴之南。《唐會要》：「晉元建武二年，定郊兆於建鄴之南，去城七里。一壇之上，尊卑雜位千五百神。」《實錄》云：「太興三年，作南郊，在宮城南十五里，郭璞卜立之。」《圖經》云：「在今縣東南八里，長樂橋東籬門外三里。其縣南郊壇村即吳南郊地〔二〕。」宋孝武大明三年，遷郊兆於秣陵牛頭山西，在宮之午地，廢帝復舊。廢帝以舊郊吉，復初。齊始屋員兆外，常侍庾曇隆啓曰〔三〕：「祭天尚質，秦從壇域，無宮室者。」詔付外詳。祠部李撝議《周禮》，凡祭張旅幙，張尸次。宗廟旅幙，今爲棟宇。郊祀氈案，宜制檐甍。梁武帝即位南郊，爲壇，在國之陽，常與北郊間歲。普通六年，改作南北郊。《隋志》：「梁南郊，壇高二丈七尺，上徑十一丈，下徑十八丈，其外再壝四門。」《運曆圖》云：「梁武帝中大通五年郊祀，異香三至，神光五色，圓照滿壇。陳武帝又修繕南郊圓壇，高二丈二尺五寸，廣十丈，柴燎白天。」《金陵故事》云：「梁武帝時改作，四週築土壝，宮三重，便殿一所，兆域數里。今其地在城東南，與婁湖相近。」南唐郊壇即梁故處，在長樂鄉，去城十二里。宋爲藏冰所。

北郊壇。按《實錄》在舊江寧縣東八里潮溝後，東近青溪。晉元帝立南郊，未立北郊。明帝大寧三年，始議立北郊，未及建而帝崩。成帝咸康八年，追述明帝前指，於覆舟山南立之，制度一如南郊。《宋書》云：「江左未立北郊，地祇衆神共在天郊。成帝立二郊，天郊則六十二神：五帝之佐、日月五星、二十八宿、文昌、北斗、三台、司命、軒轅、后土、太乙、天乙、太微、勾陳、北極、兩師、雷電、司空、風伯、老人六十二神也。北郊則四十四神：五嶽、四望、四海、四瀆、五湖、五帝之位，沂山、嶽山、白山、霍山、醫巫閭山、蔣山、松江、會稽山、錢塘江、先農凡四十四神也。江南諸小山，蓋江左所立，猶如漢京關中山水皆有望秩也。文帝元嘉十六年，有事北郊，復下其議。於是八座奏省四望，松江、浙江、五湖等座，其鍾山、白石既土地所在，並留如故。文帝立儒學館於北郊，十二年嘗閱武於此。」宋孝武大明三年，移北郊於鍾山北原。今鍾山定林寺山巔有平基二所，闊數十丈，即其地。《宋書》云：「北郊，晉成帝世始立，本在覆舟山南，宋太祖以其地爲樂游苑。後以其地爲北湖，移於湖塘西北。其地卑下泥濕，又移於白石村東。又以爲湖，乃移於鍾山北原道西，與南郊相對。後罷白石東湖，北郊還舊處。」梁武帝北郊爲方壇，上方十丈，下方十二丈，高一尺，四面各有陛，其外爲壝再重。陳北郊爲壇，高一丈五尺。晉王恭反，前將軍王珣入守北郊。宋元嘉中，每閱武於北郊。徐嗣徽引齊兵爲寇，侯安都距齊軍於北郊壇。紹泰中，齊蕭執等渡江，亦屯於北郊壇。又按：散福亭在縣東北鍾山鄉，去城四里，舊傳晉、宋郊祀回鑾賜胙之所。

禖壇石。按《通典》：江東太廟門北，有石，文如竹葉，小屋覆之。宋文帝元嘉中修廟所得，陸澄以爲晉孝武時郊禖石。然則江左亦有此禮矣。或曰百姓祀其傍，或謂之落星石。今在城隍廟內。

明　堂。在城東南七里，不詳其處。《宋書》：「晉元帝受命中興，依漢故事，宜享明堂宗祀之禮。」江左不立，明堂故闕焉。大明五年，有司奏國學之南，地實丙巳，爽塏平暢，足以營造。其牆宇規範，宜擬則太廟，惟十有二間，以應期數，但作大殿屋，彫畫而已，無古三十六戶、七十二牖之制。是年五月，新作明堂丙巳之地。《宮苑記》云：「在博士省南。」博士省，在國學南，國學在太廟南。梁武帝天監十二年，詔以明堂地居卑濕，可量就埤起，以盡忱敬。陳亡，焚毀皆盡。將作監大匠宇文愷量臺趾丈尺，寫樣奏聞。今按宋、齊、梁、陳各有製作，梁嘗毀宋太極殿以材搆焉。

晉太廟。舊址在秦淮西。晉太元十六年二月庚申，改築太廟。秋九月，新廟成。案《地志》，太廟，中宗置。郭璞遷定，在今處。帝常嫌廟東迫淮水，西逼路，至此年因修築，欲依洛陽改入宣陽門內，尚書僕射王珣奏以爲龜筮弗違，帝從之，於舊地不移。更開牆禈，東西四十丈，南北九十丈。宋以後仍之，至陳乃廢。

社稷 諸壇附

府社壇。舊在城西南江寧縣，社、壇同處。慶元元年，留守張杓移置下水門內，秦淮南。歸附後，遷置南郊城南門外越城之後。卜地十畝有奇，週築垣牆，內按方地，設社稷、風雷、雨師壇及官廳廨宇，以時祭祀。

上元縣社壇。舊在白下門外尉司東。

江寧縣社壇。舊在縣西南府社壇東。繡春園之西置。

溧水州社壇。舊在州西南二里。紹定四年，知縣史彌鞏移建於縣治西北望京門之裏。景定元年二月，權縣事趙介如重修。大德五年，移置州南，築三壇。至大四年，知州盧朝請克治重修。

句容縣社壇。舊在子城北，後移在青元觀西南。今養濟院基是舊社。大德間，移於葛僊翁菴西。後監邑尹閭敦武以其地卑隘，置民地，去舊壇西約百步設今壇。

溧陽州社壇。在州西南二里。《金淵志》：「在西門內。」

風伯雨師壇。附府社壇。

祭龍壇。舊在江寧縣西南陰山上。宋景德三年置。

古太社稷壇。晉元帝建武元年，初立宗廟、社稷，在古都城宣陽門外。郭璞卜遷之，左宗廟，右社稷。玄風觀在太社西偏，對太社御街〔四〕，東即太廟地。社立三壇：帝社、太社、稷各一，在唐江寧縣東。按《宋書》：「晉元帝建武元年，依洛京二社一稷禮〔五〕，左宗廟，右社稷。歷代因之。洛京社稷在廟之右，而江左又然也。吳時宮東開雩門，疑吳社亦在宮東，與廟同所也。宋仍舊，無所改作，實故常二社一稷。」初太康中，詔併二社之祀。傅咸奏宜如舊，詔一依魏制。至元帝，又依洛京二社一稷。《隋志》：「梁社稷在太廟之西，蓋晉元帝所創，有太社、帝社、太稷，凡三壇，門牆並隨其方色，在舊江寧縣東二里。」

雩　壇。按《通典》：「晉穆帝永和中，有議制雩壇於國南郊之傍，依郊壇遠近。」注：「阮諶云：『在巳地。』」《隋志》：「天監九年，有事雩壇，遂移於東郊，在籍田域內。」武帝以雨既陰類，而求之正陽，其謬已甚。東方既非盛陽，而爲生養之始，則雩壇應在東方，祈晴宜於南方。今按雩禮本施於夏月，武帝所言亦非確論也。

籍田壇。在城東十五里，按《隋志》：「梁普通二年，詔移籍田於建康北岸，築兆域大小，列種梨柏。便殿及齋官省如南郊。別有望耕壇，在壇東。帝耕畢，登此以觀公卿之推。別有祈年殿。《梁書》云：「普通二年，徙籍田於東郊外。」詔曰：「平秩東作，義不在南。前代因襲，有乖禮制，可於震方間，求沃野，具茲千畝。」大同五年，又築雩壇於籍田兆內。紹泰元年，齊徐嗣徽復入，至玄武湖，陳武帝遣侯安都扼之，戰於耕壇南，即此地也。

鍾山壇。在鍾山南巖上。苻堅大軍至壽春，晉武禱於壇，神曰：「當助攻。」堅見八公山上草木盡爲人形，又聞風聲鶴唳，皆言王師至，堅衆潰西走。今蔣山有壇基，在講經臺下，俗傳爲李王拜郊所，疑即此壇也。

祠廟

城隍廟。唐天祐二年置。舊在城西北，今在臺治南御街東太廟街内。歸附後，郡民重加修建。

東嶽廟。在城内西南斗門橋之東。宋雍熙二年置。紹興十一年重建。今至正癸未，郡民宋通甫等重修。

江瀆佑德廟。在城西清涼寺東。

真武廟。在府城西北清化市東。宋太平興國二年置。建炎四年，金人燒建康，凡官舍、民居、寺觀、神祠無不蕩盡，此廟獨存。

後湖真武廟。本吴赤烏玄武觀，後燬於兵。

蔣帝廟。在蔣山之西北，去城一十二里。神蔣姓，名子文。漢末尉秣陵，死而靈異，吴大帝爲立廟。《搜神記》曰：「蔣子文，廣陵人。嗜酒好色。自謂己骨青，死當爲神。漢末，爲秣陵尉，逐盜至鍾山下，賊擊傷額，固解綬縛之，有頃遂死。吴先主之初，其吏見子文於道，乘白馬，執白羽，侍從如平生。子文曰：『我當爲此土神，爲吾立祠，不爾使蟲入人耳爲災。』吴主以爲妖言。後果有蟲入耳，皆死，醫巫不能治。又云：『不祀我，當有大火。』是歲數有火災。吴主患之，封爲中都侯，加印綬，立廟，改鍾山爲蔣山，表其靈異。次弟子緒爲長水校尉，皆加印綬、立廟。」晉加相國之號。晉蘇峻之難，鍾山神同蔣侯爲助，且曰：「蘇峻爲逆，當共誅鋤之。」後果斬峻。太元中，苻堅入寇，望見王師部陣齊整〔六〕，又見八公山上草木皆類人形，憮然有懼色。初，會稽王道子聞堅入寇，以威儀鼓吹求助於鍾山神，奉以相國之號。及堅望見〔七〕，若有助焉。宋加相國、大都督、中外諸軍事，封蔣王。杜佑《通典》：「宋高帝永初二年，普禁淫祀，自蔣子文祠以下皆絶。孝建初，修復，加蔣侯爵，位至相國、大都督、中外諸軍事〔八〕。爲蔣王。」齊進號爲帝，乃以廟門爲靈光門，中門爲興善門，外殿曰帝山，内殿曰神居。

齊永明中〔九〕，崔慧景之難，迎神還臺，求助。事平，乃進帝號。梁武嘗禱雨，有異。及魏軍圍鍾離，復見陰助。南唐謚曰莊武帝，更修廟宇。宋開寶八年，廟火。雍熙四年，即舊址重建。景祐二年，陳執中增修，得賜額惠烈。政和八年，漕使劉會元重修。乾道八年，樞密洪遵重修。

吳大帝廟。在西門外清涼寺之西。舊傳今廟即當時故宮。

晉元帝廟。唐天祐二年置。舊在城内西北卞將軍廟側。宋景德四年重修，後移就嘉瑞坊城隍廟東廡。嘉定五年，黄度作新廟於石頭東兩廡，設禮樂羣英三十六像〔一〇〕。葉適爲記。太傅、丞相、中外大都督、始興文獻公琅琊王導字茂弘〔一一〕，太保、中書監、録尚書事、領揚州刺史、衛將軍、大都督十五州諸軍事、贈太傅、廬陵文靖公陳國謝安字安石，侍中、太尉、使持節都督并、冀、幽三州諸軍事、廣武愍侯中山劉琨字越石，鎮西將軍、豫州刺史、贈車騎將軍范陽祖逖字士雅，散騎常侍、安東軍司、贈侍中、驃騎將軍、開府儀同三司、嘉興元公吴郡顧榮字彦先，左光禄大夫、開府儀同三司、贈司空、穆侯會稽賀循字彦先，驃騎將軍、散騎常侍、贈開府儀同三司、臨湘穆侯丹陽紀瞻字思遠，尚書右僕射、贈光禄大夫平陽鄧攸字伯道，安南將軍、使持節都督梁州諸軍事、梁州刺史、贈征南將軍、潯陽北侯汝南周訪字士達，平南將軍、使持節都督江州諸軍事、江州刺史、贈鎮南大將軍、開府儀同三司、觀陽烈侯汝南應詹字思遠，驃騎將軍、都督兖豫幽冀雍并六州諸軍事、假節、散騎常侍、贈右光禄大夫、開府儀同三司、秣陵簡侯廣陵戴淵字若思，尚書左僕射、護將軍、贈左光禄大夫、開府儀同三司、武城康侯汝南周顗字伯仁，散騎常侍、輔國將軍、領左軍將軍、監湘州諸軍事、南中郎將、湘州刺史、贈車騎將軍、譙閔王河内司馬承字敬才，尚書令、假節、領軍將軍、給事中、贈侍中、驃騎將軍、開府儀同三司、建興忠貞公濟陽卞壺字望之，侍中、太尉、使持節都督揚州諸軍事、贈太宰、南昌文成公高平鮭鑒字道徽，持節、侍中、太尉、都督荆江雍梁交廣益寧八州諸軍事、荆江二州刺史、贈大司馬、長沙桓公鄱陽陶侃字士行，散騎常侍、驃騎將軍、開府儀同三司、使持節都督江州諸軍事、江州刺史、贈侍中、驃騎大將軍、始安忠武公太原溫嶠字太真，司空、征西將軍、使持節都督江荆豫益梁雍六州諸軍事、江荆豫三州刺史、贈太尉、永昌文康公潁川庾亮字元規，右衛將軍、贈衛尉、零陵忠伯琅琊劉超字世瑜，侍中、贈光禄勳、潁川鍾雅字彦胄，散騎常侍、宣城内史、贈太常、萬寧簡男譙國桓彛字茂倫，衛將軍、左光禄大夫、開府儀同三司、散騎常侍、贈侍中、車騎大將軍、江陵穆公吴郡陸曄字士光，鎮東將軍、散騎常侍、會稽内史、贈車騎將軍、開府儀同三司餘不正侯會稽孔愉字敬康，散騎常侍、廷尉、贈光禄勳、晉安簡男會稽孔坦字君平，使持節、侍中、都督揚豫徐州之琅琊諸軍事、揚州刺史、驃騎將軍、録尚書事、贈司空、都鄉文穆侯廬江何充字次道，左光禄大夫、開府儀同三司、贈侍中、司空、濟陽文穆男蔡謨字道明，光禄勳、右光禄大夫、西平靖侯琅琊顔含字弘都，廷尉、領著作、長樂侯太原孫綽字興公，右將軍、會稽內史、贈金紫光祿大夫琅琊王羲之字逸少，尚書令、散騎常侍、衛將軍、贈侍中、驃騎將軍、開府儀同三司、藍田簡侯太原王述字懷祖，散騎常侍、護軍將軍、尚書令、贈左光祿大夫、開府儀同三司、謚簡、琅琊王彪之字叔虎，北中郎將、都督徐兗青三州諸軍事、徐兗二州刺史、贈安北將軍、藍田獻侯太原王坦之字文度，車騎將軍、侍中、使持節都督江荆梁益寧交廣七州諸軍事、領護南蠻校尉、荆州刺史、贈太尉、豐城宣穆公、譙國桓冲字幼子，衛將軍、尚書令、開府儀同三司、贈司空、南康襄公、陳國謝石字石奴，散騎常侍、左將軍、會稽內史、贈車騎將軍、開府儀同三司、康樂獻武公、陳國謝玄字幼度，彭澤令、鄱陽陶潛字元亮。

忠烈廟。即卞將軍廟，在永壽宮西。晉蘇峻亂，尚書令卞壺與其二子死難。南唐保大中，始建忠貞亭於其墓北。宋慶曆三年，改亭曰忠孝，胡銓作記。今重修建。以監察御史言中省，准修永壽宮，住持陳寶琳督工，規制嚴整。

伍相廟。按《建康實録》，吳孫綝侮慢人神，燒大航及子胥廟，今不詳其所。總龜《詩話》云：儀真覩西，一水縈迴，南入大江，號曰胥浦，一日三潮，俗云子胥解劍渡江處。其西又有伍相林，對南岸竹篠港下口。又有廟，里俗呼爲伍相泊馬廟，其地在上元縣長寧鄉。

晉謝將軍廟。在城西南隅戒壇院之側，唐咸通九年建。將軍蓋謝玄也。

晉陰山廟。在城西南一十二里。晉建武中，丞相王導於崗阜間隱約見步騎數十駐立壟上，導怪之，使人致問，俄失其所。夜見夢於導曰：「我乃陰山神也，昨隨帝渡江，寓泊於此，卿爲我置祠，當福晉祚。」導以其事聞，上乃置廟於此，仍名其崗爲山。宋開寶八年，平江南，曹翰重修，因爲廟記，書於堂之西壁。

晉梅將軍廟。在城南門外雨華臺東，地名東石子崗。晉梅頤嘗屯營於此，又名梅嶺崗，或名梅頤營。後人即此立廟。

文孝廟。梁昭明太子是也。在城内西南新橋之西，面臨淮水。宋建炎間焚毁，紹興五年再建。

武成王廟。在右南廂鎮淮橋之北御街西。唐開元中，詔京師及天下州府並立太公廟。南唐徐鉉《武成王廟碑》云：「入端門而右迴，旁太廟以西顧。」即今處也。

三聖廟。神即蒼史王，廟在今臺治西偏御街東。按羅泌《路史·禪通紀》云：倉帝史皇氏，倉頡廟碑作「蒼」，非是。名頡，姓侯崗。《見地記》。龍顔，《春秋命曆序》。侈哆，見《内簡》。四目靈光。廟碑云：天生德於大聖，四目靈光，爲百王作憲。其銘曰「穆穆聖蒼」，熹平六年立。按《春秋演孔圖》及《春秋元命苞》敘帝王之相云：「倉頡四目，是謂並明。顓帝戴干，是謂崇仁。帝嚳戴午，是謂清明。堯眉八采，是謂通明。舜目重童，是謂無景。禹耳三漏，是謂大通。湯臂三肘，是謂柳翌。文王四乳，是謂合良。武王畇齒，是謂剛強。」不及人臣也。故索靖《草書狀》曰：「聖皇御世，隨時之宜。倉頡既王，書契是爲。」而《世紀》乃言黄帝史官倉頡，取象鳥迹，始作文字，記其言動，策而藏之，名曰書契，蓋妄言也。上天作令，爲百王憲。昔周初有於倉頡墓下得石刻，藏之書府。至秦李斯辨其八字云：「上天作命，皇辟迭王。」或云，叔孫通識十一字而不傳，妄也。任昉云：「周人不能辨，而斯通識之，余不信者。詳考二句，乃寇謙之所纂黑帝安和國王禁文也。」實有睿德，生而能書。《隨巢子》云：史皇産而能書。亦見《淮南・修務訓》。及受河圖綠字，《河圖玉版》云：倉頡爲帝，南巡狩，登陽虚之山，臨於玄扈洛汭之水，靈龜負書，丹甲青文，以授陽虚山，在上洛。於是窮天地之變，仰觀奎星圓曲之勢，俯察龜文鳥羽山川掌指而創文字，形位成文，聲貝以相生爲字。以正君臣之分，以嚴父子之儀，以肅尊卑之序，法度以出，禮樂以興，刑罰以著，爲政立教，領事辨官，一成不外於是，而天地之藴盡矣。倉帝所制，乃古文蟲篆，孔壁古文科斗書即其體也。《魏略》言邯鄲淳善倉頡蟲篆是矣。自倉頡至周宣，皆倉頡之體也。《宣王紀》其史籀始作大篆十五篇，號曰篆籀，與倉頡一體，所謂古文因而用之。衛恒云：倉頡造書，因而遂滋，則謂之字字有六義，至三代不變。故孔穎達云：倉頡至今，字體雖變，而六義不易。天爲雨粟，鬼爲夜哭，龍乃潛藏。著績别生，正名孚號，升封於介丘。紀文字以昭異世，而文治日昌矣，治百有一十載。見《渾天記》。都於陽武，開封浚儀縣，即春秋之陽武。《地記》云：開封東北二十里有倉垣城及廟墓。終葬衙之利鄉亭南，書人禋之。《皇覽》云：墳高六尺，學書者皆往上姓名投刺，祀之不絕。《九域志》：鳳翔有倉頡廟。今長安西南二里宮張村有三會寺者，記爲倉頡造書之堂，斯亦未然。王充《論衡》云：學書者諱丙日，云倉頡以丙日死。按：古五行書，倉頡丙寅死，辛未葬。蓋五日始葬。其後有倉氏、史氏、侯氏、岡氏、夷門氏。倉頡氏，建康廟未詳所始，然其來必自六朝省部所祠。宋嘉定十年，李珏始加增辟。十六年余嶸、寶慶元年丘壽邁皆相繼修崇。歸附後，有司以春秋仲丁致祭，申請廟額曰光文，士民祈禱以正者必應。前志云：倉史王有四目者，掌籍、掌算、開聰、追失。三聖者，籍算爲其一，開聰爲其一，追失爲其一。能明此三事，故曰「三聖」。所主官府文籍計算忘失，所在官府建祠。王生而聰慧，正直忠節，乃三月三日聖誕。世人多不知其生辰者，遂致湮沒。於今遍行詢問，方得此實。行在省部往往立其香火，祭祀不絕。此間名之曰三聖，省部奉之曰至聖，倉史王名號雖異，其實一也。王有四司三官，如府之六曹，一曰舉留，二曰開聰，三曰證設，四曰追失。內有一事，災咎隨其所掌，誠心禱之，無不感應。又掌人之休咎災祥，無不關涉。別有羊頭三聖者，行在亦有祠，乃七國時功臣，旌忠是其封，今南門外越臺正是其祠，若比之府之三聖，非也。

李王廟。在城東南十里。南唐李主也。里俗呼曰李帝廟，歲時祀之。

廣惠廟。在城東三里。廣德張王也。

義勇武安王廟。在城内東南隅御街東。宋慶元間建。王即漢將關羽，歷代封贈，具見祀典。

五龍真聖廟。在城内正東隅新街北。宋端平乙未孔都目建。

梓潼廟。在城内正南隅本廟街。宋端平二年，轉運判官高定文建。神即文昌帝君，詳見洞神祠下。

曹王廟。舊在江寧社壇之前。王諱彬，謚武惠，開寶間，統兵平江南，不殺一人。邦人感之，故祠焉。歲久祠廢，後人但以土地祀之。事見年表。

褒忠廟。在城南門外。宋建炎三年立，褒揚邦乂之死節也。詳見年表及本傳。

旌忠廟。在城南鐵索寺之東南。宋紹興三十一年，金人犯淮西，御前統制姚興獨以一軍與戰於尉子橋，鏖戰數十合，援兵不至，竟歿於陣。將死，猶手殺數十人。樞密葉義問以聞，贈觀察使，命立廟，賜額。

忠節廟。在城東三里，與半山寺相望。宋隆興元年，江淮都督張浚命李顯忠、邵宏淵復宿州。宏淵將王珙深入賊營，戮力鏖戰，自辰至申，手殺甚衆，竟以戰歿〔一二〕。督府以聞，贈閬州觀察使，命於本寨前立廟〔一三〕，賜額忠節。珙，字伯謙，德第三子。戰時，帥所部絳衣鐵冠，所向辟易。

惠澤龍王廟。在水西門裏大軍倉東。政和中建。

牛將軍廟。在城西南隅竹街。宋末，樊城死節，勅贈節使，廟額忠烈。

蜀三大神廟。三神有德有功，載在祀典。俗謂清源君、梓潼君、白崖君也〔一四〕。制使姚希得，蜀人。分閫金陵日，度地青溪之側〔一五〕，鼎創祠宇。其旁又建道室，爲槱燎之所，取管下洞神宮額以名之〔一六〕。國朝延祐年間，改三大神祠爲佑文成化祠〔一七〕，加封梓潼帝君，金陵廟廢不治。泰定年間，盱江江廷楫住持宮事，重加修建。詳見後洞神宮下。

曹南王祠堂。建在正北隅柴街寶戒寺側。至正元年閏五月初六日奉勅建。中書省左丞許有壬撰碑曰：「至正元年二月乙酉，中書臣僚言，勅建曹南王阿嘍罕祠。禮部議視淮安忠武王，而祠於集慶，縣官給其費，且請賜田千畝，以奉祭祀。制曰可。既月，王之子托歡由中書平章政事拜御史大夫，行臺江南，臺治集慶，又得躬相厥役，以迄於成。貽書有壬曰：『子嘗承詔銘先王，知先王莫子若。祠落矣，願紀也。』讓不可，乃本其碑，擷其家世、履歷、勳庸之槩曰：蒙古扎拉爾氏〔一八〕，有贈定威佐運功臣、金紫光祿大夫、司徒，謚忠定諱博綽者，王祖也。贈宣忠靖遠佐運功臣、金紫光祿大夫、中書右丞相，謚桓毅諱伊呼肯者〔一九〕，王考也。勳皆上柱國，爵皆曹南王，身皆死所戰，有大功。祖妣達巴，妣默呼，皆封王夫人。此其家世。王沈毅善戰〔二〇〕，襲桓毅職。中統四年，賜銀章、虎節，仍食萬戶。至元十二年，擢昭毅上將軍，以上萬戶權行中書事，進中奉大夫、行中書省參知政事。明年，以參知政事行江東宣慰事。明年入覲，陞資善大夫、行中書省左丞。十六年，進資政大夫、行中書省右丞，仍宣慰江東。十八年入覲，拜中書左丞相、行中書省事，階光祿大夫，征日本，次明州而薨，壽四十九，葬曹州濟陰南村。特贈推誠宣力、定遠佐運功臣、太師、開府儀同三司，上柱國〔二一〕，追封曹南王，謚忠宣。此其履歷。歲辛未渡江，破宋師於龍興北山。中統初，討阿勒達爾琿塔哈於河西〔二二〕。明年，扈征額呼布格於幕北〔二三〕。明年，從宗王平李璮於濟南。四役皆有奇功，賜黃金、金巵、金鞍、文錦，恩數稠疊。至元四年，覲兵襄陽，明年圍之，越六年克之。始走宋師南門堡，獻盪舟之策。渡沙蕪，取鄂州，泝江陵至鎮江。十二年，與右丞相、淮安忠武王巴延分道取宋。王發建康，與宋師戰，屢敗之。破東垻砦，拔溧陽、建平、廣德、四安、長興關、獨松關，前後斬首一萬五千級，殺其將杜總管、吳奉使、許、吳二總制及騎將二人，俘谷總制、張知府、裨將祝亮等四十二人。十三年，三軍會於杭，宋亡。徇浙東，降趙提刑等五百餘人，追播福安，僵尸四十里，殺步帥李世達，俘秀王與擇、監軍趙由礁、防禦使林德，降安撫使王吉。分軍興化，擒宋相陳文龍，降宋官二百餘人，淮兵三千人，江南遂平。此其勳庸。配托多庫庫楞呼圖克岱，並封王夫人。子男二：長伊蘇岱爾，銀青榮禄大夫、山東河北蒙古軍大都督、集賢大學士；次大夫也。女五，俱適望族。有壬惟古者功臣受封之國，先建宗廟於路寢之東，所以廣孝而勸忠也。諸侯之制，二昭二穆，與太祖之廟而五。太祖百世，不遷昭穆，則侯親盡而遞遷之。自漢以來，諸侯鮮及十世，身享崇爵，而子孫不能保也，廟制由是弗講矣。其有德及生民、功施社稷者，在朝廷則有圖形，以寓其思賢念功之意；在其臣吏則有建祠，以盡其事亡如存之心。亦因時制宜之義也。諸葛武侯之沒也，所在求爲立廟，又請立之成都，後主皆不聽，民致私祭陌上。以武侯之功尚何靳於一廟，豈欲黜私祭以崇正禮邪？夫所在立廟在禮，若汎立之成都亦復不聽，何哉？至習隆、向充之請，始聽立廟沔陽，則武侯之得廟亦戛戛乎其難哉！皇上於忠宣既立之祠，又錫之田，思賢念功之盛德豈區區蜀禪之所知哉〔二四〕？大夫祗順德意，克篤前徽，勸孝勸忠，於是乎在，皆可歌以薦者也。乃爲之詩，俾歌以祀焉！其辭曰：

乾元統天乘六龍，宏材碩德如雲從。忠宣天挺間世雄，父菑子播昏作農。帝曰來汝汝世忠，奮戈無往不奏功。方城頷頷睽皇風，分兵掎角乘其墉。沙蕪飛渡星月濛，順流震擊無遺鋒。義旗禮幹趨獨松，趙孤啣璧吴山空。萬邦玉帛四海同，臺司兩轄昭報崇。虎符龍節行江東，邊塵何物勞蒙衝〔二五〕。魂升海隅心九重，楊顯有子能始終。哀榮典冊備且隆，衮旒冕舄曹南封。石頭城高江流潨，新廟奕奕摩蒼穹。圭田千畝畝且鍾，維穈維芑紛穋穜。舂揄釋烝篚有饛，醇醲載祼牲特豐，備樂舞兮明祀容。神來假兮福攸降，象賢濟美垂無窮。

詳見前圖考並年表。

禹王廟。在保寧坊磨盤街口。其地有溝，名建業溝，又封崇寺街亦有廟，俗呼平水大王。

侯將軍廟。侯項與王琳戰於烈山下，大捷。土人以瑱功烈甚盛，故名山曰烈祠之山。

劉將軍廟。上元縣治西，有廟街北。相傳南唐劉仁贍廟也。

五龍堂。在城西門外古太一觀基〔二六〕，近玄武湖。今廢，屬金陵鄉，去縣八里。南唐保大八年，改舞雩祠。十三年，有玄元尊像，乘一木流於江，及岸止〔二七〕，道流迎奉。徐鍇爲記。

孚澤廟。在玄武湖側，去城西北一里。宋文帝時，黑龍見湖側，時人號黑龍潭，廟祀之。紹興中，禱雨輒應。張𢧐以聞，賜額。

嘉惠廟。在城東南二十五里。紹興元年賜額。《慶元志》：丞相沈讓政和中作邑上元，禱雨應，刻詩於祠。

靈澤夫人祠。在長干寺後龍池側。事見曾文昭公《曲阜集》云。

炳靈公廟。新橋西南。唐昇元中置。《五代史》：後唐長興四年封威雄將軍。至祥符元年，封炳靈公。今廟中有化紙盆〔二八〕，上鑄南唐年號，衆鑄人三郎君廟。按《搜神廣記》，神東嶽第三子，又稱東嶽三郎。

武烈帝廟。在永壽宮西。《南唐書》：常州有陳果仁祠。越人寇常州，柴克宏帥師往救。果仁見夢於克宏曰：「吾以陰兵助爾。」及戰，有黑牛二頭衝突越兵，克宏繼之，大敗越人。克宏奏封武烈帝。今按果仁事見《唐書·沈法興傳》。蓋隋末嘗保據常州。本廟在常州。徐鉉集有《武烈帝碑》。《潤州志》唐贈忠烈公，有諸道行營都招討判官顧雲銘。《搜神記》神字子威。宋宣和中，加封及賜額。柴克宏爲佐神，封靈翊將軍。《慶元志》：廟在天慶觀西。廟堂後水一壁乃毗陵董羽畫，世傳名筆，今不存，不知其處，畫壁亦罕傳。《句容志》：廟在東門內。《溧陽志》：忠祐別廟在縣東門外。陸子遹重建。延祐五年，本州准常州路牒，勑加封武烈顯靈昭德仁惠孚佑真君。

二判官廟。在城西門裏鐵塔寺西南百餘步。《事迹》云：舊本延祚院土地神。唐會昌中，寺廢。景福二年，神託夢於里人〔二九〕，復夜見火光連天，人潛窺見炬篝熒熒焉，因就其地建廟。

白石廟。案《宋書》：晉咸和三年，蘇峻亂。溫嶠等人伐，立行廟於白石。告元帝元后曰：「逆臣峻傾覆社稷，毁棄三正，汚辱海內，臣亮等手刃戎首〔三〇〕，龔行天罰〔三一〕。惟中宗元皇帝、肅宗明皇帝、明穆皇后之靈降鑒有罪，勦絕其命，剪此羣逆，以安宗廟。臣等雖殞首摧軀，猶生之年。」謝靈運撰《征賦》：「造白石之祠壇，懟二凶之無君。」謂此。其地在白石陂。今廢。

九州廟。按《宋書》明帝立九州廟於鷄籠山下，大會群神云。

紫微廟。在城東北九里蔣山西。宋明帝立祀王行帝，廢基猶存。

興德王廟。在蔣山蔣帝廟北，去城十三里。唐末，吴天祚三年〔三二〕，神見先主夢中，因立廟。廢基猶存。

助國王廟。在城東北十八里。本觀山王廟。南唐取鐵山下遂改助國大王廟。廢。

青溪姑廟。在今府學東，與上水閘相近。按《輿地志》：青溪岸側有神祠，世謂青溪姑。南朝時，有靈異。舊傳隋平陳，張麗華、孔貴妃死於此。今祠像有三婦人，蓋青溪姑與二妃也。《慶元志》：廟在今上水門東。《異苑》曰：青溪小姑是蔣侯第三妹，南朝甚有靈驗，嘗見形云。又《類説》：趙文韶住青溪，月夜唱，烏栖飛，忽有青衣至，曰：「王家娘子傳語，聞君歌聲有關人者〔三三〕。」須臾，女子至，容色可憐。文韶乃歌，深契女心，曰：「今有瓶，何患無水？」取箜篌鼓之，令婢歌《繁霜》，自解裙帶縛箜篌。歌曰：「日暮風吹，葉落依依，丹心寸意，愁緒自知〔三四〕。」窮夕別去。明日，至青溪廟中，女姑神像即夜見者。荆公詩：「已無溪姑祠，何有江令宅。」今廟恐非故處。案此本溪神祠，後人傳怪，至以爲是〔三五〕。今城東陽三姑廟側有小廟〔三六〕。

白馬廟。《慶元志》：「在江寧縣隨車鄉秦淮南岸，去城三十里。」《宋・顧琛傳》：景平中，顧琛爲朝請還東，日晚，至方山下。子時，商旅數十船悉泊東岸側。有一人朱衣介幘，執鞭屏諸船云：「顧吴郡部伍尋至，應泊此岸。」於是諸船各東西。俄有一假裝至，事力甚寡，仍泊向處。人問顧吴郡早晚至否〔三七〕，船人答無顧吴郡。又問何船，曰：「顧朝請耳。」莫不驚怪。琛意竊知爲善徵，因誓之曰：「爲吴郡當於此立廟。」至是果爲吴郡太守〔三八〕，乃立廟於秦淮，號白馬廟。今按秦淮東上元崇禮鄉地有廟，與史方山下東岸合，隨車地名殷巷，二廟隔秦淮相望，里人各祀之。

張僕射廟。在城西門外十里。《事迹編》云：舊經，唐天祐中，有清河張司徒營建金陵，百姓懷而祠之。今呼張僕射廟，北去城四里。南唐張懿公墓道在焉，或云即僕射也，名居詠，字德之。嘗爲特進、太子太傅，未見爲司徒也。

周江乘廟。在攝山頂。相傳吳時人，蓋賢令也。

韓將軍廟。在城西門。額大吳韓將軍廟。唐末楊氏據吳，其人必有功者。

阿哈廟〔三九〕。在雞行街殺豬巷。相傳金人南侵時，有不忍而救免者，人記其名，立阿哈大王廟。

新林姥廟。《南史》：張敬兒於新林姥廟中爲妾祈子，自稱三公。不詳其所。

李氏女廟。在三山。李氏名珣，字温叔，都官外郎幼女也。八歲能賦詩。後適江夏王常，同汎舟，射利江湖間。婁徹爲江州，作清風亭記。常方歎美，珣曰：「未之盡也。何不云『好山緑水，萬里有盡處；清風明月，千古無老時』。」一日舉其文於徹，徹卒用其言，爲破題。不久常死，珣溺舟三山磯下。後三日，尸忽出水中。土人異之，立廟。

楚菩提王廟。舊在攝山前，今徙棲霞寺内。《稽神錄》、《攝山記》皆云神即楚靳尚，以讒纏爲蟒，穴於山。齊永明中，有僧爲授菩提戒，立祠山下，號菩提王。事甚迂怪。亦見江總《棲霞寺碑》云。

蘇大將廟。舊在上元金陵鄉張陣湖側。按《南史》：「宋明帝即位，四方逆命，與蘇侯神結爲兄弟，以祈福助。及事平〔四〇〕，與建安王休仁書曰：『此段殊得蘇兄神力。』加峻驃騎大將軍云。」

句容縣城隍廟。在縣治南。

三茅真君廟。《句容縣志》：《太元真人内傳》曰：漢明帝永平六年，詔勅郡縣修守丹陽句曲真人廟，陶隱居宅此〔四一〕，廟今猶存，在山東平阿村中。有女子姓尹爲祝，逮山西諸村並各造廟。大茅西爲吳墟廟，中茅後山上爲述墟廟，今並不知處。惟昇元觀名鶴廟，在祠宇宫之上。以茅君分理赤城，每年十二月二日，駕白鶴會於此。紹興戊寅春重建，廟嚴肅。工興，丹光現舊基。

張王廟。在句容縣南鈐塘廟北。有張墓，數百畝。紹興經界時，蠲賦，禁民佃。東有石柱，前有陂池。相傳王飲馬於此。又有廟後廢寺及孝宅、硯池、舊縣官禱祈香爐，移轉不已，有碑記其事。舊額忠祐靈濟廟，信安盧襄書。今廟額曰正順忠祐靈濟昭烈行祠。以顯跡桐汭，反以此爲行祠。

廣濟廟。《句容縣志》：「天聖觀祔龍神祠貌，前有龍池。」昔陶隱居遷雷平池小龍豢養於此，歲遇旱禱雨，府縣官迎請致醮，每應。紹興間賜額，淳熙、紹熙間勅兩封敷澤廣應侯。

文孝廟。在句容東門内。昭明有宅茅山，邑人祠焉。

劉明府廟。在句容東門内。晉劉超爲邑宰，有德政在民。

沈史君廟。《乾道志》：「在句容縣北下蜀鎮西北。又有沈公橋。」神即宋沈慶之也。《縣志》曰：「昭靈侯廟有祝文，略曰：「淳熙六年六月既望，從政郎張巖謹再拜寓文，告於建康戍山沈侯之廟曰：惟侯武勇勁，正生爲忠義，死禍福一方。」後其子倡書曰：「先公赴舉江東，乞靈得卜，尋登第。」越十年而寓前文。以私錢助飭祠宇。又四十八年，倡濫爲宰，遂書文於板，以顯侯靈。」

達奚將軍廟。《乾道志》在句容縣東門內。《縣志》白羊門內。事見古迹仁威壘注。

盧大王廟。在句容縣西北東陽鎮市東。父老傳云盧綰也，無碑刻可考。《慶元志》：鎮江周孚嘗至祠下，曰盧絳也。考《南唐史》，絳仕江南，至昭武節度使。城圍日，頻立戰功。及金陵城陷，募驍勇敢死千餘人，行收敗卒，由宣、歙長驅入福建，循海聚兵，以圖興復，不果而敗，忠於所事者也。」

射烏廟。在射烏山下，去句容縣北五十里。或傳爲羿。

靈濟張太尉等廟。《句容縣志》：張太尉廟在東門內，久廢。有靈濟王廟，在縣南十五里。縣志作靈濟廟。龍光廟，在縣東二十五里。武烈帝廟。見前。茅司徒廟。在茅山。事見溧陽。天王廟在縣城東角。

溧水州城隍廣惠侯廟。在州東百步，蓋唐縣治基也。神即唐縣令白季康，祈禱必應。宋元符中，邑民俞瑑率衆建廟。紹興九年，李朝正請於朝，賜額正顯。十七年，封廣惠侯。淳熙元年修，王瑞朝作廟碑。十六年，加封孚應，寶慶元年，加封順濟，二夫人加封四字。開慶中，加封顯佑，二夫人加封六字。景定元年，權縣趙介如，以唐中書令敏中侯之子，尚書居易侯從子也，闢西廡立祠曰「有唐文獻之祠」。五年，封顯德公，夫人河東薛氏、高陽敬氏皆加封。子三人，皆特封侯，居易特封昭文侯。咸淳四年，邑人建顯應閣。

《樂天集》有侯墓誌銘，曰：「公諱季康，太原人。秦武安君起之裔胄，北齊五兵尚書建之五代孫也。曾祖諱士通，皇朝利州都督。祖諱志善，尚醫奉御。父諱鏻，揚州錄事參軍。公錄事。次子歷華州下邽尉、懷州河内丞、徐州彭城令、江州尋陽令、宿州虹縣令、宣州溧水令，歿於官舍。明年某月某日，歸葬於華州下邽縣某鄉某原，享年若干。嗚呼！公爲人溫恭信厚，爲官貞白嚴重，友於弟兄，慈於子姪，鄉黨推其行，交游讓其才。自尉下邽至宰溧水，皆以廉潔通濟見知於郡守，流譽於朋僚。才不偶時，道屈於位，而徒勞於州縣，竟不致於青雲，命矣夫！哀哉！公前夫人薛氏，先公若干年而歿。生二子一女。女號鑒虚，未笄出家。長子某，杭州於潛尉。次子某，睦州遂安尉。後夫人高陽敬氏，父諱某，某官，生一子二女。女皆早夭。子曰敏中，進士出身，前試大理評事，歷河東、鄭滑、邠寧三府掌記。夫人在室，以孝敬奉親爲淑女。既嫁，以柔和從夫爲順婦。及主家，以慈正訓子爲賢母。故敏中遵其教，飭其身，昇名甲科，歷聘公府，以文行稱於衆，以祿養榮於親，雖自有兼材，然亦由夫人誨導之所致也。夫人以太和七年正月寢疾，終於下邽别墅，享年若干。明年某月某日，啓溧水府君薛夫人宅兆而合祔焉，禮也。時諸子盡歿，獨敏中號泣襄事，託從祖兄居易誌於墓石，銘曰：繄我叔父溧水府君，治本於家事，施政於縣民。繄我叔母高陽夫人，德修於室家，慶積於閨門〔四二〕。訓著趨庭，善彰卜鄰。故其嗣子，休有令聞〔四三〕。」

楚平王廟。在溧水州南十里，即平都舊址也。《乾道志》、《吳越春秋》云：楚平王都固城者，周成王封熊繹子男之田於荆蠻之地。靈王立，與敵日尋干戈，邊鄙不寧。時吴軍失利，乃陷瀨渚。至平王用佞臣之言，殺太傅伍奢，並其子尚。子胥奔吴，吴用之，破楚而入郢。其廟唐廣明元年重修。知縣周邦彦詩：「姦臣亂國紀，伍奢思結纓。殺賢恐遺種，巢卵同時傾。健雛脱身去，口血流吴庭。達士見幾微，楚郊憂苦兵。十年軍入郢，勢如波捲萍。賢亡國嬰難，王死屍受刑。將隳七世廟，先壞百里城。子胥雖捐江，素車駕長鯨。驚濤寄怒餘，遺廟羅千楹。王祠何其微，破屋風泠泠。蟄蠹陷香案，飢鼠懸燈檠。淫俗敬魑魅，何人顧威靈。臣冤不讎主，況乃鋤丘塋。報應苦不直，吾將問冥冥。」

左伯桃羊角哀廟。去溧水州七十五里。今廟中像羊、左居左右，介子推位其中，未詳。又近地有子推墓，地名介墟，恐後人併其廟爲一爾。舊志，廟在漆橋路東五里。又有地名介墟，在近。後人因敬羊、左義烈，並塑子推像祀之，然土人但稱羊左廟。

荆將軍廟。去溧水州南四十五里，孔鎮南大路西高陂古城内。舊經云荆軻祠，未詳。蓋以羊、左事見爾。

聖母廟。在溧水州東十四里。蓋中山神，俗號俞母。俞，丑救切〔四四〕。南唐昇元六年，邑宰廢淫祀，惟此廟獨加修建。秘書省正字賈彬作記。石刻已亡，耆老能倍記。元豐元年春旱，禱雨而應，邑人胡無競重刻石，略曰：有唐中興，文軌未一。天子宵旰，惠於烝人。疇兹賢才，以理郡邑。詔琅邪王公出宰畿甸，公每鄙衆心尚崇淫祀，下有取舍，那分否臧？爰採地圖，稽之故事。古之諸侯，今之令長，得祀境内，以祈有年。有若聖母，享於是山。其名中山，其神后土。將設廟貌，胡爲不然。其餘嚻浮所完土木之設，並從毁拆，無或興妖。有以見公之去邪蔑疑，爲政以德，愷悌君子，其在兹乎。將仕郎、試秘書省校書郎韋真矩書。

張將軍廟。在溧水州東南二十五里。俗呼烏鯉廟〔四五〕，禱祀輒應〔四六〕，民敬事之。《州志·事迹》：昔民有女行田野間，感黑龍而孕。後産鯉魚，遂投水中。復變化，隨母所遊，後乘雲去。每春時，必至墓上。禱雨暘隨應。

劉府君廟。在溧水州北三十五里方墟。淳祐十六年，太學進士杜子源記曰：溧水縣北之柘塘，劉府君有祠舊矣。禬禳禱祈，輒響答。端平丙申，里民以棟橈將壓，補其敝，且藻飾之。一夕，繪工有醉酗嫚褻者，傍觀爲髮立汗下。詰旦起視，則雉經而死。尉陶君季治被縣檄驗視〔四七〕，爲廟素以靈著，而今以是汙，爲弗靈矣，遽火之。已而，風簾月牖，變詭幻怪，幾不容以一息安。於是翻然悔皐，規復其初。鄉之著姓濮君智明首以義倡，時嘉熙己亥秋八月也。未幾，戎馬突至，居靡遑寧。其後因之水旱，田萊多荒，不遑於成〔四八〕。淳祐甲申，乃始屬役，殫力竭慮，若已作室。雪脊朱扉，林薄映照，揣高度廣，視舊有加。位置貌象，舉以法故，洋洋如在，民益敬憚。其子桂發求予記。稽諸志乘，及裴晉公所著隧碑，府君歸葬於鄉，今州北三十五里，曰劉墓者是也。其門人韋乾度、王良士、鄭郡合十餘人琢石爲碑〔四九〕。顔魯公敘送伯氏西遊，亦侈其鄂不移華之盛〔五〇〕。晉、魯二公元勳盛德，日星儷明，千載聞風者，袵斂色悚，而於府君稱道如是！嗚呼，金陵古帝王州，達官顯人，累累丘壠，鮮有氏其地者。屋而祠之，尸而祝之，歷百千歲如一日。府君之德如此，而書汗簡者獨甚約，幸託晉公之筆以傳。而又不幸缺裂，敲礪之餘，淪墜割烹之所，非有賢大夫如戴公挈而出之，則其名行泯沒蒼烟衰草間。然則抉斷刻於垢汙，新廢祠於煨燼，其好古樂善，有神風化一也。裴度撰神道碑：公諱太真，字仲適，族鼓城。晉永嘉末，衣冠南渡，遂爲金陵人。詳見本州志。

溧水州諸行祠。東嶽祠，在州治東。張真君祠，在臨淮門外。五顯祠，在永安門內。

溧陽州城隍廟。在州東南挹秀門內。

顯惠廟。在溧陽州北二十里垸山下。後漢司空、驃騎將軍、溧陽侯史崇廟，祈禱屢應。大觀元年賜額，政和二年封靈濟公〔五一〕。舊經以爲溧陽史氏之祖，故又號史祖廟。廟有《禱雨靈應記》，南唐昇元三年知鎮縣事郭延沼立。案唐制，方鎮兵戍州縣者謂之鎮兵，將曰鎮將。知鎮縣事者，蓋以縣令兼將鎮兵，如今郡守知軍州事也。

貞義女廟。在溧陽州西北四十里瀨水上。唐李白作碑，淳熙五年重刻，碑云溧陽黃上里史氏之女，即以飯食伍子胥自投於水者。

趙城明王廟。在溧陽州趙城內。明王，蓋城之土地神。州志：廟有記，唐中和二年鄉貢進士林雲撰。神諱禹，獨立漢庭，秉持邦憲。關東、江南飢民爲盜，王整師掃蕩，吴楚晏清。再分茅土，分王東平。今州有趙城，即當時屯軍之地。後人思之，立祠。大曆中，義興縣豪民張度聚衆攘竊，至趙城東二十餘里，驚風駭浪，人溺舟沉，乃兹神力。水旱禱祝，剋日應期。今案《漢書》：趙禹，郃人也。爲丞相，史稱廉平。選爲御史，至中大夫，歷中尉、少府、廷尉，後以壽卒於家。其事不合。禹以異姓封王，史必不略。詳雲碑意，似指漢宗室爲王者，然不可考矣。

梁城廟。在溧陽州古梁城内。相傳昔梁王國於此。

赤鄒將軍廟。在溧陽州東北二里屠塘右。舊經云：城樂鄉侯史崇之將也。

武程將軍廟。在溧陽州青安門外。

高鄭二王廟。在溧陽州北街，廢。

伍相廟。在溧陽州護牙山下。

聖姥廟。在溧陽州曹姥山下。

潘真君廟。在溧陽州三鶴山下。《寰宇記》云：「潘氏兄弟三人得道，化白鶴衝天。後人思而立廟，祈雨有應。」

白鶴廟。在溧陽州朝山下。按茅山昇玄觀有白鶴朝寺〔五二〕。州志：舊經云：「昔仙人釣魚於此，雙鶴來朝，集廟屋上，因名。石上有仙人迹。」

東嶽茅司徒等廟。案舊志，東嶽廟、廣惠張王廟、五通廟並溧陽州西門内，忠祐廟見城内。武烈帝廟、茅司徒廟，《事迹》云：「《稽神錄》，浙西僧德林，少時遊舒州，路見一夫荷鉏，治方丈之地，左右數十里不見居人。問之，對曰：『頃時自舒之桐城至此。』暴得痁疾，不能去，因臥草中。及稍醒，已昏矣，四望無人，惟虎豹吼叫，自分必死。俄有一人，部從如大將，至此下馬。良久，召二卒曰：『善守此人，明日送到桐城縣下。』遂上馬去，倏忽不見，惟二卒在焉。某即強起問之，答曰：『此茅將軍也，常夜出獵虎，憂汝被傷，故使護汝。』更欲問，即答曰：『已出矣，不復見。』其二人即起而行，意甚輕健。至桐城，頃之疾愈，以所見之處立祠祀之。德林止舒州十年，及回，則村落皆立茅將軍廟，今俗呼茅司徒，在溧陽州東門外一里。」舊志同。

祠山真君廟。在溧陽州招遠坊。

五顯華光樓。在府城西隅賞心亭側。神蓋五行之精。古有五祀。道書謂之靈觀大帝，祠廟所在有之，江東尤盛。若木石之怪爲妖，則亦五行之沴氣耳！

宮觀

大元興永壽宮。即舊天慶觀。在城西門内崇道橋北。南宋廢國學，置總明觀地，即吳冶城，晉西州故址。後總明觀廢〔五三〕，道家者流，以儒觀之，名爲道士觀。楊吳於其地建紫極宮。徐鉉作記云：「冶城峻址，西州舊宇。卞真公之遺壠，郭文舉之故臺。」宋大中祥符間，改爲祥符宫，續改天慶觀。建炎兵火，紹興十七年重建。舊太乙殿基，即郭文舉讀書臺也，在聖祖殿後。冶城樓、忠孝亭，在觀之右。歸附初，冶城樓廢燬，别建冶亭。元貞間，改額玄妙觀，天曆潛邸屢幸之，觀主趙嗣祺、陳寶琳應對稱旨，尋陞觀爲大元興永壽宫，改冶亭爲飛龍亭，賜嗣祺號曰虚一先生，寶琳曰虚白先生，令有司新其宫宇，出南行臺贓罰鈔以供用費。皇上即位之明年，又撥鈔二千定成其功，遣匠作臣造天神像，累賜金旛、寶香，嚴其祠事。至元二年降璽書，命主其宫者甲乙次第之。翰林學士虞集記飛龍亭，略曰：「昔在潛邸東南，海嶽湖江之上，車轍馬足，有所至焉。則守吏民庶，興感榮幸〔五四〕，隨而表之，以識其愛慕之意。既登大寶，自天光日華之所被，及山川草木與有榮耀，則必有所述，以示乎天下後世，若集慶路大元興永壽宮之飛龍亭其一也。亭成久矣，而宮之住持道士賜號虛白先生，臣陳寶琳始錄其事，即臨川山中求臣集記之。亭本冶亭，宮本玄妙觀，集慶本建康路，皆所賜名也。方在金陵時，行邸去冶亭爲近，上時遊焉。一日傳命且至，臣寶琳出宮門迎候逾時，從官已奉供具及門，則知上已至冶亭久矣〔五五〕。引鍾山之形勝，俯城郭之佳麗，顧瞻徘徊，悠然有化育之洽焉。從臣以寶琳見，上笑曰：「道人何避客之久也？」寶琳頓首俯伏請罪。上曰：「山徑幽雅，取便而至，宜爾之不知題冶亭者〔五六〕，虞集今何在也？」皆對曰：「今在翰林充學士。」王僧家奴模而觀之，因藏諸篋，問寶琳：「何以字玉林也？」則對曰：「道士燒金石爲丹，須抽鼎中〔五七〕，狀如瓊林玉樹，故取以爲名。」上曰：「當雪時，吾登此亭，目力所及，樹木皆玉也，豈不易知乎？」更謂之雪林。後臨御，別書「雪林」字賜近臣趙伯寧，而寶琳仍字「玉林」矣。謂寶琳曰：「吾出遊數勞人，不如山行之便，可作柴門，嚴扃鐍，以待予之往來。」自是數至。寶琳野人見上之樂，而忘其微賤，或持酒引裾，欣然爲留，亦不責也。天曆已巳，寶琳與其宮之住持趙嗣祺朝京師，始製先生號，以賜金陵道士之嘗得見者，嗣祺曰虛一先生，寶琳曰虛白先生，得之者纔二三人耳，蓋異數也。時賜新宮名，而冶亭名飛龍矣。明年之三月二十五日，臣集侍立奎章，上顧謂曰：「汝猶憶冶亭乎？亭旁松當加長茂。」臣集對曰：「臣集到冶亭時，未種松也。」上曰：「游冶亭見卿書，以爲繫千載之思，實槩于懷。」因命臣集書宮亭新名以賜，而寶琳持歸。賜南御史臺錢若干，新其宮。所謂冶亭者，既名飛龍，加飾楹桷，置御榻其中，重覆而謹視之。別作亭其下，仍曰冶亭，羣臣、公卿大夫賦詠咸在。又爲亭，以當鍾山之秀，名之曰鍾英。宫成，行臺御史大夫、中丞以下，及郡縣守吏咸集於此，以侈天子之賜矣。嗟夫！亭成至於今十有一年，而先帝棄臣民將八年矣！微臣辱在草野，未先朝露，詎能爲寶琳執筆，以述恩光之萬一哉？於惟天子仁孝純至，勛華相承，羹牆之見無有遺思。先帝神靈在天，陟降上帝，雖曰不可度思，而日月所照，霜露所隊，顧懷下土，於萬斯年，臣民之瞻仰烏有窮已乎！臣集故丕述事亭石，以昭示於來者。至元五年十一月記。」自改飛龍亭後，更作冶亭及鍾英亭，極冶城之勝云。

洞神宫。據《景定》諸志，舊在蔣山太平興國寺東，有古基階級存焉。制使姚希得創蜀三大神廟於青溪側。景定四年，就其旁創道宫，以爲祈報燎槱之所，因以洞神舊額加之。命道士王道立爲知宫，俗呼洞神宫〔五八〕，蜀人文復之爲記。田產有碑，歸附後久廢不治。盱江道士江廷楫以泰定初年住持宫事，始修宫祠，復其田土，於舊溪光山色亭基創青溪堂。李孝光撰記。建業東有老子之宫，曰洞神，在鍾山之下，歲久而橈。宋景定間，留守姚希得居守建業。希得，蜀人，久宦不得歸，乃作蜀三神祠建業青溪陼中，俗相傳言江總故宅所在。希得念諸祠祀，令佛、老子之徒守之〔五九〕，乃得不廢。遂徙鍾山故宫，並樹焉。又大出金布，爲置次舍、土田、園池、芻蕘之地，屬道士王道立守之。事在文復之記祠語中。宋且亡，土田散屬巨家，祠亦弛弗治。

其徒夢神人告曰：「後有公孫止吾宮，則祠且復興。」延祐六年，盱江江廷楫濟川寔來。始至，跋青溪上，行視祠東西，大爲惕然，於是修三神之祠。明年，又益樹壞垣，改作兩廡。始完，而御史中丞納琳〔六〇〕、侍御輔之、治書侍御史圖沁布哈〔六一〕、監察御史僧格達實過見之〔六二〕，聞祠祀土田屬巨家，使有司悉按故籍，歸其土田，皆已復其舊。濟川乃曰：「吾徒聚居以學道，道清淨而離世，然不可以褻，故有齊居之室。」乃作室祠，北曰青溪之堂。堂成，屬余記之。客有問於余：「三神者皆蜀人，生有功於蜀，沒廟食其縣，何以得祀於他邦？」余曰：「先王爲祭法，凡爲民禦菑扞患，而德在生人，得著於典祀。夫三神有功於蜀，而爲蜀德，然其法則可施於天下，世徧祠固宜。今夫公卿大夫有民人之責，苟能推上之膏澤以利之，則民甚至生祠之以報其仁。至於他縣之民，亦願欲望見，幾幸一臨涖之，以求得其所願，此無他，以爲能德己也。繇是言之，推民之所爲事神，可以少媿卿大夫之不爲民德者。是故有功於人，人思之矣，獨事神哉！」余感濟川之用勞若此，故爲言焉，以慰問者之意。又爲之詩。樹祠之所始，濟川江丞相之諸孫始仕矣，不遂去，修老子氏之道，別自號野舟云。其詞曰：「耽耽神棲，自鍾陵徙。青溪之崎，江令之里。三神並樹，蜀人留守。我聞三神，皆蜀篤生。受命上天，輔此衆萌。鑿江灌田，黍稷如京。惟孝廉氏，帝使司文。神光下燭，其煒如星。廟食蜀都，皆號神君。偏祠於楚，貴並公社〔六三〕。民飲食神，奠椒懷糈。始隆中弛，橈而復宇。宇俄而作，珍木具美。疾猶鬼輪，翬其有顏。藻井璿房，仙聖至喜。神鼈扶宮，宛在中央。若裨海九，環以大瀛。美哉沈沈，上與河通。宫室清淨，幽人所棲。澹泊無欲，觀其天倪。辭祝聖人，與天地齊。神有報民，則多祉福。宜稼於田，天倪大樂。時神之休，惟皇壽穀。

報恩光孝觀。在報恩坊街。觀基係陳朝進奏院故址，宋崇寧二年置觀，賜崇寧爲額。政和元年，改爲天寧萬壽觀。紹興九年，諸路天寧萬壽觀並以報恩光孝爲額，專充追崇徽宗道場。近年重加修建。

崇禧萬壽宮。在茅山華陽洞南門之東。即舊崇禧觀。《唐史·方技傳》：道士王遠知，少聰敏，博綜羣書。初入茅山，師事陶弘景，傳其道法。高祖之潛龍也，遠知嘗傳符命。太宗平王世充，與房玄齡微服以謁，遠知曰：「此中有聖人，得非秦王乎？」太宗以實告。遠知曰：「方作太平天子，願自愛也。」太宗登極，將重加祿位，遠知固請歸山。貞觀九年，潤州置太平觀以處之。舊圖經云：晉陶隱居創，後爲永嘉館，復爲嘉遁館，以待四方之衆，即此也。後號太平觀，爲盜所焚。南唐昇元初重建。宋祥符元年，因祈禱，改名崇禧觀。建炎四年廢於火，紹興中再創。《陶弘景傳》云：大茅、中茅間有積金嶺，先生於嶺西立華陽上下館。舊記云：「崇禧觀，即梁貞白先生陶君華陽下館。」《茅山記》云：「太師益國公，以金帛建造，觀宇粗備。先是，真宗祈嗣茲山獲應，每歲建金籙道場七晝夜，內降青詞朱表，並降香施料，命句容縣宰充代拜官，設醮於此，由是總轄諸山此觀爲甲。張商英撰碑銘。今延祐六年改爲宮。」

玉晨觀。世人稱爲茅山第一福地。高辛時展上公，周時郭真人、巴陵侯，漢時杜廣平，東晉楊真人、許長史父子，唐李玄靜，南唐王貞素並在此得道。梁時陶隱居於此精修，爲朱陽館。唐太宗時，爲華陽觀。玄宗時，爲紫陽觀。宋大中祥符元年九月，改爲玉晨觀，在雷平山北。

古太平觀。在茅山側。梁時陶隱居讀書萬餘卷，善琴碁，爲諸王侍讀。永明十年，掛衣冠神武門，居句曲山，立館，自號華陽勸隱居。宋元符中，改太平觀。即前崇禧觀基也。

崇壽觀。在大茅山下華陽洞南。九錫碑云：宋太始中，廬陵太守魯國孔嗣之爲道士華文賢建。舊記云，晉任真人舊宅〔六四〕。宋元嘉十一年，路太后建。未詳孰是。齊建元二年，立崇玄館。爲太子嘗臨之，重廣基業〔六五〕。唐天寶重修。宋大中祥符七年賜今名。張天與讚《茅山志》在華陽洞南。

下泊宮。在中茅西。《茅山志》云：「大司命君以漢地即三年自咸陽昇舉，徑來句曲，外立茅舍，以教二弟處也。」隱居云：「父老相傳，是司命故宅。」唐貞觀十一年重立碑，黄洞元文。

元符萬寧宫。在積金山。《三茅記》云：「嘉祐中，有蜀人王略於積金山結廬，以煉丹藥，後因事捨去。劉混康初入山居之。宋哲宗召混康赴闕，詔以所居爲元符觀。崇寧五年，徽宗題其榜曰元符萬寧宫。建炎四年，爲盜所焚，楊沂中以私財建造殿堂。」

祠宇宫。在中茅峰西垂。舊記云：唐天寶七年，勅於廟下立精舍，度道士焚修。屯田員外郎柳識撰碑。

華陽宮。在積金山西。舊記云：本貞白之上館。唐天寶七年，勅度道士焚修。後燬於兵。宋政和中重建。

乾元觀。在茅山大横山下。陶隱居《真誥定録》言：「大横山下有泉，昔李明於下合丹，而升玄洲。」梁天監十四年，陶隱居創欝罡齋室，以追玄洲之蹤。天寶中，玄靜先生居之，制旨建置殿堂臺榭甚多，皆明皇賜額，曰棲真堂、會真亭、候仙亭、道德亭、迎恩、拜善等亭〔六六〕。前朝大中祥符二年〔六七〕，國師朱觀妙於此結廬老焉，先賜集虚菴爲額。天聖三年九月，改賜今額。

天聖觀。在茅山積金峰上。梁天監初，陶弘景開創池沼。唐貞觀中，建立道靖。至德中，賜名火浣宫，唐末遂廢。宋景德中，張明真結廬於此。祥符中，御製《觀龍歌》，送龍歸三茅山，所得之池即此處也。天聖三年九月，賜名延真菴。五年，賜額爲觀。

五雲觀。在華陽洞西門五雲峰下。宋天聖中，王文穆公欽若於此建菴。景祐四年，賜額五雲觀。慶曆二年，晏元獻公殊撰記。後爲雷所擊碎，碑不再刻。

抱元觀。在茅山柳谷泉上。舊名柳谷菴。政和八年，因陳希微修行於此，勅賜抱元爲額。慶元間，王元綱重建。

昇元觀。在中茅峰西。本名白鶴廟，劉至孝三遇仙桃之所。宋元祐中，道士湯友成、友直居之。政和八年，俞鉏奏改今額。

棲真觀。在崇禧宮東。本名玉霄菴。舊記云，陶貞白中館，宋宣和中賜今額。

華陽觀。在崇壽觀西。舊名鴻禧院。舊記云：實曆二年勑置，即梁昭明太子舊宅。丘徵君亦隱於此，李德裕延太玄周先生有碑。宋治平中，賜名鴻禧觀。至宣和初改今額。

清真觀。在大羅源中。宋政和中，吴德清始營建，爲道人棲泊之所。徽宗朝賜以觀額。紹興間，每歲三月十八日，四方道人皆會於此。齋時多有鶴至，故謂之鶴會。

燕洞宫〔六八〕。在茅山柳谷汧東。宫之東南，有燕口山，三小山相偶。梁普通中，有晉陵女子錢氏妙真，年十九，辭家學道，師事陶隱居。獨居幽巖〔六九〕，誦《黄庭經》，積三十年，佩白練入洞，自後奉祀不絕。至唐天寶七年，興修爲宫，賜額燕洞宫，度女冠，以紹香火。梁邵陵王爲記。宋嘉祐甲辰，野火焚之，遂移於句容縣。紹興二十年復舊。

白雲崇福觀。在中茅峰西白雲峰下。先是，華陽宫知宫道士王景溫退居，結廬於此。紹興三十二年，名聞於上，詔即所居建白雲崇福觀。

永僊觀。在茅山。宋淳熙甲辰，劉先覺以高士召，賜對重華宫，講《南華真經》。引疾還山，攜賜詩於抱朴峰誅茅棲泊，始名玉霄菴。今改此額。

洞玄觀。在方山南。《輿地志》：吴赤烏三年，爲葛玄於方山立觀。後玄白日昇天。今方山猶有煮藥鐺及藥臼在。唐貞觀六年，併岩棲觀入焉。

永樂觀。在城東七十里上元縣境。舊經云：漢劉謙光捨宅爲觀。南唐昇元中重修。宋改爲崇虚觀。

修真觀。在永壽宫西。舊在越王臺下。南唐保大七年，置爲女冠觀。宋開寶八年焚毁。太平天國二年，移置於此。

藏真觀。在茅山疊玉峰南，臨大路，劉静一先生解真瘞劍之地。宋朝大觀中建，因賜額爲藏真觀，側有静一先生墓。

崇元觀。齊建元中，改爲崇元館。唐天寶七年重修。宋大中祥符七年改今額。紹興末，桐川石先生名元朴，從楊亶甲學道，結菴常寧鎮之南岡，以醫濟人，日織草屨一璁，兼錢十文，懸戶外樹，使行者自取之，寒暑弗渝也。年八十八，無疾而逝。漫塘劉宰爲文祭之。至元丙子，以古額爲觀，其徒嗣守藥室。

元陽觀。古觀名，見顧況詩。此觀十年游，此房千里宿。還來舊窗下，更取君詩讀。今觀在茅洞之上。隆興初，吴興道人沈善智者，穴居，自稱洞主，遇韓蘄王夫人茅氏，爲創殿宇，初名冲虚菴，慶元間請額爲觀。

紫陽觀。舊名洞雲庵。建炎中，河北博州道士王破頭者，來山獨居丁公山東巖下，夜夢神人指巖穴曰：「此酆都考訊之所，可去洞百步居焉。」至秦檜殁，夫人王氏純素詣靖真李宗師乞拜章，知檜繫此酆山獄中，王命其子熺即洞口建太一殿，以求冥釋。所施播與石記存焉。至元癸未爲觀，存古額也。

聖祐觀。在大茅山頂。延祐三年定額，奉大君真應真君。

德祐觀。在中茅山頂。延祐三年定額，奉中君妙應真君。

仁祐觀。在小茅山頂。延祐三年定額，奉小君神應真君。

青元觀。在句容縣西南。舊經云：葛仙公宅，梁天監七年建，有丹井在焉。

崇真觀。在上元方山下，蓋即前洞玄觀。宋避諱，改今名。戚氏《志》云：正殿奉葛仙公像，葛氏環觀而聚居。有名天麟者，及知觀事陳元吉，各有所述，曰自吳立觀。仙公飛昇後，靈祥薦至，白仲都輕舉相望。從孫稚川復游鄭氏之門，而得其祖之學。自是觀宇羽流日盛，子孫亦並山而居不絕。觀額，至宋避國諱及仙公諱，遂改今名，而志失載耳。至元十三年，毁於兵火，獨存遺像。葛氏秀實建殿，延道士周如一領之，而觀以漸復。以觀中南唐時戚琚等請還洞玄鍾碑觀之，不及舊之宏麗矣。然居人崇嚮，真侶來依，亙山之境，無水旱札瘥之患，齋館日辟，樹植歲茂，將復洞玄之規，惟仙公藥臼及鐺莫究所在。後山有丹井，嘗在寶華宮內，加以石闌護淨。及建仙公殿，宮碑具載。宮隨廢，井上夜時有丹光驚飛，有石湮塞。近年人浚之，利其所藏。既下，聞風雷聲，懼而出。山中石星布虎伏二石，相傳有仙公飛昇杖履遺迹。道家閤皁山太極左宮符籙與三茅龍虎並行，號「三山天印地連，三茅故出閤皁」。宋嘗兩封仙公曰冲應孚祐真君，其子孫猶多儒雅云。

元真觀。今在臺治南直街東。《慶元志》：徐鉉《唐故道門威儀玄博大師真素先生王君碑》云：「天祐丁卯，避亂南渡，至於壽春，來止建康。有玄真觀者，陳宣帝爲臧矜先生之所作也。殿常岑寂，水木清華，游焉息焉。」今不詳其所，宋末，以舊額建於今址，曰元真觀。

洞真觀。在城中正南隅秦淮南杏花村。至元二十七年，郡人侯洞佐創道院，延金真道士陸智靜自冶城全真西庵來居，道教所定額曰洞真菴。後朱大堅主菴事。泰定元年，遂陞觀額。

玉清觀。按《實錄》，梁大同三年置，西北去上元縣五十八里。南康令殿哲造。《乾道志》：在城東南四十五里方山之東，唐開成中重建。

朝元觀。在溧水州臨淮門外。舊西城道院。皇慶元年改今額。

尋仙觀。《乾道志》：在溧水州東南六十里。梁置。鄰芝山燕洞，上有石壇，有古三門基。舊經云：昔茅君行道之所。唐垂拱五年，道士琢石爲茅君像，重修石壇。今鄉名仙壇，以此。

白石觀。在溧水州東南之荆山，去州六十五里。舊傳卞和獲玉之地。今殿内有卞和塑像。觀有方池，近池有楚靈王廟。

游仙觀。在溧水州西南八十五里。舊居女冠。

尋真觀。在溧水州西南九十里。有許旌陽燒香壇。舊菴基在觀南五里，地名壇子。周邦彦有雜詠尋真觀詩云。

通真觀。本在溧水州仙壇鄉，久廢。宋紹興八年，移白鹿鄉觀橋。

陵陽觀。在溧水州東南唐昌鄉。今廢。詳見崇德觀下。

金陵觀。在句容縣。張允之建。

元曜觀。在句容縣。王道憐建。

元陽觀。在句容縣。張元始建。

洞靈觀。在句容縣。皇甫冉有詩。

僊臺觀。在句容縣。劉言史有詩。

泰清觀。在溧陽州東南州學左。淳熙十年，道士王靈和移溧水州廢額建。

太虛觀。在溧陽州盤白山，晉盤白真人得道之所。簡文帝詔真人宅造觀，賜曰招僊。宋大中祥符元年，改今額，賜銅天尊像一，真人像二。觀有九井，真人煉丹藏井中。觀西北有南唐隱士許堅放魚池，東北有漢蔡伯喈讀書臺。山頂有會仙亭基，有銅鐘。唐大曆六年鑄有銘。州有廢永仙觀，唐開元初宗先主法嗣建。觀碑在今觀内。《乾道志》：鐘樓嘗欹側，楊吳順義中，一夕大風自正。在州西南三十五里。有周潘行濬先生墓，在觀之前。

幽棲觀。在溧陽州北三十五里。有幽棲伯祠堂。州志：紹興中，尉朱大廉記曰：「幽棲觀，舊梁普通二年，有隱士號幽棲伯，鍊丹成，全家白日昇天，其宅居道家流，梁以其號名曰幽棲觀。基延袤三十畝，周圍有田有園，廣半頃，皆仙人之舊産。舊有碑，不存。觀中有藏丹九井，井泉甘美，不減惠山。觀東北有小阿，號朝斗山。山側有井，云幽棲伯祭北斗器藏其中。山之右有望僊橋，當昇僊之際，居人瞻仰而名也。許堅題詩，石刻尚存。

黄山觀。在溧陽州西南四十里黄山下。舊傳西晉時，有黄鶴真人修道飛昇。唐天寶九年置觀。州志：宋屯田員外郎周絳少爲道士，一夕棄冠褐，發憤讀書，登太平興國八年第。是歲及知常州日，有書謝道友，觀中藏之。

崇德觀。在溧陽州西南六十里。唐長慶元年建。本名陵陽觀，大中祥符元年改今額。亦見《溧水志》。水環觀西北隅曰蘭溪，溪上有墩曰掛魚臺，舊傳陵陽子明垂釣之所。《元和郡縣志》曰〔七〇〕：「陵陽山在宣州涇縣，子明得僊處。」溧陽州舊亦隸宣州云。

靈寶觀。在溧陽州西六十里芝山。舊傳梅福學僊之所。唐咸通二年修，太平興國中重建。州志：案福傳，居家以讀書養性爲事。元始中，王莽顓政，一朝棄妻子去，傳以爲僊。後有見福於會稽者，變名姓，爲吳市門卒，豈嘗寓此乎？元豐中，封福壽春真人。

聖祖觀。在溧陽州西北六十里。唐咸通中建。今廢。

紫虛觀。在府城炳靈公廟街。至元十五年創，御史薩勒迪密實重修〔七一〕。

毓真觀。在青溪上。宋景定三年喬真人創，名葆真菴。至順三年，集賢院定額。

三茅冲虛菴。在府城西門龍王廟側。茅山提點謝天祐建，弟子謝日俞繼守之。天曆潛邸嘗游隣近道菴，有所坐軒，扁全清境界。庚午歲，併其菴基創龍翔寺，命日俞別住，此菴改額大昇龍觀。

西山道院〔七二〕。在冶城山之西麓黃泥巷內。宋嘉定中，默應居士張守正者遇一道人，云來自西山，授以驅蝗法，有應，守正結草菴以居。嘉熙中，其從子妙真因建爲西山僊集道院，祠許真君云。

全真菴。在府城立德坊玄妙觀街忠烈廟西，古城隍廟東。宋咸淳中，張志朴字希陽者，漣水人〔七三〕，號木瓠老，有道行，衆爲創菴，在西山道院南。後其弟子移建是菴。

靈寶院。在茅山玉晨觀，隱居昭真臺故基。唐宗師孫智清、王栖霞重建，奉靈寶天尊像，內有老君瑞像殿。

洞陽館。在茅山南洞華陽觀之西。政和間，延康殿學士王漢之爲高士沈子舟建，以鍊大藥。

西天寧院。在句容元符莊。宋崇寧五年賜額。

玄洲精舍。在茅山鶴臺澗上。至元間，蔣宗師立，存鬱岡古名。

華陽道院。在積金山東。大德間，王宗師建。西偏有奇石。翰林學士元明善撰碑。

三茅道院。大德間，元符道士姜大珪建。

唐若山菴。在茅山郭干塘東。若山唐開元中嘗爲潤州刺史，棄官來山。又居太湖苞山。今林屋有碑，殘缺矣。

鮭尊師菴。在茅山八卦臺南數十步。尊師不知名及時代，有甓垣石臼及竈，纔方丈餘，在荆莽中。宋紹興間築菴始見。

齊雲菴。在中茅、小茅之西玉沙泉上。劉莎衣先生居。

天信菴。在茅山飈輪峰下。楊亶甲先生居。

圓錫菴。先在茅山大羅源，後徙龍尾山前。宋紹興間，毗陵道者虞慧聰創。慧聰蓬頭苦行，日結草履二兩以易米。每夕拜斗，一夕感黑虎伏其旁。高宗知名，召見德壽宮，賜以齋米。對曰：「野人無用，留作軍需。」上一笑，放還山。

棲白菴。在丁公山。華文閣學士秦熺建，元符知宮張洞元主之。

凝神菴。在茅山黑虎谷前小阿西。山最深。舊有黑虎，未嘗傷物。宋高宗聞道士張椿齡名，召對德壽殿，爲書《陰符》、《清淨》二經，並賜菴額。

悟真道院。在府城内正西隅大木頭街。元係南唐燕、冀二王祠宇，宋淳祐間改作道院，奉西山真人。

奉真菴。在府城南隅文孝廟西。即秦淮僊境。

青溪道院。在舊子城東偏，其地古青溪所經。延祐元年，真定李允建，祠老子而下僊者。

四聖院。在府城正北隅。至元六年，道士仇至清重建。

朝真院。在府城正東隅。至元十九年，崔永和建，名朝真堂，泰定間改額。

中和菴。在府城北隅。全真李清菴、苗實菴修建。

上清院。在府城正南隅。至元二十六年，道士潘雲窻建。

上真菴。在府城東南隅化門寨。宋端平三年建。

上真菴。在府城東南隅堤岸。至元二十四年，道人徐守一建。

長春菴。在府城正南隅炳靈公廟街。宋時建。

道寧菴。在府城東南隅旗望寨。延祐年間，郡人宋運成建。

逍遙菴。在府城西北。地近古耆闍寺，全真于道邁所居，熊編修鼎臣爲記。

玉陽菴。在府城西北隅。全真王道菴建。

太清菴。在江寧縣治西。宋鄭安撫住宅。至元二十一年，捨建道菴。大德五年四月十四日，有道人求齋，插栢枝石臼上，尋失所在，其石見存。

元和道院。在府城正南隅胭脂巷。至元二十四年，楊道士建。

香山菴。在溧水州城隅廟東，即舊崇真道院。延祐六年，王圭等建。

石湖道院。在溧水州儀鳳鄉。延祐四年，俞逢酉建。

三山道院。在溧水州上元鄉，距城二十里。湯囦建。

茅山南北有歸真、迎真二館，崇真院、鶴臺、常靜、石堂、超萬松、俱妙、朝陽、思真、積金山、玉泉、雲谷、集聖、崇真、奉真、靜真、澄真、喜客泉、慶和、上善、守柔、靈寶、抱朴、秀雲、青龍、真興、志和、素華、和福、偃臺、丹谷、寧真、脩然、靖虚、靖真、通泉、太和、致柔、潛神、善慶、靜真、妙法、頤真、如常、靈泉、回僊、洞陽、通靈、洪福、玄德、全真、黄寧、冲慶、崇德、玉虚、九錫、草堂、三華、寧壽、清靜、老壽、觀妙、洞清、木華、悟真、高靈、圓慶、朝真、隱深、谷神、抱陽、和真、仁和、抱元、集禧、至聖、養神、潛真、正一、拱極、養素、碧虚、居靜、濟陽、朝元、百丈、體純、玄真、扶虞、凝雲、寧靜、明真、居常〔七四〕、澄虚〔七五〕、靜隱、凝熙、清虚、柔和、澄神、守一、常應、德善、熙真、洞僊、養拙、玄通、德潤、洞玄，又朝陽、玉液、見素、朝斗、迎真、延真、慶雲、瑞雲各有二，凡一百二十四菴，皆道者所建。

舊例，祠廟寺觀，非祀典及賜額不書。自歸附至今，建置頗多。其地居或係前朝宫府遺蹟，或係臺省官僚經畫修建，其題扁或經集賢、宣政院定擬，或有館閣名臣題詠碑刻。所奉祠者，又皆祀典之神，名爲祝釐，報上前志及郡報具見之，今不容悉刊而不識也。略存之以備參考。菴院倣此。

【校勘記】

〔一〕璧：原作「壁」，據至正本改。
〔二〕地：原作「也」，據至正本改。
〔三〕隆：原作「崇」，據《南齊書》卷九《禮志》及卷五〇《文惠太子傳》改。
〔四〕御：至正本作「右」。
〔五〕一：原作「二」，據《景定建康志》卷四四、至正本及下文改。
〔六〕王：原作「工」，據至正本改。
〔七〕堅：原作「至」，據《景定建康志》卷四四及至正本改。
〔八〕事：原本無，據上文補。
〔九〕永明：原作「元明」，據《景定建康志》卷四四及至正本改。
〔一〇〕三十六：原作「三十二」，據至正本及下文改。
〔一一〕自「太傅丞相」至下文「曹王廟」條原闕，據至正本補。
〔一二〕以：原無，據《景定建康志》卷四四補。

〔一三〕本：原無，據《景定建康志》卷四四補。
〔一四〕白崖君：原作「白石君」，據至正本及《景定建康志》卷四四改。
〔一五〕溪：原闕，據《景定建康志》卷四四及至正本補。
〔一六〕名之：原闕，據至正本補。
〔一七〕神祠爲佑文：原闕，據至正本補。
〔一八〕扎拉爾：至正本作「扎剌兒」。下同。
〔一九〕伊呼肯：至正本作「也呼干」。下同。
〔二〇〕沈：原作「武」，據至正本改。
〔二一〕上柱：原闕，據至正本補。
〔二二〕阿勒達爾琿塔哈：至正本作「阿藍琝兒學都海」。
〔二三〕額呼布格：至正本作「阿里不哥」。下同。
〔二四〕功：原作「切」，據至正本改。
〔二五〕邊塵：至正本作「倭奴」。
〔二六〕城西門外：原作「城北」，據《六朝事跡編類》卷下改。

〔二七〕止：原作「上」，據至正本改。

〔二八〕「益」字上至正本有「鐵」字。

〔二九〕於：原無，據《六朝事跡編類》卷下補。

〔三〇〕首：原作「行」，據《宋書》卷一六改。

〔三一〕罰：至正本作「伐」。

〔三二〕三：《六朝事跡編類》卷下作「二」。

〔三三〕關：原作「閒」，據《類說》卷六改。又《樂府詩集》卷四七作「悦」。

〔三四〕緒自：至正本作「君才」。

〔三五〕以爲是：原闕，據南京本補。

〔三六〕側有：原闕，據南京本補。

〔三七〕否：原無，據《分門古今類事》卷三補。

〔三八〕太守：原本無，據《分門古今類事》卷三補。

〔三九〕阿哈：至正本作「阿罕」。

〔四〇〕及：原本無，據《南史》卷一四、《通志》卷八一補。

〔四一〕宅此：「宅」原闕，「此」原作「比」，並據南京本補、改。
〔四二〕闔門：至正本作「閴門」。
〔四三〕休：原作「孫」，據《白氏長慶集》卷七〇及至正本改。
〔四四〕丑：至正本作「母」。
〔四五〕鯉：原作「龍」，據《六朝事跡編類》卷下及至正本改。
〔四六〕應：原作「隱」，據至正本改。
〔四七〕檄：原作「搬」，據至正本改。
〔四八〕違：原作「潰」，據文意改。
〔四九〕王：原闕，據至正本補。
〔五〇〕栘：原作「移」，據至正本改。按：栘即棠棣。
〔五一〕二年：至正本作「三年」。
〔五二〕朝：原作「廟」，據至正本改。
〔五三〕後：原無，據《景定建康志》卷四五改。
〔五四〕榮幸：原作「華幸」，據《道園學古錄》卷三七及至正本改。

〔五五〕上：原無，據《道園學古錄》卷三七補。

〔五六〕亭：原作「城」，據《道園學古錄》卷三七補。

〔五七〕湏：至正本作「汞」。

〔五八〕俗：原本無，據至正本補。

〔五九〕令：原作「今」，據至正本改。

〔六〇〕納琳：至正本作「納璘」。下同。

〔六一〕圖沁布哈：至正本作「禿堅不華」。下同。

〔六二〕僧格達實：至正本作「桑加達思」。下同。

〔六三〕祉：至正本作「社」。

〔六四〕真：原闕，據《景定建康志》卷四五及至正本補。

〔六五〕基業：至正本作「基堂」。

〔六六〕善：《景定建康志》卷四五作「表」。

〔六七〕前朝：至正本作「宋朝」。

〔六八〕自「燕洞宮」至「陵陽觀」條原闕，據至正本補。

〔六九〕居：至正本作「處」。
〔七〇〕縣：原闕，徑補。
〔七一〕史：原闕，據至正本補。又「薩勒迪密」，至正本作「史撒的彌」。下同。
〔七二〕院：原闕，據至正本補。
〔七三〕漣：原作「連」，據至正本改。
〔七四〕居常：原闕，據至正本補。
〔七五〕澄：原作「澘」，據至正本改。

至正金陵新志卷十一下

祠祀志二

寺院

大龍翔集慶寺。在城正北隅閃駕橋北。天曆元年勅建〔一〕。翰林侍講學士虞集撰碑，略云：「上自金陵入正大統，改元天曆〔二〕，以金陵爲集慶路。遣使傳旨，行御史大夫阿爾斯蘭哈雅以潛龍之舊〔三〕，作大龍翔集慶寺云。明年，召中天竺住持禪師大訢於杭州，授太中大夫，主寺事，設官隸之。畫宫爲圖，授工部尚書王士弘往董其役。斥廣其地，爲民居者悉出金購之。土木瓦石堊金碧之需，財自内出，不涉經營〔四〕。工以傭給役，弗違農。有司率職庀工〔五〕，景從響應。御史中丞趙世安承稟於内，行御史中丞易爾蘭〔六〕、阿古爾哈雅相繼率其屬以涖之〔七〕。是以吏敏於事，而民若不知。材既具，期以又明年正月六日壬午之吉，迺建立焉。其大殿曰大覺之殿，後殿曰五方調御之殿〔八〕。居僧以致其道者，曰禪宗海會之堂。居其師以尊其道者，曰傳法正宗之堂。師弟子之所警發辨證者，曰雷音之堂。法寶之儲曰龍藏，治食之處曰香積。鼓鐘之宣，金穀之委，各有其所。繚以垣廡，闢之三門。而佛菩薩天人之像設纓蓋、床座、嚴飾之具，華燈、音樂之奉與凡所宜有者皆致精備，以稱上意焉。賜姑蘇腴田，以飯其衆。上在奎章閣，親詔臣集製文刻石以誌之。臣聞金陵之虛，自秦時，望氣者嘗言有天子氣，至藏金土中以鎮之。其後若吴、晉、宋、齊、梁、陳、南唐之君長據以爲都，然皆爪裂之餘〔九〕，僅克自保，要不足以當王氣之盛。夫孰知江山盤踞之固，天地藏閟之久，積千餘年而有待於我聖天子之興也。不然，何淵潛之來處，遂飛躍之自兹，見諸禎祥、行事昭著之若此者乎？夫太陽之昇麗於天，光耀熙赫。高深廣袤之區，生成動植之類，孰不受其煦燠。而其次舍之所經，知天者必仰推而志之。天子以四海爲家，莫非聖明之所臨鑒，惟帝運之所由起！天人應合之機，實在於此，其可忽諸？今上建極於中，撫制萬國，顧懷昔居，勢隆望重。非我佛世尊無量之福，孰足以處乎此也！兹事之成，上以承祖宗之洪庥，下以廣民庶之嘉惠〔一〇〕。聖天子之至仁大慈，垂示乎億萬斯年者，於此可見矣〔一一〕，於戲盛哉，敢不拜手稽首而述！讚曰：「明明上天，祚我皇國。聖祖神宗，立我民極。於昭武皇，懋建丕績。憲章修明，民用齊飭。天下爲公，仁廟受冊。治極而圮，或斁彝則。迺睠明哲，是保是翼。俾久而安，弗邇以逖。祝融效靈，海若率職。更相吉土，此惟與宅。吉土惟何，建業舊邑。龍依崇丘，虎在盤石。昔有居者，不稱厥德。惟我聖皇，天命攸迪。川寧於波，田宜於穡。民用孝敬，神介景福。帝命不遲，師武臣力。遂開明堂，受天之曆。廟

戴惟時父老，皇所肇迹。中城有宮，江流湯湯，經我南服。庶物蕃息。治功告成，郊而神格〔一二〕。而祖饗，

我拯汝迷溺。常以慧慈，寶相金色。惟大覺尊，予豈汝釋，「嘻！皇帝曰：庶我心懌。」雲來日臨，慕疇昔。

我凡爲汝故，珠宮金璧〔一三〕。馬寶象寶，如我來即。汝見大雄，沐汝甘澤。照汝淨土，作祠奕奕。即我宮，

一什世有赫。與佛同體，聖壽萬億。我願天子，我不知識。民庶稽首，居佛翼翼〔一四〕。無菑無害，施無惜。

詳咸有成規。」設官主其賦入〔一七〕，撥鈔置田〔一六〕，命行臺官提調，寺建後，有永無斁。」誠所感〔一五〕，

見圖表及官守志〔一八〕。

大崇禧萬壽寺。在寶公塔後。天曆元年勅建。命中丞趙世延等記之〔一九〕。略云：昔在我世祖皇帝，膺上天之景運，承太祖之丕基，混一海宇，建立制度，條理綱紀，一出睿思，以爲子孫萬世之成法者，昭乎若天旋而日行也。乃若崇尚佛教，營治塔寺，亦必弘偉殊勝，足以聳臣民之瞻焉。曆數在躬，天之所命，孰能違之？若夫大雄妙覺之尊默相濳佑者，必有其徵矣。是以累聖相承，率是而行之也。濳邸在金陵時，於暇日登鍾山而觀之〔二〇〕，見其江山之縈迴，樹蓺之廣茂，民庶之熙洽，慨然興歎，以爲我祖宗德澤之涵煦，以至於斯也。問諸邦人父老，則又以爲昔有聖僧曰寶公者，自梁以來，實委靈兹山，能顯我國家之神庥〔二一〕，以覆護吾民也。水旱疾疫，凡有禱焉，隨願輒應。於是上感焉。鍾山之陰有石巖中虚，下出流泉，注入功德水。乃即巖中作觀音大士像，巖前搆木棧，虚容瞻禮者。既而又以爲未足，即珠峰之北，得高爽之福地，規置大剎、

宫殿、樓閣，如自天降。寶公之塔在峰上，正當其前。來兹山者，仰而望之，如見天宫於林壑之表。然後上仁民愛物之心，所以屬諸寶公者，衆庶莫不知之，相與踴躍而讚歎矣。鍾山之舊寺，聚銅數萬斤，鑄大鍾。金既在鎔，上以碧珠投之。及鍾成，碧珠不壞，完好堅固，宛在欒銑，萬目驚覩，以爲寶公之報貺焉。天曆元年九月甲申，臣世延、臣集入見，親詔之曰：「宜加寶公號曰道林真覺慧感慈應普濟聖師，寺曰大崇禧萬壽寺。汝世延等，其勒文以記之。」臣世延等既具述其事，而竊思之曰：帝王之興也，天與之，天保之，百靈受職，符瑞交現，此其常也。金陵據東南之會，山川鬼神翼扶翕張於吾君者，蓋凡五年而後，歸正大統，宜皇心之注於斯乎！於乎！累朝佛宇之盛，皆臨御時爲民禱禜，資用功力，有司具焉。兹寺之成，實在試難之日，出私財以具事，而雄麗若此，此固生民之所以深感乎淵衷，而寶公之所以顯著於禎符者也。於乎休哉！敢再拜稽首而獻銘曰：大江之南，鍾山龍盤。王氣潛鬱，神所保完。於皇聖明，遵養時晦。靈祇奉天，竦立以待。春殷秋高，來遊來遨。旆有交龍，載雲在郊。顧瞻原隰，有稼有穡。元元之生，聖聖之澤。民亦望之，帝子實來。不鄙我邦，庶無苦栽。維梁寶公，去之千歲。善福其民，有引弗替。皇運勃興，實有慧知。奔走先後，克相厥時。奕奕祠宫，我營我作。我報無私，爾感無怍。吉金之良，燥濕不移。萬古在簴，宣號震迷。寶乃發祥，以肅羣眎。明珠不灼，彰上之賜。飛龍在天，臨制九圍。皇心裴回，眷兹崇禧。崇禧之宇，永殿南服。天子萬年，錫我民福。

帝師寺。在保寧寺北。延祐七年建。

保寧禪寺。在城内飲虹橋南保寧坊内。吴大帝赤烏四年，爲西竺康僧會建。寺名建初。晉宋有鳳翔集此山，因建鳳凰臺於寺側。宋更寺名曰祇園。昇明二年，齊太祖爲比丘法願造寺於其地，得外國甎，爲白塔，又名白塔。唐開元中，寺僧大惠禪師者，明皇召至長安。尋求歸山，詔可之，因改其寺爲長慶寺，其額韓擇木書。南唐保大中，齊王景達爲先主造寺，因名奉先。宋太平興國中，賜額曰保寧。祥符六年，增建經鍾樓、觀音殿、羅漢堂、水陸堂、東西方丈，莊嚴盛麗，安衆五百。又建靈光、鳳凰、淩虚三亭，照映山谷。圜甃塼牆五百丈，茂林修竹，松檜蓊蔚。詔歲度五僧。政和七年，勑改神霄宫。建炎元年，勑復舊額。三年四月，駕幸江寧，權以寺爲行宫。閏七月，如浙西〔一二二〕。其後命即府治修爲行宫，而御坐猶在本寺。歲久屋弊，留守馬光祖重建殿宇，及方丈、觀音殿、水陸堂、廚堂、庫院，移鍾樓冠青龍首。增建廊屋，横直一十八間，作《新建鳳凰臺記》。詳見鳳凰臺下。

天禧寺。即古長干寺。在府城南門外。宋天禧二年改今額。寺有阿育王舍利塔。祥符中，賜號聖感。其晉高悝所施金像，隋文帝徙置長安。梁天監元年立。大同元年，幸長干寺阿育王塔，出佛爪髮舍利。又幸寺，設無遮會〔一二三〕，大赦。《丹陽記》：大長干寺道西有張子布宅，在淮水南，對瓦官寺。長干是秣陵縣東里巷名。江東謂山壠之間曰干。建康南五里有山岡，其間平地，庶民雜居，有大長干、小長干、東長干，並是地名。小長干在瓦官寺南巷，西頭出大江。梁初起長干寺。按《塔記》在秣陵縣東，今天禧寺乃大長干也。宋開寶中，曹彬下江南，先登長干，北望金陵，即此地。天禧二年，改爲天禧寺。政和六年，建法堂。李之儀端叔撰《天禧寺新建法堂記》云：天禧寺者，乃長干道場葬釋迦真身舍利。祥符中建塔，賜號聖感舍利寶塔。至天聖中，又賜今額。按《梁書》，大同三年，高祖改造阿育王塔，出舊塔下舍利及爪髮。髮青紺色，衆僧以手伸之，隨手長短放之，則屈爲蠡形。始吴時，有尼居其地，爲小精舍。孫綝尋毁除之，塔亦同泯。吴平後，諸道人復於舊處建立焉。中宗渡江，更修飾之。至簡文咸安中，使沙門安法師程造小塔，未及成而亡。弟子僧顯繼而修之。至孝武太元九年，上金相輪及承露。其後，西河離石縣有胡人劉薩何，遇疾暴亡而心下猶煖，未敢便殯，經七日更蘇，說云有兩吏見錄至十八地獄，隨報重輕，受諸苦毒。見觀世音，語云：「汝緣未盡，若得活，可作沙門。洛下齊城，丹陽會稽，並有阿育王塔，可往禮拜，則不復墮地獄〔二四〕。」因此出家，遊行禮塔。次至丹陽，未知塔處，乃登越城，望見長干里有異氣色，因就禮拜，果見阿育王塔所放光明。由是定知有舍利，乃集衆掘之。入一丈，得三石碑，中一碑有鐵函，函中有銀函，銀函中有金函，盛三舍利及爪髮各一枚，長數尺。即遷舍利近北，對簡文所造塔造一層塔。十六年，沙門僧尚加爲三層，即高祖所開者也。《實錄》咸和中，丹陽尹高悝行至張侯橋，見浦中五色光，長數尺。乃令人於光處掊視之，得金像，未有光趺。乃下車載像，還至長干巷首，牛不肯進，乃令御人任牛所之。牛徑牽車至寺，悝因留像付寺僧。每至中夜，常放光明，又聞空中有金石響。經一載，捕魚人張係世於海口忽見銅花趺浮出水上，取送縣。縣以送臺，乃施像足，宛然合會。簡文咸安元年，交州合浦人董宗之採珠，沒水於底，得佛光豔。交州押送臺，以施像，又合焉。歷三十餘年，光趺始具。隋文帝徙入長安。蘇魏公頌《長干寺》詩注云：晉時有沙門惠達，至金陵長干，護古佛塔〔二五〕，因於其地建佛剎，即劉薩何也。至南唐時，廢寺爲營廬。久之，舍利數表見感應。祥符中，僧可政狀其迹，並感應舍利投進。有詔復爲寺，即其表見之地建塔，賜號聖感舍利寶塔。白塔在寺東，即葬唐三藏大徧覺玄奘大法師頂骨之所。金陵僧可政，端拱元年得於長安終南山紫閣寺，俗呼爲白塔。事具塔記。元符二年，知府事呂升卿請於朝，改爲十方住持。楊次公《長干聖感塔》詩云：「釋迦八萬四千塔，一在江南古道場。無礙展開青髻髮，最初分得白毫光。」陳軒《金陵集》載魏京《登長干塔》詩云：「江南管當幸事畢，盡憑廟算非臣專。眷言此地本軍壘，乞與招提安佛子〔二六〕。」蓋敘宋初事也。至元二十五年，有詔選高行僧三十員開講於江南諸郡，擇名刹以居之。時稟城德公講主首奉詔，開席於金陵天禧寺，說經訓徒，傳慈恩之教。未幾，特賜號佛光大師，並撥賜故宋太師秦申王墳寺、旌忠寺爲下院，以其廢産共贍講席，改賜元興天禧慈恩旌忠教寺額。僧統廣福大師嘗施財繕修大塔。泰定中，潛龍時嘗數幸寺。及登大統，以所奉觀音像付寺供養，歲給香燈之費。至順初佛光之孫法嵩入覲，上顧謂曰：「舍利塔曾修完不？」嵩曰：「未也。」即日賜白金三定，及官錢伍阡緡，以助繕修。臺臣、郡守咸致其力。有旨令佛光之徒廣演主寺事，賜號弘教大師。塔完之日，嘗感天花如雨，祥光如練，滿空者凡數日。詳見中丞趙世延所撰碑。

正覺禪寺。一名鐵塔寺。在城內西北冶城後岡上。宋太始中，邦人捨地建精舍，號延祚寺。至唐，有靈智禪師生無雙目，號羅蓸和尚，經論文字，悉能明瞭，時人稱有天眼，爲建塔於寺內。廣明中賜額。梁侯景之亂，王僧辯入討，景使其黨宋長貴守延祚寺〔二七〕。何遜有《登延祚寺閣》詩。佛殿前有鐵塔二座，鑄云「乾興元年造」。古鐘亦唐時所鑄，有經幢，鐫「大吳金陵府延祚院寺」。有井十一口，內一口最大，號爲百丈泉，井闌上字乃保大元年所鐫。宋熙寧中，賜寺名曰正覺，塔名曰普照。王荊公嘗於寺西作書院，有軒名籜龍。建炎三年，以法堂西偏爲元懿太子攢宮。今寺東偏復建延祚閣，名公賦詠尤多。炳靈公廟西及新亭側又別有正覺寺云。

能仁寺。在臺治東南。劉宋元嘉二年，文帝爲高祖建，名報恩。唐會昌中廢。吳太和六年，毗陵郡公徐景運爲其親重建〔二八〕，曰報先院。南唐昇元中，改爲興慈院。至開寶中又廢。後有里人捨宅，復爲興慈院。太平興國二年，邦人以院地卑濕，徙置於此。以乾明節日建，院額後改爲承天寺。政和中，又改今額。《景定志》：能仁禪寺在南廂嘉瑞坊。慶元間，游九言《佛殿記》云：「寺南接秦淮數百步，其地古青溪之濆也。自宋始建，至南唐改興慈，無鐫識可考，獨據《圖經》所載。然五代唐愍帝應順甲午爲吳大和，逆數會昌乙丑，蓋已九十年。既曰廢矣，中間誰所繼續，院之老僧僅能記本朝之言。院故在西門雙廟之東。至道中，有圓覺律師德明者，際遇太宗召見，錫御容及羅漢像以歸。咸平間，重賜院基、田産。更律院爲禪寺，寵以詩章，寺復顯。至崇寧，賜名承天。政和七年，改能仁。今之寺，其咸平所賜而遷也。又曰《圖志》謂寺嘗廢於開寶中，繼有捨宅爲寺者。邦人復以卑濕，徙今地。不知何據。觀咸平制書，則老僧相傳當爲可信。建炎三年，室宇暨朝廷所賜復燬，猶賴制書無恙，以詔後。自是草創數十年，無振起者。淳熙丁酉，余客金陵，偶至寺，殘僧蕭然敗壁〔二九〕，風雨莫蔽，門臨街喧，卑過者陋焉。適主僧允微初嗣法席，布衣芒屩，徒步通衢，略無外飾，氣貌淳夷，語言動止，心固重其爲人。後十八年，余來爲帥屬，則大門易東嚮，堂廡壁甃盡撤其舊，僧徒彬彬，而微則老矣，然其布衣芒屩如故。戶庭雖華，而居室甚陋，齋庖潔豐，而自食至菲。金陵城中多鉅剎，同時主者出有澤車，衣有織縞，而臺殿欹斜，藉口檀施，漠不顧恤。微頽然自勵，曾無組袍狐貉之慚。慶元丁巳，鼎建大殿。微言曰：「能仁非他方比。國朝忌日，府臺率屬，文武駿奔，炷薌冠蓋，填溢今老釋之宮，咸曰焚修爲國也，而廢頽若是，何所掌乎？願記其事，併錄院之始末，毋若向之失傳。」戚氏云：今寺南唐古寺基。保大年中，昇州特進、守司徒致仕鍾山公李建勳捨田入寺，後廢。宋朝撥賜地基，起興慈禪院。咸平初，建勳女潤州本起寺住持〔三〇〕，臨壇精律，大德尼進暉申明，乞以故父李相公舊所施田入興慈寺，至今供常住。咸平後，改承天寺。崇寧間，又改入下承天爲能仁寺。真宗《賜昇州法主圓覺大師賜紫德明》詩曰：「精勤演律達真風，釋子南禪道少同。奥旨筌蹄悟佛理，慧燈廣布九圍中。」真蹟今仍藏寺中。至元之五年，住持僧真實既新其寺，又作鍾山公祠，以寺之土田多公所施也。臨川危素請記於集賢揭公傒斯略云：「五代之際，君不君，臣不臣，可謂天下大亂之時。而公所與爲僚友者，有若馮延已其人，史雖稱公有吏材，薰蕕不相襍，冰炭不相入，豈能行其所志哉！宜乎引身山水之間，謝病不出，死而囑其家人以薄葬。公命之戹於天，勢之戹於人，有可悲者矣！」建勳事見年表。

太平興國禪寺。在蔣山，去府城十五里。梁武帝天監十三年，以定林寺前岡獨龍阜葬誌公。永定公主以湯沐之資，造浮圖五級於其上。十四年，即塔前建開善寺，即今寺基。唐乾符中，改爲寶公院。南唐昇元中，徐德裕重修。後主又改爲開善道場。至太平興國五年，改賜今額。慶曆二年，葉清臣奏爲十方禪院。紹興三十二年，加封寶公號，塔以感順爲額。今塔院西偏有本末軒，王荆公命名，俯視巖壑，虬松參天，幽邃可愛，爲山之絕景。荆公罷相，居金陵，多以資産金帛助施寺中，各有碑籍。劉岑《佛殿記》：「梁武女永定公主，捨財創精舍。葉清臣爲守，始以禪易律。元豐中，主僧法泉經營辛苦，成大叢林，焚於建炎。佛殿前大毗盧閣兩翼爲行道，閣屬之殿，其餘堂廡極雄麗，皆紹興以來建也。淳熙十六年九月晦日，又火寶公舊像。父老相傳沈香爲之，宋初取歸京師。」陳軒《金陵集》載狄咸游蔣山詩云〔三一〕：「旃檀歸象魏，窣堵臥煙霞。」謂此。《事迹》：太平興國七年，舒民柯蕁遇老僧往萬歲山，指古松下掘之，得石篆，乃誌公記聖祚緜遠之文。於是遣使致謝，謚曰寶公妙覺。治平初，更謚道林真覺大師。寺舊有誌公履、洗鉢池，寺後向東有婁禪師塔。泰定二年正月，寺復遺漏，主僧守志極力營創。至順二年九月，翰林學士虞集奉勅撰碑，云：「昔金陵有神僧，曰寶誌。宋元嘉中，居道林寺，歷齊至梁，數著靈異，天監十三年示寂。武帝感其遺言，瘞之鍾山獨龍之阜。帝女永定公主表以浮圖，因建寺曰開善。至宋太平興國年間，太宗得誌公秘讖石中，符其國運。有神降其宮，親與之語，蓋誌公云。太宗異之，號之曰道林真覺，更名寺曰太平興國，賜田以食其人。及王丞相安石守金陵，合諸小刹以附益之，寺始大。建炎燬於兵，紹興更作。淳熙又燬，隨更作之。每更作，輒加宏廣，日葺歲增，至於我國家，而規制之盛極矣。至治辛酉，匡廬僧前靈隱玉山禪師弟子守忠應請來主之，禪學之士來者日滿其室。今上以泰定乙丑之歲正月來至於是邦，而寺適災，天意若曰其撤舊而作新之乎？上感焉，出金幣以爲民先，於是行御史臺與郡縣之吏皆祗若上意。始忠之治寺也，舊有蒲盧之澤，前見奪於豪家，寺隸訟之，累年不決。忠至讓而弗辯〔三二〕，奪者愧而歸之，人固以是信道之矣！皇上一風動之，遠近雲集，富者效其財，貧者輸其力，工則致其巧，農則獻其食，一歲垣廡成，再歲屋室具。其可以名書者曰方丈，曰北山閣，曰經樓，曰香積，曰水陸堂，曰白蓮堂，曰伽藍祠，曰大僧堂，曰道林堂，曰新倉院，曰耆宿之舍，而大宏、興鍾二門皆以上賜，次第而成。歲丁卯鑄大鍾，爲銅數萬斤。方在冶，上賜寶珠投液中。鍾成，珠宛然在其上，若故識之，而光彩朗發，不以灼燬，萬目共覩，讙歎如一。時上方別建宏祠於寺北，今賜名曰大崇禧萬壽寺者也。是年秋，歸膺大寶，是爲天曆元年。出詔書，布德天下，即命廷臣製寶公號曰道林真覺慧感慈應普濟聖師，封名香以禮祠之，出黄金白金重幣賜忠，俾成寺之役，蠲寺田之賦，號守忠爲弘海普印曇芳禪師，住持大崇禧萬壽寺，而兼領茲寺。未幾加授廣慈圓悟大禪師，領兩寺如故。至順元年秋，御史中丞趙世安傳勑，召忠入朝。九月九日，上御奎章閣，吏部尚書王士弘以守忠入見，奏對稱旨，命太禧宗禋院日給稟餼，賜金襴伽黎衣與青鼠之裘。十二月一日，賜設於聖恩寺。迺召學士臣集至榻前，命製文以記之，俾忠歸刻諸石。忠以其事示臣集如此，臣集謹具載而言曰：『上於金陵新作之寺二，曰龍翔集慶，因潛龍之舊邸也。曰崇禧萬壽，廣親搆之新祠也。獨太平興國雖曰宋齊梁唐宋之遺，然空燬而復興，實在今上龍飛之日，有運之玄契，蓋有徵焉〔三三〕。茲三寺者，鼎立於一郡，以同贊乎聖天子億萬斯年之壽，豈不盛哉！臣集嘗竊聞陛下之意，每不欲専福於躬，而欲博濟均惠於天下。敢述萬一而銘之。』銘曰：維帝受命，厥有禎符。天人合機，不占以孚。於赫聖皇，聖武之系。贊於克艱，神有司契。皇有萬方，山川幅員。釐厥下土，徒御告勤。顧瞻道林，在江之汜。翠蓋孔旍，來狩來止。道林有宫，百靈攸宗。中有神師，民所敬恭。土良泉甘，風雨時若。發祥效珍，以待聖作。聖作孔時，動天而隨。龍躍以飛，神師啓之。神師不言，而示以兆。有命方新，去故以燎。作而新之，自我聖皇。乃祓乃除，乃基乃堂。日月重明，天光旁燭。皇心載欣，萬神降福。凡我臣民，息養以生。飽歌煖嬉，稚壯耋寧。裹兵以革，牛馬在野。至於永久，樂其休暇。蠉動孳殖，亦遂以成。幽塞苦冤，各鬯而亨。聖皇之心，斯神之力。銘以著之，昭示無極。」

半山報寧禪寺。在城東七里，距鍾山亦七里。王荆公安石故宅也。其地名白塘。舊以地卑，積水爲患。自荆公卜居，乃鑿渠決水，通城河。元豐七年，公以病聞，神宗遣國醫診視。既愈，請以宅爲寺，因賜額報寧禪寺。寺後有謝公墩，其西有土山，曰培塿，乃公決渠積土之地。由城東門至鍾山，此半道也，故亦名半山寺。公有《謝賜寺額》，表云：「基迹叢祠，冀鴻延於萬壽；鈞名扁榜，竊榮遇於一時。臣生乏寸長，世叨殊獎。賤息奄先於犬馬，頽齡俯迫於桑榆。獨念親逢，莫有涓埃之補報；永惟宏願，豈忘香火之因緣。伏蒙陛下俯徇祈誠，特加美稱。所懼封人之祝，終以堯辭乃塵；長者之園，遽如佛許仰憑。護念，誓畢薰修。」坡詩所謂「朱門收畫戟，紺宇出青蓮」，正指此也。公與其弟魏國公安禮各撰一疏，延關西人真浄文禪師爲開山第一祖，道行孤特，洪覺先範禪之法子也〔三四〕。又有《實禪師語錄序》，王斿撰，米芾書。陳軒《金陵集》載荆公半山詩凡十五首。至元己卯三月遺漏，至正元年住持匡廬僧元龍重建。

清涼廣惠禪寺。在石頭城，去府城一里。吳順義中，徐溫建爲興教寺。南唐昇元初，改爲石頭清涼大道場。宋太平興國五年改今額。舊傳寺嘗爲李氏避暑宮。寺中有德慶堂，今法堂前舊基是也。後主嘗留宿寺中，故其詩有「未能歸去宿龍宮」之句。德慶堂名乃後主親書，祭悟空禪師文亦後主自作，碑刻今並存。蘇東坡嘗捨彌陀畫像於寺中，故東坡有詩云：「問禪不契前三語，施佛空留丈六身。」《慶元志》寺有白雲菴，見荆公詩。有法眼泉。《名畫錄》有董羽畫龍，李後主八分書，李霄達草書，時人目爲「三絕」。按《類說》江南李氏時，有一民死而復蘇，云至冥司，見先主被五木甚嚴，曰：「吾爲宋齊丘所誤，殺和州降者千餘人。汝歸謂嗣君，凡寺觀鳴大鐘，吾受苦則暫休；或能爲吾造一鐘，尤善。」後主造鐘於清涼寺，匾云「追薦烈祖孝高皇帝脱幽出苦坑人〔三五〕」。又蘇公妻王氏，元祐八年卒於京師，遺言捨所受用，使其子邁、迨、過爲畫西方阿彌陀像安於寺，寺後有周虎「石頭城」三大字石刻。張枯、溫庭筠有詩。今按唐人有詩，則吳重建明矣。近年殿後堂舍燬於火，重修建未完。

報恩光孝禪寺。在府城西門内。舊爲天寧萬壽寺。宋紹興九年，詔改今額，追崇徽宗道場。泰定戊辰，住持匡廬僧義深經畫重修。

壽寧寺。在府城北隅。即舊廣孝寺基。按《圖經》本在欽化橋街西江寧縣治南。梁普通元年，造大愛敬寺於鍾山南。唐乾符中重修。廣明元年，改廣明愛敬禪院。南唐改廣孝禪院。開寶七年，徙入城中。南唐張洎捨宅置，淳化五年改今額。《慶元志》壽寧禪院，宋參政張洎南唐賜第也。至道中，捨宅爲寺，併城北廣孝寺入焉。其孫諤云：「《乾道志》謂昔爲愛敬寺者非也，家集有謝表可證。」舊有瓊花一本，内翰張瓌手植，移自維揚云。

崇勝戒壇院，即古瓦官寺，又爲昇元寺，在城西南隅。《實録》晉哀帝興寧二年，詔移陶官於淮水北，遂以南岸陶地施僧慧力造瓦官寺。《慶元志》舊或作「瓦棺」者非也。《南史》師子國晉義熙初始遣使獻玉像，經十載乃至。像高四尺二寸，玉色潔潤，形製尤殊特，殆非人工。此像歷晉宋，在瓦官寺。先有徵士戴安道手製佛像五軀，及顧長康維摩畫圖〔三六〕，世號「三絶」。至齊東昏，遂毁玉像，爲潘貴妃釵釧。《十國志》南唐昇元二年，改瓦官寺爲昇元寺，吴興閣爲昇元閣。《乾道志》吴順義中改吴興寺，南唐改昇元寺，太平興國五年賜今額。《景定志》淳熙中，韓元吉爲記。每歲度僧〔三七〕，於此受戒。「官」作「棺」者，蓋據俗説。晉時長沙城隅陸地生青蓮兩朵，民以聞官。掘之，得瓦棺葬一僧，華從舌根生。父老云：「昔一僧誦《法華經》萬餘部，臨死遺言，以瓦棺葬，遂以寺名瓦棺。」其説迂蔓。既云長沙，於此無與。案記謂今寺地即張昭故宅，其昇元基。今寺西有寺街及石經幢尚存。

鹿苑寺。舊名法光寺，即梁蕭帝寺也。在今城東南隅。宋元絳《重建蕭帝寺記》略云：「金陵氣王三百年，聲名文物，與時隆替。中惟蕭梁折節以佞佛，故佛之廟貌充斥江表。都城巽維直淮，里所有精舍焉，紫峰紆餘，反宇欲翔，盤高孕虚，含吐萬景，望之煇然，如修虹亘霄，丹碧相發。殿有聖像，即山而成，追琢之功極其精妙。」按《輿地志》不知從昔之名，但後人以帝氏目之。黄旗運歇，勢勝故在，閏唐攘據，因其蹟而增華，易榜法光，標爲勝概〔三八〕。聖朝混一書軌，以三代文教籥勺宇内，四聖累洽浸厚，福於生民。梵刹禪林容仍舊物，而兹寺垂阤，瘁焉不支。己卯春，寺僧募大姓杜德明出楮金五十萬程工，就其址起高廣殿，水廒不移，棼橑有嚴，光輝復還，風物異態。又粉繪釋迦文相，即山塑十六大尊者，生生之供，稱是該備。其秋告成，乃作鍾唄，蒲殄以落之。道俗和會圜視，作適青溪之水木，鍾阜之雲物，來入軒所，相爲澄曠。都人詑焉，有條其狀而至者。會同閈趙郡李君從事海瀕，謂：「余有一日之雅，授簡不腆，月而日之，庶以傳久。」寺蓋重建於南唐保大，易名法光。至宋勅改今額。寺後有周處書臺，佛殿前有郗氏窟。舊傳梁武帝鮭后化蟒於此，以天監十三年造寺。《國史補》武帝造寺，令蕭子雲飛帛大書「蕭」字。李約見之，破産載歸東洛。建一小院玩之，號「蕭齊」，即此寺舊額也。

嚴因崇報禪寺。即景德棲霞寺。在今城東北之攝山，去城四十五里。齊永平七年，明僧紹捨宅爲寺。見江總寺碑。僧紹自宋泰始中游此山，刊木結茅二十許年，遂捨爲寺。寺有舍利塔，乃隋文帝葬舍利處。唐高祖改爲功德寺，增治梵宇四十九所，樓閣延袤，殿宇鱗次。高宗御製明隱君碑，改爲隱君棲霞寺，御書寺額，有碑尚存，字不可辨。武帝會昌中廢。宣宗大中五年重建。南唐高越、林仁肇建塔，徐鉉書額，曰妙因寺。宋太平興國五年，改爲普雲寺。景德五年，又改爲棲霞禪寺。元祐八年，改賜今額，爲參政簡翼張璪功德寺。左有千佛嶺，後有天開巖、碧蘚亭、白雲庵、迎賢石、醒石、中峰澗、石房、白雲泉亦云品外泉，寺前有明僧紹高越臺。山中南谷昔有天台止觀寺，高僧法曠嘗於山紫溢峰下建般若堂，演大論。有虎穴寺，在山中峰。齊王融有《游虎穴寺》詩。宋景文祁《雞蹠》云：「南齊棲霞寺大明法師好談論，手執松枝爲談柄。」隋文帝仁壽二年，送到舍利。天下凡八十一州，分造塔，蔣州棲霞其一也。唐則天建舍利塔於青龍山之巔，唐末焚毁。寺有金銀銅像，背記略云：「維大唐景龍二年四月八日，洛州大福先寺，前棲霞寺主比丘曇一於潤州江寧縣明隱君經坊內鑄瀉金銀銅釋迦像三軀，奉爲高宗皇天大帝、則天大聖皇后、應天神龍皇帝云。又有石像，在千佛嶺。」《棲霞》詩注云：「明隱君與度法師講《無量壽經》，西峰石壁中夜發光，光中現無量壽佛。自爾捨家財，鑿巖造大像，坐高五丈，觀音、世智立像高三丈五寸，宋、齊七帝造石佛千尊，所謂千佛嶺。」《高僧傳》云，釋僧祐性巧，攝山大像、剡縣石佛等，並祐經始。

降報寶乘禪寺。即舊草堂寺。在上元縣鍾山鄉，去城十一里。齊周顒隱居之所，後顒出仕，孔稚圭作《北山移文》，假草堂之靈以譏之。《高僧傳》云：時有釋慧約姓婁，少達妙理，顒素所欽服，迺於鍾山舊館造草堂寺以居之。今寺左乃婁約置臺講經文之地，寺後即顒舊居也。唐會昌中寺廢，宋復建。治平中，賜額寶乘。紹興三十二年，改賜今額。

同泰寺。舊志在梁時北掖門外路西，南與臺城隔路。《實錄》梁大通元年，創此寺〔三九〕。寺在宮後別開一門，名大通，對寺南門造大佛閣七層。大同十年，震火所焚略盡，即更造，未就，而侯景亂。南唐改爲淨居寺，尋又改圓寂寺，其半爲法寶寺。又《輿地志》法寶圓寂寺，即古同泰寺基。龔穎《運曆圖》云：「大同元年幸同泰寺，鑄十萬銀像。二年，幸同泰寺，鑄十方金像。」《六朝事迹》云：「梁武帝起同泰寺，在臺城內，窮竭帑藏，造大佛閣七層，爲天火所焚。梁帝捨身施財，以祈佛福。大通以後，無年不幸同泰寺。設四部無遮大會。俄而侯景兵起，陷城，遂以虛器進膳，自庚辰至丙戌七日不食而崩。」寺今廢，其半爲法寶寺。詳見後。

法寶寺。亦曰臺城院。乃梁同泰寺基之半也。在宋行宮北精鋭軍寨内。梁大通元年創同泰寺。楊吳順義二年，以同泰寺之半置爲臺城千福院。宋改賜今額。寺前有醜石四，各高丈餘，俗呼爲三品石。政和中，取歸京師，或謂之闕石。寺前牆外有井，耆老相傳爲陳時臙脂井，叔寶與張麗華隊而復出之所也。寺基最潤。淳祐七年，創置精鋭軍，同泰寺舊基皆爲寨屋及蔬圃〔四〇〕，有井在寨内。蓋精鋭軍寨在都統制司之後，都統制司在宋行宮城之後，法寶寺在精鋭軍寨之後，其都統制司地基及精鋭軍寨基皆梁、陳宫掖舊址也，故景陽臺基及臨春、結綺、望僊三閣故址與臙脂井皆在寨内。戚氏云法寶寺老僧猶能記其祖師之言，謂宋行宫城後門乃梁、陳宫城前門。今法寶寺門墻外即梁大通門也。

湘宫寺。舊在青溪中橋北，唐以後徙置清化市北。《慶元志》近有人於上元縣治後軍營中掘出斷石，上有「湘宫寺」三字。以此知舊寺所在與《實錄》注合。東出青溪、桃花園，皆今縣東地也。寺本宋明帝舊宅，窮極壯麗〔四一〕，欲造十級浮圖而不能，乃分爲二。新安太守巢尚之罷郡入見，上謂曰：「卿至湘宫寺未？此是我大功德，用錢不少。」散騎常侍虞愿侍側曰：「此皆百姓賣兒鬻婦錢所爲，佛若有知，當慈悲嗟愍，罪高浮圖，何功德之有？」上怒，使人曳下殿。愿徐去，無異容。齊始安王遥光以東府城叛，蕭坦之假節討之，屯湘宫寺。

景德寺。在城内嘉瑞坊。舊崇孝寺也。楊吴置。宋景德中改今額。建炎初，其地爲太廟，徙城隍廟於旁。今廟側小巷中有僧舍數間，仍用寺額。

證聖寺。在宋行宫後。南唐保大中，木平和尚居此寺，故里俗至今呼爲木平寺。寺東有溝，迤邐西北，接運瀆。今堙塞，尚存遺蹟。木平别有傳。

寶戒寺。在龍翔寺西。本迦毗羅寺。南唐改真際寺，宋開寶二年改今額。

法濟寺。在上元縣治東北。傳宋紹興二十七年建。

封崇寺。在斗門橋北。《圖經》舊報慈廨院，近禪靈寺者。寺之廢興始末未詳。

治平寺。在江寧舊治西南。尼寺。宋開禧三年建云。

大悲寺。在炳靈公廟巷。崇勝寺子院也。本大悲院。《乾道》、《景定》二志並作寺。

秀峰院。舊在府城北隅。宋開寶八年廢，太平興國五年重建，尋又廢。紹興中，移於鳳臺山西。宋景定五年，節使王鑑重建。今爲尼寺。

興嚴寺。舊在竹格渡之北。本謝尚宅也，亦號塔寺。《實錄》謝尚以永和四年捨宅造莊嚴寺。宋大明中，路太后於宣陽門外太社西藥園造莊嚴寺，改此爲謝鎮西寺。至陳大建元年，寺爲延火所燒。後五年，豫州刺史程文秀更加修復。李宣帝降勅，改名興嚴寺。紹興中，徙今真武廟北。

龍光寺。在城北覆舟山下。宋元嘉二年，號青園寺。《高僧傳》云：竺道生後還上都青園寺。寺是惠恭皇后褚氏所立。本種青處，因以爲名。其年雷震青園寺，佛殿龍升於天，光影西壁，因名龍光。宋嘉祐三年佛殿記云：「元嘉五年，有黑龍見覆舟山之陽，帝捨果園建青園寺，西置龍王殿，今沼沚見存。至會昌年廢，咸通二年重建，勅賜龍光院額。《續志》以爲在龍光門外者非也〔四二〕。今按《乾道志》龍光禪院在城之西。宋元嘉二年號青園寺，後改額爲龍光禪院，以在龍光門外也。會昌中廢。咸通初，建爲月燈禪寺〔四三〕。昇元二年重修。

定林寺。有二。上定林寺，舊在蔣山應潮井後。宋元嘉十六年，禪僧竺法秀造，在下定林之西。乾道間，僧善鑑請其額於方山重建。下定林寺，在蔣山寶公塔西北，宋元嘉元年置，後廢。宋爲定林寺〔四四〕，王安石舊讀書處。《南史》何胤入鍾山定林寺聽內典。齊東昏侯至定林寺，有沙門老病不能去，命左右殺之〔四五〕。二事但云定林，不知何寺。

宋興寺。一名興教寺，在南門外。《慶元志》興教院即宋興寺故基，在蔣山寶公塔西二里，有誌公洗鉢池。陳軒《金陵集》載李建勳《遊宋興東巖》詩，云：「幾年不到東巖下，舊住僧亡屋亦無。寒日蕭條何物在，朽杉經燒石池枯。」乾道間〔四六〕，徙長干寺南，亦名宋興。《景定志》在南門外劉裕故居者，非。

按宋興、宋熙，寺名相近，故或疑一寺。二志所載不同，俟考。

高座寺。一名永寧寺。在城南門外。晉咸康中造。又名甘露寺。嘗有雲光法師講《法華經》於寺，天花散落。今講經臺遺址猶存。或云晉朝法師竺道生所居，因號高座寺。乾道三年劉岑記，略云：考《圖志》，此山得名於晉永嘉中，名甘露寺，尸黎密多羅爲王茂洪所敬，故留竺生法師，繼號所居爲高座。梁初，寶公主其寺，與五百大士俱。有雲光師坐山巔説妙法，天花墜焉。今號雨花臺，則故唐盧給事中名襄字贊元者所命也。寺易今名，且百年矣。故藏古今詩刻，皆廢，可考者唐李翰林、宋呂侍講、王中丞三篇而已。《高僧傳》云：「尸黎密多既卒，冢處立寺。謝鯤仍以爲高座寺。」陳軒《金陵集》載：蔣穎叔《和王和甫雨中登高座寺》詩注云：「寺即雲光講經雨花之地。有梁時誌公二印、雲公手植松猶存。」郭祥正詩云：「至今手植松，千丈騰龍虬。」

殊勝寺。在城南門外。本宋福興寺。南唐後主葬照禪師於此，因名塔院。

吉祥寺。在城南二里餘。宋治平二年賜額。舊在城隍廟東，後以寺基爲太廟，徙置於此。

百福院。在城南五里。梁天監中置，名解脱。南唐以葬證寂禪師起塔，因爲寂樂院。後改今名。宋爲樞密王綸功德寺。

均慶院。在城南門外，舊在金陵坊。晉天寶寺。唐開元十年改天保。今廢。宋開寶八年毁。太平興國五年，就修真觀基重置。紹興初，移其額於雨華臺後。壞於火，因遷於臺之下。今上有古塔一座，即無殿舍屋宇。塔前鎸「宋故三藏特賜寶覺圓通法濟禪師道公之塔」一十八字。後有宋故三藏法師道公塔銘。

佛窟寺。一名崇教寺。在牛頭山，去城三十里。舊傳牛頭山下有辟支佛窟。宋大明中，移郊壇於山之東峰。執事者導從百餘人游西峰石窟，見一僧趺坐。執事者問之，忽無所有，但遺錫杖、香鑪、缾盂而已。梁天監二年，司空徐度造寺，因名佛窟寺。唐大曆九年，代宗因感夢，勑修寺之東西峰頂七層浮圖。宋太平興國二年賜今額。

法性尼寺。在報恩光孝觀東南。本吴建初寺也。《實錄》云：赤烏十年，胡人康僧會入境，置經行所，朝夕禮念。有司以聞，大帝引見，具言佛教滅度已久，惟有舍利可以求請。遂於大内立壇結靜三七日得之。帝崇佛道，以江東初有佛法，遂於壇所立建初寺，在縣南二百步。江東之有佛寺始於此也。晋改爲建寧寺。至唐以來爲尼寺。今改法性寺。建炎火，舊額僅存。《慶元志》云寺析爲三，近歲，寺南酒務中陶竈下掘出大石佛像，歸寺東院，遂呼石佛院云。今前法性、後法性二寺隷正西隅，大石佛在前寺正殿内。按《實錄》建初本在吴宫中，唐縣南二百步，前志以爲即此寺。以古迹宣陽門及縣城互考之，亦未有以證其必然。若以保寧爲古建初，則本寺所記耳。

法雲寺。舊在城外東北十里。《圖經》云：「本齊集善寺（四七）。」齊世祖時，爲豫章文獻王造。唐初，輔公祏亂，毀廢。後復置，爲義章院，改法雲。建炎兵火，廢。後徙置上元縣治西北。《慶元志》王荆公《法雲寺》詩：「路過潮溝入九盤，招提雪脊隱雲端。」又云：「法雲但見脊，細路埋桑麻。」舊在蔣山寺西門，前有章義橋。

正覺寺。凡三。其一禪寺，見前。其一在正西隅，其巷呼正覺寺巷。按《乾道志》，本在城南新亭壘側。宋昇明元年，蕭道成頓兵新亭。及沈攸之敗後，乃以軍幕之地置正覺寺。尚書令王儉爲碑。寺久廢。今寺傳自紹興十二年，請新亭額來建，尋廢，而寺基及寺名與巷名皆存。僧興實近以元貞二年復建，隆頤繼之，大德十年始完。其一《乾道志》在城内炳靈公廟西蔬圃中，屬今正南隅。

永福尼寺。《乾道志》在廣濟倉東，舊在冶城東南。本晉開福寺，後徙此，改景福寺。南唐避諱改額。

乾明尼寺。《乾道志》在城内東南祥鸞坊，南唐太廟基。後主宫中置歸德、永募二尼院，開寶中廢。移二院尼置寺，徙妙果院尼同居。太平興國五年賜額。妙果寺，古名翠靈，宋昭憲杜太后改乾明，今名戒壇。

淨妙寺。即齊安寺。南唐昇元中建。政和中，改賜今額。舊臨官路，今移置高隴，而秦淮在城東門外四里。王荆公有《齊安寺》詩云：「日淨山如染，風暄草欲薰。梅殘數點雪，麥漲一溪雲。」今石刻尚存。又有詩，見光宅寺。李壁注謂寺是齊武帝宅。按《實録》齊武帝生建康青溪宅，後稱青溪舊宮，未見改爲寺也。

普濟寺。《實録》梁大同元年置，頭陀寺東北，去縣二十二里。舍人石興造，在蔣山頂第一峰。殿後有泉井，與江潮水通〔四八〕，隨潮水增減，非常靈異，累世仍舊。《事迹》云：後徙置山下。治平中，改賜今額。舊寺殿後有應潮井，寺西有梁昭明太子讀書臺，即普通元年所置大愛敬寺基也。《慶元志》梁寺後有頭陀巖，可容數十人。陳軒集有《唐李頻陪崔大夫遊頭陀寺》詩、李浩《雪中重到頭陀》詩。

明慶寺。屬上元縣。今廢。《實録》梁天監六年置明慶寺，後閤舍人王曇朗造，去縣十八里。寺内有泉水清徹。陳、梁已前，嘗取供御愈疾。寺碑太子舍人陳昭之文。《事迹》曰在蔣山上。寺後別有小嶺，碧石青林，幽邃如畫，世人呼爲屏風嶺。有泉，俗呼八功德水。昔有高僧隱其處，忽聞絲竹音，俄而泉出。《慶元志》寺廢，在鍾山南八功德水之前，陳姚察就明慶寺受菩薩戒，即此。

天王院。在上元縣靖安鎮，去城十七里。梁普通二年建，初名頭陀寺。建隆四年，改今額。

寶林寺。在城西北二十五里。舊圖云：本同行寺。梁天監中，武帝與誌公同遊此山，見林巒殊勝，命建寺，因名同行，亦名聖遊寺，後改爲秀巖院。《事迹》唐會昌中廢，吳太和中復建。後改爲秀峰院。至嘉祐中，改賜今額。有琪樹，在法堂前。梅摯有詩云：「影借金田潤，香隨壁月流。遠疑元帝植，近想誌公遊。」建炎間，樹爲兵所焚。

祈澤治平寺。《乾道志》在城東二十五里驛路北。宋少帝景平元年建。梁朝置龍堂。有初法師者結茅山下，誦《法華經》，有東海龍女來聽。師曰：「此山乏水，爲我開一泉可乎？」後數日，風雷良久，有清泉涌座下。南唐保大中，以旱，祈雨於舊寺基，信宿而雨。自後以爲祈禱之所。治平中，改賜今額。

清真寺。《乾道志》舊名清玄寺。在城北二十五里。梁大通元年置，後廢。唐大中中復置。《慶元志》舊有梁時佛像，建炎兵焚。陳軒集載梁立曦《次韻周檣清真寺》詩有云「遺像梁朝佛」。

衡陽寺。在上元縣清風鄉。《乾道志》衡陽資福禪院，去城東北四十里，即古寶城寺基。唐天祐三年，徐溫重建，賜今額。《慶元志》寺舊有齊己、牟儒二上人重開衡陽寺，古迹詩刻云：「古迹重聞一朗興，斷煙尋得寶階層。只應雲鶴知前事，爲問齊梁舊住僧。廢井荒池猶浸月，短松低栢欲遮燈。淳于道士真高達，拋卻林泉便上昇。」保大七年題。

本業寺。在上元縣宣義鄉。《乾道志》在城東北四十里。《實錄》梁天監九年置本業寺，西去縣五十里。比丘淨潔造，在蔣山里。

隱靜院。在上元縣宣義鄉。《乾道志》在城東，近鴈門山，去城四十里。梁天監二年建，初名永建寺。南唐保大中重修，改今額。《實錄》梁天監二年，李師利造永建寺，北去縣六十里。寺有乾德四年石刻云：「唐上都左街鴈門隱靜院始建於宋元嘉，廢於唐會昌。乾德二載，耆艾詣南唐主請重建焉。」

延祥院。在上元縣神泉鄉。《乾道志》聖湯院在城東南六十里湯山下。唐德宗時，韓滉爲浙西觀察使。滉小女有惡疾，浴於湯而愈，乃以妝奩建寺於湯山之右。《慶元志》聖湯延祥院，慶元三年改爲十方禪院。

杜桂院。在上元縣丹陽鄉。《乾道志》在城東南六十里，南唐保大六年建。在杜桂村，因爲院額。今名香林寺，又曰香林院，在赤山西。《慶元志》院有吳鍾記云：「梁天監中，杜桂二卿平章朝政，捨所居以爲寺，故從其姓，以旌名。」

上雲居下雲居二院。上雲居院，在鍾山之右，去城十二里。舊圖經云：本齊勝善寺。建武二年，南海王蕭子罕造。梁時尼所居，後復爲僧院。下雲居，在上雲居右，宋元嘉中置。初爲善居寺，後改今額。

了緣塔院。《乾道志》在鍾山後，梁普通中置。初爲福靜寺，南唐保大九年改今額。

澄心院。《乾道志》在鍾山西，去城十里。

淨隱院。《乾道志》在鍾山寺前。

梵惠院。《乾道志》在蔣廟前，去城十五里。

清果院。《乾道志》在鍾山後，去城二十五里。

永慶院。《乾道志》在北門外烏龍潭北。

定明院。《乾道志》在覆舟山下，去城五里。

解空院。《乾道志》在西門外清涼寺側。

資福院。《乾道志》在城東南十五里土山側，梁建。今亦名淨名院。

莊嚴院。《乾道志》在淳化鎮東，去城三十五里。

漆閣院。《乾道志》在城東五十里。

光相院。《乾道志》在西張村，去城五十五里。

觀音院。《乾道志》在城東六十里黄干村。梁天監中置，至開寶八年廢。後復建於本院之蔬圃。

樂林院。《乾道志》在城東南六十里，因齊古寺基。

方樂院。《乾道志》在城東北六十里神泉鄉。本梁方樂寺基。南唐昇元元年重建。今亦名常樂院。

玉泉院。《乾道志》在城東北六十里。本古泉院基。吴武義中，徐溫重建。

多福、常樂二院。《乾道志》各在上元縣神泉鄉，去城六十里。

延福禪寺。《乾道志》在城東南六十里。梁普通中，爲靜福院。南唐時修，改今額。

永福院。《乾道志》在城東六十里青草村。

安平院。《乾道志》在下橋村，去城八十里。

登臺院。《乾道志》在黎塘村，去城九十里。

淨土院。《乾道志》在葉墅村，去城九十里。

保福院。《乾道志》在盡節鄉龍澗村，去城百里。

慈光院。《乾道志》在章墅村，去城百里。

妙明院。《乾道志》在道德鄉東湖村，去城九十里。

崇勝院。《乾道志》在道德鄉埂頭村，去城百里。

淨嚴院。《乾道志》在紫草村，去城百里。

無垢院。《乾道志》在禪林村，去城一百二十里。

陽城院。《乾道志》在盡節鄉周墟，去府城一百二十里。

自上雲居院而下至陽城院，並屬上元縣。

崇因寺。在城南十二里。舊圖經云：本宋曠野寺。齊廢，梁大同中復。唐開元中，改禪居院。吳大和二年，改崇果院。宋改今額。《慶元志》崇因寺，陳軒《金陵集》劉誼詩云：「十里崇因寺，臨江水氣中。」寺有觀音畫像，東坡頌。李端叔跋曰：「吾卜葬亡妻，崇因長老欽公謂余曰：『子胡不禱觀音？東坡南遷，嘗禱而應，遂作頌，前人已爲刻石。後有詔所在東坡文皆燬，前人不敢違。』余問石所在，曰：『幾碎矣！』索之力，乃得於庫中米廩後，塵土深數寸。稍曳出，加滌洗，而粲然如未嘗毀者。蓋先是刻馬祖龐居士用其餘刻頌。像已斷裂，而頌獨全。東坡序云：『金陵崇因院長老宗襲，自以衣鉢造觀音像，極相好之妙。』余南遷，謁而禱焉，曰：『北歸當復過此而爲頌。』建中靖國元年五月一日自南海歸，至金陵，乃作頌。」

普光寺。在城南門外。《乾道志》宋置爲天王寺。至梁，爲昭明太子果園。吴爲徐景通園。南唐保大四年，更置奉先禪院。葬曇雲師〔四九〕，起塔，因名寶光塔院。今名普光寺。

瑞相院。亦名鐵索寺。在城南門外。《乾道志》本晉時尼寺。宋元嘉七年，西域梵尼七人至建業。十一年，尼鐵索羅等三人又至，因號鐵索羅寺。宋齊以來，或爲翠靈寺，或爲妙果寺。開寶八年燬。太平興國二年，有僧請其地重興瑞相禪師塔，因改今額。

國勝寺。在南門外落馬澗，去城二里餘。《乾道志》舊在横山北。陳天嘉元年，章后捨宅爲寺。

安隱院。在雨華臺後，向南百餘步。《乾道志》舊在蔣山後，久廢。紹興四年，郡人請額置。

崇福院。《乾道志》在城南門外。宋元嘉十年，因僧楚雲所居，號崇福。至太平興國八年修。

明覺寺。《乾道志》在菜園務。詳見光宅寺注語。

無相塔院。《乾道志》在城南七里。南唐葬清涼禪師〔五〇〕，起塔，因名無相塔院。韓熙載爲碑。今存。

歸寂塔院。《乾道志》在城南七里。宋泰始二年建〔五一〕，初號永安寺。南唐保大二年起塔〔五二〕，號歸寂，因名院。

福安院。《乾道志》在城西南新林市東，去城二十里。俗呼祝英臺寺。

光宅寺。《乾道志》本梁武帝故宅，捨作寺。靈光法師講《法華經》於寺，每有華如飛雪滿空。講訖，即升空去。寺今廢，其故基在城東南七里。嘗建明覺寺，後徙置黄家塘側〔五三〕，治平二年賜額。按王荆公光宅寺詩凡三。其一曰：「今知光宅寺，牛首正當門。臺殿金碧毁，丘墟桑竹繁〔五四〕。蕭蕭新犢臥，冉冉暮鴉翻。回首千歲夢，雨華何足言。」其二曰：「倏然光宅淮之陰，扶輿獨來止中林〔五五〕。千秋鍾梵已變響，十畝桑竹空成陰。昔人倨堂有妙理，高座翳遶天花深。紅葵紫莧復滿眼，往事無蹟難追尋。」其一曰：「齊安孤起宋興前，光宅相仍一水邊。蜂分蟻爭今不見，故窠遺址尚依然。」李壁注曰：「光宅寺，梁武帝宅也。其北齊安寺，隔淮齊武帝宅也。宋興又在其北。齊安今爲浄妙寺，前臨官路，後據高隴面淮〔五六〕。」又按《實録》天監六年置光宅寺，西去縣十里〔五七〕，武帝舊宅〔五八〕。造寺未成，於小莊嚴寺造無量佛像，長丈九尺。未移前，淮中估客夜輒聞大橋上數百人修道路，往視不見人。俄而像度，光彩輝煥。《東都記》云：秘書省内著作院後有梁武帝及名臣沈約、范雲、周興嗣已下王公數十人銅像。初，武帝登極，乃立私宅爲寺，寺内有此像。後長慶中，李千里爲明堂，採木使船載至東都，置於省内。今新亭鄉有此寺，去城二十餘里。牛首山之側，蓋後用古額建爾。

延壽院。《乾道志》本幽棲寺，在城南四十里祖堂山南。唐貞觀中，四祖道信禪師傳心印於此。光啓四年廢。吴太和二年重置，改今額。

福昌院。《乾道志》院本資善院，在城南四十里牛頭山前。古常樂寺基，與延壽院相鄰。唐天祐中置。南唐後主改今額。

看經院。《乾道志》在城南四十里。建隆二年置，地名任店。

淨果院。《乾道志》在城南五十里吉山南，本梁永泰寺基。南唐葬淨果大師，起塔，因名淨果塔院。

淨居院。《乾道志》在城南五十里。本唐天福寺。會昌中廢。南唐時復置，爲淨住院。治平二年，改今額。按《實錄》梁天監五年置淨居寺，北去縣六十二里，潁州刺史劉威造，蓋即此也。

大仁院。《乾道志》在城南七十里，近慈湖界。唐明宗時，有僧結茅於此，講《仁王經》。南唐給額爲仁王院。治平二年，改今額。

高公臺院。《乾道志》在城南八十里。宋景平元年置，古臺猶存。

永慶禪院。《乾道志》在江寧鎮南，去城五十里。

清修院。《乾道志》在江寧鎮東，去城六十里。治平二年賜額，俗呼青山寺。案青山之名當是幽巖。見山川志。

旌忠禪院。《乾道志》在城西南五十八里。紹興二十六年，賜額爲秦申王墳寺。今爲天禧寺下院。

移忠報慈禪院。《乾道志》在牧牛亭路東，去城西南六十八里。紹興十五年，秦申王請爲功德院。寺有秦熺所造鍾，鐫云：「紹興十五年，歲在乙丑，移忠報慈禪院告成。資政殿學士、太中大夫、提舉萬壽觀、兼侍讀、兼提舉秘書省、江寧縣開國伯，食邑七百戶，食實封一百戶，賜紫金魚袋秦熺謹造大鍾。」真歇禪師清了銘曰：「以大圓覺，爲我伽藍。十方刹海，真淨本安。衆生自妄，性昏擾擾。一聞此鍾，亂想俱掃。功流浩劫，圓音廓徹。誰苦誰辛，一時永歇。」近年住持僧元達重修寺宇。

資聖院。《乾道志》在城西南六十里。梁武帝置，在白都山側，俗呼白都院。

佛龕院。亦名慈相。《乾道志》在城西南六十里上公山，梁佛壇寺基。南唐保大十二年重置，治平二年改慈相院。一說吳赤烏二年置，廣濟山佛龕院即此。

淨相院。《乾道志》在城西南六十里。唐天祐十八年建。南唐後主給額爲泗州塔院。至崇寧中，改今額，俗呼後籬寺。

廣教院。《乾道志》在城西南六十里。治平間賜額。

禪居院。《乾道志》在城西南六十五里。唐大曆二年置。會昌五年廢。至太平興國五年修。

後陽院。《乾道志》在城西南七十里。係萬回道場，開寶八年賜額。在後陽村，因名。

隆福院。《乾道志》在城西南七十里陸塘橋石堰口。治平二年賜額。

福興寺。《乾道志》在城西南七十五里天竺山下。按《實錄》大同二年袁平造福興寺，東北去縣百里。詳見山川志內。

何城寺。《乾道志》在城西南何湖側，去城八十里。旁有王祥墓。

清福寺。《乾道志》在秣陵鎮東，去城五十二里。

興善院。《乾道志》在秣陵鎮西北張山下，去城五十五里。

國安寺。城東南六十里，齊永明元年賜額。僧法珍立石，可考。

真如院。《乾道志》在城東南六十里。治平間賜額。

棲隱院。《乾道志》在横山北金陵鎮東，去府城六十里。

慈證寺。《乾道志》在金陵鎮南，去城六十五里。

建昌院。《乾道志》在横山南澗山村，去城八十里。

西陽院。《乾道志》在金陵鎮南，去城七十五里。

廣覺院。《乾道志》在横山北，去城七十里。治平二年賜額，其地名北湯村，俗呼北湯寺。

明性院。俗呼董青院。《乾道志》在城南石塘村西里山，去城八十里。治平二年賜額。

隆教院。《乾道志》在城東南八十五里。梁大同二年建。初號金口寺，蓋里名也。楊吳順義二年，改靈鷲院。治平元年，改今額。

白塔寺。在江寧縣治東烏衣巷。即葬大唐三藏大遍覺法師玄奘頂骨舍利之塔。詳見天禧寺下。

法王寺。在白塔寺東。東晉末，龜茲國沙門鳩摩羅什以道聞於時。隆安三年，遣使往姚秦迎致，秦已尊爲三藏國師，留不遣。晉使再三徵請，既至，帝躬出朱雀門迎之。歷試神驗，待之加禮，施地建寺，賜法王之額，請什居焉，遂尊爲譯經三藏國師。歷年既久，寺亦燬廢。至順間，天禧主僧演與其屬法嵩、德賓仍其遺址構寺一新。寺中恒産不滿百石〔五九〕，歲時所用悉出天禧。今爲天禧寺下院。

自崇因寺至此並屬江寧縣。

崇明寺。《乾道志》在句容縣東。晉咸寧元年，居士司徒察捨宅爲義和寺。唐會昌中廢。天祐二年重建。太平興國五年改今額。縣志：寺額「義和之寺」四字，梁昭明太子書。尚存鍾樓，俗傳般郢所造，爲其巧也。今寺分爲子院十七，曰文殊院，尹孺文、張安國嘗訪璿無玷於定菴，終日而去。曰經截禪院、塔院、羅漢院，有塔影。曰瑞應院〔六〇〕、瑞像院〔六一〕、天王院〔六二〕、彌陀院、四聖院、千佛院、天竺院、妙雲院、妙音院、眼藥院、北觀音院、北釋迦院、中釋迦院、南釋迦院，內經藏，係禪寺云。

興教院。《乾道志》在句容縣東北。舊經云，晉咸淳中置爲觀音院〔六三〕。南唐時重修。太平興國五年改今額。

金華寺。《乾道志》在句容縣東南。晉咸康三年，尚書令李邈捨宅造靈曜尼寺，尋改額。

聶行寺。在句容縣西五里聶行山。或云元在洪水坑。

圓寂寺。在句容縣南三十五里赤山側。

龍華寺。在句容縣赤山上。

奉聖院。舊名永定。在句容縣東四十里。梁大同二年置。

延福院。舊名延壽。在句容縣東四十里。晉咸和六年置〔六四〕。

大泉寺。在句容縣東北五十里。宋昇明二年，邑人顏繼祖捨宅爲寺。今徙置縣北唐巷村。

天王院。在句容縣南五十里。唐中和二年建。

崇報院〔六五〕。舊名正覺寺。在句容縣北六十里。楊吳順義中建。縣志：唐懿宗咸通中建，名正覺。

證聖院〔六六〕，在句容縣北六十里。唐咸通中賜額。

資聖院〔六七〕，在句容縣北六十里。

道林院〔六八〕。舊名寶公院。在句容縣西北六十里。梁天監中置，即沙門寶公所居也。唐乾符二年賜今額。

宋熙寺〔六九〕。在句容縣西北六十里。《慶元志》寺舊基在蔣山寶公塔西桃花塢側〔七〇〕。梁劉訏與族兄歊聽講鍾山寺〔七一〕，因而卜築寺東澗〔七二〕，有終焉之志。又王規復爲散騎常侍〔七三〕、太子中庶子、步兵校尉，以疾不拜〔七四〕，於寺築室居焉。淳熙十一年，僧淨德移鍾山廢額於縣北東陽鎮建寺，號「寶公塔院」。寶公生鷹窠中，即其地也。

戍山尼寺。《乾道志》在句容縣北六十里。唐景福中建。《慶元志》在下蜀鎮。有照首座塔，韓子蒼銘。

光宅寺。在句容縣東十里。

禪心寺。在句容縣東三十里。乾道元年請額。

明慶院。在句容縣東四十五里。紹興二十一年，樞密巫伋請功德院，賜額。

昭聖寺。在句容縣東四十五里，地名東昌。乾道七年，請溧水州廢額建。

興教院。舊名永安院。《乾道志》在溧水州西三百步，臨淮門外。唐天復元年置。大中祥符四年改今額，淳熙八年爲禪院。舊經又謂本名永廣。楊吴時，縣令孔敦祐奏爲藝皇崇修〔七五〕，更名興教。今爲禪寺。

開福禪寺。舊名天興。在溧水州南門外。唐開元二十二年修，會昌五年廢，天祐初重建。至太平興國五年，改今額。淳熙十三年，請爲禪院。

菩提寺。舊經尼院，在溧水州東三百步尋僊門外。唐乾符中置。

法華寺。舊經尼寺，在溧水州西一里。唐天祐中建。

崇慶寺。在溧水州東南八里。鴻鶴禪師在東廬山建道場，後至中山西建寺。唐大中二年，立大覺寺額。至太平興國五年改今額。建炎兵燬，餘枯檜二株。

馬占寺。在溧水州東二十五里。本六朝古寺基。開寶五年修，舊記無考。相傳馬尚書於此讀書，不知何代人。紹興八年重建。

興化禪寺。舊名豐安寺。在溧水州北二十七里。唐大中中建。至太平興國五年改今額。淳熙六年請爲禪院。

明覺寺。舊名正覺。在溧水州西四十里。唐咸通十年置。大順中改今名。至治平二年賜額。

廣嚴寺。舊名儀城。在溧水州西北四十五里。唐天復三年置。治平中改今額。縣丞俎大武有記。

儒童寺。舊名孔子寺。在溧水州南七十五里。大唐景福二年置。南唐昇元二年改今額。舊傳孔子適楚，經此地。後人因建祠，尋改爲寺。

慧照寺。舊名禪林寺。在溧水州南八十里。唐開元二十七年置。太平興國五年改額。

彰教寺。舊名報恩寺。在溧水州西南八十里。唐大中七年置。報恩寺有碑。

淨行寺。舊名潘城寺。在溧水州西南九十里。唐中和三年置。寺有碑，唐進士劉驩文。

保聖寺。舊名龍城寺。在溧水州西南百里。唐貞元十七年置。寺之西林，即舊基也。後祥符中改今額。龍城、保聖二碑並存。淳祐中胡應發有記。

彌勒寺。在溧水州南游山鄉。紹興二十七年興廢建寺。

萬善寺。在溧水州東南唐昌鄉。乾道二年，鄧步鎮申府請額，移於東塓鎮建。

顯慈寺。舊名劉莊寺。在溧水州西南百三十里。至太平興國二年復建。大觀元年，改顯仁院。紹興三十年，又改今額。

大覺寺。本大通寺，在溧水州北十五里。梁大通九年置。治平中改今額。

新化寺。在溧水州南儀鳳鄉。乾道三年，移建安興鄉。

禪寂寺〔七六〕。本無想院。在溧水州南十八里六朝寺基。縣志在州南二十五里。南唐重建，治平中改今額。寶祐三年，請爲十方禪院。有南唐韓熙載讀書堂。

興善院。在溧水州西三十五里。唐大順中置。《古迹》金華初平起石之地，牧羊仙洞見存。有古碑，郡守黃度取上本府。

新興寺。在溧水州東門一里。本在豐慶鄉，廢後移居養院地建。

華勝寺。在溧水州南三里。舊廢址在思鶴鄉佛子墩，存石佛二尊。祖師僧如日於宋乾道五年移請寺額，復興於此。吳興陳振孫記略云：嘉定初，余爲吏溧水，南出縣門三里，有寺曰華勝。間送迎賓客至其所。寺據南亭岡，右臨官道，爲門旁出，草創，殊弗稱其境。主僧宗應方聚材於庭，爲興造計。余因扣以建置本末。應言寺在邑西佛子岡，久廢。當紹興十七年，吳興僧如日駐錫此地，得古井焉，浚之，以飲行旅，縣民倪實爲卓菴其旁。至乾道五年，始請於郡，徙寺之故名揭之。日年九十餘死，其徒嗣之者曰志常。常老，以屬宗應。由紹興迄今六十餘年矣，邑無富商大賈，其民力農而嗇施，無深林壽木作室者，常取材他郡。寺又無恒産，丐食足日，斂其餘，銖銖積之，綿歲月迺能集一事，故祖孫三世所就僅若此云。

上方寺。在溧水州西二十里。《縣志》蓋古寺也。《圖經》闕略不載，特以爲置於唐之開元十二年。而南唐昇元間，僧慧海作《十王齋記》，立石。宋大觀二年間，住持僧文應被命，以石上送之府，今不復存。故老云〔七七〕，寺基乃孫鍾種瓜之所，感三少年化鶴而去，今其鄉曰思鶴可證。

永成寺。在溧水州西北二十里長壽鄉。本在思鶴鄉，廢，紹定四年請額建。

妙果寺。在溧水州東三十五里白庶鄉。本在安興鄉雲鶴山，廢，嘉祐三年請額移建。

太安寺。在溧水州東北四十里長壽鄉六姑山。本唐天祐二年置於溧陽州，後廢。淳熙八年，請額移建。

般若寺。在溧水州南四十里儀鳳鄉。本在崇賢鄉，廢，僧義榮於嘉熙三年請額建。

桂陽寺。在溧水州南七十里安興鄉。本在長壽鄉，廢，嘉定中請額建。

龍華寺。在溧水州南遊山鄉。宋淳熙九年，僧法興經府請句容縣林泉鄉廢額建。李處全記略曰：中山之南，輿行三日，聚落曰銀淋，江湖順流而下者，至是舍舟而車，自斯遡江而西，則問津焉。

正覺寺。在溧水州西南一百四十里。宋嘉定元年，僧妙玲經府請江寧縣新亭正覺寺廢額建。吳正肅公柔勝記略曰：建康之溧水有官圩曰永豐，永豐有寺曰正覺，其開山曾妙玲以狀來屬余曰：寺故密邇江寧縣之新亭，後燼於兵，遂廢不復建。自政和因三湖爲圩，圩之吏民歲有事於祈禳，則爲堂而佛之，繼者不能有加焉。玲竊不揆，思大其所居，蓋泣血辛勤，不懈晝夜，數年然後官予之額，爲正覺給之，規爲甲乙住持。夫釋氏之學，儒者不能知。余嘉玲之心志堅決而刻苦，卒能以堂爲寺。使推是心以求其師之道，則道必弘。又使學士大夫能用心如玲，雖著爲體國經野，大爲經天緯地，固未有不可能者。今郡縣纔官置一學，然其半具文爾，家無塾，黨無庠，遂無序，抑嘗有動心者乎？彼其教化之不明，人才之闕如，究所從來，有非一日之積矣。故余重有感於玲之事，而爲之記。

廣法院。在溧陽州西門內。唐元和中，爲零陵寺。乾寧五年修建。楊吳武義元年，號資福院。太平興國五年，改今額。佛殿鍾樓，唐末天祐中創。銅鍾，南唐保大十四年鑄。款識云：潤州溧陽縣資福禪院謹募衆信於都闕銅坊内鑄造。院左臨街石井闌刻云：元和六年五月戊申，沙門澄觀爲零陵寺造此。石闌近年移在報恩寺浴室井上。院有别殿，供觀音大士，夙著靈異。侍郎劉嶺爲記。故老云，建炎中，車駕渡江，尚書郎吴若時爲頓遞所幹辦官，兼營繕行宫。欲亟成，毁僧道之廬以給用。既拆門樓廊廡，將及是殿，大士慈相示變，出舍利如汗珠，斧之不碎，縣宰及吴皆驚異，殿遂獲存。

廣教院。在溧陽州東門外。唐長慶元年，金吾衛長史倪筠捨宅建，賜額爲資聖院。太平興國五年改今額。

鎮國尼院。在溧陽州東南隅。唐天祐中建。

崇德禪寺。在溧陽州南十里屏風山。紹興十九年賜額建，爲秦梓功德寺。

看經院。在溧陽州南十里。南唐昇元元年置。

報恩禪寺。舊在溧陽州西北五十里。梁天監中置，唐會昌中廢。元祐五年，邑人高先等徙建東門外一里。宣和間，爲神霄宫。後復，例改。丞相李綱書額。

法興禪寺。唐爲法常寺。在溧陽州北二十里。開寶五年，僧義通徙置雷公山下，在州東北三十七里。治平二年，改今額。

妙如寺。在溧陽州舉善鎮。宣和七年，僧覺際請唐隆寺廢額改建。

聖塔院。在溧陽州北四十里落霞山僧伽行化之地。有石佛，鎸云乾符七年造。中廢，天禧年間再建。

勝因寺。在溧陽州西四十五里。晉義熙元年置。唐名唐興，政和五年改今額。孟郊有《溧陽唐興寺觀薔薇花同諸公餞陳明府》詩。崇熙中，李亙刻石，命寺僧創薔薇軒於西廡。《慶元志》唐嚴綬《禪宗大德通公碑》有「真元十四年宣州溧陽縣唐興寺」云。

淨土禪院。在溧陽州東南五十里下山側。唐開成二年置。初爲雲泉院，治平二年賜今額。宣和六年，更律爲禪。舊經有《祖師示滅塔記》，今亡。《慶元志》下山寺舊又曰雲泉精舍。唐許堅詩云：「地枕吳溪與越峰，前朝恩賜雲泉額。」

太安院。在溧陽州西五十里。紹興十三年，僧慶雲移溧水州廢額建。

永成寺。在溧陽州西五十里。乾道七年，僧了深移溧水州廢額建。

法慧寺。在溧陽州北六十里。吳相萬彧捨宅建。梁爲安靜寺，廢後徙此。大中祥符元年賜今額。

法會院。在溧陽州西南六十里社渚鎮。吳天紀中建，唐垂拱中名資善，太平興國五年改今額。

明慧院。在溧陽州南七十里松山。太平興國七年建，治平二年賜額。

三塔大聖院。東晉爲白龍寺，在溧陽州西七十里。故傳僧伽大聖行化之地，有三塔存焉。縣志：昔錢氏奪南唐地作鐵梁堰，爲厭勝，禪院因廢〔七八〕，獨存一塔。治平中，僧奉琳建有寒光亭。

觀音菴。在城東南隅。宋咸淳八年建。

清福菴。在城正北隅。宋景定二年，僧覺清建。

常照菴。在城正北隅。大德二年，平章呂文煥建。

大夢圜通菴。在城東南隅。至元年間，左丞廉希愿建。

大夢觀音菴。在城西北隅料院街。大官朔思吉所建。

崇福菴。在城正南隅臙脂巷。至大己酉年建。

無際崇福菴。在城正南隅。泰定丙寅年，楊遇新建。

古佛菴。在城東南隅貢院街放生池畔。古有，中廢，至正元年重建。

法海菴。在城東南隅大夢菴側。至元元年建。

寶公菴。在城正東隅。元貞年間，僧劉空創爲寶公堂。後民劉氏捨地，命僧法通重建爲菴。

千子亭觀音菴。在城正東隅上閒街。延祐三年，蔣山寺僧智堅募緣建。

普照菴。在城正南隅。至大四年僧無盡建。

月印菴。在城正南隅。大德五年僧無可建。

淨土菴。在城正南隅。僧宗義建。

華嚴菴。在城西北隅。泰定元年僧善果建。

佛光菴。在城正北隅。至治元年建。

寶公道林菴。在江寧縣治南。至大年間建，今爲蔣山寺下院。

溧水州有井岡菴、壽國禪菴、觀音菴、亭山菴。皆歸附後僧俗所建。

大通尼寺。即大通菴，宋咸淳元年建，郡守馬光祖立石。菴本在御街南隅，劉觀察虎子婦秀巖落髮爲尼，移菴額於秦淮南杏花村内建今寺。

上國安寺。古係崇勝寺，又名大悲院，在府城南隅炳靈公廟街。宋乾道七年，僧法澐重建，九年改今額。

均慶尼寺。在府城東南隅武定橋下馬道街内。宋咸淳年間建。

正等寺。在府城東北隅。宋咸淳四年，郡守馬光祖建。

天王寺。在府城東北隅。宋咸淳年間，僧玉菴建。舊名天王菴。至泰定初，建康路總管博斯呼賓保改額爲寺〔七九〕，彌陀菴。係宋興元酒庫及公使庫地基。歸附後建菴，在府城内。

凡寺、觀、菴、院稱在城某隅及去城若干里，皆指今府城，即南唐建都所築城也。除古蹟城外，他志内言城倣此。

【校勘記】

〔一〕元年：至正本作「二年」。

〔二〕曆：原闕，據《道園學古錄》卷二五及至正本補。

〔三〕阿爾斯蘭哈雅：至正本作「阿爾思蘭海牙」。下同。

〔四〕經營：至正本作「經費」。

〔五〕工：原作「功」，據《道園學古錄》卷二五改。

〔六〕易闕薰：至正本作「易釋董」。

〔七〕阿古爾哈雅：至正本作「阿忽都海牙」。下同。

〔八〕《道園學古錄》卷二五「五方調御之殿」作「無量壽佛之殿」。

〔九〕爪：至正本作「瓜」。

〔一〇〕「以」下原衍一「以」字，據至正本删。

〔一一〕於：原作「以」，據《道園學古錄》卷二五改。

〔一二〕神：原作「帝」，據《道園學古錄》卷二五改。

〔一三〕宫：至正本作「貝」。
〔一四〕翼翼：至正本作「之域」。
〔一五〕所感：至正本作「報恩」。
〔一六〕田：原闕，據至正本補。
〔一七〕設：原闕，據至正本補。
〔一八〕守志：原闕，據至正本補。
〔一九〕命：至正本作「御史」。又「等記之」至正本作「撰碑」。
〔二〇〕「於」字下至正本有「其」字。
〔二一〕「顯」、「麻」二字至正本作「相」、「化」。
〔二二〕如：至正本作「知」。
〔二三〕會：至正本作「食」。
〔二四〕墮：原脱，據《景定建康志》卷四六補。
〔二五〕護：至正本作「獲」。
〔二六〕乞：原作「元」，據至正本改。

〔二七〕守：原作「宋」，徑改。

〔二八〕公：原作「人」，據至正本改。

〔二九〕壁：原作「璧」，據至正本改。

〔三〇〕女：原作「文」，據至正本改。

〔三一〕狄咸：原作「狄減」，據《王荆公詩注》卷二七改。

〔三二〕至：原作「之」，據至正本改。

〔三三〕有：原作「自」，據至正本改。

〔三四〕範：原闕，據至正本補。

〔三五〕幽：原無，據《景定建康志》卷四六補。

〔三六〕晝：原無，據《南史》卷七八補。

〔三七〕歲：原無，據《景定建康志》卷四六補。

〔三八〕勝：至正本作「幽」。

〔三九〕此：原作「北」，據《景定建康志》卷四六改。

〔四〇〕圃：原作「圖」，據至正本改。

〔四一〕窮：至正本作「備」。
〔四二〕續志：至正本作「舊志」。
〔四三〕寺：至正本作「院」。
〔四四〕寺：至正本作「庵」。
〔四五〕殺：原作「射」，據《南史》卷五《齊本紀》下改。
〔四六〕乾道間：至正本作「乾道志」。
〔四七〕齊：原作「齋」，據至正本改。
〔四八〕潮：原作「淮」，據《六朝事跡編類》卷下及下文改。
〔四九〕曇雲師：至正本作「囗曇禪師」。
〔五〇〕涼：原闕，據至正本補。
〔五一〕「宋」、「建」二字，至正本作「齊」、「置」。按泰始爲南朝宋年號。
〔五二〕南：原作「院」，據至正本改。
〔五三〕家：原闕，據至正本補。
〔五四〕丘墟：原作「院落」，據《臨川文集》卷一四、《王荆公詩注》卷二二改。

〔五五〕止：原作「坐」，據《臨川文集》卷二一、《王荆公詩注》卷二二改。

〔五六〕據：至正本作「徙」。

〔五七〕去：原闕，據《建康實録》卷一七及至正本補。

〔五八〕舊：至正本作「捨」。

〔五九〕中：至正本作「之」。

〔六〇〕瑞：原闕，據至正本補。

〔六一〕院：原闕，據至正本補。

〔六二〕天：原闕，據至正本補。

〔六三〕按「咸淳」爲宋度宗年號，此處有誤，俟考。

〔六四〕咸和：原作「咸平」，據至正本改。

〔六五〕崇：原作「果」，據至正本補。

〔六六〕證聖：原闕，據至正本補。

〔六七〕資聖：原闕，據至正本補。

〔六八〕道林：原闕，據至正本補。

〔六九〕宋熙：原闕，據至正本補。

〔七〇〕西：原闕，據至正本補。

〔七一〕歙：原闕，據至正本補。

〔七二〕而：至正本作「共」。

〔七三〕又：原闕，據至正本補。

〔七四〕以：至正本作「辭」。

〔七五〕藝皇：至正本作「藝祖武皇」。

〔七六〕按「禪寂寺」下至「明慧院」條，原闕，據至正本補。

〔七七〕故：原作「古」，據文意改。

〔七八〕禪院：至正本作「法院」。

〔七九〕博斯呼實保：至正本作「必失溫沙班」。下同。

至正金陵新志卷十二上

古蹟志

自古國家有所興造，曷嘗不覽前代之制而爲之損益。凡人之衣服飲食居處，文爲其始，曷嘗不因踵前人之遺緒而稍加異乎？昔黄帝鑄鼎荆山，接萬靈明廷，其崩也，羣臣葬衣冠橋山。禹鑿龍門、伊闕，疏九河，會諸侯、朝羣臣於茅山、會稽。其崩也，葬會稽。漢時泰山有古明堂遺趾，而封泰山、禪梁父者七十餘君。此非載之史册，誦於學士大夫，則其盛節遺風泯焉不傳，豈不惜哉？金陵雲陽之墟，有古帝王遺跡，書缺漫不可詳。繇秦漢以來，爲都者八，爲藩鎮治所無慮數十。賢人君子相與憂勞，治其繭絲保障，歌哭於斯者多矣。其典章制度、與時因革者〔一〕，既列前八志，復紀識其城闕、官署、第宅、陵墓、碑碣，著其時制所在，俾觀於古者有考焉。《傳》言「墟墓之間，未施哀於民而民哀；宗廟之間，未施敬於民而民敬」。此言人之善心，油然感於所見。矧其善惡成敗之蹟，足爲勸戒者乎。述舊章，覽遺事，作《古蹟志》。金陵歷三吳、二宋，總名古蹟，年月詳見事下。各仍舊稱，不復識別。《景定志》有考證，今引之。

城闕官署

歷代城闕官署參錯，須互考得其彷彿，故以類附見。

古固城。春秋時吳所築也，在溧水州界。《乾道志》：「在縣西南九十里，高丈五尺，羅城周七里二百三十步，子城一里九十步〔二〕。」按《勝公廟記》：「固城，吳時瀨渚縣也。楚靈王與吳戰，吳軍不利，遂陷此城。吳乃移瀨渚於歷陽南十里，改爲陵平縣。平王立，使蘇乃爲將，戰敗吳軍，以吳陵平縣改平陵縣。王聽費無極佞言，伍員奔吳，闔閭用爲將，舉軍破楚，固城宮殿逾月烟焰不滅，其城遂廢。」又按《笠澤叢書》：「溧陽昔爲平陵縣，縣南十餘里有故平陵城。」而《圖經》乃載平陵於溧陽，載固城於溧水，蓋未詳也。戚氏云：「以地考之，平陵有二：其一晉平陵，即永世城；其一則在唐溧陽南十里，吳所置也，與固城東西相去已遠。」《圖經》之說爲是。故《嘉定溧陽志》歷載永世、唐縣、平陵三城，而《景定郡志》、《咸淳溧水志》猶言固城亦名平陵，則失於不考《嘉定志》耳。但《勝公廟記》、《嘉定志》以爲未見全文，今亦不知何時何文。

以蔣日用城隍之記言之，唐立溧陽，至開元近百餘歲，記若指此爲溧陽，則唐人文也。宋紹興中，溧水尉喻居中於固城湖得東漢溧陽長潘乾校官碑，蓋其地乃漢之溧陽也。周益公《南歸錄》：「乾道壬辰，自鄧步東灞溧水登陸，行十五里至銀樹，有一二百家，若水泛，則自此便通舟。又六七里至雙港口，復登舟，約十餘里，至固城湖，日猶未晡，蓋數百家之聚。登妙智庵，觀范同參政父墳。晚步固城上，父老謂之楚王城，其周數里，但存城基。庵中石龜碑趺乃去歲掘城得之，云天寶彌勒寺碑也。次日，肩輿五六里，至禪林山惠照院啓天申節。寺僧云相去二十里有遊子山儒童院，蓋天子遊歷之地，不記《圖志》所載云何。歸舟解纜，渡湖，水才數尺，然亦彌漫其中，多茭葑。凡三十里至石橋地，約五十里至太平州河口，兩岸多民居，烟稠如畫，稍前即永豐圩。夜泊黃池鎮，距固城湖已百一十里云。」

古越城。一名范蠡城。案《宮苑記》，周元王四年，越相范蠡所築。在今瓦棺寺東南，望國門橋西北。《圖經》云：「城周迴二里八十步，在秣陵縣長干里。」今江寧縣廨後遺址猶存，俗呼爲越臺。《金陵故事》云：「周元王四年，范蠡佐越滅吳，欲圖伯中國，立城於金陵，以強威勢。」《郡國志》云：「在縣南六里，東甌越王所立。吳王濞敗，保此城，後走丹徒。晉王含以水陸五萬逼淮，溫嶠燒朱雀航以挫其鋒，遂濟師渡水，大破含軍於越城。」《南史》〔三〕：「盧循犯建康，劉裕恐其侵軼，用虞丘進計，伐木柵石頭城，修治越城。齊崔慧景反，蕭懿入援，自采石濟岸，頓越城。梁武義師次新林，遣王茂據越城。」《實錄》注云：「越王築城江上鎮，今淮水南一里半廢越城是也。」案《越絕書》其城越范蠡所築。城東南角近故城〔四〕，望國門橋西北即吳牙門將軍陸機宅。故機入晉，作《懷舊賦》，「望東城之紆餘」，即此城，在三井岡東南一里，而瓦棺寺閣在岡東偏也。今南門外江寧縣廨後有越臺，與天禧寺相對。近時詩人指越臺爲越女取越土築臺者，非也。

楚金陵邑城。威王滅越，私吳越之富，擅江海之利，置金陵邑於石頭。及負芻，爲秦所滅。至漢高帝時，封韓信於楚，鄣郡屬焉，六年廢。周顯王三十六年，楚滅越，乃因山立號，置金陵邑，今石頭城是也。楚威王後一百一十餘年，當秦始皇二十四年，秦滅楚，兼諸侯，分天下作三十六郡，以金陵爲鄣郡。楚亡後一十三年，當始皇三十七年，乃改金陵邑爲秣陵縣。《乾道志》：「金陵邑城在清涼寺西，去臺城九里，南開二門，東一門。」又見《山川志》。

古賴國城。在今溧水州界。案《實錄》：「吳廢帝亮崩於侯官道上。晉太康中，故少府卿丹陽戴顯上表迎屍歸葬賴鄉。」《春秋傳》昭公四年，楚伐吳。秋七月，圍朱方。八月，遂滅賴。楚子欲遷許於賴，使鬬韋龜與公子棄疾城之而還。冬，東國水，不可以城，彭生罷賴之師〔五〕。朱方，即今鎮江也。陳國苦縣雖有賴鄉，與朱方相去甚遠，亦非東國有水之地，其賴城豈非即晉時賴鄉，今之溧水乎？故《勝公廟記》謂楚靈王與吳戰，吳軍不利，遂陷瀨渚〔六〕。伍子胥投金處正名瀨水。《戰國策》范環對楚懷王亦言：「楚乘越亂，南察瀨湖而野江東。」合前後觀之，賴之爲溧水甚明。吳音訛瀨爲溧，自漢以來遂名溧水，而古蹟間有存者。其苦縣賴鄉，或楚滅賴之後徙其人於彼，未可知耳。景定以前，《圖經》失不詳考，戚氏《志》始略言之。今存此城，以俟博古者稽焉。

吳石頭城。見《山川志》。

丹楊郡城。案《宫苑記》，在長樂橋東一里，南臨大路。城周一頃〔七〕，開東、南、北門。漢元封二年，置丹楊郡。至晉太康中，始築城。宋、齊、梁、陳因之不改。《漢志》：丹楊郡，先治宛陵。建安十三年，孫權分爲新都郡。二十六年，權始置丹楊郡，自宛陵治建業。永安中，分置故鄣郡，丹楊所領惟溧陽以北六縣。晉太康元年，改建業復爲秣陵，置江寧縣。唐初，廢爲州。天寶元年，復置。至德二載，析置江寧郡。《元和郡縣志》：丹楊郡故城在今江寧縣東南。蔡宗旦《金陵賦》注云：古圖長樂橋東一里〔八〕，今桐林灣軍寨處。

古都城。案《宫苑記》，吳大帝所築。周迴二十里一十九步，在淮水北五里。黄龍元年，自武昌徙此〔九〕。晉元帝初過江，不改其舊。宋、齊、梁、陳皆都焉〔一〇〕。宋世宫門外六門，城設竹籬。至齊高帝建元元年，有發白虎樽言：「白門三重門，竹籬穿不全。」上因其言〔一一〕，改立都牆。《本紀》：建元二年，立六門都牆是也，其後增立爲十二門云。考證：案《宫室記》：「吳大帝遷都建鄴，有曰太初宫者，即長沙王故府，徙武昌宫室材瓦所成也〔一二〕。有曰臺城，蓋宫省之所寓也；有曰東府，蓋宰相之所居也；有曰西州，蓋諸王之所宅也；有曰倉城，蓋儲蓄之所在也，皆不出都城之内。」《輿地志》曰：「晉琅琊王渡江，鎮建鄴，因吴舊都修而築之〔一三〕。宋、齊而下，宫室有因有革，而都城不改。」《東南利便書》曰：「孫權雖居石頭以扼江險，然其都城則在建鄴，歷代所謂都城也。東晉及齊、梁之代〔一四〕，雖時有改築，而其經畫皆吴之舊。」隋既平陳，此城皆毁，今之都城非舊也。

臺　城。一曰苑城。詳見前《圖考》。

東府城。晉安帝義熙十年冬，城東府，在青溪橋東南，臨淮水，周三里九十步，以爲去臺四里。簡文封王時舊第〔一五〕，後爲會稽王道子宅〔一六〕。道子録尚書事，以爲治所，時人呼爲東府。其子元顯亦録尚書事，時謂道子爲東録，元顯爲西録。西府車騎填湊，東第門下可設雀羅。東第即後東府城也。《會稽王傳》：「嬖人趙牙爲道子開東第，築山穿池，列樹竹木，工用鉅萬。帝嘗幸其宅，謂道子曰：『府内有山，因得遊矚，甚善。然修飾太過，非示天下以儉。』道子謂牙曰：『上若知山是版築所作，爾死矣。』牙曰：『公在，牙何敢死。』其城東北角有土山曰靈秀〔一七〕，即牙所築也。」宋武帝領揚州日，築東府城以封彭城王義康〔一八〕。文帝元嘉中，義康更開拓池址爲西塹〔一九〕，自後常爲宰相府第。景和中，嘗改爲未央宫〔二〇〕。明帝時，始安王休仁鎮東府，訛言東城出天子。帝懼，殺休仁，而常閉東府不居。桂陽王休範反，車騎典籤茅恬開東府納賊。齊高帝封齊王，以東府爲齊宮。梁太清三年，侯景舉兵毀板築牆，以甎甓爲之。紹泰末，盡罹焚毀。陳天嘉中，始徙治府城東三里齊安寺西，臨淮水。陳亡廢。

西州城。即古揚州城。漢揚州治曲阿。晉永嘉中，遷於建康。王敦始爲建康，創立州城，即此城也。案《建康實錄》，城所置，西則冶城，東則運瀆，今天慶觀之東〔二一〕，西州橋是也〔二二〕。一説石冰之亂，焚燒府舍，陳敏營孫氏故宫居之。元帝初渡江，即敏府創新城〔二三〕。考證：晉孝武太元末，會稽王道子領揚州，居東府，故號此城爲西州。大明中，以東府爲諸王邸〔二四〕，西州爲丹楊尹治所。謝安爲時人所推服〔二五〕，及鎮新城，盡室而行，造汎海之裝，欲須經略粗定，自江道還東，雅志未就，遂遇疾篤，上疏請旋旆。詔遣還都，聞當人西州門，自以本志不遂，深自慨失。及薨後，安所知羊曇者，輟樂彌年，行不由西州路。嘗因石頭〔二六〕，大醉，扶路唱樂，不覺至州門，左右曰：「此西州門。」曇悲感不已，因慟哭而去。宋時徐羨之住西州，高祖嘗思之，即步出西掖門往見焉。《寰宇記》云：「西州。學者多未曉。江寧府有東府城，城中有揚州廨，而揚州在府西，故時人號爲東府、西州，東府城之西門謂之西州門。」《世説》：王丞相治揚州廨，按行而言曰：「我爲何次道治此爾！」何少爲王公所知，是以發此歎。今西州也。《丹楊記》曰：揚州廨王氏所居，諸葛恪則治建業。晉自周浚至王仍吳舊，王復領州牧。及桓溫、桓玄悉治王府〔二七〕，王茂洪以及桓謙則在建康〔二八〕。永嘉七年〔二九〕，顧榮誅陳敏，揚州刺史劉機治建康，王氏代機。元帝渡江居城府，王便立州廨於此。宋殷景仁既拜揚州，羸疾遂篤，上勅西州道上不得有車聲。孝武時熒惑守南斗，上乃廢西州舊館，使西陽王子尚移居東府城以厭之。揚州别駕沈懷明曰：「天道示變，宜應之以德。今雖廢西州，恐無補也。」上不復西州，竟廢。

冶　城。詳見前《圖考》。

琅邪城。在江乘縣界。晉元帝以琅邪王過江，國人隨而居之，因城焉。在縣東北六十三里，今句容縣琅邪鄉即其地也。考證：齊武帝永明元年，移琅邪於白下置，大起樓觀，講武於此。《南徐州記》江乘南岸蒲洲津有琅邪城，則琅邪城與白下相邇。今句容縣有琅邪鄉，蓋與江乘縣界相接。是蒲洲津與白下皆有琅邪城也，一在上元縣金陵鄉西北，去縣十四里，乃白下之城。或者直以蒲洲津城爲白下，非也。王隱《晉書》：「江乘南岸有琅邪城，立琅邪内史以治之。」齊永明六年，於琅邪城講武，習水步，觀者傾都。王融《從武帝琅邪城講武應詔》詩云：「白日映丹羽，赬霞文翠旃。凌山炫組甲，帶水被戈船。」謝朓有《江孝嗣戍琅邪城》詩。《南史·齊王融傳》云：世祖欲北伐，使毛惠秀畫漢武圖，置琅邪城射堂上，每遊幸，必觀視焉。

金　城。在城東二十五里，吳築。今上元縣金陵鄉地名金城戍，即其地。考證：

吴後主寶鼎二年，以靈輿法駕迎神於明陵，使丞相陸凱奉三牲祭於近郊，後主於城門外露宿。明陵乃後主父故太子和陵也。蔡宗旦《金陵賦》云：「遊金城以愴然〔三〇〕，問種柳之何在？笑吴主之信巫，乃露宿於門外。」晉太興中，王氏舉兵反，將軍劉隗軍於金城。初，中宗於金城置琅邪郡。咸康中，桓溫爲琅邪内史，出鎮金城。後溫北伐，經金城，見爲琅邪時所種柳皆十圍，因嘆曰：「木猶如此，人何以堪？」因攀枝執條，泫然流涕。楊修《金城》詩亦引此爲據。前志謂上元縣金陵鄉地名金城戍，即其地。戚氏辨以爲金城即前句容之琅邪城，俟考。

秣陵城。在宫城南八里一百步小長干巷内。梁、宋、北齊皆於秣陵故城跨淮立橋柵，當是其地。隋併入江寧。

建鄴城。晉太康三年，分秣陵淮水北爲建鄴，舊城在吴冶城東。詳見前《疆域志》。

蔣州城。隋平陳，於石城置蔣州。輔公祏據江東，用爲揚州。唐趙王孝恭平公祏，又於其城置揚州大都督。後徙揚州於廣陵，此城遂廢。

五　城。有二：其一在府城東南二十五里，東晉時所築；其一在石頭城，唐德宗時所築。考證：晉王含、錢鳳戰敗，乃率餘黨自柵塘西置五城造營。唐景雲中，縣令陸彦恭於城側造橋渡淮水，今五城渡是。唐德宗狩梁州，韓滉觀察江東西，乃築石頭五城，自京口至土山修塢壁，起建業，抵京峴，樓雉相望。詳見石頭山下。

檀城。本謝玄之別墅，太傅謝安與玄奕碁所勝者。至宋屬檀道濟，故名檀城。《圖經》云：「在今縣東八里。」按《建康實錄》，在墅城東八里，非去縣八里也〔三一〕。地圖謂之城子墅，今清風鄉有城子沽〔三二〕，在黄城橋之西，即其地，去府城四十里。

白下城。《輿地志》云：「本江乘之白石壘，齊武帝以其地帶江負山，移琅邪居之。」唐武德元年，罷金陵縣，築城於此，因其舊名曰白下。貞觀七年，復舊治，此地遂廢。考證：《唐・地理志》云：武德三年，更江寧曰歸化。八年，更歸化曰金陵。九年，更金陵曰白下，隸潤州。貞觀九年，復更白下曰江寧。前説興廢本末與此不同，宜以唐史爲正。又按《南史》：齊武帝欲修白下城，難於動役。劉係宗啓謫役在東者，上從之。後武帝講武白下，履行其城，曰：「係宗爲國家得此一城。」《圖經》云在城西北十八里，今靖安鎮北有白下城故基，父老傳云即此地，屬金陵鄉，去府城十八里。

開化城。在溧水州南九十里。環地三里六十步，高五尺。有廟，未詳。《寰宇記》云開化城在固城東，即溧水舊地也。

東宫城。案《宫苑記》，宋元嘉十五年，修永安宫爲東宫城，四周土牆塹兩重，在臺城東門外，南、東、西開三門。

金陵府城。案《宫苑記》，隋大業六年置，玄風觀南園是。按唐李孝恭再破巨賊，欲以威重夸遠俗，築第石頭城，陳廬徼自衛，此又唐府城也。

臨沂、懷德、同夏諸城，並見廢縣。

湖熟城。湖熟，古縣名。漢屬丹陽郡。宋元嘉中，徙越城流人於此城。《元和郡縣志》云在舊江寧縣東南七十里，今在上元縣丹陽鄉，去縣五十里，淮水北古城猶在。詳見廢縣。

白馬城。在江寧縣北三十里。吳時烽火之所。考證：《金陵故事》云，吳時沿江烽火臺二所，一在石頭左〔三三〕，一在白馬城。今不詳其所。

竹里城。在句容縣北六十里，東陽鎮東二十五里。考證：齊永元二年，崔慧景叛，向建康，遣驍騎將軍張佛護、直閣將軍徐元稱等六將據竹里爲數城以拒之〔三四〕。

竹　城。在溧水州東南七十里。環二里，高五尺。有廟，未詳。周美成詩：「竹城何檀欒，層翠分雉堞。王封盡四塹，同有歲寒節。」似以有竹名也。

杜　城。在溧水州南一十二里。環四百餘步。隋大業末，杜伏威屯軍於此。舊有廟及戰場。

皇姥城。在溧水州南一百一十里大山南。高五尺。有廟，未詳。城周五里七步，子城周一里一百一十四步，上闊五尺，下八尺。

溧陽舊縣城。在縣西北四十五里，地名舊縣村。《戚氏》云：城已毀，唯巡檢寨後小坡上有城隍廟，前有唐開元十七年碑。國子進士蔣日用文云縣宅茲土近百餘載，蓋自唐初武德三年置縣，及是踰百年。唐末天復三年，移治今縣。復三年，唐亡。則此城爲溧陽治，與唐終始，首尾幾三百年也。今有古平陵城，在此城南十餘里。若據《勝公廟記》謂移瀨渚於溧陽南十里，改爲平陵，疑此縣即吳溧陽。《乾道志》云疑此即瀨陽縣。然《廟記》所謂溧陽似指唐溧陽以曉人，未可據以爲吳有此縣也。

平陵城。《乾道溧陽志》：「在縣西北三十五里。周二里，高一丈，四門壕闊六七尺，居民今五六家。」《勝公廟記》見前固城下。縣志：《史記》「伍子胥棄載而出昭關，夜行晝伏，至於陵水，膝行蒲伏，稽首肉袒，皷腹吹篪，乞食於吳市」。《戰國策》亦述此事，「陵水」二字作「菱夫」。然則瀨渚、陵平、平陵、陵水、菱夫皆指此地，陵水、菱夫傳誤耳。陸龜蒙《笠澤叢書》：李賀記爲兒時在溧陽，聞白頭書佐言，孟東野貞元中爲溧陽尉。溧陽昔爲平陵縣，縣南五里有投金瀨，瀨南八里有故平陵城，周十餘步，基址才高三四尺〔三五〕，而草木甚盛，率多大櫟，叢篠蒙翳，如塢如洞。其地窪下，積水沮洳，深處可活魚鼈，幽邃可喜。東野得之忘歸。案此城南五里有平陵山。

永世城。在溧陽南十五里。周三百步，遺址高一二尺。漢元封中置永平縣，尋廢。吳分溧陽，復置，其後改曰永安。晉武帝太康元年更名永世，屬丹楊郡。元帝又分永世爲平陵，皆屬義興郡。宋元嘉九年，省永世入溧陽。今俗稱故縣，内有唐隆寺舊基，鄉民猶能言古狴犴之所。晉伏滔、陸曄皆嘗除永世令。

趙城。在溧陽州東五里。周二百步。有廟。

梁城。在溧陽州西五十里。周二百步。有廟。

黨城。在溧陽州東十五里。周一百五十步。有廟。

溧水古城。舊志在縣西南一里，不載所始，疑若賴國城之類，古蹟之湮廢者多矣。

新亭壘。宋孝武入討元凶柳元景，至新亭，依山築壘，東西據險，察賊衰竭，乃開壘鼓譟以奔之，賊衆大潰。亭今在城西南十二里，壘不存。考證：元徽二年，桂陽王休範舉兵潯陽，蕭道成頓兵新亭以當其鋒。築新亭城壘未畢，賊前軍已至。道成登西垣，使陳顯達等與賊水戰，大破之。江淹有《新亭壘》詩。

侯景故壘。今桐樹灣處即古大航〔三六〕，城在其南。梁紹泰元年，北齊兵至建康。陳霸先問計於韋載，載曰：「齊人若分兵據三吳之路，略地東境，則大事去矣。今可於淮南因侯景故壘築城，以通轉輸。」乃遣載於大航築侯景故壘，使杜稜守之。

賀若弼壘。在上元縣北二十里。隋平陳，賀若弼過江，於蔣山龍尾築壘。

韓擒虎壘。在上元縣西四里，今在石頭城西。《元和郡縣志》：「隋平陳，樹碑，其文薛道衡之詞。武德七年，趙郡王孝恭平輔公祏，樹碑紀功〔三七〕，與此碑相對，李伯藥之詞〔三八〕。」

仁威壘。在句容縣。案《南史》：周弘讓梁承聖初爲國子祭酒，二年爲仁威將軍〔三九〕，城句容以居，命曰仁威壘。又故老相傳達奚將軍屯兵於此，或云棄甲，因名甲城。邑舊有祠，在武烈廟側，土人感夢，移甲城東南。廟之簷楹，烏雀不棲宿。按達奚，元魏族，此必隋世仕丹楊者。

藥園壘。晉義熙中，盧循反，劉裕築此壘以拒之，在北郊之西。宋元嘉二十一年七月，甘露降樂遊苑。《輿地志》：上元縣東北八里，晉時爲藥圃。盧循反，築藥園壘，即此處也。

建康府城。見前圖考。

古都城門。見前圖考。

古建康宫門。見前圖考。

古朱雀門。《宫苑記》：吳故都名大航門〔四〇〕，南臨淮水，北直宣陽門，去臺城可七里〔四一〕。又按《地圖》云，宣陽門六里名爲御道，夾開御溝，植柳。南渡淮〔四二〕，出國門，去園門五里。晉成帝咸康二年，更作朱雀門，對朱雀浮航，南渡淮水。宋大明五年，立馳道，自閶闔門至朱雀門。六年，又新作人航門。孝武太元三年，又起朱雀門重樓，皆繡栭藻井。門開三道，上重曰朱雀觀，觀下門上有兩銅雀懸楣上，刻木爲龍虎，對立左右。宋大明五年，改爲右皐門。梁大同二年〔四三〕，復改朱雀門。以《金陵圖》考之，當在今鎮淮橋北左南廂。

古東宫門。案《宫苑記》：南面正中曰承華門，直南出路。東有太傅府，次東左詹事府，又次東左率府。路西有少傅府，次西右詹事府，又次西右率府。東面正中曰安陽門，東直對東陽門〔四四〕，西對溫德門，西面正中曰則天門，西直對臺城東華門、東率更寺，西家令寺，次西太僕寺，更西有典客省。

古籬門。案《宫苑記》：舊京邑南北兩岸籬門五十六所，蓋京邑之郊門也。江左初立，並用籬爲之，故曰籬門。又云東籬門，本名肇建籬門，在古肇建市東；西籬門，在石頭城；東南籬門，在國門之西；北籬門，在覆舟山東。玄武湖東南角有亭，名籬門。又有三橋籬門，在光宅寺側。白楊籬門、石井籬門，在護軍府西籬門外路北。齊東昏時，陳顯達舉兵，官軍敗之於西州，斬於籬門側。始安王遙光據東府反，使左興盛屯東籬門。又崔慧景與江夏王寶玄舉兵，東昏遣將軍左興盛率臺內三萬人拒慧景於北籬門〔四五〕。梁高祖建義命，陳伯之進據籬門。天監八年，新作緣淮塘，南岸起後渚籬門，達於三橋。

古宣陽門。洛京舊名，都城正中門也，南直朱雀門，相去五里。門三道，上起重樓，懸楣上刻木爲龍虎相對，皆繡栭藻井。《南史》：宋明帝時，有人謂宣陽門爲白門，以爲不祥，甚諱之。《通典》：孝武時，侍中何偃南郊陪乘，鑾輅過白門，門間將匐，帝反手接之〔四六〕，曰：「朕反陪卿也。」

古大司馬門。在宣陽門內。《三國典略》：侯景攻臺城，燒大司馬門。後閤舍人高善寶以私金千兩賞戰士，直閤將軍宗思領將士數人踰城出外灑水，久之火滅。景又遣持長柯斧入門下斧門〔四七〕，將開，羊侃鑿扇爲孔〔四八〕，以槊刺倒二人，斫者乃退。

古建春門。臺城正東面門。後改爲建陽門。《文選》謝希逸《宋孝武宣貴妃誄》曰：「經建春而右轉，循閶闔而逕度〔四九〕。」

古東掖門。晉成帝修宮城，南面開四門。最東曰東掖門，門三道，南直蘭臺。最西曰西掖門，其地在宋宮城東北。

古南掖門。宮城南面，近東門。案《實錄》南面次東曰閶闔門，後改爲南掖門，世謂之天門，南直蘭臺宮西大路。升平五年，南掖門馬足陷地，得銅鐘一，有「二」、「四」字〔五〇〕。註：南掖門是建康宮南面東門，陳朝改名端門，南出都城開陽門，即宣陽東門也。楊公則自越城移屯，領軍府，壘北樓與南掖門相對。

古雲龍門。第二重宮牆東面門，對第三重宮牆萬春門。宋劉湛初入朝，善論政道並前代故事，聽者忘疲。每旦入雲龍門，御者便解駕，左右羽儀分散，不夕不出。侍中、司徒、尚書令謝朏足疾，不堪拜謁，乃角巾自輿詣雲龍門。

古神虎門。一曰神武門。第二重宮牆西面門，對第三重宮牆千秋門。《宋書》傅亮永初四年爲中書令，直中書省，專典詔令。以亮任總國權，聽於省，見客神虎門外，每旦車常數百兩。齊陶弘景爲高帝諸王侍讀，奉朝請，既而脱朝服掛神武門，上表辭祿，詔許之。

古西明門。臺城正西面門也。《實錄》云：「宋徐羨之住西州，高祖嘗思羨之，便步出西掖門，羽儀絡繹追之，已出西明門矣。」

古平昌門。宮城北面近東，對南掖門，其地在今城東。宋劉延孫爲尚書左僕射，疾病不任拜起，上使乘舟自清溪至平昌門，入尚書下舍。

古廣莫門。洛京舊名，都城北面次西門也。北直樂游苑南門，其地在今城東北。宋元嘉二十五年夏四月，新作閶闔、廣莫二門。《王曇首傳》：「元嘉四年，車駕出北堂，使三更竟開廣莫門。南臺云應須白獸幡、銀字棨，不肯開。尚書左丞羊元保奏免御史中丞傅隆以下。曇首曰：『既無墨勑〔五一〕，又闕幡棨，惟稱上旨，不異單刺。元嘉元年雖有再開門例〔五二〕，此乃前事之違。今之守舊，未爲非禮。其不請白獸幡、銀字棨，致開門不時，由尚書相承之失，亦合糾正〔五三〕。』上特無問，更立科條。」

古國門。梁天監七年，作國門於越城南，在今高座寺東，南澗橋北，越城東偏。

古望國門。《南史》：梁侯景犯建康，令羊侃率千騎頓望國門。其地在越城東南。

古光德門。《古蹟編》云在東門外，趁蔣山路東北曲折處，舊傳如此，未詳其始。

石　闕。《南朝宫苑記》曰：「晉元帝欲於宫前立闕，衆議未定。王導指牛頭山爲天闕，不別立闕。」宋孝武大明七年，於博望梁山立雙闕。梁置石闕在端門外，陸倕爲銘，銘曰：「象闕之制，其來已遠。」「或以聽窮省冤，或以布治縣法，或表正王居，或光崇帝里。晉氏寖弱，宋歷威夷。」「乃假雙闕於牛頭，託遠圖於博望。有欺耳目，無補憲章。」注：此石闕在端門外，夾道置之。其上隱起奇獸異禽之狀，規制詳見後碑碣類。

白下門。見白下亭。

秦淮栅。即栅塘也。案《實錄》注，吴時夾淮立栅。又梁天監中作重栅，皆施行馬。至南唐時，置栅如舊。

青溪栅。在城東。蘇峻之亂，因風縱火，進燒此栅。官軍再敗，卞壺父子死之。隋平陳，斬張麗華、孔貴妃於此栅下。

今府城八門。見前圖。

吴太初宫。《建康實錄》：吴大帝遷都建業，徙武昌宫室材瓦繕太初宫，即長沙王孫策故府也。赤烏十年作，十一年宫成，周迴五百丈。正殿曰神龍，南面開五門，正中曰公車門，次東曰昇賢門，更東曰左掖門，次西曰明陽門，更西曰右掖門。東面正中曰蒼龍門，西面正中曰白虎門，北面正中曰玄武門，北直對臺城。西掖門前路東即古御街〔五四〕。又起臨海等殿。晉元帝渡江，因吳舊都，即太初宮爲府舍。及即位，稱爲建康宮。《江表傳》載權詔曰：「建康宮，乃朕從京來所作將軍府寺耳，材柱率細小。今未復西，可徙武昌材瓦更繕治之。」有司奏言：「武昌宮已二十八歲，恐不堪用。宜下所在，更伐木治。」權曰：「大禹以卑宮爲美，今軍事未已，所在多賦損農，武昌材自可用也。」左太冲《吳都賦》曰：「起寢廟於武昌，作離宮於建業。闡闔閭之所營，采夫差之遺法。抗神龍之華殿，施榮楯而捷獵。崇臨海之崔巍，飾赤烏之韡曄。東西膠葛，南北崢嶸。房櫳對櫎〔五五〕，連閣相經。閽闥譎詭，異出奇名。左稱彎碕，右號臨硎。彫欒鏤楶，青瑣丹楹。圖以雲氣，畫以僊靈。雖茲宅之誇麗，曾未足以少寧。」註云：神龍、臨海、赤烏皆吳大帝所作建業太初宮殿名也。彎碕、臨硎，宮門名也。《晉史》：石冰之亂，太初宮盡焚。陳敏平石冰，因太初故基創府舍。元帝所居即敏所造。帝領江左十年，始即位，常在舊府，則帝亦不改作，至成帝始繕苑城。詳見晉建康宮下。

吳昭明宮。始謂之新宮，周五百丈，與太初宮相望。榜曰昭明。後主移居之。晉避諱，改曰顯明宮。

《吳志》：「後主甘露三年六月，起新宮於太初之東，制度尤廣。二千石已下皆自入山督攝伐木。又攘諸營地，大開苑囿，起土山，作樓觀，加飾珠玉，制以奇名〔五六〕。又開城北渠，引後湖水流入宮內，巡遶堂殿，窮極技巧，功費萬倍。」

吳南宮。吳太子宮，在南。大帝赤烏二年適南宮。宋置欣樂營於其地，在舊江寧縣治北二里半也。

晉建康宮。亦名新宮。晉成帝咸和七年，新宮成，名曰建康宮，亦名顯陽宮〔五七〕，在法寶寺之南〔五八〕，在今臺治北五里。舊志云：新宮即臺城也，在江寧縣治北五里。周八里，有牆兩重。晉成帝時，蘇峻作亂，盡焚臺城宮室。溫嶠以下咸議遷都，唯王導固爭不許。咸和六年，使卞彬營治。七年，新宮成。開五門，南面二門，東西北各一門。十二月，帝遷居之。明年正月，朝萬國於新宮。孝武太元三年，謝安以宮室朽壞，啓作新宮。仰模元象，合體辰極。王彪之曰：「中興即位，東府誠爲儉陋。元明二朝，亦不改制。蘇峻之亂，成帝止蘭臺，都坐不蔽寒暑。是以更營修築，殆合奢儉之中，今自可隨宜增修。强寇未殄，不可大興力役。」安曰：「宮室不壯，後世謂人無能。」彪之曰：「任天下事當保固國家，朝政惟允，豈以修屋爲能耶？」不詔曰：「昔大賊縱暴，宮室焚蕩。元惡雖除，未暇營築。有司屢陳朝會逼狹，遂作斯宮。子來之勞〔五九〕，不日而成。」新宮內外殿宇，大小凡三千五百間。

晉永安宮。即吳東宮，在臺城東南。《輿地志》：吳東宮在城之南。晉初東宮在城之西南，其後移於宮城之東南〔六〇〕。宋、齊、梁又在宮城之東北。《宮苑記》：永安宮在臺城東華門外。晉孝武太元二十一年新作東宮，本東海王第，安帝立，以何皇后居之。桓玄拆其材木入西宮，以其地爲習射宮〔六一〕。至宋元嘉十五年，築爲東宮。陳太建九年，移皇太子居之。

宋親蠶宮。在上元縣鐘山鄉閣婆寺前紗市中。《南史》：宋大明三年，立皇后蠶宮於西郊。四年三月庚申〔六二〕，皇后親蠶西郊。《輿地志》：孝武初立，爲苑，後爲西蠶所。《隋志》：江左至宋大明，始於臺城西白石壘爲西蠶，設兆域，置大殿七間，又立蠶觀，其禮皆循晉氏。蔡宗旦《金陵賦》註：「親桑堂側有蠶觀，今北莊前平地是其處。」

齊世子宮。在石頭城。《南史》：齊武帝爲世子日以石頭城爲宮〔六三〕。

梁金華宮。在青溪東，去臺城三里。考證：《輿地志》：「梁大同中所築，昭明太子蔡妃所居。」《陸襄傳》云：「大通三年，昭明太子薨，宮屬罷，妃蔡氏別居金華宮。以襄爲中散大夫、步兵校尉、金華宮家令，知金華宮事。」

陳安德宮。案《宮苑記》，在宣陽門外直西，即都城西南角外。陳宣帝爲文皇后所築〔六四〕。隋平陳，移江寧縣於此，明年罷之。有古池存，人呼爲安德宮池。宋末，池猶存，在精鋭軍寨內。

青溪宮。在城東二里。《南史》：齊武帝元嘉二十七年生於建康之青溪宮，後爲芳林苑。

未央宮、長樂宮、建章宮、長楊宮。《南史》：宋廢帝景和九年〔六五〕，以東府城爲未央宮，以石頭城爲長樂宮，以北邸爲建章宮，南第爲長楊宮。東府城在古青溪橋東。

梧園宮。在句容縣吴王别館，有梧楸成林。今不詳其所。任昉《述異記》：古樂府云：「梧宮秋，吴王愁。」

宋行宮。即舊建康府治，高宗紹興二年修爲行宮。建炎元年，尚書右僕射兼中書侍郎李綱言於高宗曰：「天下形勝，關中爲上，建康次之。請以長安爲西都，建康爲東都，各命守臣，葺城池，治宮室，積糗糧，以備臨幸，則天下之勢安矣。」上出其章付中書。衛尉少卿衛膚敏曰：「建康實古帝都，外連江淮，內控湖海，爲東南要會之地，伏望趣下嚴詔，夙期東幸。」中書舍人劉珏曰：「金陵天險，前據大江，可以固守。」廷臣率附其議。於是大臣皆主幸東南。二年五月，上至江寧府，駐蹕神霄宮，詔改江寧府爲建康府。二年閏七月〔六六〕，上發建康如浙西。紹興二年，上命江南東路安撫大使李光即府舊治，修爲行宮。光乞增創後殿，許之。以圖進呈，上曰：「但令如州治足矣。若止一殿，雖用數萬緡，亦未爲過，必事事相稱，則土木之侈，傷財害民，何所不至。象箸之漸，不可不戒。」由是制度簡儉。六年六月，右僕射張浚謂建業爲中興根本，奏請聖駕以秋冬臨幸。七年三月辛未，上至建康。十一月，上謂浚曰：「朕來建康行宮，皆因張俊所修之舊，不免葺數間小屋爲寢處之地，當與卿觀之。」初不施丹雘，蓋不欲勞人費財也。八年正月，上將還臨安，參知政事張守言曰：「陛下至建康，席未及煖，願少安於此，以繫中原之心。」趙鼎持不可。壬戌，召張俊至宮中，諭之曰：「朕來日東去，卿在此無與民爭利，勿興土木之工。」俊悚息承命。俊見地無磚面，再三嘆息。上曰：「此事非難，但艱難之際，一切從儉，庶少紓民力。朕爲人主，雖以金玉爲飾，亦無不可。若如此，非特一時士大夫之論不以爲然，後世以朕爲何如主也？」三十二年正月，上復至建康，二月還臨安。初，上謂輔臣曰：

「將來幸浙西，建康宮宇令有司照管。它時復幸，免更營造以傷民力。」中書門下省言，建康府已除行宮留守。詔：「應合行事件並依西京留守司體例施行。」自是江南東路安撫司常兼留守，每歲四季，月准令入宮點視。留守司屬官一員〔六七〕，從之。行宮。在天津橋北，御前諸軍都統制司南。宮門。在宮南，皇城南門北。寢殿。在宮之中。朝殿。在寢殿南。復古殿。在寢殿後。羅木堂。在復古殿後。御膳所。在朝殿左。進食殿。在復古殿西南。直筆閣。在朝殿右。內東宮。在宮左，南位右。孝思殿。在內東宮後〔六八〕。資善堂。在學士院右。南位。在內東宮左，御苑右。大射殿。在御教場北。小射殿。在復古殿西北。天章閣。在皇城門內，宮門外東南隅〔六九〕，與學士院相對。學士院。在皇城門內，宮門外西南隅，與天章閣相對。御教場。在軍器庫南。走馬廊。在進食殿西南隅。御苑。在皇城東門內，御馬院之北，南位左。八僊臺。在御苑東北。涼館。在御教場內。元符間元時敏作記，刻石在學士院。高齋。在宮東北隅。慶曆間胡宿作記，刻石在學士院。御輦院。在天章閣後。御馬院。在皇城司左〔七〇〕。軍器南北兩庫。在走馬廊前。御酒庫。在資善堂右。御醋庫。在御酒庫右。錢物庫。在御教場門右。內侍省。在宮右軍器庫左。皇城司。在天章閣左。皇城。周四里二百六十五步，高二丈五尺，下闊一丈五尺。紹興二年，即舊子城基增築。皇城南門。正對天津橋，御街一直。皇城東門。對後軍教場，城上有看教樓，前有日華橋。皇城西門。對江寧縣前大街，前有月華橋。東待漏院。在皇城門外左。西待漏院。在皇城門外右。東闕亭。在東待漏院左。西闕亭。在西待漏院右。親事堂〔七一〕。在東待漏院左。護龍河。分青溪水自東虹橋下，流入河，遶皇城東、北、西三隅，至西虹橋下，與青溪水復合爲一。

吳赤烏殿。舊縣東北五里，吳昭明宮內。考證：吳時赤烏見，遂起殿，名赤烏。

吳神龍殿。太初宮有神龍殿，去舊江寧縣三里。

太極殿。建康宮內正殿也。晉初造，以十二間象十二月。至梁武帝改製十三間，象閏焉。高八丈，長二十七丈，廣十丈，內外並以錦石爲砌。次東有太極東堂七間，次西有太極西堂七間，亦以錦石爲砌。更有東西二上閣在堂殿之間，方庭闊六十畝。山謙之《丹楊記》曰：「太極殿，周制路寢也。秦漢曰前殿，今稱太極。東西堂亦魏制，如周小寢也。」按：秦始皇改命宮爲廟〔七二〕，以擬太極。魏號正殿爲太極，蓋采其義。晉成帝咸康中，庾闡議改太爲泰，謬矣。徐廣《晉記》曰：孝武寧康二年，尚書令王彪之等改作新宮。太元三年二月，內外軍六千人始營築，七月而成。謝安作新宮，造太極殿，欠一梁。忽有梅木流至石頭城下，因取爲梁，殿乃成。畫梅花於其上，以表嘉瑞。《實錄》云：「太元中起太極殿，謝安欲使王獻之題榜而難言之，因說魏韋仲將懸虛橙書凌雲臺額，獻之正色曰：『仲將，魏之大臣，寧有此事？使其若此，有以知魏德之不長。』安遂不之逼。」《晉中興書》云：「孝武造太極殿，郭璞卜筮云：『二百一十年，此殿爲奴所壞。』」後梁武帝毀之，捨身爲奴。《文昌雜錄》云：「東晉太極東西閣，天子間以聽政，閣之名起於此。」《宮苑記》又云：「太極殿前，東西有二大鍾，宋武帝平洛所獲，並漢魏舊物。殿前有相風烏。」《南史》：「張永曉音律。太極殿前鍾嘶，孝武嘗以問永，永答：『鍾有銅滓。』乃扣鍾求其處，鑿而去之，聲遂清越。」陳高祖永定二年，新作太極殿，欠一柱〔七三〕。忽有樟木大十八圍，長四丈三尺，自流泊陶家後渚〔七四〕，監軍鄒子慶以聞〔七五〕，詔以造殿。《陳史》：沈衆兼起部尚書，監起太極殿，常服布袍芒履，以麻繩爲帶，又囊麥餅以噉。宋張泊撰定新儀，奏曰：「今之崇德，即唐之紫宸也。在周爲內朝，在漢爲宣室，在唐曰上閤，即隻日常朝之殿也。」東晉太極殿有東西閣，唐制紫宸上閤，法此制也。

晉清暑殿。在臺城內。晉孝武帝造。殿前重樓複道，通華林園，爽塏奇麗，天下無比。雖暑月常有清風，故以爲名。《宋書》云：晉太元中立內殿，名清暑，少時而崩。時人曰清暑反言楚聲也，果有哀楚之事。又讖云：代晉者楚。及桓玄簒逆，號楚。劉裕簒晉，亦楚王交之後云。

宋嘉禾殿。宋孝武大明五年，清暑殿西甍鴟瓦中生嘉禾，一秔五莖，改清暑殿爲嘉禾殿。

宋含章殿。宋孝武帝女壽陽公主人日臥於含章殿簷下，梅花落公主額上，成五出花，拂之不去。皇后留之，看得幾時。經二日，洗之乃落。它女奇其異，效之，今稱梅花粧是也。

宋玉燭殿。宋孝武帝所造，在宮中。考證：孝武壞武帝所居，治室於其處，起玉燭殿。與從臣觀之，牀頭有土障，壁上掛葛燈籠、麻蠅拂。侍中袁顗稱武帝儉素之德，帝不答，獨言曰：「田舍翁得此已過矣。」按

《南史》：晉諸帝多處内房，朝宴所臨，東西二堂。而孝武帝末年清暑方建，永初受命〔七六〕，無所改作，所居惟稱西殿，不制嘉名。文帝因之，亦有合殿之稱。孝武承統，追陋前規，更造正光、玉燭、紫極諸殿，彫欒綺節，珠窻繡户〔七七〕。

宋紫極殿。宋明帝所作。珠簾綺柱，江左所未有。考證：齊高帝欲以其材起宣陽門，王儉、褚淵、王僧虔連名表諫，手詔酬納。

齊昭陽殿。齊有顯陽、昭陽二殿，太后、皇后所居也。考證：永明中無太后、皇后。羊貴嬪居昭陽殿東，寵姬荀昭華居鳳莊殿〔七八〕，宫内御所居壽昌畫殿。南閣置白鷺鼓吹二部，乾光殿東西頭置鍾磬，兩廂皆宴樂處也。上數遊幸諸苑囿，載宫人從後車。宫内深隱，不聞端門鼓漏聲。置鍾於景陽樓上，宫人聞鍾聲悉起粧束，自後此鍾惟應三鼓及五鼓也。武帝永明十一年詔曰：「内殿鳳華、壽昌、靈曜三處，此吾所治製。夫貴有天下，富兼四海，宴處寢息不容太陋，謂此爲奢儉之中，謹勿壞去。」梁陶弘景詩云：「夷甫任散誕，平子坐談空。豈悟昭陽殿，化作單于宫。」時天下之士尚西晉之俗，競談玄理，故弘景云爾〔七九〕。及侯景傾陷篡位，果在昭陽殿。今昭陽基猶存，在宋精鋭中軍寨内。

齊芳樂殿。在臺城内。《齊史》云：「東昏大起芳樂、玉壽諸殿〔八〇〕，以麝香塗壁，刻畫粧飾，窮極綺麗。役者自夜達曉，猶不副速。後宫服御極選珍奇，府庫舊物不復周用，民間金寶價皆數倍。建康酒租皆使輸金，猶不能足。鑿金爲蓮花以帖地，令潘妃行其上，曰「步步生蓮花」。」

齊靈和殿。在臺城内。考證：齊武帝時，益州刺史劉悛獻蜀柳，帝命植於靈和殿下。三年柳成，枝條柔弱，狀如絲縷。帝與公卿宴賞，歎曰：「此柳風流可愛，似張緒少年時。」

梁重雲殿。梁武帝造，在華林園。《隋志》云：「殿前置銅渾儀。」是劉曜光初六年孔挺所造，何承天以爲張衡所造。《陳書》云：「高祖三年戊辰，重雲殿東鴟吻有紫烟出屬天。」

梁五明殿。在臺城内。考證：梁大通中，皇帝謙恭待士。時忽有四人來，貌可七十，鶉衣躡履，入丹楊郡建康里，行已經年，無人知者。帝召入儀賢堂，給湯沐，解御服衣之，合朝無識之者，惟昭明太子識之。四人喜，揖昭明如其舊交，目爲四公子。帝移四公子入五明殿，更重之。大同末，魏使崔敏來聘，敏博贍儒釋，知天文醫術。帝選十人於此殿，推論三教百家、六籍五運九十餘日，敏喪神嘔血，歸未及境而卒。《事類》記四人姓名曰蜀闖、墂丕、越錯、仉哀。難敏者，仉哀也。

披香殿。在臺城内後宮。考證：庚子山詩：「宜春苑中春已歸，披香殿裏作春衣。」蓋指此也。

林光殿。在舊江寧縣東北十里，潮溝村覆舟山前。晉爲藥圃。

光嚴殿。在舊江寧縣東北六里，景陽山東嶺南。考證：梁於臺城中立層城觀，歷代修理，更起重閣，上名重雲殿，下名光嚴殿。

鳳光殿。在舊江寧縣東北七里一百步，舊臺城内。

光華殿。在臺城。梁武帝大通中，施與草堂寺。取珠具直百萬，以其地起重閣七間。

寶雲殿。在臺城。梁武以施佛寺。

惠靈殿〔八一〕。亦供養佛事。宋於臺城立正福、清曜等殿。又臺城溫德門内有永正、溫文、文思等殿。陳永定中，於臺城起昭德、嘉德、壽安、乾明、有覺等殿。又臺城溫德門内起三善、長春、勝辯等殿。又有嘉禾、崇政、承香、栢梁、延昌、神仙、永壽、七賢、瓊明、延務、龍光、至敬、璇璣、光昭、大政、栢香諸殿。自林光殿以下皆《建康宫闕簿》所載。

陳求賢殿。在臺城内。後主皇后沈氏居之。后字務華，沈君理之女，端倩好學〔八二〕。後主薨，自作哀冊，文辭甚酸楚。

景陽樓。今法寶寺西南，在宋精鋭中軍寨内，遺址尚存，里俗稱爲景陽樓。《輿地志》：「宋元嘉二十二年修廣華林園〔八三〕，築景陽山，始造景陽樓。孝武大明元年，紫雲出景陽樓，狀如烟，迴薄久之。詔改爲慶雲樓。」《宫苑記》云：景雲樓，齊武帝時置鍾景陽樓上，使宫人聞鍾聲並起粧飾。

青漆樓。在上元縣北五里臺城内。《齊書》云：世祖興光樓上施青漆，時人謂之青漆樓。東昏侯曰：「武帝不巧，何不純用瑠璃？」

朝日、夕月二樓。在華林園内。考證：梁武帝所起，階道繞樓九轉。《宮苑記》云：「景陽山次東嶺起通天觀，觀前又起重閣，上重曰重雲殿，下重曰嚴光殿〔八四〕殿前當堦起二樓，左曰朝日樓，右曰夕月樓，巧麗無匹。」

入漢樓。在石頭城。《實録》：晉義熙八年，於石頭城南起高樓，加累入於雲霄，連堞帶於積水，名曰入漢樓。

觀稼樓。在城東二十三里〔八五〕。梁武帝起。

望遠樓。在江寧縣西南八里。《輿地志》云：「新亭壟上有望遠樓，宋元嘉中改名臨滄觀。」後名勞勞亭是也。

落星樓。在上元縣東北古臨沂縣前。考證：吳大帝時山置三層樓，樓高，故爲此名。今石步相去一里半有落星墩，里俗相傳即漢時建樓處，今去城四十里。

烽火樓。在石頭城西南最高處，吳時舉烽火處也。考證：宋元嘉中，魏太武至瓜步，聲欲渡江。文帝登烽火樓極望，不悦，謂江湛曰：「北伐之計同議者少，今日貽大夫之憂，在予過矣。」蘇峻之亂，陶侃、温嶠入討，舟師直指石頭。峻登烽火樓，望見士衆之盛，有懼色，謂左右曰：「吾本知温嶠能得衆也。」

李白酒樓。在城西。考證：李白翫月城西孫楚酒樓，達曉歌吹。日晚，乘醉著紫綺裘、烏紗巾與酒客數人棹歌秦淮，往石頭訪崔四侍御。

冶城樓。宋天慶觀西偏，吳冶城舊基卞將軍墓側。考證：晉謝安、王羲之同登冶城樓，悠然遐想，有高世之志。

百尺樓。南唐宮中有百尺樓、綺霞閣。《類説》云：唐主於宮中作高樓，召羣臣觀之，衆皆歎美。蕭儼曰：「恨樓下無井耳。」唐主問其故，對曰：「恨不及景陽樓。」唐主怒，貶於舒州。

忠勤樓、鍾山樓。見前臺署圖考。

高陽樓。在古臺城内。又有和旨樓，在市西，皆酒樓。久廢。

臨江樓。唐劉長卿有《金陵泊舟臨江樓》詩，見《陳軒集》。久廢。

東南佳麗樓。見前府治圖考。又有舊佳麗樓，在米市西曹家巷口。

伏龜樓。在府城上東南隅。景定元年，馬光祖增創硬樓八十九間〔八六〕。

層樓。在府城右南廂花行街。咸淳中，黄萬石重建，扁曰「江淮奇觀」。府治火，今移皷角於此。

南樓。在府城右南廂中界寛征坊，與舊佳麗樓相對。

安遠樓、和熙樓。並在府城右北廂太平橋西南。

有年樓。在榷貨務巷口。總領吳潛建並書扁。

豐裕樓。在南門外西街。歸附後，爲財賦官屋。

南磵樓。在城南八里舊縣尉衙西。久廢。今江寧縣治西是也。荆公有《登南磵樓》詩。

嘉會樓。在府城右南廂北界火木頭街。至元二十六年，大其地基〔八七〕，入後法性寺。

嘉瑞樓。在鎮淮橋北。本名鎮淮樓。寶祐六年燬，重建，改今名。見爲民庶居屋。

臨春、結綺、望僊三閣。陳後主至德二年建。《宫苑記》：在華林園天泉池東光昭殿前。高數十丈，並數十間。其窻牖戸壁欄檻之類皆以沉檀爲之。又飾以金玉，間以珠翠，外施珠簾，内設寶帳。其服玩瑰麗，近古所未有。其下積石爲山，引水爲池，植以奇樹，雜以花藥。後主自居臨春，張麗華居結綺，龔、孔二貴妃居望僊，並複道交相往來。使女學士與狎客賦詩，採其尤豔麗者以爲詞，被以新聲。曲有《玉樹後庭花》、《臨春樂》等。麗華聰慧有神采，嘗於閣上靚粧臨軒檻，宫中遥望若神僊。

昇元閣。舊在昇元寺，即瓦棺寺也，在城西南隅。《京師寺記》：瓦棺寺有瓦棺閣，乃梁朝所建，高二百四十尺。李白《横江詞》云：「人言横江好，我道横江惡。一風三日吹倒山，白浪高於瓦棺閣。」龔穎《運曆圖》云：開元九年，江寧縣瓦棺寺閣西南久傾，因風自正。吴順義中，改寺爲昇元寺，閣爲昇元閣。《江南野史》：「唐狄仁傑爲溧陽主簿〔八八〕，葷公休沐，宴昇元閣，仁傑即席和登閣詩，有『雲散便凝千里望，日斜常占半城陰』之句，坐客皆驚。」《南唐書》云：「昇元閣，因山爲基，高可十丈，平旦閣影半江。」開寶中，王師收復，士大夫暨豪民富商之家美女、少婦避難於其上，殆數千人。越兵舉火焚之，哭聲動天，一旦而燼。今崇勝戒壇寺近昇元閣故基，宋時嘗建廬舍佛閣，亦高七丈，里俗猶呼爲昇元閣。歸附後，閣燬於火，故基尚存。

青溪閣。在府治東北青溪上。本梁江總故宅，至宋爲段約之宅。有亭曰割青，取荆公詩「割我鍾山一半青」之句。乾道五年秋，因移放生池於青溪之曲，即割青故基建閣焉。

涵虚閣〔八九〕。南唐後湖東官園内。見徐鉉集。

清心堂、玉麟堂、錦繡堂、忠實不欺之堂、靜得堂、鎮青堂、芙蓉堂、籌勝堂、君子堂。見前臺署圖考。

清如堂。在青溪淥波橋北。馬光祖建，取御翰中「一清如水」之語名之，梁椅爲記。

思政堂。在通判西廳。乾道六年潘恕建，好溪章謙爲記。

籌思堂。在轉運司圃内。本籌思亭之舊。王荆公、范忠宣公皆有詩。紹興二十二年〔九〇〕，鄭僑年即亭基建堂，邊惇德爲記。

忠宣堂。在轉運司西廳。本雙槐堂，真文忠公改建。

戲綵堂。在轉運司正堂後。嘉定八年，真文忠公將母出使，葺而名之。馬光祖、王埜皆公門下士。寶祐初，適同持節於此，新其堂，大其扁，且刻石識之。

使華堂。在總領所圃内。紹定三年戴桷建。堂後爲橋跨溪，榜曰尋春。橋之北爲看窗，榜曰畫舫。皆馬光祖所作。

仁本堂。在總領所東廳。馬光祖建。

晢清堂。在臺治東親兵教場内。紹熙元年，留守章森建。淳祐七年，趙葵改建指授堂。

有美堂。在宋行宮内，舊爲府治。梅堯臣《宛陵集》載《金陵有美堂》詩云。

儀賢堂。一名聽訟堂。考證：吳建中堂在都城宣陽門内路西。每歲策孝廉〔九一〕、秀士，考學士學業，歲暮習文會義於此。梁改曰儀賢。梁武帝謙恭待士，大通中有四人來，年七十餘，鶉衣躡履，勑召入儀賢堂。帝問三教九流及漢舊事，如目前。餘見前五明殿下。

樂賢堂。在臺城内。晉肅宗爲太子時所作。蘇峻之亂，宫室皆焚，惟此堂獨存。考證：宫城西南角外有清游池，通城中樂賢堂。晉咸和七年，彭城王紘上言樂賢堂有先帝手畫佛像，屢經寇難，而此堂獨存，宜敕作頌。帝下其議，蔡謨曰：「佛者夷狄之教〔九二〕，非經典之制。先帝量同天地，多才多藝，聊因臨時而畫此像，至於雅好佛道，此未聞也。」於是遂寢。

武帳堂。宋元嘉中建於武帳岡上。世傳在城北二十里幕府山南〔九三〕。前志考證：宋文帝元嘉二十一年，宴於武帳堂。將行，勑諸子且勿食，至會所賜饌。日旰，食不至，有飢色，上曰：「汝曹少長豐逸，不見百姓艱難。今使汝曹識有飢苦，知以節儉期物。」

鄭介公讀書堂。在清涼寺。考證：鄭俠，字介夫。其先光州固始人。四世祖佸，唐末隨王氏入閩，遂爲福清人。俠既冠，遭妣黄氏憂，念家貧親老，自誓苦學。治平二年，初舉下第，隨父犟赴江寧府監税，得清涼寺一小間，閉戶讀書，唯冬至、元日歸省。時王荆公以中書舍人持服寓江寧，聲迹相聞，公未嘗往見。有楊驥者，鄱陽人，來就學於荆公。公語之曰：「鄭監税一子，在清涼讀書，聞其人好學，可與相就。」驥如其言。歲正月，一夕大雪，寒甚。通直以酒食餉公，公讀書至夜艾，呼驥共飲酒。登寺之瑞像閣，題詩曰：「濃雪暴寒齋，寒齋豈怕哉？漏隨書卷盡，春逐酒瓶開。一酌招孔孟，再斟留賜回。醺酣入詩句，同上玉樓臺。」已而楊君雪後爲荆公誦此詩，公嘆賞，屢諷其「漏隨書卷盡，春逐酒瓶開」之句，曰：「真好學也！」是歲治平四年，擢甲科，調光州司法以歸。荆公服除，起知江寧，相見愈厚。及公赴浮光，荆公入參大政，公數具書諫荆公，極言新法之爲民害，不聽。後監在京安上門，數上書言新法，被謫。

韓熙載讀書堂。在溧水無想寺中。熙載集有《贈寺僧》詩。

蠶　堂〔九四〕。在舊江寧縣北七里耆闍寺前紗市中，六朝皇后親蠶之所也。

董永讀書堂。在溧陽州西四十里。林木茂翳。考證：永嘗自鬻以養其親，見《孝子傳》。

東宫宣猷堂。《梁紀》：「修飾國學，增廣生員，立五館，置五經博士。天監五年，置集雅館，以招遠學。何佟之、賀瑒、嚴植之、明山賓等覆述制旨，並撰吉、凶、軍、賓、嘉五禮千餘卷，帝稱制斷疑焉。大同七年，宮城西立士林館，賀琛、孔子袪等遞互講述。皇太子、宣城王亦於東宮宣猷堂及揚州廨開講，四方郡國莫不向風。」

南唐澄心堂。李後主藏書籍、會文士、撰述之所。

四老堂。在轉運司，韓元吉爲記。

尚友堂。在青溪先賢祠後。馬光祖建。

飛泳堂。在江東運管廳。紹定四年建，嘉定九年重建。

來燕堂。在烏衣園。

存心堂。在上元縣廨西偏。景定三年，知縣事臨邛楊應善創建，取程純公語爲扁。

古射堂。《古迹編》：在石頭城東。晉義熙六年，大風，琅琊揚州射堂壞。又有積弩堂，近石頭。

中皇堂、南皇堂。晉宋守都城，嘗屯兵於此。今不詳其所。

德星館。在西門外七里。倪總領塈建。

通江館。在賞心亭東月堂舊基。後爲回易庫。馬光祖改立通江館，以待四方賓客。

橫江館。在水西門内賞心亭側。馬光祖創，以待四方之賓客。

古商飈館。見後九日臺下。

别　館。《陳書》：「六門之外，有别館曰婚第，諸王冠婚之所。」

昭文齋。在鍾山定林庵。王安石嘗讀書於此。

式敬齋。在左司理廳〔九五〕。邢庚立，傅行簡銘。

紬書齋。在府治東北鍾山樓下。馬光祖命周應合修志其中。又有學齋，見前圖考。

忠孝亭。在永壽宫西。見前治城圖考。

賞心亭。在下水門之城上，下臨秦淮，盡觀覽之勝。丁晉公謂建。景定元年亭燬，馬光祖重建。《李學士家談》曰：「揚州有賞心亭」，此其始也。《湘山野録》及《苕溪漁隱》並《金陵事迹》皆云：丁晉公鎮金陵，重建賞心亭，取家藏《臥雪圖》張於屏，乃唐周昉筆。經十四太守，雖極愛，不敢輒取。後爲一太守以凡筆畫蘆鴈易之。祝穆編《方輿勝覽》引《續志》云：「丁始典金陵，陛辭之日，真宗出八幅《袁安臥雪圖》曰：『卿到金陵〔九六〕，可選一絶景處張此圖。』謂遂張於賞心亭。」按乾道舊志及《湘山野録》、《苕溪集》、《金陵記》、《王密學詩序》皆言賞心亭《臥雪圖》出於晉公家藏，不言御賜，唯晉公《圖畫見聞志》中以此圖爲真宗所賜，和父蓋本此耳，今姑存其説。景定庚申四月二十一日，龍王廟災，風盛燄熾，其東正接大軍廣濟諸倉。馬光祖至倉所，叩頭祈天，風反而西，倉廩得全。舊賞心亭在龍王廟西，正當風反之處，不免煨燼。公曰：「倉煨則食難足，亭燬易建也。」乃重建今亭。又有臨淮亭，丁謂建，後名朝宗。觀風亭，賈黄中建。盥步亭，陳執中建。南浦亭，李若谷建。皆不詳其所。

白鷺亭。在賞心亭西，下瞰白鷺洲。景定元年，馬光祖重建。李白《鳳凰臺》詩有「二水中分白鷺洲」之句，亭對此洲，故名。蘇東坡嘗題其柱：「王勝之龍圖守金陵，一日而移南郡，東坡作長短句贈之：『千古龍蟠並虎踞，從公一弔興亡處。渺渺斜風吹細雨，芳草渡，江南父老留公住。公駕飛車凌綵霧，紅鸞驂乘青鸞馭。卻訝此洲名白鷺，非吾侶，翩然欲下還飛去。』」

二水亭。在下水門城上，下臨秦淮，西面大江，北與賞心亭相對。乾道五年，留守史正志因修築城壁重建。李白詩云「二水中分白鷺洲」，亭名取於此。

五馬亭。《乾道志》：城西北二十五里幕府山前有亭，廢。晉五王渡江處。

光明亭。《宋書》：蒼梧王微行出北湖，單馬先走，羽儀禁衛隨後，追之於堤塘，左右張立，皃墜湖。帝怒，取馬置光明亭前，自馳騎射殺之。

冶亭。在冶城。考證：宋義熙十一年，劉鍾領石頭戍事，屯冶亭，即晉王導所移冶處。見前圖考及祠祀志。

東冶亭。舊志云在城東八里，《續志》云在城東二里汝南灣，西臨淮水。此亭在半山旁，有瑞麥、知稼二亭。考證：晉太元中，三吳士大夫於汝南灣東南置亭，爲餞送之所，西臨淮水，即當時冶處，見後官署。前志以爲自王導疾時移此，非也。冶城乃當時西冶，自有冶亭。謝安爲揚州，袁宏爲東揚郡，祖道於冶亭，羣賢畢集。又《南史》：「王裕之元嘉六年遷尚書令，固辭，表求東還〔九七〕，改授侍中。及東歸，車駕幸東冶餞送。」乾道五年，留守史正志於半山寺前重建，劉珙以四面皆田，作亭於旁，以「知稼」名。景定辛酉，馬光祖新之，又增一亭，扁曰瑞麥，與知稼對峙。是年，上元縣惟政鄉麥秀兩歧，知縣鍾蜚英上其瑞於朝，有旨獎諭，亭所以名也。

覽輝亭。在今保寧寺後鳳凰臺舊基側。寺有覽輝亭碑，刓缺不可讀，莫詳其人，唯歲月可考，蓋熙寧三年夏四月也。詳見鳳凰臺下。

翠微亭。在城西五里清涼寺山頂。南唐時建，宋乾道間亭已不存。紹熙中復建，隸淮西總領所。景大亭小，淳祐己酉，總領陳綺新而大之，石城登臨最佳處也。

新亭。亦曰中興亭，去城西南十五里，近江渚。《丹陽記》曰：「京師三亭，吳舊立，先基既壞。隆安中，丹楊尹司馬恢徙創今地。」《世說》：「過江諸人每至暇日，輒相邀出新亭，藉卉飲宴。周侯顗在坐，嘆曰：『風景不殊，舉目有江河之異。』皆相視流涙，惟丞相導愀然變色曰：『當共戮力王室，剋復神州，何至作楚囚相對泣耶？』」孝武寧康元年，桓溫來朝，頓兵新亭，召王坦之、謝安。安發其壁後置人，溫爲卻兵，笑語移日。劉牢之自溧洲應桓玄，進敗王師於此。楊佺期至石頭，聞劉牢之領北府兵在新亭，賊皆失色，乃回師，屯於蔡洲。崔慧景兵至新亭，石頭、白下兵皆潰。徐道覆勸盧循焚舟，自新亭步上。宋孝武入討，至新亭，修建營壘，因即位，王僧達始改爲中興亭。元徽二年，桂陽王休範舉兵。朝廷集議，或欲依舊遣兵據梁山，蕭道成以謂新亭正是賊衝，昔上流謀逆，皆因淹緩以敗。休範懲之，必輕兵急下，乘我無備，請頓新亭，以當其鋒。乃出新亭，治城壘。未畢，賊遽至。道成登西垣，使陳顯達等與賊水戰，大破之。賊將丁文誼設伏，破皂莢橋，軍直至大航，陷東府。或傳新亭亦陷，道成遣周盤龍等從石頭渡，間道承明門，入衛宮闕。道成仍守新亭，破休範。宋討晉安王子勛，所向克捷。事平，明帝大會新亭，勞諸軍，主樗蒲官賭〔九八〕。梁武帝起義兵，進屯江寧。東昏使李居士率兵屯新亭，梁擊破之，遂次新林。乾道五年，留守史正志即故基重建亭，自爲記。

金山亭。在舊行宮內。考證：蘇魏公頌集中有《金陵府舍重建金山亭》詩，王荆公安石《懷府園》詩亦云「常憶小金山下路，綠荷深處見游鯈」，此亦府園有金山之證。

練光亭。在保寧寺。今廢。考證：蘇魏公頌有《遊保寧寺練光亭》詩，黄魯直嘗題云：「練光亭極是登臨勝處，然高寒不可久處。若於亭北穿土石，作一幽房，置茶鐺，設明窗、瓦墩、筆研〔九九〕，殊勝不爾。勝師方丈北挾有屋兩楹〔一〇〇〕，其一開軒，其一作虚窓奥室，余爲名軒曰「物外」。主人喜作詩也，名室曰「凝香」。密而清明，於事稱也。」

折柳亭。在賞心亭下。張忠定公詠建，爲祖餞之所，久廢。景定元年，馬光祖重建。

佳麗亭。與風亭相近，馬亮建。

此君亭。在華藏寺。王荆公嘗題《華藏寺此君亭》詩。元祐間，亦有歌詩。

水　亭。有二：一在臺城寺，即今法寶寺；一在齊南苑中，是陸機故宅，乃王處士水亭也。今鳳臺山南傍秦淮是其處。

木牛亭。在移忠禪院西路。亭廢名存。《圖經》不載，不詳所立之始。地屬江寧南七十里處真鄉。舊傳有香木浮而上，土人迎之，以爲亭，又號木龍亭。

化龍亭。地屬金陵鄉城西二十五里幕府山之側。考證：晉元帝與彭城王玄、西陽王羕、南頓王宗、汝南王宏南渡之所。當時讖云：「五馬浮渡江，一馬化爲龍。」此亭所以名也。

征虜亭。在石頭塢東。晉太元中創。《世說》註《丹陽記》曰：「太元中，征虜將軍謝安止此亭，因以爲名。」《南史》：「何尚之遷吏部郎，告休定省，送别於冶渚。及至郡，父叔度謂曰：『聞汝此來，傾朝相送。此是送吏部郎，非關何彦德。』」昔殷浩亦嘗作豫章，送别者甚衆。及廢，徙東陽，船泊征虜亭積日，乃至親舊無復相窺者。

白下亭。驛亭也，舊在城東門外。考證：李白《獻從叔當塗宰陽冰》詩云：「小子别金陵，來時白下亭。」又云：「驛亭三楊樹，正當白下門。」案：此亭似在府西王荆公舊宅，在今報寧寺。詩有「門前秋水可揚舲，有意西尋白下亭」之句，又有「東門白下亭，摧甓蔓寒葩」之句。案此亭又在府東。意者新、舊亭各在一處，不然，則李白所謂金陵指鍾山耳。

勞勞亭。古送別之所，吳置。亭在勞勞山上，今顧家寨大路東即其所。見前望遠樓下。

紅羅亭。《古今詩話》：「南唐後主作紅羅亭，四面栽紅梅，作豔曲歌之。韓熙載和云：『桃李不須誇爛漫，已輸了春風一半。』」時新失淮南。《景定志》作羅紅亭。

客　亭。在龍灣五里，臨大江。迎送之所也。

清水亭。去府城南三十里。建炎四年，岳飛敗金人於此。

二李亭。在舊溧水縣尉廨舍後。詳見前圖考。

甘露亭。在上元縣北鍾山鄉，去城五里。考證：陳太建七年秋閏九月，甘露三降樂遊苑，詔於苑内覆舟山立甘露亭。又按《輿地志》：「宋元嘉中，移晉北郊壇出外，以其地爲北苑，更造樓觀於覆舟山上，大設亭館。侯景之亂，焚毀。至陳天嘉中，更加修葺，於山上立甘露亭。陳亡並廢。」

朝陽亭。在通判東廳。張維建。

望湖亭。在雞籠山上。或云南唐立。今遺址見存。

不受暑亭。在清涼寺後。景定二年，馬光祖重建。考證：清涼廣惠禪寺，南唐爲避暑宮。宮內有德慶堂，法堂前亭基是也〔一〇一〕。寺後有亭，名不受暑，光祖所建者。今廢。

郡圃十亭。詳見前臺亭圖考〔一〇二〕。

青溪諸亭。始自百花洲而入〔一〇三〕，臨水小亭曰放船，入門有四望亭〔一〇四〕，曰天開圖畫。環以四亭，曰玲瓏池，曰玻璃頃，曰金碧堆，曰錦繡段。其東有橋，曰鏡中。由此而東爲清溪莊，與清如堂相望。南自萬柳堤而入，爲小亭三，曰□□，曰□□，曰□□〔一〇五〕。橋之南，舊萬柳亭改曰溪光山色〔一〇六〕。自橋而北，亭臨水曰撑綠。其徑前曰添竹，後曰香遠〔一〇七〕。尚友堂之西曰香世界，先賢祠之東曰花神仙。清如堂之南、淥波橋之西，曰衆芳，曰愛青，其東曰割青。青溪閣之南，清風關之北有橋曰望花隨柳，其中曰心樂，其前曰一川烟月。自清風關東折而北，亭出溪東二，曰竹，曰蒼雪。其後則清溪閣之餘地也，爲靜菴。菴後有石山，亭曰最高。山後跨梁陟徑爲堂二，前曰閒暇，後曰近民。諸亭惟割青爲舊，餘皆馬光祖所作。宋名清溪園，號小西湖。太守好事者粉飾標榜，地無遺隙，來往游宴，民得共之。今皆廢圮。其爲寓公居宅者，時有修改。今靜菴後石山猶在，俗呼馬公洞云。

風亭。在折柳亭東。葉清臣建。蘇州從事張伯玉爲記。咸淳乙丑，馬光祖守郡，有指其故基以告者，乃壘石爲岸，創堂三間，前後軒如之，廚舍備屋，挾翼其旁，繚以花竹，亦艤舟勝處云。

觀稼亭、壽樂亭、環香亭。在龍翔寺內。天曆年中潛邸所建。

惟秀亭。在蔣山崇禧寺西。天曆年中潛邸所建。

四城門接官亭。舊有亭，卑陋弗稱。咸淳元年，馬光祖撤而大之。其東曰迎暉，門拱行都，直趍南徐，岐入淮浙郡，登茅、鍾二名山，咸此乎出。舊名建陽，踰數步即白下，有白下亭。其西曰致爽，出門數里爲龍灣，長江駕順而東，蜀漢荆廣所畢湊，古石頭城在焉。南曰來薰，門直溧水〔一〇八〕、溧陽，西指當塗，上荆蜀，漢長干道在焉〔一〇九〕。北曰拱極，門對幕府山，踰山絕江〔一一〇〕，瑯琊諸峰隱約在目。詳見前志。

南　軒。舊傳在保寧寺方丈。祝穆作《方輿勝覽》謂：「張魏公開督府時，其子讀書於保寧寺方丈小室，號『南軒』。」西山真公德秀建南軒先生祠堂於天禧寺方丈後，蓋以此爲張宣公讀書南軒之舊址。王潛齋埜又設西山像，侑食祠中，作亭其旁，扁曰仰宣。後移於儀賓館，即今南軒書院也。

川泳軒。舊在江東撫幹廨舍。

存愛軒。舊在知錄廳。周師成有記。

籜龍軒。在城内西北鐵塔寺。王荆公嘗讀書處。

偃秀軒。在蔣山道中松間。

鳳凰臺。在保寧寺後。宋元嘉十六年，秣陵王顗見三異鳥飛集於此〔一一一〕，狀如孔雀，文彩五色，音聲諧和，衆鳥附翼羣集，時謂之鳳。乃置鳳凰里，起臺於山，因以爲名。又案《宮苑記》：「鳳凰樓在鳳臺山上。宋元嘉中築。」李白、宋齊丘皆有詩。建炎中，金人張太師嘗賦詩云：「六代興亡地，千年一瞬間。無情是江水，終日對鍾山。烽火連吳越，旌旗耀海蠻。鳳兮今不至，百尺古臺閒。」淳熙中，留守范成大重建，更榜曰鳳凰臺。開慶元年，總領倪垕重建，馬光祖作記。

越　臺。舊基在城南江寧縣廨後。考證：越范蠡築城長干里，此即古越城内所築臺也。詳見後越臺辨。

周處臺，亦名子隱臺。處字子隱，少不逞，爲鄉里所惡，目爲三害之一。後悔悟，殺蛟虎，從二陸學，讀書於此。今城東南有故基，在鹿苑寺後。處仕吳爲東觀左丞，入晉爲御史中丞，著《默語》三十篇、《風土記》，撰《吳書》。以討賊而死〔一一二〕，謚曰孝。子玘，佐元帝中興，三定江南。

九日臺。今在蔣廟西南，俗呼爲松陵岡，去城十五里。考證：齊武帝永明五年四月，立商飈館於孫陵岡，世呼爲九日臺。《十道四蕃志》云：「武帝九月九日，宴羣臣孫陵岡，即吳大帝蔣陵。」《齊書》云：「高祖以九月九日登商飈館，在孫陵岡南，舊江寧縣北三里一百步。」《建康宮闕簿》云：「商飈館在縣北十三里籬門亭後堆上。」

雨花臺。在城南三里。據岡阜最高處，俯瞰城闉。考證：舊梁武帝時有雲光法師講經於此，感天雨賜花，故名。《丹楊記》云：「江南登覽之地三：曰甘露，曰雨花，曰凌歊。」建炎兵後，臺址僅存，後人乃請均慶院舊額即基建寺，又壞於火。隆興元年，留守陳之茂重築此臺，創一堂名總秀，而徙均慶院於臺之下。

蔡伯喈讀書臺。在溧陽州太虛觀東北。《吳顧雍傳》云：「邕以內寵惡之，慮卒不免，乃亡命江海，遠迹吳會，積十二年在吳。」《抱朴子》云：「蔡伯喈到江東，得《論衡》。中國諸儒以其論更進，嫌得異書，求其帳中，果得之。」則伯喈讀書於此，理或有是。

郭文舉書臺。舊天慶觀太乙殿即此臺基也。詳見前冶城圖考。

梁昭明書臺。在蔣山定林寺後山北高峰上〔一一三〕。考證：梁昭明太子嘗著書於此，今遺基尚存。

望耕臺。在今白上村。舊志：宋文帝嘗登此臺，以觀公卿親推之禮。《宮苑記》：「在藉田壇東北有觀稼樓、祈年殿，皆在雩壇兆域之內。」梁武帝徙籍田東郊外十五里。詳見祠祀志。

日觀臺。一名司天臺。在臺城內。《宮苑記》：「臺城直鸞飾門西有日觀臺。」《祥符圖經》云宋司天臺也。

烽火臺。在城西石頭城外。《覽詩註》「石頭城山最高處，吳時舉烽火於此。自建康至西陵五千七百里，有警急半日而達。」

南唐月臺。胡宿《高齋記》：在子城東北〔一一四〕，趨鍾山爲便。南唐李氏因城作臺望月，人呼爲月臺。下臨濬濠，北面覆舟，南對長干，西望冶城，立齋其上，高倖麗譙，廣容燕息，採謝宣城宴坐之意，題曰高齋。

景陽臺。見景陽樓下。

拜郊臺。見郊廟類。

獨足臺。在古宮城。今不詳其所。覽《古詩註》云：「陳將亡，有一鳥獨足，上宮城臺上，以觜畫地，書云：『獨足上高臺，茂草化爲灰。欲知我家處，朱門傍水開。』及國亡後，遂遷洛陽，果賜第於洛水傍。」

通天臺。有二：《宋書》：「孝武大明七年，鍾山通天臺新成，飛倒散落山澗〔一一五〕。」《建康宮闕簿》云：「通天臺在縣北一百步舊臺城內。」

古玄風觀。案《實錄》〔一一六〕：晉中宗元帝建武元年初置宗廟〔一一七〕。郭璞卜遷之者〔一一八〕，在古都城宣陽門外之東，與玄風觀東西相望〔一一九〕，而廟東抵秦淮之西〔一二〇〕。

迎風觀、徼道觀。《宮苑記》〔一二一〕：建業宮西有迎風觀〔一二二〕，在縣南十五里石子墩上〔一二三〕。宋孝武大明中起。又有徼道觀云。

玄武觀。在玄武湖上〔一二四〕。《南史》：「蔡景歷拜度支尚書。舊式拜官在日午後〔一二五〕，景歷拜日適逢輿駕幸玄武觀，在位皆往迎駕〔一二六〕，獨景歷不預〔一二七〕，勅令早拜〔一二八〕，其見重如此。」又《宋書》：「帝臨玄武館閱武〔一二九〕。」即此觀。

通天觀。舊志：在華林園。宋元嘉中，與景陽樓並造〔一三〇〕。《金陵故事》：「晉孝武帝講《孝經》於通天觀，僕射謝安侍座，尚書陸納侍講，黄門侍郎謝石、吏部侍郎袁宏執經，丹陽尹王緄讀句，論者榮之。」則此觀晉所有也，非創於宋，舊志殆未考耳。

臨滄觀。李白《勞勞亭》詩序：「古送別之所，一名臨滄觀。」詩云：「金陵勞勞送別堂〔一三一〕，蔓草離離生道傍。」《留別崔四侍御》詩云：「初發臨滄觀，醉棲征虜亭。」又見前勞勞亭下。

齊雲觀。在右臺城内。陳後主令採木湘州，擬造正寢，至牛渚磯盡沒〔一三二〕，既而漁人見桄於海上。後起齊雲觀，國人歌曰：「齊雲觀，寇來無際畔。」

層城觀。亦名穿針樓。舊在華林園景雲樓東。宋元嘉中造。《輿地志》云：齊武帝七月七日，使宫人集層城觀穿針乞巧，因號穿針樓。

青雲觀。《故事》云：梁武帝時，芝菌生青雲觀〔一三三〕，其地在臺城内〔一三四〕。

古宣武場。在臺城西北白石里〔一三五〕，玄武湖南。一名宣武城，一名沈公城〔一三六〕，本宋文帝閲武帳，上有武帳堂。《乾道志》：孝建元年〔一三七〕，孝武欲北討，問沈慶之須兵幾何，對曰八萬〔一三八〕。帝疑其多。對曰：「攻城百倍，乃可克城。」帝命慶之築此城，帝自率六軍攻圍之，不能下，乃止不討〔一三九〕。文帝先立宣武場於此地之北〔一四〇〕，至孝武復築之〔一四一〕。《慶元志》云：宋文建宇岡上，施武帳，故曰武帳堂，岡曰武帳岡。今幕府山北有古教場基〔一四二〕，疑即此地。又《實録》：「晉大興三年創北湖，築長堤，以壅北山之水〔一四三〕，東自覆舟山，西至宣武場〔一四四〕。」蓋唐人據後之地名書也〔一四五〕。

南唐舊子城内有玉燭殿基。《五代史》：清泰元年，吳徐知誥治私第金陵。乙未遷居私第，虛府舍以待吳王。甲申，金陵大火。乙酉，又火。知誥疑有變，勒兵自衛。己丑，復入府舍。天福二年，知誥建太廟、社稷，牙城曰宮城，廳堂曰殿。及建號，即金陵府爲宮，唯加鴟尾、闌檻，終不改作。昇元三年，御興祥殿，復李姓，爲考妣發喪。四年，以西都崇英殿爲延英殿，凝華内殿前爲昇元殿，後爲雍和殿，興祥殿爲昭德殿，積慶殿爲穆清殿。時以建康爲西都，廣陵東都也。又有萬壽殿、清輝殿。有澄心堂、百尺樓、綺霞閣、德昌宮，係内府庫藏收貯之所，規制甚盛。唐亡，宋以爲昇州江寧府治。慶曆八年正月，江寧火，知府李宥懼有變，闔門不救，延燒幾盡，惟存一便殿，乃舊玉燭殿也。高宗南渡後，以府治爲行宮，所修改見前。至元十五年，拆其材瓦赴北，以地屬財賦提舉司，民佃爲圃。其宮、殿、府、寺、臺、榭遺址猶存，闕門今爲軍總鋪警火之所。

古華林園。在臺城内。本吳舊宮苑〔一四六〕。《世説》：「晉簡文帝在華林園，謂左右曰：『會心處不必在遠，翛然林水，便有濠濮間趣，覺鳥獸禽魚自來相親。』」《建康宮闕簿》云：宋元嘉中築蔬圃。二十二年更修廣之，築天泉池，造景陽樓、大壯觀、花光殿，設射堋。又立鳳光殿、醴泉堂、花萼池、一柱臺、層城觀、興化殿。孝武又造靈曜前後殿、芳香堂、日觀臺。梁武帝造重閣，上名重雲殿，下名光嚴殿。陳永初中造聽訟殿，又有臨政殿，陳亡悉廢。《宮苑記》云：「園内有池名天泉池，内有豐泉亭。池南起雲堂、芳香堂、琴堂、芙蓉堂之屬。」又按晉孝武開北山閣，與張美人遊，亦在此園。

古樂遊苑。按《寰宇記》，其地在覆舟山南。《輿地志》云在晉爲藥圃。義熙中，盧循反，劉裕築藥園壘以拒循，即此處。宋元嘉中，以其地爲北苑，更造樓觀於覆舟山，後改曰樂遊苑。十一年三月，禊飲於樂遊苑，會者賦詩，顔延之爲序。孝武大明中，造正陽、林光殿於内。侯景之亂，焚燬略盡。

古上林苑。《宮苑記》云雞籠山東歸善寺後。《實錄》：「宋大明三年，初築上林苑於玄武湖北。」《宮苑記》云：「孝武立，名西苑。梁改名上林。其地有古池，俗呼爲飲馬塘，亦曰飲馬池。其西又有望宮臺。」

古博望苑。在城東七里。齊文惠太子所立，輔公祏城是也。沈約《郊居賦》云：「睇東巘以流目，心悽愴而不怡。昔諸皇之舊苑，實博望之餘基。」謝玄暉詩：「魚戲新荷動，鳥散餘花落。」即此。

古婁湖苑。齊武帝永明元年，望氣者言婁湖有天子氣，帝乃築青溪舊宮，作婁湖苑以厭之。陳朝更加宏壯。後其地爲光宅寺。

青林苑。《宮苑記》：「在籬門亭北路西，枕後湖。」

靈丘苑。《宮苑記》：「齊武帝立，在新林界。梁天監中，以其地爲法王寺。」

方山苑。《宫苑記》：「在方山側。齊武帝於方山盛起臺觀，謂五兵尚書徐孝嗣曰〔一四七〕：『立離宫於此，故勝新林。』對曰：『繞黄山，款牛首，漢之盛事。然江南久曠，人亦勞煩。』帝乃罷之。」又《輿地志》云：「湖熟西北有方山，頂四方，上有池水，齊武帝於此築苑焉。」

古江潭苑。其地在新林路西，去城二十里。梁大同初立。《輿地志》：武帝從新亭鑿渠通新林浦。又爲池，開大道，立殿宇，亦名王遊苑。未成，而侯景亂。

別苑。一名西苑〔一四八〕。晉安帝元興三年春，桓玄築別苑於冶城。《輿地志》：「其城本吴冶鑄之處。王導疾作，因徙冶出石頭城西，以地名爲西園。」故《晉書》成帝幸司徒府，遊觀西園，即此處。太元十五年，武帝爲江陵沙門法新於中立寺，以冶城爲名。至是，桓玄盡移僧出居太后寺，以寺爲苑，在舊江寧縣城西。

古芳林苑。《寰宇記》：一名桃花園。本齊高帝舊宅，在古湘宫寺前巷，近清溪中橋。帝即位，修舊宅爲清溪宫，一名芳林園，後改爲芳林苑。永明五年，禊飲於芳林，王融《曲水詩序》云：「載懷平浦，乃睠芳林。」謂此。梁天監初，賜南平元襄王爲第，益加穿築。蕭範爲記，言藩邸之盛，莫過於此。

古芳樂苑。齊東昏侯即臺城閱武堂爲芳樂苑，山石皆塗以彩色，跨池水立紫閣諸樓觀。又於苑中立店肆，以潘妃爲市令。又作土山，開渠，立埭下苑中。時百姓歌云：「閱武堂，種楊柳。至尊屠肉，潘妃沽酒。」梁天監六年，改德陽堂。宋陳克《閱武堂詩序》云：「建康子城北，斷塹遺堞，彷彿可見，父老以爲齊東昏侯閱武堂也。」

古建興苑。梁天監四年，立建興苑於秣陵里。侯景之亂，裴之高迎致柳仲禮、韋粲等俱會青塘立營，據建興苑，其地在府治西南秦淮南岸。

古玄圃。齊文惠太子性頗奢麗，宮内多雕飾，精綺過於王宮。開拓玄圃與臺城北塹等，其樓、觀、塔、宇多聚奇石，妙極山水。慮上望見，乃旁列修竹，内施高障，造游牆數百間。

古南苑。在瓦棺寺東北。宋明帝末年，張永乞借南苑，帝云：「且給三百年，期滿更請。」後帝葬於此。梁改名建興苑，在秣陵建興里。裴之高營於南苑，即此地。

古桂林苑。陶季直《京都記》曰：「建康縣北。漢朝爲桂林苑。」《南朝宮苑記》曰：「桂林苑在落星山之陽。」《吳都賦》云：「數軍實於桂林之苑。」即此，屬上元縣慈仁鄉。

南唐北苑。徐鉉、湯悅、徐鍇有《北苑侍宴賦詠》，序云：「望蔣嶠之嶔崟，祝爲聖壽；泛潮溝之清淺，流作恩波。」其地在城北。

金波園。南唐烈祖葬方士潘扆園中，未詳其處。

烏衣園。在城南二里烏衣巷之東。王、謝故居。一堂扁曰來燕，歲久傾圮，馬光祖撤而新之。堂後植桂，亭曰綠玉香中、梅花彌望，堂曰百花頭上。其餘亭館曰更展、曰穎立、曰長春、曰望岑、曰挹華、曰更好。

左右前後，位置森列，佳花美木，芳蔭蔽虧。今廢。

古東園。在城東東冶亭側面。東有堂，曰鍾山，以其盡得鍾山之勝名之。近東有雨亭相對，南曰見墩，取其見謝安舊墩之意。北曰草移，取北山移文之意。乾道五年，與東冶亭並創。

沈約郊園。在鍾山下。約憩郊園，和約法師詩云：「郭外三十畝，欲以貿朝饘。繁蔬既綺布，密果亦星懸。」謝朓有《和沈祭酒行園詩》。

半山園。今報寧寺是其地。王荆公營居半山園，有詩示蔡天啓，備述其事。所謂「今年鍾山南，隨分作園囿」者是也。又《次吳氏女子》詩自註：「南朝九日臺在孫陵曲街傍，去吾園數百尺。」

繡春園。舊社壇東。端平三年，高定子記云：「昔得繡春堂於酒名，朅來將漕，訪其堂遺址，亦無知者。吾欲堂之，司存造船場有餘地，地隣亦願益以廢園，乃庚之，匪事遊觀興廢之意也。

舊行宫養種園。在東門外一里。而近有堂、亭及臺，馬光祖修。正堂曰熙春梅堂，曰玉雪四面堂，曰面面雲山杏堂，曰清華牡丹亭，曰懷洛百花亭，曰芳潤，本養種行宫花木，今並廢。

東籬門園。在東府籬門内，與西州分界處，後即烏榜村。《南史》：何點與謝瀹、張融、孔德璋爲莫逆友。點門世信佛，從弟遁以東籬門園居之，德璋爲築室焉。豫章王嶷命駕造門，點從後門逃去。竟陵王子良聞之曰：「豫章王尚望塵不及，吾當望岫息心。」後點在法輪寺，子良就見之。點角巾登席，子良欣悅無已，遺點嵇叔夜酒杯、徐景山酒鎗。園有卞忠貞冢，點植花冢側。每飲，必舉酒酹之。今祠堂疑是其所。若東籬門在古肇建市東，車馬通衢，非隱士所居之地矣，以郭文舉臺類推之可見。

柳元景菜園。《宋書》：元景不營産業，秦淮南有數十畝菜園，守園人賣菜得錢三萬，送還宅。元景怒曰：「我立此園種菜，以供家中啖爾，乃復賣以取錢，奪百姓利邪？」以錢給守園人。

烏榜村。《慶元志》按《圖經》：初立西州城，未有籬門，立烏榜與建康分界。後名其地爲烏榜村，在天慶觀西。《南史·陳顯達傳》：「顯達於西州前與臺城軍戰，敗走西州後烏榜村。騎官趙潭注稍刺落馬，斬之籬側，血湧湔籬。」

受禪壇。石頭城高壟地，舊志以爲宋高祖受禪柴燎告天之所。

方盟壇。陳宣帝太建十年，立壇婁湖側。臨壇誓衆，分遣大使以盟誓頒四方，上下相警，以備周人。

宋太廟基。《乾道志》：在嘉瑞坊東，逼秦淮，西近御街。本後吳崇孝寺。景德中，改爲景德寺。紹興七年，以其地建太廟。張俊以石礎未具，高宗曰：「遠取勞民，可就近山伐石爲之，何用鏤刻？」是年廟成。後經兵火，基存。近城隍廟。

謝公墅。《慶元志》：在上元縣崇禮鄉土山。唐溫庭筠《謝公墅歌》云：「朱雀航南繞香陌，謝郎東墅連春碧。」

謝玄別墅。晉太元八年，苻堅衆百萬入寇。玄爲前鋒將軍，問計於叔父安。安怡然無懼色，答曰：「已別有旨。」既而寂然，命駕出土山墅宴，親朋畢集。方留玄圍棊賭別墅，安棊常劣於玄，玄是日有懼心，便不勝。安顧外甥羊曇曰：「以墅乞汝。」安游陟至夜乃還。明日，指授將帥，各當其任。墅今俗謂檀城是也。自興業寺過清溪東二里，亦云即土山墅。

王騫墅。《南史》：「騫列黄門郎、司徒、右長史，有舊墅在鍾山，八十餘頃，與諸宅及故舊共佃之。常謂人曰：『我不如鄭公業有田四百頃，而食常不周，以此爲愧。』武帝於鍾山西造大愛敬寺，騫墅在寺側者，即王導賜田也。帝遣主書宣旨取之，騫答曰：『此田不賣。若勅取，所不敢言。』帝怒，遂付市評田價，以直逼還之。」

六朝宮城。見前圖考。吳時自宮門南出，夾苑路，至朱雀門七八里，府寺相屬。《吳都賦》「列寺七里，廨署棊布」，見諸志者曰三臺五省。《故事》：「三臺在臺城東南一里。」《宮苑記》：「蘭臺在杜姥宅東南端門街東，逼東陽門横街，謁者臺、御史臺並在其内。」《故事》：「五省在三臺路北。」《苑城記》：「三臺五省悉列種槐木。」

鴻臚、宗正、太僕、太府四寺，太弩、太史二署，衛尉府、脂澤庫、右尚方。《實録》：儀賢堂初號中堂，在都城宣陽門内路西七間，亦名聽訟堂，在鴻臚寺西南。衛尉府南宗正寺、太僕寺、太弩署、脂澤庫，更南即太史署、太府寺，東南角逼路宣陽門内，過東即客省、右尚方。並在今縣城東一里二百步玄風觀後隔路，儀賢堂更近北也。按縣城即江寧縣舊治。儀賢堂事迹見前。

東宮、官署、東府、西州廨。見前城下。

太子坊。齊劉俊遷太子中庶子。武帝在東宮，每幸俊坊，閑言至夕，賜屏風帷帳。梁蕭子範《直坊賦序》曰：「余以天監六年爲洗馬，十七年復直中舍之坊。」按西晉宮闕名曰洛陽宮，有顯昌、桂芳、椒芳等坊。王隱《晉書》有東宮坊。王珝《答徐邈書》曰：「見傅咸彈孫詹事。或云是宮，或云坊，或云寺，此東宮中別有坊。又中庶子稱坊，詹事稱寺，寺同於九卿耳。坊是通名，如天朝之臺也。」

晉太學、國學。晉元帝太興三年立太學，置博士，皇太子釋奠。成帝咸康四年，立太學淮水南。按《實録》在唐縣城東南七里丹楊城東南，至今猶名故學。成帝、穆帝、孝武帝皆親釋奠。穆帝而後，常以儀賢堂權立行太學，就堂行禮，太學生、國子生各六十人。國子生見祭酒、博士，單衣角巾，執經一卷代手板。太元九年，從謝石請，興復國學，明年選公卿二千石子弟，增廣廟屋一百五十五間。按《實録》在太廟南，唐江寧縣東南二里一百步古御街東，東逼淮水，時呼國子學。西有夫子堂、皇太子堂，南有諸生省，即博士省也。又云：晉明帝太學初在水南外橋地，對東府城南小航道，在今縣城東七里〔一四九〕，廢丹陽郡城東，至德觀西。既立國學，併太學入焉。太元十一年，封孔靖之奉聖亭侯，奉宣尼祀。其宣尼廟在丹陽郡城前隔路東南，疑即前太學處也。

宋儒、玄、文、史四學。《宮苑記》：儒學在鍾山麓，時呼北學，今草堂寺、隆報寺是也。玄學在雞籠山東，棲玄寺側。文學、史學並在耆闍寺側。元嘉二十一年立國學，二十七年罷。明帝泰始六年置總明觀於治城，設祭酒一人，玄、儒、文、史四科，各學士十人，又名東觀。齊高帝建和四年立國學，復廢。武帝永明三年，詔復立國學，而省總明觀，置生二百二十人。東昏永元初，下詔廢學，領國子助教曹思文及有司抗表奏請，國子、太學並在〔一五〇〕。梁武帝天監八年，昭明太子釋奠。宋雍熙中，有文宣王廟在城西北三里。慶元、景定二志皆以爲治城故基，豈非宋、齊、梁、陳舊學所在乎？天聖中，知府張士遜奏徙浮橋東北，則今學是也。

吴扶南署。《實錄》：「吴赤烏七年，扶南獻樂人，置署以教樂。」《圖經》：「在江寧縣北二里。」

晉廩犧署。《晉志》：「在東府城後。以養天地宗廟犧牲。」

宋錦署。福城寺東。

宋錢署。五城村淮水北。

宋平淮署。在五城村。藏戈船樓艦之所，如偃月形。

刻漏署。《故事》：銅蟠螭置在臺城。宋平姚秦，遷洛陽舊物，蟠螭在焉。

紙官署。在長樂橋側。齊造銀光紙賜王僧虔處。

乘黄署。《輿地志》：在公車府西北。五輅及諸廟車凡駕馬之所。

止戈署。東官城後路北。本梁騎官署，造兵器處。

冶　署。《通典》：「宋有東冶、南冶。齊因之。梁、陳有東、西冶。」《故事》：「南有六所府：一司徒，二揚州，二鎮軍府，一東西冶。」見前亭下。

前宋轉運司。《乾道志》：紹興三年，以建康府治建行宫，改轉運司爲府治，轉運司移於子城之西。八年重建，大門南向，次中門，廳二，在大門内者爲南廳，在中門内者爲北廳，皆路西南向。其屬廳皆路東西向，由北廳東北爲衙北門，南廳復建籌思堂。乾道四年，趙彦端建扶疎堂於籌思之東。又有忠宣堂，改雙槐堂爲之。又有戲綵堂，皆真公德秀所建。韓元吉復建四老堂，爲之記。歸附後爲按察司、廉訪司、總管府、財賦司公廨，後爲潛邸。今龍翔寺基是也。

前宋總領所。《乾道志》：「總領衙在行宫西南，都酒務北，有光華堂、碧鮮亭。紹興十一年建。紹定三年戴桷記曰：「余以景蕭之南敞政足圜矣。廳事西偏舊有圃焉，一水縈環，古柳夾峙。沿水爲堤，編木護之。水陰地一區，移分鍾堂於其上，易名使華。左竹亭曰碧鮮，右梅曰春信。堂後三亭曰種花，以牡丹名，金粟，以桂名，雲錦鄉，以桃花名。此水北佳趣也。使華之南隔水亭曰芳洲、映波、柳風。柳風而東，飛梁通之，曰玉水、静觀、蔗境，映波而西，復跨飛梁極水亭曰水雲，此水南佳趣也。」《景定志》云：「使華堂後建尋春橋，看窻曰晝舫。又仁本堂，取治財以仁爲本之義。」皆馬光祖所建，歸附後，河南王阿珠索爲私第。

都統制衙。紹興十二年建，在行宫子城北。

副都統制衙。在府城北門。

馬帥衙。《景定志》：「侍衛馬軍司，乾道七年建，在府城正北隅來蘇坊西門大街。」今爲西織染局。

建康府貢院。《景定志》：「在青溪南，秦淮北，侍郎蔡寬夫宅舊址也。」今爲東織染局。

轉運司貢院。在府城之東南隅。今屬馬驛。

舊廣濟倉。有東西倉，又有新倉。西倉在大軍倉後崇道橋南，東倉在武雄營側，新倉在廣濟西倉北。宋乾道四年，留守史正志以親軍寨及作院地增拓舊基，西偏建爲新倉（一五一），轉運副使趙彦端爲記。歸附後，嘗爲本路架閣庫。

平止倉。在廣濟倉左。嘉定中，留守余嶸建。

轉運倉。淳熙六年置。在上水門外淮水北岸（一五二）。爲置監官一員（一五三）。

大軍倉。在下水門内，北接廣濟。置監官一員。

平糴倉。隷轉運司。嘉定八年，真德秀創之，民賴其惠，雖歉歲，市無貴糴。不六七年，糴本化爲烏有，舊籍無復存者。嘉定十四年，岳珂復置，未久亦廢。淳祐十二年，舒滋復置。咸淳元年七月，馬光祖承奉省劄判云：「當使三來開閫，昇人愛余，余亦愛昇人。公帑所儲，毫分不敢妄費。思欲爲此邦建一久遠利益事，無如平糴。呈撥米價錢，差人糴足十萬石，併令創倉厫盛貯。續踏逐到舊稻子倉基址，鼎新創造屋四十六間，厫一十二座，以玉、衡、正、泰、階、平、陰、陽、和、風、雨、時十二字爲記，專一樁頓上件米十萬石。」馬光祖第三記云：「平糴倉之設自咸淳乙丑七月至丙寅正月，得米七萬碩，又自二月至六月再得三萬石，合爲十萬碩，余嘗記其略矣。丁卯冬，糴二萬，戊辰春，再糴三萬，總而爲十五萬。如雞哺雛，勺積龠累，所以及此數者，偶值歲稔，司造實嘉相之。然爲是倉，深長之慮有二焉：其一，餘米不可久頓，當以新易陳，庶米色常新，而民被實惠；其二，糶之價常損，糴之價常多，恐異時措置，糴本之難有折閱合額之患，於是先創助糴一庫，爲本百萬，收息補糴。又懼其所入之微也，則再創西庫以佐之，合兩庫爲本二百萬。然余志猶未愜也，輟郡帑之有餘，助兩庫之不足，俾是倉是庫相爲無窮，則余雖去猶不去也。」

制置司倉。附本府廣濟倉內。又有小倉三所，曰東倉，曰西倉，曰中倉，並在南門裏沙窩一帶。

古苑倉。吳大帝赤烏三年，使御史郗儉鑿城西南，自秦淮北抵倉城，名運瀆。咸和中修苑城，惟倉不毀，故名太倉，在西華門內道，北宋宫城之西北。

古太倉。晉咸和中，蘇峻反，王師連敗績。時太倉惟有燒餘米數石，以供御膳。太倉在苑城內，亦曰苑倉。

古龍首倉。按《隋食貨志》：「京都有龍首倉，即石頭津倉也。臺城内倉、常平倉、東宮倉所貯不過五十萬。」

古東倉。《唐六典》云：「東晉有東倉、石頭倉。」

古石頭倉。在石頭城内。吳置。晉曰常平倉。南朝因之。唐武后徙縣倉以實石頭。神龍二年，移倉於治城。

轉般倉。轉般置倉，昉於淳熙。爲屋不多，歲久損敝。景定壬戌，制司及本府共創修三十座厫屋。

制司倉。制司米舊附廣儲倉。咸淳元年四月内即廣儲倉側隙地令蓋制司倉厫四，前後共三十一間〔一五四〕。

聖節從物庫。舊府治西廊。

節儀庫。在玉麟堂東廊。

椿積庫。凡四所：一在府治；一在府治之南，劉珙建；一在府治東，陳俊卿建；一在府治東南，錢良臣建。

都錢庫。在府僉廳之北，常平庫、軍資庫、節制庫、修造庫、節用庫、經總制庫、公使庫附焉。

禮尚庫。在府治西廳。馬光祖立，家之巽爲記。

公使酒庫。在天津橋側。馬光祖重建，唐燦爲記。

醋　庫。三所：一在舊米市；一在安樂廬側；一在犨子巷。

雜物庫。在軍器庫側。

鞍轡庫。在節儀庫側。

淮士典庫。在大木頭街。

古石頭庫。《吴都賦》云：「戎車盈於石頭。」註云：「石頭城中置府庫，貯軍儲，故曰盈於石頭。」

此以上庫隸建康府。

制司庫。在府治都錢庫內。

都受給庫。在軍器庫側。

軍器庫。在經武橋東。寶祐五年，馬光祖修舊增新，申嚴約束。

回易庫。在斗門橋西。

抵當兩庫。一在御街錦繡坊之南，一在寬征坊。

惠軍典庫。在十三大街。

以上庫隸沿江制置司。

軍須庫。係安撫司庫，在軍資庫側。

大軍庫。在總領所東。

都錢庫。在大軍庫西廊〔一五五〕。

激犒庫。在大軍庫東廊。

椿備庫。在都錢庫側。

抵當兩庫。一在舊米市，一在雞行街。

公使庫。在總領所西廳西。

見錢庫。在飲虹橋下，保寧坊西。

以上庫隸淮西總領所。

錢物庫。在轉運司東，與花園相對。

雜物庫。在火廳西。

公使庫。在雜物庫側。

典庫。在轉運司衙東。

以上庫隸江東轉運司。

鳳臺酒庫。在天津橋南。

鎮淮酒庫。在御街，建叢坊相對。

嘉會酒庫。在大木頭街。

豐裕酒庫。在南門外西街。

龍灣酒庫。在龍灣寺。

防江酒庫。在北門外。

東酒庫。在上元縣西。

北酒庫。在太平橋南。

以上庫隸戸部提領酒庫所。

砲藥庫。在青溪上，馬光祖建。

助糴東庫。在御街金泉坊南。

助糴西庫。在太平橋南。

榷貨務。在總領衙西。

雜買務。在總領衙東南。

市易務。在新橋南。

平準務。在御街東。

秤斗務。在壽寧寺西。

都税務。在寬征坊薑河下。

夏税物帛場。在府治設廳側。

受給修造場。在頒春亭側。

雜賣場。二所：一在東南佳麗樓東，隸制置司；一在東南佳麗樓西，隸總領所。

都船場。在龍灣。

柴　場。三所：一在城隍廟側，一在龍光門外，一在朝宗坊西。

茭草場。在東門外轉般倉側。

竹木場。在府社壇東。

王沙税務。在靖安鎮。

抽分場。在靖安鎮。

安撫司惠民局。在府治西。

總領所惠民局。在正廳東廊。

都統司惠民局。在都統衙内橋東亭。

行宫雪窨。在城東門外。

安撫司雪窨。在城北門外。

防江軍雪窨。在雞籠山側。

都統司雪窨。在城北門外。

左司理院、右司理院。見前府治圖考。

直　司。在府治都僉院門裏。

總　廂。在府門外西南。

兵馬司。在効營内。

土　牢。在馬軍營内。

上元縣獄。在縣治西偏。

江寧縣獄。在縣治西偏。

齊六疾館。齊文惠太子與竟陵王子良立六疾館，以收養窮民。

梁孤獨園。梁武帝普通二年，於建康置孤獨園，以養窮民。

養濟院。見府治圖考。

實濟院。隸轉運司。

安樂廬。二所：一在北門高陽樓側；一在御街西醋庫後。

慈幼莊。在皋橋，隸江東轉運司。

及幼局。咸淳元年馬光祖創，凡街市遺棄小兒悉皆收養，仍委官提督。

【校勘記】

〔一〕革：原作「華」，據至正本改。

〔二〕一：至正本作「二」。

〔三〕史：原脱，據《景定建康志》卷二二補。

〔四〕故：《景定建康志》卷二二作「固」。

〔五〕師：原脱，據《春秋左傳注》昭公四年補。

〔六〕陷：原作「隱」，據至正本及《太平寰宇記》卷九〇引《勝公廟記》改。

〔七〕頃：原作「項」，據《景定建康志》卷二〇改。

〔八〕古：原作「右」，據《景定建康志》卷二〇改。

〔九〕此：至正本作「都」。

〔一〇〕焉：《景定建康志》卷二〇作「之」。

〔一一〕因：《景定建康志》卷二〇作「感」。

〔一二〕成：《景定建康志》卷二〇、《六朝事迹編類》卷上作「繕」。

〔一三〕築：《景定建康志》卷二〇作「居」。
〔一四〕東晉及齊梁之代：《景定建康志》卷二〇作「東晉及齊、梁因之」。
〔一五〕封：《景定建康志》卷二〇作「爲」。
〔一六〕按：《元和郡縣志》卷二六：「東府城在縣東七里，其地四則，簡文帝爲會稽王時邸第，東則丞相會稽王道子府。」又《太平寰宇記》卷一九引《輿地志》云：「晉安帝義熙十年築，其地西本簡帝爲會稽王時第，其東則丞相會稽文孝王道子府。」則王道子宅非簡文舊宅明矣。
〔一七〕靈秀：原闕，據《景定建康志》卷二〇補。
〔一八〕封：至正本作「居」。
〔一九〕池址爲：至正本作「北墉浚」。
〔二〇〕未央：原闕，據《景定建康志》卷二〇補。
〔二一〕今天慶：原闕，據《景定建康志》卷二〇補。
〔二二〕也：原闕，據《景定建康志》卷二〇補。
〔二三〕新：至正本作「今」。
〔二四〕諸：原闕，據《景定建康志》卷二〇補。

〔二五〕推服：《景定建康志》卷二〇作「愛重」。

〔二六〕因：至正本作「過」，《太平御覽》卷四九七作「由」。

〔二七〕桓：原闕，據《景定建康志》卷二〇補。

〔二八〕桓：原作「玄」，據《景定建康志》卷二〇改。

〔二九〕七年：《景定建康志》卷二〇作「六年」。

〔三〇〕城：原作「陵」，據《景定建康志》卷二〇改。

〔三一〕非：至正本作「北」。

〔三二〕沽：原作「枯」，據《景定建康志》卷二〇改。

〔三三〕一：原脱，據《景定建康志》卷二〇補。

〔三四〕閣：原作「闇」，據《南齊書》卷五一《崔慧景傳》及至正本改。

〔三五〕址：原作「北」，據《景定建康志》卷二〇引《笠澤叢書》改。

〔三六〕樹：《景定建康志》卷二〇作「林」。

〔三七〕樹碑：原闕，據《元和郡縣志》卷二六補。

〔三八〕此句「李」上原衍一「本」字，據《元和郡縣志》卷二六删。

〔三九〕二：原作「一」，據《南史》卷三四改。

〔四〇〕吳故都名大航門：至正本作「吳立，初名大航門」。

〔四一〕臺：原作「壘」，據至正本改。

〔四二〕渡淮：原闕，據《景定建康志》卷二〇補。

〔四三〕二：《景定建康志》卷二〇作「三」。

〔四四〕東直對東陽門：原脱，據《景定建康志》卷二〇補。

〔四五〕三：《景定建康志》卷二〇作「二」。

〔四六〕反：至正本作「以」。又「偃」字原闕，今據《南齊書》卷一六、《太平御覽》卷二一九、《景定建康志》卷二〇補。

〔四七〕又：原作「義」，據至正本及《景定建康志》卷二〇改。

〔四八〕羊侃：《太平御覽》卷三二〇作「善寶」。

〔四九〕逕：原作「遥」，據《文選注》卷五七、《六臣註文選》卷五七、《景定建康志》卷二〇改。

〔五〇〕二四：《晉書》卷二九、《文獻通考》卷三〇二但作「四」。

〔五一〕墨：原作「愚」，據《宋書》卷六三、《通志》卷一三二改。

〔五二〕元嘉元年：《宋書》卷六三、《南史》卷二二作「元嘉二年」。

〔五三〕亦：原作「未」，據《宋書》卷六三、《南史》卷二二改。

〔五四〕古：原作「右」，據《景定建康志》卷二一改。

〔五五〕横：原作「擴」，據《文選注》卷五、《六臣注文選》卷六、《景定建康志》卷二一改。

〔五六〕名：《景定建康志》卷二一作「石」。

〔五七〕顯：原作「鎮」，據至正本及《建康實録》卷七、《景定建康志》卷二一改。

〔五八〕在：原作「直」，據《景定建康志》卷二一改。

〔五九〕勞：原作「歌」，據《晉書》卷七、《歷代帝王宅京記》卷一四、《册府元龜》卷八三改。

〔六〇〕移：原闕，據《景定建康志》卷二一補。

〔六一〕習：原作「細」，據《景定建康志》卷二一改。

〔六二〕庚申：《南史》卷二、《通志》卷一一作「甲申」。

〔六三〕頭：原闕，據《景定建康志》卷二一補。

〔六四〕文：原作「之」，據《景定建康志》卷二一改。

〔六五〕九年：《景定建康志》卷二一、《六朝事跡編類》卷上作「元年」。

〔六六〕二年：《景定建康志》卷一作「三年」。

〔六七〕留：原作「晉」，據《景定建康志》卷一改。

〔六八〕東：原闕，據上下文例及至正本、《景定建康志》卷二一補。

〔六九〕東：原作「宮」，據《景定建康志》卷二一改。

〔七〇〕皇城：原作「城隍」，據《景定建康志》卷二一改。

〔七一〕堂：至正本、《景定建康志》卷二一作「營」。

〔七二〕宮：原作「官」，據《景定建康志》卷二一改。

〔七三〕杜：原作「杜」，徑改。

〔七四〕陶家：《景定建康志》卷二一作「劉家」。

〔七五〕鄒子慶：《陳書》卷三作「鄒子度」，《歷代帝王宅京記》卷上作「柳子度」，《景定建康志》卷二一作「郢子慶」。

〔七六〕永：原作「其」，據《南史》卷七〇、《景定建康志》卷二一改。

〔七七〕繡：原作「綱」，據至正本改。

〔七八〕鳳莊殿：《南齊書》卷二〇、《南史》卷一一、《通志》卷二〇作「鳳華柏殿」。

〔七九〕爾：原闕，據《景定建康志》卷二一補。

〔八〇〕玉：原作「王」，據《通鑑紀事本末》卷二一上、《景定建康志》卷二一改。

〔八一〕惠靈殿：《太平御覽》卷一七五、《景定建康志》卷二一作「惠輪殿」。

〔八二〕倩：至正本作「情」。

〔八三〕林園：原闕，據《景定建康志》卷二一補。

〔八四〕嚴：至正本作「景」。

〔八五〕二十三：至正本作「二十五」。

〔八六〕硬：原作「便」，據《景定建康志》卷二一改；又「八十九」，至正本作「八十八」。

〔八七〕大：至正本作「火」。

〔八八〕狄：原闕，據《江南通志》卷三〇補。

〔八九〕虛：原作「虎」，據《景定建康志》卷二一及《明一統志》卷六改。

〔九〇〕二十二年：《景定建康志》卷二一作「十七年」。

〔九一〕策：原作「桀」，據《景定建康志》卷二一改。

〔九二〕夷狄：原作「空桑」，據《晉書》卷七七、《景定建康志》卷二一改。又「教」字，至正本作「俗」。

〔九三〕二十里：《景定建康志》卷二一作「三十里」。

〔九四〕堂：原作「室」，據《景定建康志》卷二一改。

〔九五〕左：至正本作「右」。

〔九六〕「卿」上原衍一「付」字，據《景定建康志》卷二二、《金陵百詠》删。

〔九七〕還：原作「遷」，據《景定建康志》卷二二改。

〔九八〕賭：原作「睹」，據《景定建康志》卷二二改。

〔九九〕墩筆研：原作「堆」，據《山谷集》卷二五改。

〔一〇〇〕勝：原脱，據《山谷集》卷二五補。

〔一〇一〕亭：至正本作「舊」。

〔一〇二〕詳：至正本作「並」。

〔一〇三〕始：至正本及《景定建康志》卷二二作「東」。

〔一〇四〕入門有：原闕，據《景定建康志》卷二二補。

〔一〇五〕曰□□曰□□曰□□：原脱，據《景定建康志》卷二二補。

〔一〇六〕亭：原作「堤」，據《景定建康志》卷二二改。
〔一〇七〕後：原作「谿」，據《景定建康志》卷二二改。
〔一〇八〕直：原闕，據《景定建康志》卷二二補。
〔一〇九〕漢：至正本作「古」。
〔一一〇〕絕江：原闕，據《景定建康志》卷二二補。
〔一一一〕飛集於此：至正本作「常集於山」。
〔一一二〕而：至正本作「戰」。
〔一一三〕定林寺：原作「定陵寺」，據至正本改。
〔一一四〕在：原闕，徑補。
〔一一五〕散落山：原闕，據《宋書》卷三四、《景定建康志》卷二二補。
〔一一六〕「實錄」下至正本有「舊志」二字。
〔一一七〕「中宗」二字至正本無。
〔一一八〕璞卜遷之：原闕，據《景定建康志》卷四四補。又「者」字，至正本作「卜修」。
〔一一九〕東西：原本無，據至正本補。

〔一二〇〕之西：原本無，據至正本補。
〔一二一〕宫苑記：至正本作「宫闕簿」。
〔一二二〕建業：原闕，據《江南通志》卷三〇、《三國志補注》卷六補。
〔一二三〕在：原闕，徑補。又「南十五」，原闕，據《太平御覽》卷一七九補。「石」字，原闕，據《太平御覽》卷一七九補。又「墩」字，《景定建康志》卷一七作「崗」。
〔一二四〕從「上」至下句「南史蔡」：原闕，據《景定建康志》卷二二補。
〔一二五〕在日午後：原闕，據《景定建康志》卷二二補。
〔一二六〕駕：至正本作「帝」。
〔一二七〕獨：至正本作「恐」。
〔一二八〕敕：《南史》卷六八作「特」。
〔一二九〕宋書帝臨：原闕，據《景定建康志》卷二二補。又「閲武」，原作「閣式」，據《景定建康志》卷二二改。
〔一三〇〕並：至正本作「同」。
〔一三一〕別：《李太白文集》卷六作「客」。

〔一三二〕磯：原作「機」，據至正本改。

〔一三三〕帝時芝菌生：原闕，據至正本補。

〔一三四〕地在臺城内：原闕，據至正本補。

〔一三五〕西北白石里：原闕，據至正本補。

〔一三六〕一名沈公城：原本無，據至正本補。

〔一三七〕孝建元年：至正本作「大明三年」。

〔一三八〕八萬：至正本作「二十萬」。

〔一三九〕乃止不討：原闕，據《太平寰宇記》卷九〇補。至正本作「乃罷」。

〔一四〇〕「文帝」二字前至正本有「案宋」二字。

〔一四一〕按此句至正本作「至是因以名之」。

〔一四二〕「基」及下句「疑」字，原闕，據至正本補。

〔一四三〕築長堤壅北：原闕，據至正本、《六朝事跡編類》卷上及《建康實録》卷五補。

〔一四四〕「埸」字下至正本有「六里餘」三字。

〔一四五〕「蓋」及「名書也」四字，原闕，據至正本補。

〔一四六〕「苑」字下至正本有「也」字。
〔一四七〕徐孝嗣：原作「齊孝嗣」，據至正本及《南齊書》卷四四本《徐孝嗣傳》改。
〔一四八〕苑：至正本、《景定建康志》卷二二上作「園」。
〔一四九〕東：至正本作「南」。
〔一五〇〕在：至正本作「存」。
〔一五一〕倉：原作「昌」，徑改。
〔一五二〕岸：原本無，據至正本補。
〔一五三〕爲：至正本無此字。
〔一五四〕間：原作「門」，據《景定建康志》卷二三改。
〔一五五〕大：原作「火」，據至正本改。

至正金陵新志卷十二下

古蹟志

第宅

張昭宅。淮水南，對瓦棺寺，張侯橋所，橋因宅而名〔一〕。《丹陽記》：「大長干寺西有張子布宅。」

是儀宅。在西明門，臺城之西。最北門也。

駱監軍宅。上元縣東二十五里崇禮鄉土山之下。父老傳云：吳監軍駱統宅也。

諸葛恪宅。唐舊縣東二里古玄風觀前横路南，南接青溪，其東即江令宅也。

陸機宅。在秦淮側。又《金陵故事》：「臨秦淮有二陸讀書堂。」其跡猶在。

王導宅。烏衣巷中，南臨驃騎航。

謝安宅。在烏衣巷口驃騎航之側，乃秦淮南岸謝萬居之北。

謝尚宅。舊江寧縣東南一里二百步。永和四年，捨宅造寺，名莊嚴。今斗門橋北東岸是其處。

謝萬宅。長樂橋東，傍丹陽郡城。今桐樹灣東。

紀瞻宅。在烏衣巷。

鮭鑒宅。在青溪上。

吳隱之宅。在城東南五里。

杜姥宅。舊江寧縣東北三里。《輿地志》云：「宅在端門外，直蘭臺路東。」晉成帝恭皇后杜氏母裴氏，即杜弘治之妻，名穆，孝武帝封爲廣德縣君。初，穆渡江，宅於南掖門外，時已壽考，故呼爲杜姥。

宋檀道濟宅。在青溪。

何尚之宅。南澗寺側。今城南落馬澗也。

沈慶之宅。在城東南十里。慶之本居古清明門外，有宅四所，屋宇甚麗，一夕徙居婁湖園中。

謝幾卿宅。府城東南十八里古白楊巷之石井。

建平王劉宏第。雞籠山。

絕宅地。舊志云：江寧縣南三里古太社西，有凶地三畝，晉周顗、司馬秀、蘇峻、袁真皆宅於此，悉以禍敗。宋王僧綽曰：「大丈夫當以正道自居，何宅之有凶吉？」尋爲元凶所害。

齊武帝舊宅。在青溪城東一里，臨秦淮，是其地。

蕭子良宅。鍾山西。

蕭坦之宅。在東府城東。今府城東二里，傍秦淮。

劉子珪宅。城東二十五里青龍山之前。

宋王僧虔宅。在馬糞巷。見巷內。

梁武帝宅。府城東南七里光宅寺基是。

沈約宅。鍾山之下，名東田。

朱异宅。在府城東北。异及諸子自潮溝列宅至青溪〔一〕，有臺池玩好，暇日與賓客遊其地。

范雲宅。府城東南七里。何遜有《經范將軍三橋故宅》詩。

宋到溉宅。第臨淮水。

伏曼容宅。府治西南三里。

伏挺宅。府城北潮溝上。

陳韋載宅。在江乘縣之北山築室，屏絕人事，不入籬門者幾十載。事見《陳史》。

江總宅。青溪大橋北，與孫瑒宅對，夾青溪。《慶元志》：「在上元縣東百餘步也。」

孫瑒宅。青溪大橋東，其西即江總宅。

唐顧況宅。皇甫湜《顧況集序》云：「況以文入仕，佐著作，爲衆所排，起屋茅山，飄然若將續古之仙，以壽終。」《慶元志》：「顧著作山房在菖蒲潭。」

柳郎中故居。在茅山。

宋子嵩宅、齊江宅。在國子監巷。

南唐韓熙載宅。宅在城南戚家山。

孫晟宅。鳳臺山西岡壠之曲〔三〕，韓熙載見門巷卑陋，謂曰：「湫隘若此，豈稱爲相第邪？」明年果拜相。

徐鉉宅。攝山栖霞寺西，今曰陶莊是也。

晉許長史宅。在句容雷平山西北。南有井，後爲觀。

宋王荆公宅。半山寺是。

蔡寬夫宅。宋貢院基是也。《南窻紀談》云：「蔡寬夫侍郎治第於金陵青溪之南。冗地爲池，數尺之下，見有瓦礫及米粿、匕筯數千，蔡驚異，命工愈掘之。又深尺餘，有釜、鑊、瓦、錫之器甚多，皆破碎交錯，仆壓於下，竈下葦灰猶存。又窮其傍，大抵皆人居也。然後知其下前代爲平地，經六朝喪亂，瓦礫糞壤，積而至此。高岸爲谷，深谷爲陵，豈不信哉？」

李琮宅。在江寧鎮橋西。今植槐尚存。

湖陰先生居。楊德逢號湖陰先生，丹陽陳輔每清明金陵上冢，至蔣山，過其居，清談終日，歲爲常。後頻歲訪不遇，題一絶於門云：「北山松粉未飄花，白下風輕麥腳斜。身似舊時王謝燕，一年一度到君家。」楊歸見，吟賞久之，稱之於荆公，公笑曰：「此正戲君爲尋常百姓爾。」楊亦大笑。

狀元張孝祥宅。

陵墓

古越王塚。在句容縣。王名翳，周安王時薨，葬句容大横山下，今不知其處。

吴大帝陵。蔣山陽，去城一十五里。

步夫人陵。《吴志》：「赤烏元年，追拜夫人步氏爲皇后。後合葬蔣陵。」今蔣廟西南有孫陵岡，岡上有步夫人墩，墩側有夫人塚，其地也。

宣明太子墳。《吴志》：「太子登初葬句容，後三年移葬鍾山西蔣陵。」

廢帝陵。晉戴顒迎葬丹陽之賴鄉。

晉元帝陵、晉明帝陵、晉成帝陵、晉哀帝陵。《實錄》：「元帝永昌元年葬建平陵，明帝太寧三年葬武平陵，成帝咸康八年葬興平陵，哀帝興寧三年葬安平陵。」四陵並在雞籠山陽，皆不起墳。

晉康帝陵、晉簡文帝陵、晉孝武帝陵、晉安帝陵、晉恭帝陵。《實錄》：「康帝建元三年葬崇平陵，簡文帝咸安二年葬高平陵，孝武帝太元二十一年葬隆平陵，安帝義熙十四年崩，明年葬休平陵，恭帝元熙二年葬冲平陵。」五陵並在鍾山。

晉穆帝陵。幕府山前近西。里俗相傳穆天子墳，即其地也。

宋武帝陵。《實錄》：「宋高祖永初三年葬蔣山初寧陵。周三十五步，高丈四尺。」宋政和間，有人於蔣廟側得一石柱，題云：「初寧陵西北隅。」

少帝陵。在南郊壇。

文帝陵。元嘉三十年葬長寧陵。上元縣東北二十五里，周三十五步，高丈八尺。與武帝陵相近。

袁后陵。即文帝后，合葬長寧陵。

孝武帝陵。在丹陽秣陵縣巖山，名景寧陵。今上元縣南四十里巖山陽。

前後廢帝陵。皆在丹陽秣陵縣南郊壇西。宋太宗踐祚，遷前廢帝何皇后合葬龍山北。

明帝陵。嶀府山陽，西與王導墳相近，山前有墳壠。晉穆帝陵在山南，或以西爲明帝墓。

孝武路太后葬修寧陵。在孝武陵東南。

殷淑妃墓。在龍山。

明宣沈太后陵。在幕府山寶林寺西南，有墳壠。相傳爲國婆墳，疑即沈后。

齊文惠太子陵。葬夾石。

豫章王嶷墓。在金牛山。

明敬劉皇后陵。淳化鎮之北，去城三十里。

竟陵王子良墓。金牛山南。

梁蕭墓坰。上元縣東三十五里。或云蕭梁帝陵，未詳。

昭明太子陵。城東北四十五里賈山，前即夾石。與齊文惠太子同處，排陵並葬，名安寧陵。

文宣阮太后陵。在江寧縣通望山。

孝元帝陵。陳天嘉元年，詔：「梁孝元遭罹多難，靈櫬播越。朕昔經北面，有異常倫。遣使迎接，已次近路。江寧既是舊塋，宜即安卜。車旗禮章悉用梁典，依魏葬漢獻帝故事。」

陳高祖陵。上元縣東崇禮鄉，地名陵里，有曰天子陵，有麒麟二。里俗相傳即陳高祖墓也。去城二十五里，名萬安陵。

文帝陵。上元縣東北陵山之南，今鴈門山北，名永寧陵。

張麗華墓。在賞心亭天井中。間有光氣如匹練，掬之如水銀流散，蓋地中有所藏爾。

左伯桃墓、羊角哀墓。並在溧水州南四十五里儀鳳鄉孔鎮南大驛路西。

西漢甄邯墓。在後湖側。《南史》：「宋張永嘗開玄武湖，遇古塚，塚上得一銅斗，有柄。文帝以訪朝士，著作郎何承天曰：『此亡新威斗〔四〕。王莽時三公亡，皆賜之。一在塚外，一在塚內。時三臺居江左者，惟甄邯爲大司徒，必邯之墓。』又啓塚內，更得一斗，復有一石，銘云『大司徒甄邯墓』。」按斗爲天之喉舌，斟酌元氣，運平四時，故貴器取象焉。今世發古塚，間有此斗，豈葬之前已有是制歟？

後漢史君崇墓。溧陽州北三十里。有碑。

溧陽侯陶謙墓。在溧陽州。

吳張悌墓。見本傳。

甘寧墓。在直瀆山下。

丞相萬彧墓。在溧陽州南五十里惠德鄉銀方山下。

葛玄墓。吳太極左僊翁葛玄墓，在句容縣西南一里。《郡國志》：「句曲有葛玄塚。」

諸葛恪墓。舊府志及《句容縣志》皆言在句容石子岡。今考恪墓，實在城西南。

荆將軍墓。在溧水州南四十五里，因羊、左墓互見。

晉山簡墓。在樂遊苑內。

溫嶠墓。初葬豫章，朝廷追思之，乃爲造大墓，還葬元明陵北，幕府山陽。

郭璞墓。玄武湖中有大墩，里俗相傳曰郭璞墓。

卞壺墓。在冶城。

王導墓。見前宋明帝陵。

謝安墓。城南九里梅嶺岡。

王濛墓。高亭湖側。

王祥墓。城西南八十里化成寺北，有斷碑。戚氏註云：「近姑熟。」

衛玠墓。新亭東，去城二十里〔五〕。

許穆墓。句容縣西一里。晉護軍長史。

顔含墓。右光祿大夫、西平靖侯顔府君葬靖安道傍。

竺瑤墓。張陣湖。墓前有二碑。晉寧朔將軍。

史萬壽墓。溧陽州東北三十五里。爲晉安南將軍、南蔡州刺史。

史爽墓。溧陽州東北十五里。

馬訓墓。溧陽州東北三十里。晉南海太守。

呂游墓。溧陽州東北五十里。有碑。晉安西將軍、南蔡州刺史〔六〕。

史光墓。溧陽州東南四十里。

史憲墓。溧陽州東北五十里。

史雅墓。溧陽州東六十里。

史輝墓。溧陽州東六十里。

呂員墓。溧陽州東北五十里。

周琛墓。溧陽州西南三十里。遂安太守。

紀瞻墓。句容縣東南二十五里。

宋謝濤並妻王氏墓。在上元縣土山。大明七年，夫人琅琊王氏合附於土山里謝濤之墓，有碑。濤散騎常侍。夫人之祖曰獻之，父曰靜之。

劉穆之墓。元嘉二十五年，車駕幸江寧，經穆之墓，詔致祭。

吉翰墓。見山川志。

冥漠君墓。彭城王義康修東府城，得古塚，改葬東岡。使法曹參軍謝惠連爲文祭之，不知其名字遠近，故假爲之號。

徐溧女墓。宋初女道士，葬茅山下。

宗慤墓。本傳：在秣陵縣都鄉石泉里。宋散騎常侍、左衛將軍、太子中庶子、荆州大中正。

宗慤母鄭夫人墓。在秣陵縣都鄉。

謝靈運墓。上元縣本業寺相近。南唐保大中，里人孫憙等嘗建碑。

齊明僧紹墓。見栖霞寺。

巴東公墓。在栖霞寺側。有碑，額云「齊故侍中、尚書令、丞相巴東獻公之墓」。

柳世隆墓。在倪塘。世隆曉數術，於倪塘創墓。與賓客踐履，每往，常坐一處。及卒，墓正其坐處。

海陵王墓。在金陵。謝朓撰墓誌，未詳其所。

王孝恭墓。溧陽州東南二十八里。齊散騎常侍。

梁庾沙彌母劉氏墓。沙彌，晉司空冰六世孫。父佩玉，仕宋，位長沙内史，坐沈攸之事誅，時沙彌始生。及年五歲，所生母爲製采衣，輒流涕曰：「家門禍酷，用是何爲？」不肯服。及長，終身布衣蔬食。爲中軍田曹行參軍，嫡母劉氏寢疾，晨昏侍側，衣不解帶。或應針灸，輒以身先試。及母亡，水漿不入口累日。初進大麥薄飲，經十旬方爲薄粥，終喪不食塩鮓。冬日不衣綿纊，夏日不解衰絰。不出廬戶，晝夜號慟，隣人不忍聞，所坐薦淚沾爲爛。墓在新林，忽生旅松百許根，枝葉茂欝，有異常松。劉好啖甘蔗，沙彌遂不食焉。宗人都官尚書詠表言其狀，膺純孝之舉〔七〕。梁武帝召見，嘉之，補歙令，還除輕車、邵陵王參軍事，隨府會稽。復丁所生母憂喪還都〔八〕，濟浙江，中流遇風，航將覆没〔九〕，沙彌抱柩號哭，俄而風靜，咸以爲孝感所致。後卒於長城令。

始興忠武王墓。王名憺。墓在上元縣清風鄉黃城村，去城三十里。有石麒麟四及神道碑。

臨川靖惠王墓。王名宏。墓在上元北城鄉，去城三十里。有石柱、碑二。

安成康王墓。王名秀，字彥達。墓在清風鄉甘家巷，去城三十八里。有石麒麟二、石柱一、神道碑二。

劉顯墓。葬秣陵縣劉真長舊塋。博學多通，爲時推重。位至尚書左丞、國子博士、平西府諮議參軍。

吳平忠侯墓。梁吳平忠侯蕭景，字子照。墓在清風鄉花林村北，去城三十五里。有石麒麟二、石柱一。

建安侯墓。建安侯蕭正立謚曰敏。墓在上元淳化鎮西，去城三十五里。有石柱二。

南康簡王績墓。在句容縣西北二十五里。

范府君墓。溧陽州東北五十里。梁招遠將軍、臨川王國侍郎。

史府君墓。溧陽州東北五十里。梁散騎常侍、兗州刺史。

王僧辯墓。在方山東南。

裴邃墓。子之禮，美容儀，能言玄理。梁黄門侍郎、壯勇將軍、北徐州刺史。邃有廟，在光宅寺西，堂宇弘敞，松栢欝茂。范雲廟在三橋，蓬蒿不剪。武帝南郊，道經二廟，顧而嘆曰：「范爲已死，裴爲更生。」大同初，都下旱蝗，四籬門外桐栢凋盡，唯邃墓犬牙不入，當時異之。

司馬子産墓。司馬暠，梁正員郎。丁父憂，子産艱哀毁甚，廬於墓側，日進薄麥粥一升。墓在上元縣新林，連接山阜。舊多猛獸，暠結廬數載，豺狼絶跡。常有兩鳩栖宿廬所，馴狎異常。承聖中，除太子庶子。

陳周弘正墓。句容縣東三十五里。

唐顔尚書墓。溧陽州東來蘇鄉後顔村〔一〇〕。

許司徒墓。句容縣東白土奉聖寺側。

史仲謨墓。溧陽州東北三十五里西山之前。

史務滋墓。溧陽州東北三十五里。

劉府君墓。溧水州北三十五里。

王師乾墓。句容縣東三十里，嘗爲廬、循、道三州刺史。

葛府君墓。句容縣西七里。有碑及石門。

雙女墳。《雙女墳記》：「有雞林人崔致遠者，唐乾符中補溧水尉。嘗憇招賢館前，有塚號曰雙女墳。詢其事迹，莫有知者，因爲詩弔之。夜感二女至，稱謝曰：『兒本宣城郡開化縣馬陽鄉張氏二女。少親筆硯，長負才情。不意父母匹於鹽商小豎〔一一〕，以此憤恚而終。天寶六年，同葬於此。』宴語至曉而別。」墳在溧水州南一百一十里廢招賢館側。

南唐慶王墓。名弘茂。有碑。元宗第二子，幼穎異，不喜戎事。每與賓客朝士燕遊，惟以詩賦爲樂。年十九卒，追封慶王。有異僧言人壽夭禍福，多驗，元宗使視之，書「九十一」字以獻。

李順公墓。名金全。在上元縣金陵鄉七里鋪，去城十二里。

張懿公墓。名居詠。在上元縣金陵鄉石頭城後，去城一十里。碑題云：「大唐順天翼運功臣、特進、贈守太子太傅、上柱國、清河郡開國公張懿公神道。」

高越墓。栖霞寺舊門外北山之麓，去城四十五里。

韓熙載墓。在梅嶺岡。

楊忠襄公墓。名邦乂。墓在南門外，即其死所。

宋元懿太子攢宮。在鐵塔正覺寺法堂西偏小室中。

王舒王墓。名安石。在半山寺後。

王安國、安禮、安上三墓。並葬建康。

翰林給事張唐公墓。上元縣長寧鄉。

資政管元善墓。句容縣下蜀鎮柔信鄉之原。

狀元葉惇禮墓。名祖洽。墓在上元縣宣義鄉鴈門。

太師秦檜墓。牛首山，去城十八里。

大資秦梓墓。溧陽州南屏風山。

少保威定王德墓。上元縣鍾山之原。

忠壯李節使墓。名邈。墓在溧陽州西北青龍山之南。

四廂王節使墓。名瑋，隴西成紀人。官至四廂都指揮節度使。葬上元縣鍾山鄉棠梨山。

贈節度使盛新墓。亳州人。墓在上元縣宣義鄉武岡山。官濠州團練使，追贈昭慶軍節度使。

待制錢端修墓。溧陽州南上墟村。

錢時敏墓。溧陽州南五里。

龍學錢元英墓。溧陽州燕山之原。

錢周材墓。溧陽州南燕山。

于湖張狀元墓。在上元縣清果寺側。

防禦使張保墓。江寧縣鳳臺鄉松林莊之原。保字和叔，循王俊之母弟也。

節使趙彥墓。上元縣金陵鄉初家山之原。

趙總管士吁墓。句容縣政仁鄉慈恩寺側。

中書崔敦詩墓。溧陽州南泉山。

戶部李朝正墓。溧陽州北下湯之原。

侍郎董平墓。溧陽州北前馬里。

侍郎李處全墓。溧陽州西南大石山。

參政魏良臣墓。在溧水州西南九十里。

宗丞王朝端墓。在溧水州東南陳沛橋五里。

俞尚書墓。名櫨。墓在溧水州西深山一十五里。

余資政墓。未詳其名。遷葬溧水州東南二十五里。

徐敏子墓。葬蔣山，俗稱徐墳。

劉虎墓。廬州梁縣人。累功至觀察使、合肥郡開國侯。卒於金陵，葬上元鍾山鄉陸家廟東。馮去非作誌。

王鑑墓。太尉、寧武軍節度使。葬上元崇禮鄉竹山。

楊宗閔墓。上元鍾山鄉。宗閔字景齊，代州崞縣人，太傅、和義郡王存中之父也。屢立戰功。建炎元年，金人犯永興，城陷，死之，贈太師、魏國公，謚忠介。存中招魂葬。

李琮墓。葬江寧縣板橋西龍口山。

李回墓。江寧鎮西官山。

李耕墓〔一二〕。江寧鎮西王家莊。

秦鉅、秦浚墓。並在江寧縣處真鄉移忠寺側。

戚方墓。高宗時武將，葬城南高座寺後。

尹起莘墓。江寧新亭鄉印塘村。

府城外有四門掩骼冢義阡。宋紹興元年，知府葉夢得奉詔度城四隅高原隙地，各爲穴二，其土封皆高一丈。西門清涼寺之南茶山、北門張王廟之西北麟蛇山、南門官道之西越臺下、東門官道之北齊安寺西四門凡八冢，於華藏、能仁、保寧、清涼、壽寧五寺度僧守冢。開慶中，馬光祖再爲郡守，增土加築垣牆，東阡於半山寺，南於宋興寺，西於清涼，北於永慶，選僧掌守。其東阡去半山稍遠，別創守庵。又得清涼寺西北三十餘畝，增廣西阡，依山爲垣，凡六百丈，爲庵一，爲門四。今廢。

府城外南北義阡。宋嘉定八年，轉運副使真德秀因民間死亡無力買地以葬，遂於南北兩門外空閒荒地置兩阡。南義阡造庵屋三間，於殊勝寺差僧行看守，早晚焚修。北義阡近後湖，真武廟道士看管，地以一丈爲界，葬穴必深五尺。地滿之日，支錢焚化。

覆舟山下義冢。宋端平三年，制置使陳韓調兵江北〔一三〕，爲戰死者立義冢覆舟山龍光寺側，度僧守冢，以鍾山鄉戶絕田百五十八畝，供忌日及每月銜日修薦，忌日用戰死日。

溧水州漏澤園。南門外華勝寺前，東門外居養院東。紹興中置。

東義阡。溧水州永寧鄉朱容孫以豐慶鄉園地瘞諸佛寺所寄無主棺函。

南義阡、西義阡。溧水縣令九江周成之買地於縣南，得地於縣西，去縣各五里，遠近四外環堵植松〔一四〕，是爲義阡。以華勝寺、普慈庵僧主之，俾凡無地以葬者皆入焉。陳方撰記。

唐人詩云「楸梧遠近千官塚」，古今埋沒不聞者不可勝究。《句容志》：「縣東望仙鄉習莊村前有三石獸。」《溧陽志》：「相公墓在縣北十五里，民犁爲田；鹽官墓在縣北二十五里山前寨西，皆無姓名。」又潘行濬墓見太虛觀。今江寧有伍婆冢，里人傳云伍子胥祖母墓。伍之族野人，而子孫墳墓在此，莫詳其始。戚氏云：冢在古丹陽西溪上，突然一墩，上員徑丈，高倍之。面山瞰水，林木陰翳，爲居人歲時遊觀之所。史氏世居其下，其先世嘗有詩曰：「伍媪孤墳瞰水隈，千年遺址尚崔嵬。舊栽竹木四時有，新剪蒿萊一徑開。横阜送青高崒嵂，龍溪分水曲紆迴。子胥無復思丘壠，唯有雲仍拜掃來。」又有甘府君墓，在横山南鄉甘泉里西，今呼甘墓岡。近有鋤地者得一石，上云「梁州刺史甘府君墓」，不知其名。鄉之甘氏遂藏之，以傳家。其東又有甘府塘、甘府橋云。

碑碣

此下據舊志，輯以備考。自歸附後，碑刻散見各卷，餘俟續集。

秦始皇東遊頌德碑、胡亥東行詔書碑，其摹刻自臺治徙置集慶儒學。文曰：「皇帝臨位，作制明法，臣下修飭。二十有六年，初並天下，罔不賓服。親巡遠黎，登茲泰山，周覽東極。從臣思迹，本源事業，祗誦功德。治道運行，諸産得宜，皆有法式。大義著明〔二五〕，陲於後嗣，順承勿革。皇帝躬聽，既平天下，不解於治。夙興夜寐，建設長利，專隆教誨。訓經宣達，遠近畢理，咸承聖志。貴賤分明，男女體順，慎遵職事。昭隔内外，靡不清淨，施於昆嗣。化及無窮，遵奉遺詔，永承重戒。」皇帝曰：「金石刻盡始皇帝所爲也。今襲號而金石刻辭不稱始皇帝，其於久遠如後嗣爲之者不稱成功。」丞相臣斯、臣去疾、御史大夫臣德昧死言：「臣請具刻詔書金石，刻因明白矣，臣昧死請。」制曰：「可。」「久遠」下闕一字，「成功」下闕六字。劉跋《泰山篆譜序》曰：「《史記》載秦始皇及二世皆行幸郡縣，立石刻辭。今世傳泰山篆字，可讀者惟有二世詔五十許字，而始皇刻辭皆謂已亡。宋丞相莒公鎮東平日，遣工就泰山槌得墨本，别刻新石，止有三十八字〔一六〕。《集古録》亦言江隣幾親到碑下，纔得此數十字而已。余以大觀二年春登太山，宿絕頂，徘徊碑下。其石埋植土中，高不過四、五尺，形制似方而非方，四面廣狹皆不等，因其自然，不加磨礱。所謂五十許字者，在南面稍平處，人常所槌搨，故士大夫多得見之。其三面猶殘闕蔽闇，人不措意。余刮磨垢蝕，槌以紙墨，漸若可辨。政和五年秋〔一七〕，復宿嶽上，親以氈椎從事，校他本爲完。蓋四面周圍悉有刻字，總二十二行，行十二字。字從西南起，以北、東、南爲次，西面六行，北面三行，東面六行，南面七行，其末有『制曰可』三字。復轉在南面稜上，每行字數同，而每面行數各不同。如此廣狹不等，居然可見其十二行是始皇辭，其十行是二世辭。以《史記》證之，文意皆具。計其闕處，字數同。於是太山之篆遂成完篇，乃爲此譜。大凡篆字二百二十有二，其可讀者百四十有六，今亦作篆字書之。其毀缺漫滅不可見者七十有六，以《史記》文定之。」「親䠶遠秕」，《史》作「親巡遠方黎民」；「石刻」《史》作「刻石」，「著」作「休」，「嗣」作「世」，「聽」作「聖」，「陲」作「垂」，「體」作「禮」，「昆」作「後」，則又史家之誤，皆當以碑爲正。其曰「御史夫」者，大夫也，莊子曰：「旦而屬之夫〔一八〕。」衛宏曰：「古文一字兩名。」因就注之。《史記》於琅邪臺刻石備列從臣名氏，余家所收琅邪殘字亦有「五夫」字，然則夫從一、大，因不復重出。與碑徙置。詳見後繹山碑續刻。

西漢東平趙王廟記。唐林雲撰。

吳後主紀功三段石碑。《實錄》：「吳天冊元年，吳郡臨平湖忽開通，或云當太平。青盖入洛，主以問奉禁都尉陳訓，訓曰：『臣能望氣，不能達湖之開塞。』又於湖邊得石函，函中有小石，青白色，長四寸，廣二寸許，刻上作皇帝字。於是改元天璽，立石刻於巖上〔一九〕，紀吳功德。」案《吳錄》：「其文東觀令華覈作，其字大篆，未知誰書。或傳是皇象，恐非。在今縣南四十里龍山下，其石折爲三段，時人呼爲段石岡也。」黄伯思《東觀餘論》曰：「皇象書人間殊少，惟建業有吳時《天發神讖碑》，若篆若隸，字勢雄偉，相傳乃象書也。」今江寧縣有段石岡，蓋舊立碑處。」據《丹陽記》，晉、宋時已折爲三段，内一石上有轉運副使胡宗師刻字，言此石在府南天禧寺門外，半埋於土，因輦置轉運司後圃籌思亭〔二〇〕，時宋元祐六年也〔二一〕。此石歷八百十有五年矣〔二二〕，蓋又不知何年自巖山徙至城南也。轉運司在府治，此石在紬書閣前，後又徙錦繡堂前碑亭中〔二三〕。歸附後，改臺治，此石欹仆於地。其一段缺壞，蓋嘗爲人鑿以他用而不果也；其第二段處有「襄陽米芾」四字，亦爲人磨礪幾盡。至治八年，臺掾楊益得之臺廨草間，與教授湯彌昌、訓導李東、戚光言於中丞石公珪、治書郭公思貞，募民舁置廟學門内之左〔二四〕。戚光《續志》云：「後主事無足稱，而此碑遺法〔二五〕，書者所尚。晉宋以來，書日加工，而古法日遠。此碑未嘗見稱於時，其年月雖在校官碑後，書品過之遠矣。象書獨步漢末，況體本篆、籀，此誠宜居周鼓、秦刻之次，魏鍾繇諸碑無論也。其石四方，面背闊書各八行，兩傍細書二行〔二六〕。其文書滿三方而虛其一，辭雖不可讀，其可識者百八十餘字。首曰「上天帝言」，次曰「天發神讖」，曰「天誠廣多」〔二七〕，曰「將軍、裨將軍、關內侯」，曰「詔遣中書郎」，曰「章咸、李楷、賀某、吳寵、建業丞許某等十二人」，曰「永歸大吳、上天宣命」，曰「文字炳朖」，曰「在諸石上」。末後別書曰「蘭臺東觀令」，曰「巧工九江」，曰「吳郡」，曰「東海夏侯」，蓋列與事之臣於正文之後。華覈爲東觀令，是必華覈也。碑詞雖不可讀，大抵猶秦金石刻制爾。又《慶元志》云：「梅堯臣詩『丫頭雖斷石〔二八〕，文字未全訛。年筭赤烏遠〔二九〕，書疑皇象多。』石在金陵斷石岡上，有「大帝」字。去城二十五里。」今考此文，初無「大帝」字。宋自楊備至曾極等題詠，皆謂吳紀功德，意當大帝時，其實非也。

溧陽長潘元卓校官碑。石本云：「溧陽長潘君諱乾，字元卓，陳國長平人，蓋楚大傅潘崇之末緒也。君稟資南闕一字之闕四字德之絕操。髫髦闕一字敏，闕一字學典謨。祖講《詩》、《易》，剖演奧藝，外覽百家，衆闕一字契聖。抱不測之謀，秉高世之介，屈私趍公。即仕，佐上郡。位既重，孔武赳著，疾惡義形，從風征暴，執訊獲首。除曲阿尉，禽姦剗猾，寇息善歡。履孤竹之廉，蹈公儀之潔。寮廉除兹，初厲清肅。

賦仁義之風，闕三字之跡。垂化放乎岐周，流愛雙乎闕二字。親賢寶智，進直退慝〔三〇〕。布政優優，令儀令色。獄無吁嗟之冤，野無叩匈之結。矜孤頤老，表孝貞節。重義輕利，制戶六百。省無正繇，不責自畢。百姓心歡，官不失實。於是遠人聆聲景附，樂受一廛。既來安之，闕一字役三年。惟泮宮之教，反闕一字〔三一〕。俗之禮。構修學宮，宗懿招德，既安以寧。干侯用張，籩豆用陳。發彼有的，雅容闕一字閑。鍾磬縣矣，於胥樂焉，乃作敘曰：

翼翼聖慈，惠我黎蒸。貽我潘君，平茲溧陽。彬文赳武，扶弱抑彊。闕一字刈骾雄，流惡顯忠。咨疑元老，師賢作朋。修學童冠，琢質繡章。實天生德，有漢將興。尚旦在昔，我君存今。闕一字此龜艾，遂尹三梁。永世支百，民人所彰。子子孫孫，俾爾熾昌。丞沛國銍趙勳字蔓伯、左尉河內汲董並字公房、右尉豫章南昌程陽字孝遂。時將作吏名：從掾位侯祖、戶曹掾楊淮、主紀史吳超、議曹掾李就、門下史吳訓、議曹掾桓檜、門下史吳翔、戶曹史賀闕一字、門下史時球，光和四年十月己丑朔二十一日己酉造。」案：宋紹興十一年，溧水尉喻仲遠得於固城湖濱〔三二〕，置之官舍。今在孔廟之大門右。至順癸酉，教授濟陰單禧識云：「長樂陳長方雖嘗碑其所得本末，釋文則未之見。碑以靈帝光和四年歲在辛酉造，距今凡一千一百五十一年。番易洪景伯先生出字爲之，釋謂「挈」爲「契」，「悉」爲「犁」，「卑」爲「俾」，「樹」爲「野」，「賚」爲「責」，「剗」去其「刀」，「賢」去其「貝」，「干侯」與「豻侯」通，「尚旦」謂「太公、周公」，可謂精審有據。其餘不可辨者尚有二十七字。今觀首行自三百字以下止「斯」字，凡十有六字，比之洪氏作釋文時又皆不可考。且如第二行「之」字之下是「禱」字，「禱」下闕一字有「天」字，「敏」之上是「克」字，「衆」之下是「僞」字，「退」之下是「慝」字，「役」之上爲「復」，「反」之下爲「失」，「此」之上爲「即」，皆隱隱可見，洪則悉以爲闕。又如「既安且寧」，則以爲「目寧」，「梅檜」則以爲「桓檜」，豈當時誤於墨本而然耶。《溧陽志》謂「元卓」爲「元貞」，是又以名「乾」而傅會也。」事又見《摭遺》。

吳大帝封禪碑。

太極左僊翁葛公碑。陶隱居文，南唐重建，在句容縣。其碑有二，文字湮滅。

晉元帝廟碑。宋葉適撰。

禮樂羣英三十六像。晉賢臣三十六人，詳見元帝廟畫刻。題識在廟，今亡。

太傅謝文靖公白碑。以安功德，難爲稱述，故立白碑。在安墓所。

都督謝公廟碑。蓋謝玄廟碑。唐咸通中建。今亡。

卞將軍石柱。今在墓北。

忠臣孝子碑。舊在忠貞亭。南唐徐楷爲識，蓋掘地得斷碑也。葉清臣改忠貞亭亦名忠孝，有記。

卞公忠烈廟碑。宋胡銓撰。

忠貞公祠堂碑。宋曾肇建。

晉紀穆侯碑。紀瞻，見列傳。碑在句容縣治，字已漫滅，止有題額二十四字，曰「晉故僕射、散騎常侍、驃騎大將軍、開府儀同三司紀穆侯之銘」。碑面宋邑令真元弼刻字曰：「自東晉逮今元豐癸亥僅千餘年，石斷爲二，仆於道傍，字皆漫滅，惟題額存。今徒置縣宇東軒屋壁間。」又邑令張侶刻字曰：「後百三十四年寶慶丙戌，此碑復在後圃榛棘中。因買石作趺，置易并堂左。」縣志又載其陰刻瞻子四人名字、官爵八十餘言。後又有胡克充刻字，不詳何人，字亦漫滅，彷彿見「棄置荒棘」字。晉碑僅存，世所當寶也。

竺使君墓誌。舊志：「石在靖安鎮天王院。」

史司空碑。漢司空、驃騎將軍、溧陽侯史公神道碑。晉永和八年立，唐貞觀十四年十八代孫仲謨題云「隋末大亂，避地閩越，碑再立」云。

維摩居士像碑。晉顧長康所畫，重刻。在今戒壇寺。

王羲之書蘭亭記。留守晁謙之以家藏本刻石，置紬書閣三段石後壁間。

王羲之樂毅論。右軍書。歐陽公所收本。

冠軍將軍史爽石柱。刻云：「晉故冠軍將軍、中校尉、北中郎將、五兵尚書、從吳歸晉本國大中正、零陵郡開國公、青州刺史史侯墓。」據縣志：唐又有碑。

呂尚書碑。晉故尚書、起部郎、廬陵太守呂府君之神道碑。見呂游墓。

葛府君碑。鄭樵《通志》：「晉西平將軍葛府君碑在建康。」見前墓類。疑即葛仙公碑陰所言存其一者。

盤白真人李僊公碑。

興嚴寺塔記。

宋文帝碑。見《通志》，而云在潤州。今案：文帝陵在此，云潤州者，因唐人語也。此必嘗有此碑矣。

鄭夫人墓誌。宗慤母墓〔三三〕。

謝常侍墓誌。見謝濤墓〔三四〕。或云出於土山淨明寺後蔬圃中。後徙在縣治，今不聞。

宋昭靈沈襄王廟記。陳堯咨作。

齊海陵王墓誌。案《東觀餘論》：「此志在翰林沈括家。慶曆中，得之金陵。後爲人竊去〔三五〕，遂亡所在。」今世殊難得。沈云「謝朓撰並書」，墓誌但云「朓立」。又載此文亦小誤，如「溫文者性」，石本乃「著性」。「嗣德方衰」，石本乃「方騫」。「晚夜何長」，石本乃「曉夜」。當以石本爲是。

齊獻武公碑。舊志：齊侍中、尚書令巴東獻武公碑，普通三年建，在上元縣黄城村。

梁鄱陽王墓誌。梁故侍中、司徒、鄱陽忠烈王墓誌銘，見存清涼寺法堂下。

草堂墓碣。梁故草堂法師之墓。八字篆體，在蔣山寺寶公塔前之左。

梁開善寺法師碑。《通志》：普通三年蕭挹書。

梁忠武王碑。梁侍中、司徒、驃騎將軍、始興忠武王碑，徐勉造，貝義淵書。在上元縣黄城村。

梁康王碑。梁散騎常侍、司空、安成康王碑，劉孝綽文，貝義淵書。在上元縣清風鄉廿家巷内。

梁昭王墓誌銘。梁永陽昭王墓誌銘，徐勉造，在上元縣清風鄉，得之居民井側。

梁敬妃墓誌。梁永陽敬太妃墓誌銘，徐勉造，在上元縣清風鄉，得之路傍。

靖惠王碑。梁臨川靖惠王神道碑，在上元縣化城鄉。

吴平侯碑。梁侍中、吴平忠侯蕭公神道碑，在上元縣花林村。

建安侯碑。梁建安敏侯神道碑，在淳化鎮西。

梁都承旨題名。在上元縣花林村。

梁蕭帝寺記。在鹿苑寺。

許長史舊館壇碑。《東觀餘論》曰：「陶隱居書，故自入流。其在華陽，得楊許之真跡最多而學之，故蕭遠澹雅，若其爲人。今金陵有許長史舊館壇碑，最先一行隱居書也。」

茅君九錫碑。張繹文孫文韜書，碑陰列隱居弟子名。在黑虎洞前。

朱陽館碑。梁元帝文。

長沙館碑、曲林館碑。並隱居文。

隱居墓誌。一自撰，一昭明太子文。

貞白先生碑、燕洞宫碑。並邵陵王文。貞白碑陰，唐司馬子微文並書。

義和寺額。舊志：昭明太子書。《句容志・碑刻類》云：「字入木八分，秦中公取入秘書省矣。」

史府君碑刻。梁故假節、散騎常侍、兖州刺史、建昌縣開國侯史府君之神道碑文、石柱刻字見墓。

梁宣帝、明帝二陵碑。

太元真人司命茅君碑。

華陽宫記。

梁石闕銘。《乾道志》：「梁天監七年詔作神龍、仁虎闕於端門、大司馬門外。」宋《宫苑記》大司馬門外有神武二闕，端門外有蒼龍二闕。又《金陵故事》：「四石闕並在臺城門前，其趺高七尺，身鉅高五丈、廣三丈六尺、厚七丈五尺。及成，朝士銘之。時陸倕文甚佳，士流推伏。侯景之亂，焚燒宗廟、城郭、府寺，百無一存。後高麗、百濟等國入貢，見凋殘，哭闕下。」倕銘見前石闕。

陳景陽宮井欄題刻。宋時在法寶寺前。及行宮建，移入學士院。宮廢，委在荒野。至元三十年，治書李公處巽命教授朱天與徙郡內官舍故苑諸石刻聚路學止善堂中，石欄在焉，今但存石一片爾。乃至大三年有官下學，見此石欄，曰：「亡國之物也。」命碎而沈之。齋生王祐收得片石，久之與劉弼，弼復歸之於學。其石質青而理赤，鍾山石多如此，俗以臙脂井呼之，故觀者多摩拭，迹瑩然而窪，非一日矣。世傳後主與張、孔二妃淚染石爲臙脂色者，妄矣。前志有景陽石井欄銘，是隋開皇中分書，或云煬帝所作。又有銘，是唐開元中江寧丞王震分書。又一銘，是唐太和中篆書，歐陽公《集古錄》等書稱之，詳見前志。戚氏云：所見摹本，環井口十七八字，已甚漫滅，唯「辱井在」，及「太和四年六」凡八字可辨，蓋即太和篆銘所謂「辱井在茲、可不戒哉」者。別有宋蘇易簡《石欄記》，亦不存矣。今片石上有宋人從衡題字，尤著者唐介、梅摯，皆前賢也。其遺迹固可存，況好事者聞而未見，多來觀之，將以興懷古而重鑑戒，毀而棄之，過矣。

趙知府題棲霞寺山天巖詩。

王給事棲霞寺詩。

攝山棲霞寺詩碑。金陵攝山棲霞寺碑文並銘，侍中、尚書令、宣惠將軍、參掌選事、菩薩戒弟子、濟陽江總特撰，翊前會稽王行參軍、京兆韋霈書。唐韋應物詩：「若到棲霞寺，先看江總碑。」康定元年，僧契先重立，云：「舊碑唐會昌中毀廢，後嘗重立。今復斷缺訛隱，故重刻其文。」今據石本、舊志，並以爲會稽王霈書者誤。

隋平陳碑。見古迹韓擒虎壘。《通志》亦載。

隋朝律大師碑。

白水橋碑。《慶元志》：「城東北十五里白水橋東路南田中有碑，半折仆地，字皆磨滅，惟題可辨，云「康王神道之碑」，餘不可考。」歷陽張祈字晉彥，過其下，有詩云：「出郭悠悠信馬蹄，荒烟衰草不勝悲。江南舊事無人記，時有龜趺載斷碑。」詩刻在半山寺。

唐顏氏大宗碑。舊志：晉右光祿大夫、西平靖侯顏府君碑，晉侍中、右光祿大夫、本州大中正、西平靖侯顏公大宗碑，兩碑舊在上元金陵鄉，乾道中，已移入府學，其碑座尚存，故地猶名顏碑衝，即宜家園，去城十里。魯公書。餘見墓類，並燬。

唐明徵君碑。高宗御製，行左金吾衛長史、侍相王書高正臣書，守太子洗馬王知敬篆額，在上元棲霞寺。碑高一丈，米芾詩：「手摩一丈玉，讀盡上元記。」

唐重建開善寺記。在蔣山寺。

神雪宮銅鐘文。

華陽頌碑。舊志：陶隱居文，天寶九年立。

紫陽觀王先生碑。

崇禧觀碑。左拾遺孫處玄文。

靈寶院碑。王棲霞文。在茅山。

華陽洞唐玄宗授上清籙碑。

禁山碑。舊志：在玉晨觀，太和七年立。又有復禁山碑，徐鉉文。

句容縣令岑公德政碑。景龍二年，行雍州録事參軍張景毓字燭微撰，業行寺主釋翹微書，事見治行岑仲休傳。

方山洞玄觀勅還鐘碑。又有《洞玄觀請鐘記》云。

玉清觀四等碑。玉清觀四等碑〔三六〕，開元十五年陶巨莊書。石已損斷，置玉清觀基上，見戚氏《志》。

下泊宫記。黄洞元撰，盧士元書。

貞白先生碑。邵陵王蕭綸撰。

祠宇宫白鶴廟記。舊志：《祠宇宫白鶴廟記》，柳識文，劉明素書。

玄靜先生廣陵李君碑。見下註。

茅山紫陽觀玄靜先生碑。其一唐玄靜先生碑，李陽冰篆額，柳識文，與福興寺碑皆名「三絕碑」〔三七〕；其一有唐茅山玄靜先生廣陵李君碑，顔真卿撰書，在玉晨觀。

玄靜先生勅書碑。

三洞景昭大法師韋君碑。陸長源文，竇泉書篆〔三八〕。

崇玄聖祖廟碑。寶曆崇玄聖祖廟碑，李德裕建，賈餗文。《通志》：「徐挺古分書，又云徐吉班書並篆額。」

孔子尹真人贊皇公三碑。寶曆二年立。

孝子張君紀孝行銘。句容張常洧也。其銘許昌主簿高某文。又有《吳郡孝子張常洧廬墓記》，縣令李哲文；《孝子旌表碑贊》，主簿承回文，皆載常洧孝行，詳見本縣志。

茅山孫尊師詩碑。李德裕文。

題陶隱居銘葛僊公碑。

青玄觀九天使者功德殿記。保大十五年賈穆述，王燮書。

宣州溧陽縣永僊觀玄宗先生碑。

盧大王廟記。

重換司空廟殿記〔三九〕。會昌六年史氏撰。

祭酒史公仲謨碑。賈曾文，徐浩書，李陽冰篆額，餘見仲謨墓。《溧陽志》：「縣治南百許步，士人家嘗斸地得片石，乃徐季海詩刻，云『祖德道場下，往來三十秋。白頭方問法，朗月特相留。大唐徐浩書。』縣有史祭酒碑，徐季海書〔四〇〕，漫滅不可讀。」

瀨水貞義女碑。溧陽瀨水貞義女碑銘並序，李白文，陽冰書。宋淳化五年再刻。

潘城寺碑。在溧水淨行院。

禮部侍郎劉府君神道碑。裴度撰，在本廟中，後移置欽賢亭。朱翌有讀碑詩。

白府君銘。從姪居易撰。

貞素先生碑。唐玄博大師貞素先生王君碑，徐鉉文，弟鍇書，在玉晨觀。

紫陽觀碑。徐鉉文，楊元鼎書並篆額，在玉晨觀。

許長史丹井銘〔四一〕。徐鉉文并篆額。在玉晨觀。

五雲觀碑。晏殊撰。

百福寺銅鍾碑。

佛窟寺碑。孫忌撰。

多心經碑。

蔣莊武帝廟碑。徐鉉文，朱銑碑。

張長史千字文碑。

溧水顏魯公敘。見溧水劉府君廟。

永僊觀宗先生碑。元在縣西北四十里，餘見太虚觀。碑言「宗法嗣，字宣遠，溧陽人。魁岸峻拔，神仙中人也，嘗於觀内造玉青靈臺等」云。

李白鳳凰臺詩碑。

句容修夫子廟碑。

李太白讚寶公畫像。李伯時畫，梁武命張僧繇爲寶公寫真，米芾書贊云。

顏魯公祠記〔四二〕。

來賢亭詩。

融師塔記。

重興隱靜院記。

福興寺碑。按碑額稱潤州上元縣，略云：「福興寺，梁大同二年之俶建也。本於塘浦之東，遷於銀湖之北。中更一徙，傳記缺遺。有禪師字道融〔四三〕，本姓樓，東陽義烏人也。以上元二年建寺，遂移舊額，肇建新居於天竺。天竺在故寺東南七里，名符佛國之山。白蕩之山岌其左，蒼江之水潄其右，斗牛之星烱其上，盤龍之鎮挾其傍〔四四〕。望夫南上以啓行，慈姥東向而奔走。」碑字多殘剝，是張從申書。從申碑此凡三，此碑尤覺超逸。今茅山碑盛傳，而此碑知者尚鮮。若王師乾闕，舊志惟載句容墓而不言有碑，蓋知者尤鮮也。

祈澤寺記。

孟東野詩。《觀薔薇花》：「忽驚紅琉璃，千豔萬豔開。佛火不燒物，淨香空徘徊。花下印文字，林間詠觴盃。羣官餞宰官，此地車馬來。」刻在溧陽勝因寺。

本業寺記。

楊吳興化院鑄銅鍾文。在香林寺。

矴石鑄文。吳順義元年鑄。在靖安鎮。

南唐五龍堂玄元像記。徐鍇文。舊在石頭城云。

李順公碑。高越書。在西門外石子岡下。名金全。

張懿公碑。名居詠。墓在石頭城後。

李後主祭悟空禪師文。在清涼寺。

開善寺井記。在蔣山寺。

南唐追封慶王碑。在城南婁湖橋。韓熙載作，徐鉉篆額，文則漫滅矣。

井　記。左街奉先禪院方丈井記，唐己巳冬記。在保寧寺。

符篆刻識。在永壽宫。

沈傳師並徐鉉題名。在攝山千佛嶺。

林下集序。《通志》：「鍾山總悟上人《林下集序》，貞元二十年石洪文並書。」

德慶堂題榜。南唐後主書，宋僧曇月刻石。在清涼寺。

高府君墓表。越墓。

晉謝臨川碑。見靈運墓。

義井欄刻字。在石頭城後七里鋪。

寶華宫碑。並陰，南唐奉勅立。行書人品，但人名漫滅。在方山崇真觀。

金剛會序。咸通五年南陽樊文蘊書。在牛首山佛窟寺。

王師乾碑。《通志》：「在江寧府。」今案：句容有墓，但訪未得，餘見前福興寺碑。

騎省石。徐鉉題字。

受籙碑。其一玄宗御製，在崇禧觀；其一張景順文。

桐栢王法師碑。朝散大夫、行江寧令、河內于敬之撰，琅邪王玄宗書，李義廉奉敕使還篆六字額。

少室王君碑。李渤文。

王真人立觀碑。江旻文。

李德裕詩。《贈茅山孫尊師》詩，裴質方書。在玉晨觀。

玉霄菴碑。見棲真觀。

藏真碑〔四五〕。彭濆文。

鄧威儀碑。徐鍇文。

崇儒碑。在溧水夫子廟。開元十一年建，今亡。

楚平王廟碑。廣明元年建，今亡。

王法主碑。劉緯文。又有徐先生碑、三傳籙記，馮寬文；徐法師碑，張惟素文；凝和陳先生碑石，並殘缺。《通志》：「太平觀主王遠知碑，徐碩隸書。」

仙壇銘。宣州溧水縣尋仙觀仙壇山道士宋文幹，以大唐垂拱五年，因山石自然形似，立仙壇三所。長壽元年，縣令王通字玄覽，在任清勤，戶口增益，因開三鄉，遂以仙壇名鄉，奉仙號里。後六年。大周聖曆二年，縣令岑仲字休，以德義當官，仁威養俗。因琢石爲象，刊石爲銘，云蘄州黄梅縣令張玄素書，岑仲蓋以字行也〔四六〕。

晉史建安碑。晉故建安太守、山陰縣侯史公神道碑，景龍四年從孫宣義郎嶷撰。

城隍記。《溧陽縣城隍記》：「因築治城隍，頌邑令之賢。」舊志以爲廟記，誤。

禱雨記。《史祖廟禱雨靈應記》，昇元三年尉遲勝奉命製，吴仁贍書，郭延沼立。

雲泉院無礙田記。唐開成二年，左衛騎曹參軍劉内章文。宋大中祥符八年重刻。

宋太宗戒石銘。其文曰：「爾俸爾祿，民膏民脂。下民易虐，上天難欺。」全篇本蜀王孟昶所作，太宗取此四句。令天下郡縣皆刻石，寘正廳之前，覆以小亭，坐正廳則對之，其字乃黄庭堅書。

真宗書觀龍歌。茅山天聖觀。

仁宗飛白書。嘉祐中書「堯、舜」等大字賜守臣錢公輔、傅堯俞二臣，各刻之石，經兵火埋沒。乾道八年，留守洪遵得之華藏寺前土中，輿寘經武堂。

徽宗大觀聖作之碑。又賜辟雍手詔，郡縣皆刻於學。

高宗書《孝經》。賜秦檜，真草相間。守臣晁謙之刻石郡學，檜及謙之跋於下。今存，經火不全，又有改。《建康府詔》舊刻在府治金華石上，十二字，見後。又《籍田詔》郡縣皆刻之。

高宗書王安石詩。刻在保寧寺。

高宗書蘭亭修禊序。劉岑刻。

高宗書乾卦。並羣臣書諸卦繫辭，秦梓刻，並在溧陽。

孝宗書武經龜鑑序。賜都統制，郭振刻，亡。

理宗大字。明道書院額，又忠勤樓、錦繡堂賜吳淵，忠實不欺之堂、裕齋、桂山賜馬光祖，各刻之石。

韓愈《進學解》，臨王羲之二帖。孝宗御書，錢周材刻。在溧陽。

宋齊丘《鳳凰臺》詩。石刻，在臺上。

太守題名碑。

金陵建康圖。洪遵跋楊備《覽古》詩曰：「暇日料簡故府，得《金陵圖》，六朝數百載間，粲然在目。又以今日宮闕、都邑、江山爲建康圖，並刻石以獻。上稱善，有旨令參訂古今，敬識其下〔四七〕。客有以前詩示遵，亟鋟之木。異日六飛移蹕，學士大夫入承顧問，是將有取。」圖舊在玉麟堂，今好事家有大本。

建康府重建貢院記。宋乾道四年陳天麟作。

江東運使司試院記。宋嘉定九年李道傳作。

建康府新作貢院記。紹興二年楊萬里、咸淳二年馮夢得皆嘗撰記。

江寧府移建康府學記。張元用作。

重修府記。黄黼、章汝楫作。

府學上舍登科題名記。

府學贐送貢士規約碑。嘉熙元年，姑熟陶熾、盱江孔聖義創立規約，教授郡人〔四八〕。吴潛記〔四九〕。

建康府新建義莊記。淳祐十一年，制置吴淵創置，教授宋自強記。

江寧府學田産記。

續置田産房廊碑。

府學義莊田畝數碑。

江寧縣學記。景定間知縣王鐙建學，楊巽作記。

上元縣學記。淳祐戊午，通判梁椅作記。辛酉歲建學，周應合作。

溧水縣學記。宋紹興八年，鄭剛中作《重修學記》。景定元年，周應合作《教思亭記》。咸淳二年，趙昂發作《修學記》。

溧水縣小學記。宋咸淳二年，知縣周成之復小學，王遂爲記。

句容縣重修學記。唐開元十一年建學，有碑。宋皇祐二年，知縣方峻修廟，有記。元豐二年，葉表重建，有記。

溧陽縣重修學記三。唐縣令柳均興學，有碑。宋皇祐四年，查宗閔移學城東南隅，沈士龍撰記，汪藻撰《挹秀堂記》，建炎末重建，陳聞遠撰記。

明道先生祠記三。朱熹、游九言、真德秀作記，馬光祖跋。

程純公畫像記。

劉給事祠堂記。李處全作。

范忠宣祠堂記。袁燮作。

黄尚書生祠記。李禮作。

忠襄楊公祠堂記。魏了翁作。

留守大資政錢公生祠記。鄭若容作。

真西山祠堂記。王遂作。

吳狀元生祠記。孫沂作。

陳大使生祠記。王夢義作〔五〇〕。

南軒先生祠堂記。杜杲作。

吳大資祠堂記。曹庭褒作。

吳相公生祠記。程公許作。

野亭先生祠堂記。倪垕作。

野亭先生祠贍祠規式碑。

馬觀文生祠記。趙與種、孫益大作〔五一〕。

父老建馬觀文祠記。劉夢周作。

青溪先賢堂記。周應合作。

溧陽縣學四先生祠記。知縣王棠建。

聖母惠澤龍王二祠記。在戒壇寺。

忠節王公廟記。劉岑作。

府治三聖廟記。宋嘉定十年郡人吳葴記。

秣陵東嶽廟記。宋嘉定四年知縣徐氍年作。

在城武烈帝廟記。南唐徐鉉有《武烈帝廟碑》。
江瀆廟記。黄度作。
鐵塔寺二判官廟記。
越臺三聖廟記。
惠澤王廟記。宋政和元年，知府薛昂禱雨，建廟刻石。
顯忠廟記。洪邁作。
廣惠廟事蹟記。沈嬴作。
馬司真聖廟記〔五二〕。馮去非作。
聖烈王行狀碑〔五三〕。
武氏石室碑。案趙明誠《金石録》：「武氏石室畫像五卷。武氏有數墓，在今濟州任城。墓前有石室，四壁刻古聖賢像。小字八分書，題姓名，往往贊於其上，文詞古雅，字畫遒勁可喜，故盡録之，以資博覽。」今觀其文詞如老萊子，曰：「事親至孝，衣服斑連。嬰兒之態，令親有驩。」丁蘭曰：「二親終後，立木爲父。鄰人假物，報乃借與。」其餘大抵多殘缺也。洪适《隸釋》：「武梁祠堂畫像，自伏羲至於夏桀，齊公至於秦王，管仲至於李善、老萊子母、秋胡妻、長婦兒、後母子、義漿羊公之類〔五四〕，合七十六人。其名氏磨滅，與初無題識者又二十六人，得之括蒼梁季珩。始予聞建康寓客慕此碑，嘗託連帥方務得訪之。」舊志：留守方滋摹刻於紬書閣。今亡，亦不見有摹本矣。

正顯廟記。溧水州城隍白季康廟也，李朝正請廟額。淳熙元年重修，王端朝作廟碑。

褒忠廟記。葉夢得作。

茅山玉晨觀陶隱居遺像。蓋唐顔魯公刻，並有陶隱居帖。

棲霞寺佛殿記。唐高宗嘗建寺碑並書寺額。寺有金銀銅像，背記宣宗大中五年重建，不知所指何記也。

攝山白雲庵記。宋侍讀張環嘗讀書，王安禮爲記。

能仁寺記。游九言作。

天慶觀碑。章公權作。

吉祥寺記。寺舊在城隍廟東，後以寺基爲太廟，徙置城南二里。記乃徙寺時作也。

永寧院記。劉岑作。

戒壇寺記。韓元吉作。

殊勝寺記。楊天麟作。

明慶寺記。梁太子舍人陳昭作寺碑。

保寧寺碑。

定林寺記。朱舜庸作。

聖湯延祥院記。

蔣山妝繪大佛殿記。劉岑作。

寶公行狀碑。

天禧寺重修寶塔碑。李之儀撰法堂記。

三藏道公塔記。

北山移文碑。

高座寺銅鍾碑。劉岑作寺記。

三茅真君像記。

道光泉記。王安國作。

八功德水記。梅摯作。

雙女墳記。崔致遠作。

左伯桃墓詩。唐顔真卿、宋胡宗愈、蔣之奇、周邦彦皆有詩。案《烈士傳》云：「左伯桃、羊角哀，燕人也，二人爲友。聞楚王待士，同入楚。至梁山，值雨雪，糧少，伯桃併糧與哀，令往事楚，自餓死空樹中。哀至楚，爲上大夫，乃告楚王，備禮葬於今墓所。一夕，哀夢伯桃告之曰：『幸感子葬我，奈何鄰荆將軍墓。每與吾戰，爲之困迫。今年九月十五日將大戰決勝負，幸假我兵馬，叫號冢上以相助〔五五〕。』哀覺而悲之，如期而往，嘆曰：『今在冢上，安知我友之勝負？』乃開棺，自刎死，就葬伯桃墓中。」劉孝標《廣絶交》云：「續羊、左之徽烈。」謂此。墓廟見前各類。

蕭閒堂碑。周邦彦作。

二李亭碑。朱慮作。

插竹亭記。

俞氏十牓傳家記。俞櫨撰。

通濟橋記。劉放、李南壽作。

中山館驛記。唐督作。

溧水州五堰河碑。乾道元年二月，左朝散郎、通判建康軍府事張維劄子：「竊謂堯之時洪水泛濫，而三江不入於海，其勢必乘其虚處而横流。今之五堰河正其虚處也。以去年之水高四尺，而漫過分水堰，則堯之水横流而過此地當不止四尺。竊意震澤所以不底定者〔五六〕，蓋自於此耳。以是觀之，古來之開鑿此河而設爲五堰者，其慮遠矣。夫堯之洪水，後世決不復有也。如去年之水，間亦有之。江之與浙均有雨水，則固城湖雖漲，亦不能奔溢矣〔五七〕。蓋蘇常水盛，則外水自不能入，如去年之水是也。惟是蘇常無雨水，而上江雨獨多，當此之時，大江汎濫，壅遏湖流，則其勢必奔五堰河，而蘇常始受其害矣。維竊籌度，若開此河，委非經久利便，乞從朝廷詳酌施行。」

溧水州廣嚴寺記。俎大武作，略云：「寶慶三年，予以丞視勞，徧歷鄉里。初意縣屬金陵都會，事迹最繁，宮刹、神廟、屋壁間必有碑碣可以考古。搜訪多闕，惟一道觀中有武后時小碑及一二南唐時碑，則亦已再刊，而非初蹟，蓋三國六朝以來多虞之故也。」武后時碑謂仙壇銘也。

王介甫、平甫此君亭竹詩。見前亭類。

荆公書陶隱居墓誌。黄太史跋曰：「熙寧中，金陵、丹楊之間有盜發墓，得隱起塼於冢中，識者貿得之，讀其書，蓋山中宰相陶隱居墓也。其文雖磨滅〔五八〕，猶可彷彿誦之〔五九〕。因書藏天慶觀齋堂壁間，黄冠遂以入石。予常欲摹刻於顛道，有李祥者，欣然礱石來請。斯文既高，而王荆公書法似晉宋間草書，此固多聞廣見之所欲得也。」《慶元志》：「今刻石江東漕廨。」

半山絕句。今半山寺有荆公「蒔果蔬泉、白下亭東、我名公字、補落迦山」四絕句。

張文潛書李太白鳳凰臺詩。馬光祖書跋，倪垕刻石臺上。

蘇子瞻書漁家傲詞。送王勝之。在白鷺亭。

金陵雜詠。黄履詩，溧水尉周沔書，刻江寧府治。近年廢官地上掘出，其詩舊志不載。

周美成會客題名。溧水丞高舉刻於廳事。

山谷四民帖。四民皆當世業士大夫家子弟，能知忠信孝友，斯可矣。然不可令讀書種子斷絶，有才氣者出，便當名世矣。慶元中，溧水丞戴援刻於丞廳。

漫塘縣箴〔六〇〕。劉宰作：「不輕受詞，不苟追人，則田里安；不輕買物，不吝酬直，則市井喜。期會信，則豪強不敢翫；賞罰明，則姦盗無所容。有謁入久不見之客，則開嫚侮之端；有追至久不決之訟，則生曖昧之謗。毋以暫焉而不爲久計，毋謂去矣而不計後來。庶幾治最之成〔六一〕，亦增吾邑之重。端平丙午張槩權縣，刻置於溧水縣治東廳。」

俞母廟記〔六二〕。胡無兢、賈彬作。

劉府君廟記。杜子源撰〔六三〕。

山谷城南帖。書《韓文公符讀書城南》詩而題於後。

鍾離翁詩。宋溧陽斗子坐盜米估籍，得草書。題云庚申歲，書其名權，花押如一劍狀。

三米蘭亭帖。元章初刻淮山樓，並友知尹仁父子題於後，留守吳琚刻。

廣惠侯廟碑。王端朝作廟碑。《白樂天文集》有侯墓誌銘云：「公諱季康，太原人。嘗爲溧水令，子敏中爲相。」

鎮淮、飲虹二橋記。梁椅作。

白下橋記。劉叔向作。

嘉泰重修二橋記。劉叔向作。

乾道重修二橋記。丘崇作。

明道先生格言碑。

趙忠肅公秋風詩碑〔六四〕。馬觀文書。

杜尚書學齋記。杜杲作。在舊府治。

王濳齋六州歌頭。王埜作。

馬裕齋書格言碑六。「寬平篤厚，儆覺詳緩」。「喜聞過，強爲善」。「願我壽命長，廣行一切善。願我福德盛，普濟一切人」。「一日之事在寅，一年之事在春，一生之事在勤，一家之事在身」。「無益之言勿聽，無益之事勿爲，無益之書勿觀，無益之友勿親」。「和平福之基，忿躁禍之隨；謙恭德之吉，驕傲身之賊」。

高齋記。胡宿作。

子隱堂記。梅摯作。
涼館記。元時敏作。
籌思堂記。邊惇德作。
四老堂記。韓元吉作。
思政堂記。章謙作。
忠宣堂記。劉宰作。
飛詠堂記。楊邁作。
戲綵堂記。王埜作。
達尊堂記。范光作。
忠實不欺堂記。陸景思作。
清如堂記。梁椅作。
東冶亭記。梅摯作。
籌思亭詩碑。王安石、范純仁、王哲作〔六五〕。
此君亭歌。毛漸作。

賞心亭東坡長短句。丘密記。
昭陽亭餞別留題。李冰書。
昭陽亭詩。張狀元作。
二水亭記。史正志作。
八功德水亭記。趙師晉作。
新亭記。史正志作。
蘭亭記。李洪識。
雙玉亭記。劉宰作。
翠微亭記。吳淵作。
鳳凰臺記。馬裕齋作。
賞心亭記。蕭山則作。
川泳軒記。周必大作。
存愛軒記。周師成作。
敬齋銘。傅行簡作。

使華園記。戴栴作。

政足園記。戴栴作。

繡春園碑。高定子識。

府學御書閣記。游九言作。

青溪閣記。張椿作。

總所新建門樓記。馬光祖作。

東南佳麗樓記。李衢作。

葛僊公鍊丹井銘。景通作。

濡惠泉記。王元忠作。

舍利泉記。李處厚作。

忠孝泉記。周虎作。

道光泉記。

義井記。李迪作。

廣濟新倉記。趙彥端作。

平止倉省劄指揮碑。
平止倉須知碑。
平糴倉省劄碑。丘密立石〔六六〕。
復置平糴倉省劄碑。舒滋立石。
平糴倉記。吴淵作。
泛恩指揮碑。趙善湘立。
親兵營記。游九言作。
沿江新建游擊軍記。胡居仁作。
宋興寺奉省劄養濟兩院碑。黄度作。
真運使申遺棄小兒省劄碑。
余運使申置實濟院省劄碑。
奉旨建實濟院記。馮去非作。
建康府新安樂廬記。馮元演作。
裴將軍帖。

宗忠簡公帖。
劉尚書墨帖〔六七〕。
劉給事墨帖。
張狀元墨帖。
安撫司書帖古約。
蘇東坡近移文。
臨川王游碑。
蔣山西庵墨帖。
張丞相墨帖。
蔣山丹霞訪龐居士。
真運使版榜移文。
張狀元請疏。
張都督祭病親刻。
程子遺書。馬光祖刻。

黄尚書保民親刻。
柳子厚送薛存義序。
洛神賦。王獻之書。
責沈碑。
張賜記碑。
韓元吉餞別留題。
崇因寺范石湖碑。
章尚書題范石湖碑。
横渠先生大字碑。
濂溪先生大字碑。
王尚書石頭城大字。
清凉寺詠竹賦。
登山銘無爲贊。
韓南澗荼蘼亭詩〔六八〕。

馬野亭吳琚遊青溪浪淘沙詞。

總得翁題斷碑詩。翁乃狀元張孝祥之父〔六九〕。詩見前白水橋碑。

魏督相題王文公祠詩〔七〇〕。

三品石。臺城千福院，在縣東北六里，本梁同泰寺，後吳順義中置。院前醜石四，各高丈餘，云陳朝三品石。宋宣和中取入汴京，置延福宫。荆公時，石尚在此，詩云：「草沒苔侵棄道周，誤恩三品竟何酬。國亡今日頑無耻，似謂當年不與謀。」陳克詩云：「臨春結綺今何在，屹立巉巉終不改。可憐江令負君恩，白頭仍作北朝臣。」

到公石。《慶元志》云：「梁到溉第臨淮水，齋前池有奇礓石，長丈六尺。武帝戲與賭之〔七一〕，溉輸，即迎置華林園宴殿前。迎石之日，傾都縱觀，所謂到公石也。」

吳宫石。《張乖崖集》吳宫石四〔七二〕，四正題曰醉石、曬藥石〔七三〕、翫月臺、朝天宫〔七四〕。詩云：「何人移置向何年，宇落空教見斷頑〔七五〕。竹裡松間滋澮泞〔七六〕，土昏苔染間斕斒〔七七〕。多憐翫月名偏好〔七八〕，莫問朝天信不還。閑醉閑吟聊自得，漸無鄉夢憶歸山〔七九〕。」按《慶元志》已不存此矣〔八〇〕。

金華石。梁金華宫遺石。寫真桐廬方叔恭識云〔八一〕：「遺石在府治致一齋後〔八二〕，覆以小亭，舊矣。今取家藏摹本刻寘上元先春堂圖〔八三〕，今存。與余端禮《勸農石頭城示之以詩》同一石〔八四〕。」案：

圖石之高僅九寸，引手可舉，傳至宋亦幸矣。

玉麟堂石刻。《景定志》：「金華宮石上刻十二字〔八五〕，曰：『虎踞龍蟠得金陵之王氣。』構書。」《慶元志》言此石元在府治東一齋竹石間，與金華宮石錯立。比年相傳爲高宗御書，寘玉麟堂東。嘗疑高宗自南京登位，至建康即入行宮，未嘗幸府治，何緣書郡齋乎〔八六〕。若使書於他處〔八七〕，決無此名。若當時守臣模刻，宜置聽事〔八八〕，豈委之林莽？唐神龍初，潤州畢刺史其名實同高宗廟諱，嘗勒銘鍾山，此恐亦畢書也。當高宗始至建康，駐蹕神霄宮，即今保寧寺，將以江寧府治爲行宮，故守臣寓華藏寺爲治所〔八九〕。行宮成〔九〇〕，乃改建康府治。當府治未建，安知遊幸之必到其地邪〔九一〕？且前後宸翰字體與黄庭堅相似〔九二〕，《慶元》所疑，皆非也。今案其石仍存，謂爲金華宮石〔九三〕，亦無明證，姑存其說於此。

謝太傅像。淳熙戊申，古吳趙希塈題曰〔九四〕：「此惟揚郡齋本，蘄春謝長卿家所藏〔九五〕。比於行都見畫像，相傳是顧長康筆。縑腐色剝，幾不可觸，而阿堵中瞭焉。校此本，無毫髮差。」今維揚舊石不存〔九六〕，遂摹刻於半山，今存本寺。

秦繹山碑下續刻。案教授朱天與識於繹山碑下，曰：「金陵，詩書禮樂之邦，舊多名賢石刻，藏諸官廨深扃中〔九七〕，鐍人一見弗易〔九八〕。兵後，投注草莽，與瓦礫俱。至芟舍介夫取爲煁具〔九九〕。行臺治書侍御史東平李公處巽與都事金臺賈公爲政〔一〇〇〕、易水張公經謀及於此〔一〇一〕，得石八十一片〔一〇二〕，中有秦泰山碑，剝落不可讀。當時所存僅二十字〔一〇三〕，絕不類斯筆。李公得繹山善本二百二十有三字，互證參稽，真贋判然。山谷《城南帖》亦脱滅六十有二字，儒學提舉丹楊李公浩捐己俸助工直，更臨繹山古篆，訪山谷遺帖，刻石以完，合置郡學尊經閣下止善堂之東西步檠，時至元三十年也。大德四年，路學火，將及閣臺宮〔一〇四〕，亟命舁諸石刻出閣外。舁未畢，火勢不可近而止。既而一學皆燼，閣乃獨存。由是舁出者適皆焚，在閣下者皆得無恙，物之存亡若有數也。其存者：繹山碑、泰山篆譜、陳宮石井闌、王介甫此君亭詩、山谷城南帖、米元章詩，惟高宗真草《孝經》止存四章，其燬者不能盡錄矣。

【校勘記】

〔一〕橋：原闕，據《景定建康志》卷四二補。
〔二〕潮：原作「廟」，據《景定建康志》卷四二改。
〔三〕曲：《景定建康志》卷四二作「間」。
〔四〕威：原作「歲」，據《南史》卷三三、《通志》卷一三四、《景定建康志》卷四三改。
〔五〕二：《景定建康志》卷四三、《大清一統志》卷五二作「一」。
〔六〕晉安西將軍南蔡州刺史：《景定建康志》卷四三作「尚書起居即廬陵太守。」
〔七〕膺：至正本作「應」。
〔八〕母：原脱，據《梁書》卷四七補。
〔九〕航：《梁書》卷四七作「舫」。
〔一〇〕來：原作「米」，據至正本改。
〔一一〕竪：原作「濫」，據《景定建康志》卷四三改。
〔一二〕李：原闕，據至正本補。

〔一三〕制：原作「側」，據至正本改。

〔一四〕遠：至正本作「而」。

〔一五〕著：《史記》卷六作「休」。

〔一六〕三十八：《寶刻叢編》卷二作「四十八」。

〔一七〕五：《寶刻叢編》卷二作「三」。

〔一八〕屬：原作「屢」。按：此句出自《莊子・達生》，據改。

〔一九〕上：原作「山」，據至正本改。

〔二〇〕籌：原作「壽」，據至正本改。

〔二一〕也：至正本無此字。

〔二二〕此：原本無，據至正本補。

〔二三〕亭：原闕，據至正本補。

〔二四〕置：至正本作「至」。

〔二五〕而此碑：至正本作「然古書」。

〔二六〕原本「細」「二」二字，至正本作「狹」「六」。

〔二七〕天：原闕，據《金石文字記》卷二補。

〔二八〕丫頭雖斷石：《來齋金石刻考略》卷上作「了頭石雖斷」。

〔二九〕遠：《宛陵集》卷四〇、《瀛奎律髓》卷三、《來齋金石刻考略》卷上作「近」。

〔三〇〕悪：原闕，據《隸釋》卷五補。

〔三一〕字：原作「反」，據至正本改。蓋涉上而誤。

〔三二〕尉：原本無，據至正本及本書卷第九學校志補。

〔三三〕宗：原作「宋」，據至正本、《景定建康志》卷四三及《集古錄》卷四改。

〔三四〕謝濤：原作「謝壽」，據至正本及本卷上文改。

〔三五〕竊：至正本作「借」。

〔三六〕玉：原作「王」，據上下文改。

〔三七〕三：原作「二」，據至正本改。

〔三八〕寶：原作「寧」，據《寶刻類編》卷四、《六朝事迹類編》卷下及《說略》卷一三改。

〔三九〕重換：原闕，據《景定建康志》卷三三補；又「司」字，《景定建康志》卷三三作「目」。

〔四〇〕徐：至正本作「亦」。

〔四一〕丹：《景定建康志》卷三三作「月」。

〔四二〕祠：原作「詞」，據《景定建康志》卷三三改。

〔四三〕字：至正本作「德」。

〔四四〕傍：至正本作「後」。

〔四五〕真：至正本作「經」。

〔四六〕「仲」下原衍一「休」字，據上下文意刪。

〔四七〕敬：至正本作「微」。

〔四八〕授：原作「投」，據至正本改。

〔四九〕潛：原作「藏」，據至正本改。

〔五〇〕義：《景定建康志》卷三三作「乂」。

〔五一〕種：《景定建康志》卷三三作「和」。「大」原作「火」，據至正本及《景定建康志》卷三三、《六藝之一錄》卷九五改。

〔五二〕馬司：原闕，據《景定建康志》卷三三補。

〔五三〕聖：原闕，據《景定建康志》卷三三補。

〔五四〕羊：原闕，據《六藝之一録》卷一一六補。

〔五五〕號：至正本作「噪」。

〔五六〕竊：至正本作「切」。

〔五七〕溢矣：至正本作「蘇常」。

〔五八〕雖磨滅：至正本作「尤高妙」。

〔五九〕猶可彷彿：至正本作「王荆公常」。

〔六〇〕漫塘縣箴：原作「南維翁詩」，據至正本改。又劉宰《漫塘集》卷一九此篇名爲《書贈權溧水張察》。

〔六一〕治：原作「善」，據《漫塘集》卷一九《書贈權溧水張察》及上下文意改。

〔六二〕俞母：「俞」字原闕，「母」原作「毋」，並據至正本補、改。

〔六三〕子：原作「了」，據至正本及原本卷一一上「劉府君廟」條改。

〔六四〕詩：原作「嫭」，據至正本及《景定建康志》卷三三、《六藝之一録》卷九六改。

〔六五〕純：原作「統」，據《景定建康志》卷三三改。又「哲」字，《景定建康志》卷三三作

「扣」，至正本作「晢」。

〔六六〕丘密：《景定建康志》卷三三作「岳珂」。

〔六七〕劉：《景定建康志》卷三三作「章」。

〔六八〕茶：原作「荼」，據《景定建康志》卷三三改。

〔六九〕乃：至正本作「即」。「父」字下有「也」字。

〔七〇〕祠：原作「詞」，據《景定建康志》卷三三改。

〔七一〕賭：原作「睹」，據《南史》卷二五改。

〔七二〕石：原闕，據《乖崖集》卷四補。

〔七三〕石：《乖崖集》卷四作「花」。

〔七四〕宮：《乖崖集》卷四作「壇」。

〔七五〕宇：《乖崖集》卷四作「牢」；又「教」字，《乖崖集》卷四作「庭」。

〔七六〕裡：至正本作「外」。

〔七七〕間：《乖崖集》卷四作「更」。

〔七八〕多：《乖崖集》卷四作「貪」。

〔七九〕鄉：《乖崖集》卷四作「魂」。

〔八〇〕此：至正本作「久」。

〔八一〕寫：原闕，據至正本補。

〔八二〕一：原作「闕」字，據至正本補。

〔八三〕元：原闕，據至正本補。

〔八四〕以：至正本作「令」。

〔八五〕華：原作「吳」，據至正本及下文「玉麟堂石刻」條改。

〔八六〕乎：至正本作「石」。

〔八七〕若：至正本作「就」。

〔八八〕宜置：至正本作「須寘」。

〔八九〕寓：原作「萬」，據至正本改。

〔九〇〕行宮：原闕，據至正本補。

〔九一〕必：至正本作「不」。

〔九二〕似：至正本作「近」。

〔九三〕宮：原闕，據至正本及原本「金華石」條補。

〔九四〕古吳：至正本作「古汴」。

〔九五〕謝長卿：至正本作「朱長卿」。

〔九六〕今：至正本作「訪」。

〔九七〕扃：原作「扁」，據至正本改。

〔九八〕一見弗易：原闕，據至正本補。

〔九九〕「茇」及「夫取爲煁」四字：原闕，據至正本補。

〔一〇〇〕與都事金：原闕，據至正本補。

〔一〇一〕及：原闕，據至正本補。

〔一〇二〕得石八十：原闕，據至正本補。

〔一〇三〕存僅：至正本作「摹纔」。

〔一〇四〕臺宮：原闕，據至正本補。

至正金陵新志卷十三上之上

人物志一

自古國家之興，曷嘗不求賢審官，君臣同德，以躋隆平之治乎！以堯、舜、禹、湯、文、武、周公之聖也，而皆有所承事師友。周之興也，尤致意於疏附先後、奔走禦侮之臣。詩曰：「思皇多士，生此王國。」言周之將興，而致多士之生於國也。又曰：「王國克生，維周之楨。」言人才衆多，足爲國之楨幹。則聖如文王，亦賴之以爲安矣。陵夷至於幽、厲，棄賢用佞。朝無柱石之臣，而野有白駒之刺，王綱由是解紐，而霸者興焉。春秋之世，大國莫如齊、晉及楚。《傳》稱「惟楚有才，晉實用之」，然亦有自晉奔楚而爲之用者。賢才之生於世，猶奇珍異寶之並産於山林川澤，夫豈有中外遠近之間哉？漢承秦暴，起匹夫而有天下。其王之五年，蹙項籍烏江，遂有江東，代設侯王牧守，以撫柔其民，行事較可徵考。又魏吳分裂，天下之民熟爛大壞，擾於秦項〔一〕。然孫氏三世據有江東踰六十年，其始也，任賢使能，而興也勃焉；其終也，親小人，遠賢士，而亡也忽焉。觀孫皓與其臣何楨責己之言，所謂噬臍之泣，蓋無及矣。由吳而上，本之生民，有國之始；由吳而下，極於五代、宋、唐之終，要其治亂廢興之故，同歸一揆，而其精神遇合，蓋亦粲然可觀。今因前志，輯錄周漢以來人物，總其遊宦、封爵於斯，可以考見其世家者通具爲譜，而復掇其行事之著於耳目、關於治化者列而傳之：一曰孝悌，二曰節義，三曰忠勳，四曰治行，五曰儒林，六曰隱逸，七曰耆舊，八曰仙釋，九曰方伎，十曰列女，於以觀風教而徵世變，君子其將取節於斯乎。嗚呼！天之生斯人也，非直使之飽食煖衣逸居，恣睢於羣動之間而已。子焉必父其父，臣焉必君其君，妻焉必夫其夫，民焉必事其事，反是則爲刑戮之民，而人極有不建矣。司載籍者，雖欲勿志，惡得而忽志。惟其事之有詳略，辭之有繁簡，時有遠近，聞見異焉，夫子所謂「吾猶及史之闕文」者。若夫微顯闡幽，由一郡之史以集大成，其將有所俟於君子乎。作《人物志》。

世譜

古帝有雲陽氏，居雲陽。高辛時展上公、夏禹皆嘗遊此，今不及載。自周以來著之。

周 姬姓

郡姓

言偃。

游宦

范蠡。　左伯桃。

羊角哀。　伍子胥。

封爵

吳伯爵。號勾吳，太伯後。　越子爵。號於越，夏禹後。

楚子爵。祝融後，熊繹始封，在江陵枝江之丹陽。滅越後，有江東地。

春秋時，三國皆僭稱王。

西漢劉氏

郡姓

游宦秦始皇與羣臣巡游過此。又有周太賓、姜叔茂隱茅山。今不及載。

魏相。　何武。

黃霸。　梅福。

封爵

劉敢。丹陽侯。　劉纏。秣陵侯。

劉欽。溧陽侯。　劉畢。溧陽侯。

東漢劉氏

郡姓

陶謙〔二〕。　李南。

抗徐。　張磐。

游宦

史崇。子贑〔三〕，孫茅，曾孫涪〔四〕，玄孫澤，澤子鉉，鉉子藻。

嚴光。　潘乾。

李忠。　鮑永。

張禹。　張馴。

韓演。　滕撫。

馮緄。　觀恂。

周　昕。

諸葛亮。

蔡　邕。

董　永。

蔣子文。

王　祥。祥之後弟覽，孫俊，從孫導。

封爵

史　崇。至澤世爲溧陽侯。

陶　謙。溧陽侯。

吳孫氏

郡姓

史　嵩。

史　懿。

史　爽。

史　韶。皆崇裔孫。

陶　基。子璜、抗。

朱　治。子才、紀、緯、然，孫琬。

施　績。父然，還姓。

何　洪。子邈，弟蔣植。

紀亮。子隲。

芮祉。兄良，子玄。

唐固。

刁玄。

戴顒。

游宦

宗室瑜。伯堅，父靜，弟皎，子胤。

賁。叔堅，父羌，子隣，孫震。

松。父翊。

登。大帝長子。

和。登弟。

張昭。子承、休，姪奮。

顧雍。子邵、裕，孫譚、承，弟徽。

顧悌。子彥、禮、謙、秘，秘子衆。

諸葛瑾。子恪。

周瑜。子循、胤，姪峻，峻子護。

魯肅。

呂蒙。

呂岱。

程普。

黃蓋。

甘寧。曾孫卓。

呂範。子據。

虞翻。子汜、忠。

吳範。

劉惇。

葛衢。

陸績。子叡，從子遜。

陸凱。遜族子，弟胤，子禕。

是儀。

韋昭。

趙達。

孟宗。

張紘。子玄。

薛綜。子瑩、珝，孫兼。

徐盛。

丁奉。

朱據。子熊、損，孫宣。

全琮。父柔，子緒。

潘濬。子翥、秘。

曹不興。

陸遜。弟瑁，子抗，孫晏、景、玄、機、雲。

周魴。子處。

丁固。孫潭。

張悌。

皇象。

盛彥。

嚴畯。子凱、爽。

凌操。子統，孫烈、封。

潘璋。

朱桓。子異。

陳表。父武，子敖，兄子延、永。

鍾離牧。子盛、徇。

胡綜。子沖。

徐詳。子崇、勗。

謝承。

劉基。父繇，弟鑠、尚。

留贊。子略、平。

孫邵。

闞澤。

蔣欽。

程秉。

謝景。

羊衜。

張闕。

陳正。

徐原。

王蕃。

吳景。子奮、祺，孫安、纂。

華融。子諝、譚。

鄭禮。子胄，孫豐。

賀邵。祖齊，父景，子循。

步騭。子協。

韓當。

馬普。

徵崇。

范慎。

吾粲。

屈晃。子緒，弟幹、恭。

陳象。

滕胤。

樓玄。

華覈。

周昭。

陳化。

謝淵。

徐平。

聶友。

李衡。

張儼。

沈瑩。

諸葛靚。子恢。

石偉。

蔡珪。

葛系。子悌。

桓彝。兄階。

封爵

孫胤。丹陽侯。

潘璋。溧陽侯。

張昭。婁侯。

韓當。石城侯。

芮玄。溧陽侯。

何蔣。溧陽侯。

晉 司馬氏

郡姓

史楚。

史璜。

史淵。

史琬。

史援。

史雅。

史疇。

陶威。父璜，弟淑，子綏。

陶回。父抗，子汪、陋、隱〔五〕。

薛兼。祖綜，父瑩，子顒。

史晃。

史隱。

史諒。

史陵。

史光。

史輝。

史憲。

陶湮。父濬，弟猷，子馥。

紀瞻。父隲，子友、鑒。

張闓。祖昭，子混。

許邁。祖尚，父副，弟穆。

樂道融。

葛洪。父悌，姪望。

陸喜。父瑁，子育。

陸玩。兄曄，子納，孫道隆。

虞潭。父忠，子仡，姪郄，孫嘯父，族人預。

賀循。子隰。

顧衆。榮族弟，父秘，子昌、會。

周處。父魴，子玘、靖、札，孫勰、彝、懋、莚、贊、筩。

干寶。父瑩。

王諒。

甘卓。曾祖寧，祖述，父昌，子蕃。

陸機。父抗，弟雲、耽。

陸曄。父英，伯父喜、機，子嘏，孫諶。

華譚。父諝，子化、茂。

丁潭。祖固，父彌，子話〔六〕。

顧榮。祖雍，子毗。

顧和。衆族子，曾祖容，祖相，子淳。

諸葛恢。祖誕，父靚，兄頤〔七〕，子虤、虨。

游宦晉都江左，迄宋、齊、梁、陳幾三百年，中原人士遊宦者後皆土著，爲郡人矣。

王導。子悅、恬、洽、協、劭、薈；弟穎、敞；悅子琨〔八〕，孫嘏，曾孫恢；洽子珣〔九〕、珉；劭子穆、默、恢；穆子簡、智、超；默子璽、惠；薈子廞，孫泰、華；協子謐，孫瓘、球、琇；珣子弘、虞、柳、孺、曇首；珉子朗〔一〇〕、練，從兄含、敦。

王廙。導從弟，子頤之、胡之，孫茂、敬、弘。

王彬。從兄澄、導、邃、侃，子彭之、彪之，孫越之、臨之。

王舒。導從弟，子晏之、允之，孫崑之、陋之、晞之，曾孫肇之。

王稜。導從弟，祖覽，父琛，伯會、正。

王羲之。導從子，祖正，父曠，子玄之、凝之、徽之、操之、獻之，孫楨之、靜之，從祖肇、夏、馥、烈、芬皆祥之子，裁、

王弘之。導之孫，兄鎮之。

基、會、彥、琛皆覽之子，丞相導即裁之子，世居烏衣巷，衣冠爲江左第一。

王琨。導之孫，華從父。

宗室承。子無忌，孫恬。

王濬。子鑒、濤，孫戭。

周浚。子顗、嵩、謨，孫閔、恬、頤。

謝鯤。子尚，孫康，曾孫肅。

謝奕。尚從弟，子泉、靖、玄。

謝萬。安弟，子韶，兄子朗，孫恩，曾孫曜、弘、微。

謝石。萬弟，子汪，孫明、慧。

謝琰。父安，子肇、峻、混。

王坦之。子愷、忱、愉、國寶。

山簡。父濤。

王渾。弟湛，子濟，從子澄。

楚之。兄休之。

唐彬。

周馥。從兄浚，子密、矯。

謝安。尚從弟子瑤，孫該、謨、澹〔一一〕。

謝玄。父奕，子瑍，孫靈運。

謝邈。石弟，鐵之子。

王承。父湛，子述，孫坦之、楫之。

陶侃。子瞻，曾孫潛。

衛玠。祖瓘，父恒。

鄧攸。弟子綏。

周訪。子撫、光。

顏含。子髦、謙、約。

應詹。祖璩，子玄、誕。

劉波。父隗，子淡。

劉劭。隗從孫，族子黃老。

范廣。弟稚，子汪，孫康、甯，曾孫泰、弘之。

華恒。父廙，子俊，孫仲之。

江霦〔一二〕。父統，弟惇，子敳，孫恒夷。

劉耽。子柳。

何充。弟準，姪放、惔、澄，澄子籍、融。

孔愉。子誾、汪、安國，孫靜。

江逌。父濟，弟灌，子蔚，姪顯。

徐邈。弟廣，子豁、浩。

王雅。子準之、協之，少卿肅之後。

韓伯〔一三〕。子璯。

杜夷。兄崧，弟援，子晏，姪潛。

孔衍。孔子二十二世孫，子啓，宗人夷吾。

高悝。子崧，孫耆。

庾闡。子肅之。

李充。父矩，子顒，從兄式。

伏滔。子系之。

胡母輔之。

畢卓。

陳訓。

戴洋。

郭璞。子鶩。

劉惔。

杜乂。父預。

褚裒。父洽，子歆，孫爽，曾孫秀之、炎之、喻之。

王濛。曾祖黯，子修、蘊，蘊子恭、爽。

王嶠。祖默，族父承，子淡，孫度世。

羊曼。祖祜，子賁。

鮺鑒。子愔、曇，曇子恢。

庾亮。父琛，子彬、羲、龢，弟冰、懌、翼、條。

庾冰。七子：希、襲、友、蘊、倩、邈、柔，孫叔宣、廓之。

庾翼。子爰之、方之。

溫嶠。父憺，兄羨，子放之、式之。

范堅。兄廣，子啓。

褚翜。裒從兄，子希。

王遐。子恪、臻，孫欣之、歡之。

卞壼。子眕、盱、瞻、眺，孫誕。

阮孚。父咸。

鮺超。父愔，弟融〔一四〕，子僧施。

孫盛。祖楚，父恂，子潛、放。

戴淵。父昌，弟邈，邈子謐。

桓彝。子溫、雲、豁、秘、沖。

桓豁。子二十人，皆以石名，石虔、石秀、石民，孫誕、洪。

桓景。族兄宣，弟不才，子伊，孫肅之。

劉超。子納，孫亨。

吴隱之。子曠之、延之。

阮放。孚族人，子晞之。

袁瓌。弟猷，子喬，孫方平，曾孫山松。猷子勗，孫宏，宏子朗，朗子闕。

袁準。瓌族人，子沖，孫耽，曾孫質，質子湛、豹。

朱序。父燾。

王隱。

桓溫。子玄。

鍾雅。子誕。

蔡謨。子邵、系。

顧悦之。子愷之。

阮裕。兄放，子普、闕，孫歆之、腆、萬、齡。

魯勝。

郭文〔一五〕。

荀組。兄藩，子奕。

孫綽。父楚，兄統，子嗣，統子騰、登。

刁協。子彝。

武延。

許儒。祖勛，父延。

毛寶。子穆之，孫璩、球、瑾，曾孫修之、祐之。

光逸。

張憑。

夏侯承。伯湛，父淳。

殷浩。父承。

何謙。

荀邃。祖勗，父藩〔一六〕，弟闓，子汪。

荀崧。曾祖彧，父頵，子蕤、羨，從子序、廞。

韓階。

桓雄。

陳頵。

桓宣。族兄景。

傅敷。父咸，弟晞。

羊曇。

周導。

戴遂。

李式。父重。

謝沈。

車胤。

檀憑之。

殷顗。

范輯。父宣。

羅含。

辛恭靖。

孔祇。兄愉。

孔坦。祖沖，父侃，愉從子，弟嚴。

楊方。

張禕。

朱綽。

毛安之。父寶，子潭、泰、邃、遁。

虞敎。父溥。

習辟彊。父鑿齒。

何無忌。

孟昶。

劉鮞。

曹毗。

郭澄之。

羅企生。弟運生。

孔羣。從兄愉，子沈，孫廞，曾孫琳之。

嵇翰。從祖紹，孫曠。

王慧龍。祖愉，父緝。

阮韶之。

毛璩。祖寶。

扈謙。

封爵

戴　淵。秣陵侯。　王　俊。永世侯。

宋劉氏

郡姓游宦附

宗室義慶。　宏。

懷肅。　懷慎。弟亮，子榮祖。

王　弘。曾祖導，孫思遠，曾孫融，玄孫沖，沖子瑒，從孫瞻。

王　微。伯父弘，父孺，兄遠，弟僧謙，從子僧祐。

王　華。　王僧達。

王曇首。兄弘，子僧綽，孫儉，曾孫騫、暕，玄孫規、承訓。

王僧虔。兄僧綽，子志、彬、筠，孫泰。

王　惠。曾祖導。

王　銓。彧兄，子份之，孫弟、錫、僉、勵、固。

王裕之。曾祖廙，子瓚之，孫秀之、延之，曾孫綸之、峻，玄孫昕。

王悅之。祖獻之。

王淮之。曾祖彪之，玄孫猛，從弟逡之、珪之。

王鎮之。裕之從祖，弟自王弘以下皆丞相導之族。

謝　瞻。曾祖裒，從父純，從叔澹，弟晦。

謝　璟。子微。

謝　述。兄裕，子緯，孫朓。

王　球。父謐，從子彧，從孫蘊。

謝靈運。祖玄，子超宗，孫幾卿。

謝方明。子惠連。

謝超宗。

謝　藺。八世祖安，子貞。

謝　密。曾祖萬，子莊，孫朏、顥、瀹，曾孫譓、覽、舉，玄孫嘏、僑。自瞻以下皆安之族。

沈演之。高祖充。

沈慶之。子文叔，孫昭明、昭略。

沈攸之。慶之從兄子，孫僧昭。

沈懷文。祖寂，從兄曇慶，弟懷遠，子淡、深、沖。

沈淵子。弟田子、林子、虔子。子正，姪煥、亮、邵、璞、伯玉。自演之以下並出吳興武康。

陸修靜。父琳。

朱齡石。父綽，弟超石。

司馬筠。子壽。

司馬燮。子褧。

司馬暠。子延義。

傅和之。曾祖咸，子淡，孫昭、映。

傅　迪。高祖咸，族子隆。

賀　瑒。曾祖循，祖道方〔一七〕，伯道養，父損，子革、季，姪琛。

顧琛。曾祖和。

朱修之。祖序。

范泰。父甯，子曄，族人璩。

范縝。

孔靖。祖愉。

孔琳之。子邈。

蔡廓。曾祖謨，子興宗，孫順、約、撙，撙孫凝。

張裕。曾祖澄，子演、鏡、永、辯、岱，弟邵，姪敷，孫緒、充、瓌，姪孫沖。

張暢。父褘，叔邵，子融。

羊玄保。姪崇。

江夷。子湛，從子智深，曾孫斆，玄孫

顧協。和六世孫。

劉敬宣。父牢之。

范雲。

范胥。

孔靈符。姪琇之。

殷景仁。從弟淳，淳孫臻。

羊欣。弟徽。

殷孝祖。曾祖羨。

蒨〔一八〕、曇、祿，蒨子紑。

荀伯子。祖羨。

劉康祖。父虔之，伯父簡之、謙之。

劉穆之。姪秀之、欽之。

毛惠素。

蒯　恩。

孟懷玉。弟龍符，孫係祖。

蕭思話。子惠基、惠開，孫眎、素、洽、介〔二〇〕，曾孫允、引，從孫琛，琛孫密。

到彥之。子元度、仲度，曾孫沆、溉、洽，溉子鏡，鏡子藎。

垣護之。弟詢之，從子崇祖、榮祖，從孫曇深。

張興世。

裴松之。子駰，孫昭明，曾孫子野。

徐　豁。父邈。

劉簡之。子道產、延孫〔一九〕。

徐孝嗣。父羨。

王玄謨。從弟玄邈，子寬。

向　靖。

孟倫之。

鄭鮮之。

何承天。孫僩，曾孫遜〔二一〕。

顧凱之。姪愿。

劉勔。子悛、繪、瑱，孫孺、覽、遵、孝、綽、濬，從子苞，曾孫諒。

吳喜。

王褒。

徐謇。兄文伯。

庾沙彌。冰之後，子持。

劉昭。九世祖寔伯，父彤，子縚、緩。

丘巨源。

周韶。

徐湛之。

魯爽。弟秀。

顏師伯。

雷次宗。子肅之。

柳元景。弟慶遠，姪世隆。

劉藻。六世祖遐。

劉昶。

庾仲遠。高祖冰，弟道愍，從子仲容。

顧憲之。父覬。

王智深。

阮彥之。子孝緒。

阮韜。

臧質。

朱循之。

周朗。

周續之。兄子景遠。

檀道濟。

何尚之。充之後，子偃，孫戢、求、點、胤，曾孫撰，姪孫炯。

何昌寓。尚之弟子，子敬容。

陸　徽。子杲煦，孫罩。

薛安都。

戴法興。

孔　顗。

孔　廣。

孔淳之。弟默之。

宗　越。

童太一。

鄧　琬。

臧　燾。弟熹，曾孫寅嚴、未甄，玄孫盾、

鮑　照。

張　永。

江秉之。逌之孫。

劉凝之。

阮佃夫。

孔翁歸。

孔　逭。

孔嗣之。皆魯國人，居山陰。

譚　金。

黃　回。

劉　胡。

厥〔二二〕。

袁淑。父豹，兄子顗，宗人廓之。

袁粲。子最。

顏延之。曾祖含，子峻、測。

王仲德。

莫嗣祖。

傅弘之。

劉鍾。

丘仲起。

徐道度。子嗣伯、文伯，孫雄。

江避。

謝善勛。

江邃之。

庾華。姪杲之。

袁彖。淑從孫。

袁昂。父顗，子君正、敬泌，孫樞憲。

胡藩。

夏侯恭叔。

申恬。

斐景仁。

虞丘進。

吉翰。

虞騫。

范懷約。

韋仲。

宗慤。從子夬。

孫謙。

虞通之。

司馬憲。

祖沖之。曾祖含之，子晅之，孫皓。

張弘之。

陳滿。

吳慶之。

蔡薈。

山謙之。

孫詵。

虞龢。

袁仲明。

卜天與。父祖，子伯崇、伯興。

朱道欽。

何子平。

戴顒。父逵。

沈麟士。

虞愿。

吳苞。

封爵

齊 蕭氏

郡姓 游宦附

宗室道度。太祖兄，以鈞爲後。

道生。太祖次兄，子鳳、鸞，鸞即明帝，鳳子遙光、遙欣、遙昌，遙欣子幾。

緬。

嶷。子子恪、子範、子顯、子雲、子暉，子範子滂、確、乾，子顯子序、愷，子雲子特。

赤斧。子穎胄、穎達。

晃。

鏘。

鏗。

慧基。父思話，子洽，孫介，從孫琛。

映。

曄。

鑑。

子良。孫賁。

子隆。

劉係宗。

劉瓛。六世祖惔，兄璲，弟璡，從弟礊，從子顯、轂。

劉善明。懷珍族弟，兄法護，從弟僧副。

劉元明。

劉渢。弟溓。

劉祥。

劉靈哲。父懷珍，從叔峻。

蕭坦之。

蕭誕。

蕭文琰。

李安民。子元履。

曹世宗。父武。

子罕。

劉懷慰。父懷珍，子霽、杳、歊，從子訏。

劉玄明。

劉休。

陶弘景。祖隆，父貞，姪松喬。

陶季直。祖愍祖，父景仁。

蕭贊。

蕭懿。父順之。弟衍，即梁武帝。

紀僧真。弟僧猛。

李珪之。

周山圖。

周盤龍。子奉叔。

周顒。七世祖顗，子捨，孫弘正、弘讓、弘直，曾孫確。

周洽。

王諶。高祖雅，從叔摛。

王擒。

王斌。

王敬則。

崔祖思。叔父景真，子元祖。

蘇侃。

明山賓。父僧暠，兄元琳、仲璋，子震、克讓。

孔休源。八世祖沖，子雲章。

孔琇之。

何憲。

王廣之。子珍國。

王慈。

王沈。

王洪軌。

王玄載。

崔慰祖。

明僧紹。兄僧暠，弟慶符。

孔遏。

何佟之。高祖惲。

張瓌。弟盾、卷，子率。

張敬兒。

顔見遠。含六世孫，子協，孫之儀、之推。

沈文季。兄子昭略。

柳世隆。子悦、惔、惲、憕、忱。

褚　球。裒之後。

褚　澄。兄淵，從弟炤、炫，炫子澐，澐孫玠。

褚伯玉。

蕭　懷。

房叔安。

桓　康。

虞　悰。

崔惠景。

陸慧曉。高祖玩，子僚、任、倕，孫繕、緬，曾孫賢。

王　肅。丞相導之後，父奂。

沈　憲。

柳叔夜。

褚　淵。褒玄孫，子賁，孫向，曾孫翔。

鍾　岏。弟嶸、嶼。

沈　瑀。子續。

戴僧静。

焦　度。

虞玩之。

陸　澄。

陸閑。慧曉兄子，子厥、絳、完、襄，孫雲公，曾孫瓊、琰、瑜、玠，玄孫從典。

蔡仲熊。

蔡約。

蔡道恭。子僧勰。

江重。

江洪。

江泌。有二。父亮之。

丘國賓。

丘師施。

丘靈鞠。子遲，從孫仲孚。

丘冠先。子雄。

丘令楷。

杜驥。

杜栖。

杜京產。

甄匡。

傅琰。父僧祐，子翽，孫岐。

范述曾。

檀超。叔父道鸞。

卞彬。壺之後。

江柔之。

車僧朗。

魯康祚。

樂預。兄頤之。

顧歡。

顧昌衍。　呂定國。

賈淵。祖弼之，父匪之。　薛淵。

裴叔業。　裴昭明。

宗測。　臧榮緒。

徐伯珍。　邵榮興。

吳達之。

封爵

梁蕭氏

郡姓游宦附

宗室景。子勵、勸、勔、勃，弟昱。　懿。武帝兄，子業、藻，孫孝儼。

敷。　象。父融。

秀。子推。　偉。子恪、恭，孫靜。

恢。子修、該，孫嗣。

績。子乂、理。

撝。

泰。父恢。

圓　肅。父紀。

哀太子大器。簡文帝子。

紀少瑜。

丁咸序。

張惠紹。子登。

張　崖。

鄭紹叔。

馮道根。

康　絢。

韋　叡。子放、稜、黯，孫粲、載、鼎。

憺。子映、曄。

敱。父綸。

祗。父偉，子放。

慨。祖恢。

大　圜。簡文帝子。

忠烈世子方等。元帝子。

陶子鏘。父延，兄尚。

張　松。

張弘策。子緬、纘、綰。

張　譏。

鄭　灼。

夏侯詳。子亶、夔。

馬仙琕。

裴　邃。子之禮、之高、之平、之橫。

任　昉。

任孝恭。

江　淹。

江　革。父柔之，弟觀，子德藻，孫椿、兼。

孔稚珪。

孔子袪。

王神念。子僧辯，孫頒。

王　茂。

王子雲。

徐　勉。

徐之才。祖文伯〔一三〕，父雄，弟之範，子林、同、卿。

徐　賁。

徐伯陽。

裴　政。祖邃。

馬　樞。

江子一。七世祖統，弟子四、子五。

張　稷。兄瓌，子嵊、𠮷。

孔　奐。

王僧孺。曾祖雅。

王僧辯。子頒、頍。

王　琳。

王　操。

徐　摛。子陵、孝、克，孫儉、份、儀。

許　懋。五世祖詢，子亨。

殷鈞。五世祖仲堪。

范岫。高祖宣。

鮑幾。子泉，孫儉、至、正。

鮑行卿。

羊侃。子鯤。

陰子春。

庾信。父肩吾。

庾丹。

明克讓。父山賓。

沈顗。叔祖演之。

沈峻。子文阿。

沈恪。

柳敬禮。祖慶遠。

柳鏘。祖惔。

殷芸。

范雲。六世祖汪，從兄縝，縝子胥。

鮑宏。父幾。

王褒。高祖儉，祖騫，父規，孫方、慶。

羊鴉仁。兄子海珍。

陰鏗。

庾黔婁。弟於陵、肩吾。

庾域。子輿。

沈約。父璞，子旋、趨。

沈浚。演之族人，祖憲。

沈德威。

江泌。

柳琰。

柳遐。從祖元景，父季遠，子靖莊。

劉　沼。六世祖輿。

劉之遴。弟之亨。

劉文紹。

劉　臧。子瓌、璠，孫祥、行、本。

何思澄。子朗，宗人遜。

何之元。

蕭　濟。

伏曼容。子挺〔二四〕、捶。

傅　翽。子岐。

曹景宗。

吉士瞻。

楊公則。父仲懷，子朓。

羅　研。

呂僧珍。

劉　勰。

劉孝孫。

劉　臻。父顯。

卞　華。六世祖壺。

何　遠。

蕭叡明。

朱　异。子容、密。

淳于量。父文成。

孟智臨。

席闡文。

吉　翂。

鄧元起。

昌義之。

樂　藹。子法才。

虞　羲。

陳慶之。子昕。

杜　崱。姪龕。

顧野王。

嚴植之。

盧　廣。

皇　侃。九世祖象。

宋懷方。

賀文發。子淹，孫德基。

顧　越。

袁　峻。

吳　均。

岑　善〔二五〕。

李慶緒。

虞僧誕。

胡僧祐。

杜之偉。

郭祖深。

崔靈恩。

太史叔明。

戚　袞。

陸　詡。

全　緩。

龔孟舒。

周興嗣。

費　昶。

褚仲都。子修。

蔡大寶。父猷。

袁敞。祖粲，父士俊。　岑善方。父袒。

宋如周。　樊文皎。

闕該。

封爵

杜龕。溧陽侯。

陳 陳氏

郡姓 游宦附

宗室伯茂。　伯山。

叔慎。　伯恭。

伯智。　叔英。

叔卿。　叔獻。

叔齊。　叔闕。

叔達。

太子胤。

周文育。

侯瑱。

杜稜。

吳明徹。

程靈洗。子文季。

樊毅。叔父皎，弟猛。

趙知禮。

毛喜。

阮長之。

阮卓。

朱容。弟密。

徐儀。父陵。

嶷。

深。

周鐵虎。

侯安都。

章昭達。

徐度。

蕭摩訶。子世廉。

魯悉達。弟廣達。

蔡景歷。子徵。

傅縡。

顏晃。

殷不害。弟不佞。

許善。闕父亨。

王胄。祖筠。

庾自直。父持。
張種。永從孫，弟稜。
江總。父紑。
張瑒。
徐世譜。
周炅。
陳智深。
袁元友。
沈君理。叔邁，弟君高。
虞荔。弟寄，子世基、世南。
沈洙。
張正見。
姚察。
司馬申。

孔奂。曾祖琇之，宗人範。
張稚才。沖子。
徐孝克。兄陵。
胡穎。
荀朗。
楊孝辯。
陳禹。
宗元饒。
沈烱。
章華。
王元規。
任忠。
駱文才。
蕭引。子德言。

阮　翽。

封爵

杜　龍。溧陽侯

隋 楊氏

郡姓

諸葛穎。祖銓，父規，子嘉會。　耿　詢。

王　通。肅之曾孫。　庾秀才。八世祖滔，父曼倩。

姚僧坦。八世祖信，父菩提，子察最，孫思廉。

何　妥。　沈　重。

柳　莊。　周羅睺。

虞　綽。　潘　徽。

張　仲。　陸知命。父敖。

徐　則。　麥鐵杖。

許智藏。祖道幼，父景，宗人登。　劉　祥。從弟行本。

游宦

韓　洪。兄擒虎。　王　韶。

達奚明。　高　熲〔二六〕。

封爵

唐李氏

郡姓

蕭　瑀。梁王詧之後，從子鈞，鈞子瓘，瓘子嵩，嵩子華，孫復。

蕭德言。父引。　蕭　倣。華從子，子廪。

蕭　遘。復曾孫。　蕭　定。瑀曾孫。

蕭　昕。族人穎士，皆恢之後。

王　珪。祖僧辯。

王　搏。綝之後。

王無競。並綝族。

王　勃。肅之後。

王　嶼。昌齡從弟，六世祖綝。

姚思廉。本名簡，父察。

徐文遠。五世祖孝嗣，子有功。

劉允濟。祖瓛。

劉太真。

褚　亮。裒之後，曾祖湮，父玠，子遂良。

朱仁軌。弟敬則，族祖綽。

袁　朗。漢司徒滂之後，父樞，從弟承家、承序。

袁敬孫。朗從弟。

陳叔達。

王弘直。導十一世孫，名綝，子方慶。

王紹宗。

王　丘。祖寬。

王昌齡。

虞世南。父荔，兄世基。

溫大雅。嶠之後，弟彥傳。

顏師古。祖含。

劉三復。子鄴。

高智周。兄長生。

李　靖。雍之後，從子昭德。

顏真卿。師古五世從孫。

袁　滋。憲之後。

陸元朗。字德明。

許叔牙。

張常洧。兄孫瑑。

許淹。

史務滋。

殷遙。

陶大舉。曾祖明曠，祖昱，父瓚，兄大有。

桓彥範。彝之後，九世祖伊。

殷開山。

殷踐猷。不害五世從孫，從父仲容，弟季友，從弟承業，孫亮。

柳沖。子莊。

柳識。祖惔。

洪遜。

崔芋。

游宦

盧祖尚。

王通。

竇叔向。子牟。

白季康。

陸該。祖象先。

岑仲休。弟植。

柳均。

李寂。

李神福。
鄭晏。
楊於陵。
楊延嘉。
孟郊。
李白。
河間王孝恭。
盧承度。
崔宗之。
秦系。
吳筠〔二七〕。
杜甫。
王昕。
吳令璿。
喬翔。
張雄。
馮弘鐸。
顧況。
許嵩。
宋隣。
韋渠牟。

封爵

杜伏威。吳王。
史務滋。溧陽侯。
顏真卿。丹陽縣子。
楊行密。吳王。

徐　溫。齊國公。

南唐 李氏

郡姓

邊　鎬。　睦昭符。

盧　郢。　王　建。

朱　存。　史　寔。

游宦

宗室景遂。　景達。

景遏。　弘茂。

仲崉。　宋齊丘。

劉仁贍。子崇讚、崇諒。　韓熙載。

徐　鉉。弟鍇。　嚴可求。子續。

周宗。

張延翰。

常夢錫。

徐游。父知誨。

周鄴。瑜之後。父本，弟祚。

張昜。

馬仁裕。

郭昭符。

蕭儼。

孫忌。名鳳，又名晟，子魯嗣。

鍾蒨。

查文徽。子元方，孫道陶。

刁彥能。子衎，曾孫約。

徐知諤。父溫。

潘佑。

柴克宏。父再用。

何敬洙。

游簡言。

伍喬。

張知白。

馬承信。弟承俊。

張雄。

封爵

李建勳。鍾山公。

宋趙氏

郡姓

查道。祖文徽，兄陶。

徐鉉。

秦梓。子熇、燧，孫城。

李琮。子回、耕，八世孫璽。

魏良臣。

錢戩。子時敏。

李華。子朝正。

潘祺。

刁衎。

鍾輻。

侍其瑀。

秦傳序。子奭、煦。

秦檜。子熺，孫埙、堪，曾孫鉅，鉅子浚。

俞組。子焯，弟棠，從子湋。

潘溫之。

錢周材。

吳柔勝。子淵、潛。

閻彥昭。子晃、昂、晟，孫一德。

胡恢。

唐文濟。

高審思。
史虛白孫溫。
陳　況。
陳　誨。弟謙，子德誠。
陳　喬。父浚。
泙　彥。
朱令贇。從父業。
朱匡業。子崇俊。
王崇文。父綰。
王　輿。
鍾離令。
喬匡舜。
申屠令堅。
謬居素。
高　越。子遠。
盧文進。
李德誠。子建勳。
李金全〔二八〕。
馮延己。弟延魯，延魯子僎、侃、儀、價、伉。
樂　史。
張義方。
皇甫暉。
江文蔚。
歐陽廣。
廖　偃。
彭師暠。
杜仁肇。

盧絳。
李貽業。
段處常。
劉洞。
吳思道。
夏錫。
陳克。
史思賢。
王綸。
趙公彬。宋宗室。
胡澄。宗愈從曾孫。
王端朝。
邵必。

鄭文寶。
李元清。
康仁傑。
汪台符。
侯仲遣。
徐時升。
朱舜庸。
秦憙。
馮玠。父延魯。
沈端節。子灼、熠、焌、炫。
張瓌。祖洎。
潘彙征。

游宦

曹彬。子璨、玥、璋、玹、玘、珣、琮。

潘美。

李繼隆。

呂蒙正。叔父龜祥，孫夷簡。

賈黃中。

蘇易簡。

胡旦。

張詠。

王益柔。

馬亮。

薛映。

雷有終。

薛顏。

王隨。

李迪。

張士遜。

李若谷。

葉清臣。

劉沆。

張方平。

包拯。

梅摯。

馮京。

呂溱。

吳中復。

沈起。

傅堯俞。
熊本。
陸佃。
徐勣。
楊察。
沈遘。
程顥。
范仲淹。子純仁。
呂夏卿。
元絳。
錢公輔。
張奎。
沈立。
蔣堂。

劉庠。
黃履。
曾肇。
唐介。
孫甫。
田況。
蘇頌。
陳靖。
周邦彦。
張商英。
盛京。
彭思永。
王漢之。
邵亢。

陳軒。

陳繹。

蘇軾。

米芾。子友仁。

梅堯臣。

余靖。

張耒。

鄭俠。

韓臬。

李及。

王琪。

葉祖洽。

王安石。父益，兄安仁、安道，弟安國、安世、安禮、安上，子雱，孫棣。

王旂。父安國，弟游。

王棠。

查詠之。

羅彥輔。

李亘。

鄭驤。

徐端修。子大觀。

呂希常。夷簡族孫。

呂宣問。四世祖蒙正，父希圓。

崔敦詩。兄敦禮。

楊時。

李　綱。
張　浚〔二九〕。
岳　飛。
韓世忠。
李顯忠。
王　德。子琪、珙。
王　稟。
呂　祉。
劉　珙。
范成大。
陳　亮。
尹起莘。
葉　適。
趙　葵。子㬙，姪淮。
呂頤浩。
劉光世。
張　俊。
楊邦乂〔三〇〕。
趙　鼎。
趙　彥。
張　燾。
陳俊卿。
洪　遵。
周必大。
張孝祥。父祁。
真德秀。
虞允文。
杜　杲。子庶。

葉夢得。
程大昌。
王信。
方楷。曾孫滋，五世孫叔恭。
姚興。
潘振。
王瑋。
丘崇。
史正志。
徐敏子。
劉岑。
汪立信。
楊備。
張敦頤。

向子忞。
汪大猷。
楊告。
韓元吉。
趙壘之。
盛新。
李光。
黃度。
馬光祖。子之純
李處全。從子柄。
陳己。
吳革。
石邁。
吳彥夔。

吳琚。
張偘。
家彬。
蕭之敏。
許俊。
關杞。
張革。
姚耆宗。
李衡。
司馬僖。
吳友聞。
史彌鞏。
董槐。
陸子遹

趙郭夫。
盧襄。
韓仲通。
余嶸。
夏友諒。
周邠。
章籍。
蘇楷。
陳嘉善。
方仲忽。
湯詵。
衛杜。
董烈。
周應合。

周成之。　曾　極。

陳　巖。　文天祥。

鄧光薦。　陳　鉞。

文復之。　劉　虎。從弟師勇。

阮思聰。　呂文德。弟文煥、文福。

王　鑑。　王　福。

鄭　進。

封爵

仁宗昇王。　吳　淵。金陵侯。

秦　堪。建康郡侯。　錢時敏。溧陽伯。

李朝正。溧陽男。

【校勘記】

〔一〕擾：至正本作「優」。

〔二〕按此條下至正本有「子商應」三字。

〔三〕贛：至正本作「顥」。

〔四〕涪：至正本作「洽」。

〔五〕「隱」字下至正本有「無」字。

〔六〕話：原脱，據《晉書》卷七八補。

〔七〕頣：至正本作「穎」。

〔八〕琨：原作「混」，據《晉書》卷六五《王導傳》改。又下句中「嘏」字，原闕，據上引補。

〔九〕珣：原作「恂」，據至正本改。

〔一〇〕珉：至正本作「紞」。

〔一一〕子瑤：至正本作「子陲」。

〔一二〕江：原闕，據《晉書》卷五六《江統傳》補。

〔一三〕韓伯：「韓」字原闕，據《晉書》卷七五《韓伯傳》補。

〔一四〕融：原本無，據至正本補。

〔一五〕「郭文」下原有一「闕」字，據至正本刪。

〔一六〕藩：原闕，據《晉書》卷三九《荀勗傳》補。

〔一七〕方：《梁書》卷四八《賀瑒傳》作「力」。

〔一八〕蒨：至正本作「禧」。

〔一九〕《宋書》卷七八《劉延孫傳》云：「劉延孫，彭城呂人，雝州刺史道產子也。」則延孫當為道產之子，簡之之孫。

〔二〇〕按《宋書》卷七八《蕭思話傳》，蕭思話子惠開卒後，子叡嗣。則叡亦當為思話之孫。

〔二一〕遜：原闕，據至正本及《梁書》卷四九補。

〔二二〕按《宋書》卷五五及《南史》卷八《臧燾傳》：臧燾長子邃，少子綽。邃四子：凝之，諶之、潭之、澄之。諶之子夤，夤弟稜，稜子嚴，嚴族叔未甄，未甄為燾曾孫。未甄子眉，眉弟厥。

〔二三〕文：原作「丈」，據《北齊書》卷三三《徐之才傳》及《通志》卷一八二《徐文伯傳》

改。

〔二四〕《梁書》卷四八《伏曼容傳》載伏曼容子暅。同書卷五三《伏暅傳》，「伏暅，字玄耀，曼容之子也」。又同書卷五〇《伏挺傳》；「伏挺，字士標，父暅爲豫章內史。」則晏容與伏挺當爲祖孫，而非父子。

〔二五〕按此條下至正本有「□子之□」。

〔二六〕高颎：至正本作「高穎」。

〔二七〕按「吳筠」至「徐湓」條，至正本繫於「許叔牙」條下。

〔二八〕李金全：至正本作「李金仝」。

〔二九〕按此條下至正本有「子栻、杓」三字。

〔三〇〕按此條下至正本有「從孫萬里」四字。

至正金陵新志卷十三上之中

人物志二

列傳

孝悌

王祥。字休徵，臨沂人。性至孝。繼母朱氏不慈，每使掃除牛下，祥愈恭謹。父母有疾，衣不解帶，湯藥必親嘗。母嘗欲生魚，時天寒水凍，祥解衣將剖冰求之，冰忽自解，雙鯉躍出。母又思黄雀炙，忽有黄雀數十飛入其幕，鄉里驚歎，以爲孝感所致。有丹柰結實，母命守之。每風雨，祥輒抱樹而泣，其篤孝純至如此。漢末遭亂，避地廬江，隱居三十餘年。母終，居喪毁瘠，杖而後起。徐州刺史吕虔檄爲別駕，固辭。覽勸之，乃應召，累官至太常。天子幸太學，命祥爲三老。祥南面几杖，以師道自居，天子北面乞言。晉武踐阼，拜太保，進爵爲公，大事皆諮訪之。以子肇爲給事中，使常優游定省。祥疾篤，遺令訓子孫曰：「言行可覆，信之至也；推美引過，德之至也；揚名顯親，孝之至也；兄弟怡怡，宗族欣欣，悌之至也；臨財莫過乎讓，此五者，立身之本。」其子皆奉而行之。薨，年八十五，謚曰元。弟覽，繼母朱所出也。年數歲時，見祥被母楚撻，輒涕泣抱持。至於成童，每諫其母少止凶虐。母屢以非理使祥，覽輒與祥俱。又虐使祥妻，覽妻亦趨而共之。母密使酖祥，覽知，徑起取酒。祥疑其有毒，爭而弗與，母遽奪反之。自後，母賜祥饌，覽輒先嘗。母患之，遂止。覽亦篤行著聞，應召，累官至太中大夫。薨，年七十三，謚曰貞。祥五子：肇、夏、馥、烈、芬，覽六子：裁、基、會、正、彥、琛，皆至大官封侯。丞相導即裁之子，世居烏衣巷，衣冠之盛，爲江左第一。舊志記祥墓在今江寧縣化成寺北。

盛彥。字翁子，廣陵人。少有異才。八歲詣太尉戴昌，昌贈詩，彥於坐答之，辭甚慷慨。母王氏，因疾失明，彥每言及，未嘗不流涕。於是不應辟召，躬自侍養，母食必自哺之。母病既久，至於婢使數見捶撻，婢忿恨，伺彥蹔行，取蠐螬炙飴之。母食以爲美，然疑是異味，密藏以示彥。彥見之，抱母痛哭，絕而復蘇，母目豁然即開，從此遂愈。彥後仕吳，爲中書侍郎。

孟　宗。字子恭，江夏人。性至孝。幼從南陽李肅學，其母爲作厚褥大被，人問其故，母曰：「小兒無德致客，客多貧，故爲廣被，庶可得氣類相接。」宗讀書夙夜不懈，肅奇之，曰：「卿將相器也。」及長，爲驃騎朱據軍吏。將母在營，既不得志，遇夜雨屋漏，因泣以謝母，母曰：「但當勉之，何當泣也？」後據稍知之，除鹽池司馬，能自結網捕魚，作鮓寄母。母使送還，曰：「汝爲魚官而以鮓寄母，非避嫌也。」尋遷吳縣令，時不得將家之官。宗在官，每得新物，未寄母，不先食之。及母亡，時禁長吏不得奔喪，宗犯禁奔喪，既而詣武昌請拘。大將軍陸遜表陳宗孝行，請於帝，特令降罪。母性嗜笋，冬節將至，宗乃入竹林泣，笋爲之生，得以供祭。累遷光祿勳、御史大夫。後主即位，宗避諱改名仁，官至司空。

顏　含。字弘都。即宋延之曾祖，唐真卿之十四世祖。自含而下七世墓皆在建康。少有操行，以孝友聞。兄畿，咸寧中得疾就醫，死於醫家。家人迎喪，旐每繞樹而不可解。引喪者顛仆，稱讖言，曰：「我壽命未死，但服藥太多，傷我五臟耳。今當復活，慎無葬也。」其父祝之，曰：「若爾有命復生，豈非骨肉？所願今但欲還家，不爾葬也。」旐乃解。及還，其婦夢之，曰：「吾當復生，可急開棺。」婦頗詑之。其夕，母及家人又夢之，即欲開棺而父不聽。含時尚少，乃慨然曰：「開棺之痛孰與不開相負？」父母從之，乃共發棺，果有生。驗以手刮棺，指爪盡傷。然氣息甚微，存亡不分。飲哺將護累月，猶不能語。飲食所須，託之以夢。闔家營視，頓廢生業，雖母妻不能無倦。含乃絕棄人事，躬親侍養，足不出戶者十有三年。石崇重含淳行，贈以甘旨，謝而不受。或問其故，答曰：「病者綿昧，生理未全，既不能進噉，又未識人惠，若當繆留，豈施者之意也？」含二親既終，兩兄繼沒，次嫂樊氏因疾失明，含課勵家人盡心奉養。每日自嘗省藥饌，察問息耗，必簪屨束帶。醫人疏方，應須蚺蛇膽，而無由得之，含憂歎累時，忽有一青衣童子年可十三四，持一青囊授含，開視，乃蛇膽，童子逡巡出戶，化青鳥飛去。得膽藥成，嫂病即愈，由是以篤行著名。本州辟，不就，晉元帝命爲參軍。東宮初建，補太子中庶子，遷黃門侍郎，本州大中正，歷散騎常侍、大司農。豫討蘇峻，功封西平縣侯，拜侍中，國子祭酒，加散騎常侍，遷光祿勳。以年老遜位，就加光祿大夫，門施行馬，賜牀帳被褥，勅太官四時致膳，不受。郭璞嘗遇含，欲爲之筮，含曰：「年在天，位在人，修己而天不與者命也，守道而人不知者性也。自有性命，無勞蓍龜。」桓溫求婚於含，含以其盛滿不許，惟與鄧攸深交。或問江左羣士優劣，答曰：「周伯仁之正，鄧伯道之清，卞望之之節，餘則吾不知也。」其雅重行實、抑絕浮僞如此。致仕二十餘年，卒年九十三，遺命素棺薄斂。謚曰靖。喪在殯，而隣家失火，至喪所而滅，僉以爲淳行所感。三子：髦，歷黃門郎、侍中、光祿勳；謙，至安成太守；約，零陵太守，並有聲譽。

吳隱之。字處默，濮陽鄄城人，魏侍中質六世孫。年十餘歲，丁父憂，每號泣，行人爲之流涕。事母孝謹，執喪哀毀過禮。家貧無人鳴鼓，每至哭臨時，恒有雙鶴警叫；及祥練之夕，復有羣雁下集，時人咸以爲孝感所致。嘗食鹽菹〔一〕，以其味旨，掇而棄之。與太常韓康伯隣居。康伯母殷浩姊，賢明婦人也。每聞隱之哭聲，輟飡投箸，爲之悲泣。謂康伯曰〔二〕：「汝若居銓衡，當舉如此輩人。」及康伯爲吏部尚書，隱之遂階清級。兄坦之，爲袁真功曹。真敗，將及禍，隱之詣桓溫，乞代兄命，溫矜而釋之。遂爲溫知賞，拜奉朝請、尚書郎，累遷晉陵太守。在郡清儉，妻自負薪。入爲中書侍郎、守廷尉、秘書監、御史中丞，領著作，遷左衛將軍。雖居清顯，祿賜皆班親族。冬月無被，嘗澣衣乃披絮，勤苦同於貧庶。廣州珍異所出，前後刺史多黷貨敗官。朝廷欲革其弊，以隱之爲刺史。未至，州二十里有水曰貪泉，時謂飲之者懷無厭之欲。隱之至泉所，酌而飲之，賦詩曰：「古人云此水，一歃懷千金。試使夷齊飲，終當不易心。」在州清操愈厲，常食菜及乾魚，帷帳器服皆付外庫。元興初，賜錢五十萬、穀千斛，進號前將軍。盧循寇南海，隱之固守，長子曠之戰沒。歸日，裝無餘資。妻劉氏賫沈香一斤，隱之見之，投於湖亭之水。及至家，籬垣仄陋，內外茅屋六間，不容妻子。劉裕賜車、牛，更爲起宅，固辭。卒，贈左光祿大夫，加散騎常侍。子延之，復厲清操。子孫爲郡縣者，常以廉慎爲家法云。

蕭統。字德施，梁武帝長子。母丁貴嬪，以齊中興元年九月生於襄陽，天監元年十一月立爲皇太子，五年出居東宮。生而聰慧，三歲受《孝經》、《論語》，五歲徧讀五經。性仁孝，自出宮，常思戀不樂。帝知之，每五日一朝，多便留永福省，或五日三日乃還宮。八年九月，於壽安殿講《孝經》，盡通大義。講畢，親臨釋奠於國學。普通七年十一月，母丁貴嬪有疾，朝夕省侍，衣不解帶。及薨，步從喪還宮。

至殯，漿不入口，每哭輒慟絶。武帝勅中書舍人顧協宣旨曰：「哀不滅性，聖人之制，不勝喪比於不孝。有我在，那得自毀如此？可即強飲粥。」太子奉勅，乃進數合。自是至葬，日進麥粥一升。武帝又勅勸逼終喪，日止一溢，不嘗菜果之味。腰帶十圍減削過半。每入朝，士庶見者莫不下泣。自加元服，帝便使省萬機。内外百司奏事填塞，太子明察，所奏誤妄，皆即辨析，示以可否，徐令改正，未嘗彈糾一人。平斷法獄，多所全宥，寬和容衆，喜慍不形於色。引納才學之士，賞愛無倦。嘗自討論墳籍，日與學士商確古今，繼以文章著述，率以爲常焉〔三〕。時東宫有書幾三萬卷〔四〕，名才並集，文學之盛，晉宋以來未之有也。性愛山水，於玄圃穿築，更立亭館。嘗與朝士泛舟後池，番禺侯軌盛稱此中宜奏女樂，太子不答，詠左思《招隱》詩云：「何必絲與竹，山水有清音。」軌慙而止。出宫二十餘年，不蓄音聲。未薨少時，勅賜太樂女伎一部，略非所好。普通中，大軍北侵，都下米貴，太子命菲衣減膳。每霖雨積雪，遣腹心左右周行閭巷，視貧困家及有流離道路，以米密加賑賜，人十石。又出主衣絹帛，多作襦袴，冬月以施寒者，不令人知。若死亡無可斂，則爲備棺櫬。每聞遠近百姓賦役勤苦，輒斂容變色。常以戶口未實，重於勞擾。

吴郡屢以水災不熟，有上言當漕大瀆，以瀉浙江，詔遣前交州刺史王奕假節發吴、吴興、信義三郡人丁就役。太子上疏曰：「吴興累年失收，人頗流移。吴郡十城，亦不全熟。唯信義去秋有稔。復非常役之民，即日東境穀價猶貴，劫盗屢起，所在有司，皆不聞奏。今征戍未歸，強丁踈少，比得齊集，已妨蠶農，不審可得權停此功。」帝優詔喻焉。太子孝謹天至，每入朝未五鼓，便守城門。開東宫，雖燕居内殿，一坐一起，常向西南，面臺宿。被召當入，危坐達旦。三年三月游後池，溺而得出，因動股疾，恐貽帝憂，深誡不言。武帝勑看問，輒自力手書。及稍篤，左右欲啓聞，猶不許，曰：「云何令至尊知我如此惡？」因便嗚咽。四月乙巳，暴惡。馳啓武帝，比至，已薨，時年三十一〔五〕。帝臨哭盡哀，詔斂以袞冕，謚曰昭明。吁！仁孝如統而不得其壽，君子知梁之不能永矣。幽而爲神，廟食百世，宜哉！

呂宣問。字季通，開封人，宋文穆公蒙正之四世孫，徙居溧陽。父希圓，紹興甲子倅洋州。妾韓氏生宣問，甫六歲辭去，莫知所之。父卒，母李氏獨在。宣問既長，將訪所生，以池陽當蜀人往來通道，乃求調録事參軍。凡蜀客經從，必託使物色存否。臨滿秩，而仙井兵楊俊報之曰韓氏在彼。時李氏已老，無他男，宣問不可捨李氏而遠涉，亟調峽州推官，欲益近蜀。至之次年，被檄如荆門。過當陽玉泉寺，寺側武安王廟，求夢而應，果得其母於仙井。邑人於廟求夢多驗，宣問謁焉。是夕，夢至廟中見一道人坐井上曰：「此琉璃井也。」有童子持一龜與之，宣問悟曰：「道人臨井上，仙井也。龜者，歸也。」遽遣迎致，果得之云。時紹熙庚戌，相失四十餘年，母子復如初，相持悲泣，吏卒爲之出涕。李氏時年八十三，韓亦七十矣。洛陽吴仁傑斗南賦詩美之，詳見《夷堅志》。宣問尋改秩知蘄春縣。

陶子鏘、張松、張常洧、徐鉉、李華、潘祺、錢戩。各見後《耆舊傳》。

孝子伊小乙者。溧水人。乾道戊子歲，剖腹出肝以療母疾。溧水令陳嘉善聞於朝〔六〕，旌其里曰表孝〔七〕，事具前志。今大德己亥二月，保寧街顧童者，縣民顧四郎之子〔八〕。年始十六，母吴染疾，困篤不起者數日。童乃籲天引刀，剖腹取肝，雜粥糜以進，母即甦。翌日，童子病。又一夕，竟死。時三月三日也。郡司謂其違理行孝〔九〕，抑不以聞。君子曰：「傷哉，顧童之殞也。夫身也者，親之枝也。傷親之枝，如自戕其本〔一〇〕，何然，而童子易爲之，其亦質美而不知學之蔽哉！然其一念之誠，哀恫迫切，通于神明。聞童子垂殆之日，天大雨震雹，里巷晦冥。童子死二十有三年，而母吳以壽終，豈天亦有悔報以是哉〔一一?〕其事與伊小乙相類，故通著於篇云〔一二〕。《溧水志》：淳熙九年，笪橋市夏氏女，沈四郎妻也〔一三〕，取肝以療母疾。知縣王衎申府，改里爲顯孝里、坊名顯孝坊以旌之。嘉定四年，表孝坊居民劉興祖刲股以療父疾〔一四〕，愈而復作，剖腹取肝和糜以進〔一五〕，遂有更生之喜。知縣湯詵嘉歎，厚爲之餽〔一六〕。咸淳元年，思樂鄉陳氏女刲股以療母疾〔一七〕，權縣趙孟傃餽以錢米，仍免租稅。咸淳二年〔一八〕，李氏女年十三〔一九〕，刲左股以療母疾。又李震龍刲股以療母趙氏若靈疾〔二〇〕，又謝氏小女亦刲股以療母疾〔二一〕，又李震龍婦趙氏因祖母牛氏有疾〔二二〕，刲股以療之，又山陽鄉謝千九刲股以療父疾〔二三〕，知縣周成之一一厚加旌餽。《溧陽志》：慶元五年〔二四〕，史思賢母芮氏有疾，思賢夜焚香拜神〔二五〕，將刲取心療母〔二六〕，橫匕首香爐上，祈神允許必須獲兩全〔二七〕，有一不免，則不敢自殘。懸立匕首於神前〔二八〕，以示感格。如是累夜，虔禱不怠。一夕拜神〔二九〕，夜已參半〔三〇〕，匕首忽自立空中。思賢擎自刺，揣探其心〔三一〕，如拇許，割取之，熟以進母。未幾，母疾果愈。其事聞於縣〔三二〕，知縣方桷旌餽酒絹。王弟兒〔三三〕、丘念一〔三四〕、王德先、何百四皆田野間小民，嘉定十三年，俱以母久病〔三五〕，刲股肉療母，獲愈。知縣陸子遹審實〔三六〕，准格旌餽。小民能如此〔三七〕，固可嘉獎。王弟兒其年方十五，其事又最難〔三八〕，非有所慕倣而爲之〔三九〕，可稱也。

傅霖者，江寧縣馴翠鄉秣陵鎮人，孝行純篤。霖方居喪〔四〇〕，晝夜哀哭。葬後，廬於墓所，寢處苫塊。知縣以聞〔四一〕，至奉旨著部，擬旌表門閭。

節義

張悌。字巨先，襄陽人。少有名理。諸葛瑾薦於吳大帝，累遷長水校尉。景帝立，除軍師將軍。永安五年，蜀以魏見伐來告。帝召羣臣，議於前殿，曰：「司馬氏得政以來，大難屢作。智力雖豐，而百姓未服。竭其資力，遠征巴蜀，兵勞民疲而不知恤，敗於不暇，何以能濟。昔夫差伐齊，非不尅勝。所以危亡者，不憂其本，況彼之事地乎？」悌對曰：「以臣愚料則不然。曹操雖功蓋天下，威震四海，崇詐仗術，征伐無已。民畏其威，不懷其德。丕、叡承之，繼以躁虐。内興宮室，外拒雄豪。東西馳騁，無歲獲安。彼之失人，爲日且久。司馬懿父子自握其柄，累有大功，除其煩苛，而示平惠，爲之謀主，以救其疾，民歸之亦已久矣。故淮南三叛而腹心不擾，曹髦之死而四方不動。摧堅敵如折枯，蕩異國如反掌。任賢使能，各盡其心。非智勇兼人，孰能如此？威武張矣，本根固矣，羣臣伏矣，奸計立矣。

今蜀閹宦專朝，國無政令，而玩戎黷武，民勞本弊，強弱不同，殆其必尅乎？若不尅，不過無功，終無奔北之憂，覆軍之慮。昔楚劍利而秦昭懼，孟明用而晉人憂。彼之得志，我之大患也。」左右皆嗤之。其冬，蜀果亡。後主皓以悌爲丞相，總兵南討廣州反者，郭馬戒嚴。未發，會晉師來伐，後主命悌及右將軍、副軍師諸葛靚等督丹陽太守沈瑩、護軍將軍孫震帥衆三萬渡江逆之。至牛渚，沈瑩謂悌曰：「晉治水軍於蜀久矣，今傾國大舉，萬里齊力。我上流諸軍無有戎備，名將皆死，幼騃當任。晉之水軍必至於此，宜蓄衆力，待來一戰。若勝之日，江西自清，上方雖壞，可還取也。今渡江逆戰，勝不可保。若或摧喪，大事去矣。」悌曰：「吳之將亡，賢愚所知，非今日也。吾恐蜀兵來此，衆心駭懼，不能復整。宜及今決戰力爭，若其敗喪，同死社稷，無所復恨。若其尅勝，兵勢萬倍，逆之中道，不憂不破。若如子計，恐行自散盡，坐待賊到，君臣俱降，無復一人死國難者，不亦辱乎？」遂渡江，圍晉成陽都尉張喬於楊荷橋。喬衆不敵，請降。諸葛靚欲屠之，悌曰：「嚴敵在前，不宜先事其小，且殺降不祥。」靚曰：「此等救兵未至，力少僞降以緩我，非來伏也。因其無戰心而盡坑之，可以成三軍之氣。若捨之而前，必爲後患。」悌不從，撫之而進，與晉征東將軍、揚州刺史周浚等成陳相對。沈瑩領丹陽鋭卒刀楯五千人，號曰青巾兵，前後屢陷堅陣，以馳淮南三軍。三衝不動，引退，衆亂。薛蒙、薛班等因亂乘之，張喬又出其後，吳軍大敗於楊荷橋。靚等收散兵退走，呼悌，悌不肯退。靚住馬上自牽之曰：「存亡大數，豈卿一人力所奈何？」悌泣曰：「仲思，今是我死日也。我作兒童時，便爲卿家丞相所識拔，常恐不得死王事，負名賢知。顧今徇社稷，復何遁邪？」奮戰不顧，靚流涕捨去。數百步迴見，悌爲亂兵所殺。悌有墓在板橋西。《晉史》：「諸葛靚父誕爲文帝所誅，靚奔吳爲大司馬。吳平，逃竄不出。武帝與靚有舊，靚姊又爲琅邪王妃。帝知靚在姊家〔四二〕，因就見焉。靚逃於厠，帝逼見之，謂曰：「不謂今日復得相見。」靚流涕曰：「不能漆身皮面，復覩聖顔。」詔以爲侍中，固辭，不拜。歸鄉里，終身不向朝廷而坐。」同時又有石偉，字公操，南郡人。好學修節，介然有不可奪之志。舉茂才、賢良方正，皆不就。景帝特徵，累遷光禄勳。後主朝政昏亂，以老耄痼疾乞身，拜光禄大夫。吳亡，晉建威將軍王戎親詣偉。太康二年，詔曰：「吳故光禄大夫石偉，秉志清白，皓首不渝，雖處危亂，廉節可紀。年已過邁，不堪遠涉。其以偉爲議郎，加二千石秩，以終厥世。」偉遂陽狂及盲，不受晉爵，卒年八十三。

卞　壺。字望之，濟陰冤句人。父粹，張華婿也。壺弱冠有名譽。晉元帝鎮建鄴，召爲中郎，甚見親仗。明帝時領尚書令，與王導俱受顧命輔幼主。導稱疾不朝，而私送車騎將軍鮭鑒。壺以導虧法從私，無大臣之節，御史中丞鍾雅阿撓王典，並請免官，舉朝震肅。壺斷裁切直，不畏彊禦，幹實當官，以褒貶爲己任，不肯苟同時好。庾亮將召蘇峻，壺固爭，謂亮曰：「峻擁強兵，多藏無賴，且逼近京邑，路不終朝，一旦有變，易爲蹉跌。宜深思遠慮，未可倉卒。」亮不納。司馬任台勸壺宜蓄良馬，以備不虞。壺笑曰：「以逆順論之，理無不濟。若萬一不然，豈須馬哉？」峻果稱兵，詔以壺都督大桁東諸軍事，率郭默、趙胤等與峻大戰，於蔣陵西爲峻所破，死傷千數。峻進攻青溪柵，壺與諸軍拒擊之。賊放火燒宮寺，六軍改績。壺時發背創猶未合，率厲散衆及左右吏數百人苦戰，遂死之，時年四十八。二子眕、盱見父沒，相隨赴賊，同時見害。母裴氏撫二子屍，哭曰：「父爲忠臣，爾爲孝子，復何恨乎？」徵士翟湯聞而歎曰：「父死於君，子死於父，忠孝之道，萃於一門。」時羊曼、周導、陶瞻等同見害。賊平，壺贈侍中、驃騎將軍、開府儀同三司，謚忠貞，祠以太牢。世子眕散騎侍郎，盱奉車都尉。晉末，盜發壺墓，尸僵，鬢髮蒼白，面如生，兩手悉拳，爪甲穿達手背。安帝詔給錢十萬以修塋兆。第三子瞻廣州刺史，瞻弟眈尚書郎。

孫忌。高密人，名鳳，又名晟。後唐明宗時事秦王從榮。從榮敗，亡命至壽春。節度使劉金得之，送詣金陵。時烈祖輔吳，四方豪傑多至。忌口吃，初與人接，不能道寒暄，坐定，辭辯鋒起。人多憎嫉之，而烈祖獨喜其文辭，使出教令，輒合指，遂預禪代秘計。保大十四年，周師侵淮南，圍壽州，以忌爲司馬使周。世宗以樓車載忌於壽州城下，使招劉仁瞻。仁瞻望見忌，戎服拜城上。忌逆語之曰：「君受國恩，不可開門納寇。」世宗詰之，忌謝曰：「臣爲唐大臣，豈可教節度使外叛。」周班師，留忌大梁。久之，世宗以他事發怒責問，忌正色請死，無撓辭。問江左虛實，又不肯對。命都承旨曹翰送至右軍巡院，猶飲之酒，數酌，翰起曰：「相公得罪，賜自盡。」忌怡然整衣索笏，東南望再拜曰：「臣受恩深，謹以死謝。」從者二百人，亦皆誅死於東相國寺。世宗性暴急，莫敢救者，已而追悔。元宗聞之流涕，贈太傅，追封魯國公，謚文忠，厚恤其家，擢其子爲祠部郎中，賜名魯嗣。

劉仁贍。字守惠，淮陰洪澤人。略通儒術，好兵書。仕唐爲龍衛軍都虞候，授清淮軍節度使。周世宗自將百計攻城，晝夜不少休，鼓角聲震，牆壁皆動，援兵屢敗，仁贍意氣益壯。世宗據胡牀城下督攻城，仁贍素善射，引弓射之，箭去胡牀數步輒墮。世宗命進胡牀於箭墮處，後箭復去數步。仁贍投弓於地，曰：「天果不佑唐耶？吾有死於城下耳。」世宗遣使諭曰：「知卿忠義，然士民何罪？」又親駕臨城招之，自正月至四月，不能下。少子崇諫夜泛小舟渡淮，謀紓家禍，爲軍校所執，仁贍命腰斬之。監軍文德殿使周廷構哭於中門，又求救仁贍妻薛氏。薛氏曰：「崇諫幼子，固所不忍，然貸其死，則劉氏爲不忠之門。」促命斬之，然後成服。聞者皆爲出涕。明年二月，世宗復親征，屢戰皆克。唐軍被俘馘者四萬人，餘衆不能復整，多降周。仁贍聞之，扼吭憤歎。世宗知城且下，心獨嘉仁贍，恐城破殺之，下詔諭使自擇禍福。三月甲辰，又耀兵城北，而仁贍病已困篤不知人，監軍代爲表降。世宗舁仁贍至幄前，撫勞嘉歎，拜天平軍節度使兼中書令，命還城養疾。辛亥晝晦，雨沙如霧，世宗在下蔡，疑有變，馳騎覘之，乃仁贍卒，年五十八。州人皆哭，偏裨及士卒自剄以徇者數十人。薛氏不食五日，亦死。世宗遣使弔祭，追封彭城郡王，錄其子崇讚爲懷州刺史，賜莊宅各一區。元宗聞仁贍死，哭之慟，贈太師、中書令，謚忠肅。歎曰：「仁贍有知，其肯捨我而受周命耶？」是夕，夢仁贍若拜謝庭中，加封衛王。後主立，進封越王。宋開寶中，子崇諒爲進奉使。太祖嘉其忠臣之後，特命爲都官郎中。仁贍至今廟食壽春，此亦有廟。

楊邦乂。字希稷〔四三〕，吉州吉水人。宋政和中，以上舍生賜第。建炎元年，爲溧陽縣令。時江寧府禁卒周德叛，囚其帥宇文粹中。縣宰有欲應之者，邦乂諭止之。不聽，乃設方略圍捕殺之。賊以故不得逞，卒就擒。事聞於朝，差通判軍府事。三年，烏珠入侵〔四四〕，渡淮，薄江師於東采石。時宰相杜充總諸道，兵留江上。左顯謨閣待制陳邦光守建康，李梲以前執政爲戶部尚書，供餽饟。充聞敵至〔四五〕，出其軍六萬人，列戍江南岸。居數日，敵知充無鬬志，遂渡江，江上之軍皆潰，充與戲下降北。兵入建康，梲先降。邦光欲棄城去，不果，亦降。獨邦乂力拒不從，大書其衣裙曰：「寧作趙氏鬼，不爲他邦臣。」以授其僕曰：「持此以見吾志，吾必死矣。」梲、邦光愧謝，猶強擁邦乂上馬，與郊迎。烏珠見，則使拜，邦乂叱曰：「我不降，何拜？」亟遁歸臥於家。明日，金將、張太師諭邦乂，授以舊官，邦乂以首觸階陛曰：「我已志死，何多誘我！」爲金將驚止之，徐曰：「公所守固高，奈勢不可何，第歸審思之。」邦乂退，移書其將曰：「世豈有不畏死而可以利動者？幸速殺我，無久留我。」又明日，金人設宴，棁、邦光坐堂上，樂作，召邦乂立庭下。邦乂瞠眎棁、邦光，叱曰：「天子以汝拒敵〔四六〕，不能抗，乃俯首求活，已不若犬豕，復與共燕樂，尚有面目見我乎？」金將有起，取紙書「死」、「活」二字，佯脅邦乂曰：「無多言，即欲死，趣書『死』字下，我乃信。」邦乂躍起，奪吏所簪筆，掣紙書字曰死。敵相顧色動，又使引去。明日，再以見烏珠，邦乂不勝憤，遥望見大罵。烏珠怒，使人疾擊，挺杖交下，邦乂罵不絕口，遂殺之，剖腹取其心。明年，州以事上聞，詔贈直秘閣，官其子二人。即死所立廟，賜額褒忠。今廟中從祀有忠義陳都、義山寨賈隅官。公姪孫尚書吏部員外郎萬里撰行狀曰：「斗子陳大伯者，從公爲傔。公被囚，大伯不去。公罵四太子，大伯舉甓奮擊之〔四七〕，不中，同被害。主山砦賈三郎者，武勇絕人，時號爲賈山砦，亦同公被執。賈命其子結里人爲鬻薪者，置兵於薪以入。閽人索之，事覺，父子磔於市。朝廷既褒公忠，遂各官二人一子以武階。邦人肖其像，立公左右從祀焉。」

秦鉅。字子野，丞相檜曾孫，待制、建康郡侯堪之子。嘉定辛巳正月，金人犯蘄州，鉅適通判州事，與知州李誠之協力捍禦。誠之字茂欽，東陽人。求援於武昌、安慶，月餘兵不至。策應兵涂揮、常用等棄城遁，城遂陷。鉅與誠之各以自隨之兵殊死巷戰，統制官孫中、小將江士旺、陳興、曹全、丘下、軍士李斌等皆鬬死。死傷略盡。李歸府，驅其妻子赴水，乃引劍自刎。時誠之年七十矣。鉅脱歸倅廳，厲聲呼吏人劉迪，急令放火燒諸倉庫，赴一室自焚。將死時，身猶著白戰袍，煙焰中可識。有老卒冒火牽之，鉅叱曰：「我爲國死，汝輩可自求生。」掣衣就焚死。次子三將仕名浚者〔四八〕，先往四祖山，兵至，亟還，與弟濯從父偕死。教授阮希用先遣其子女赴井〔四九〕，然後自投井中。判官趙汝標、知縣林桀〔五〇〕、監轄嚴剛中、主簿甯時鳳相率赴水死。剛中守城，累有戰功，而衆寡不敵，遂敗。城中士民殲焉，惟司理參軍趙與裕先率民兵百餘人奪關出求救，僅以身免，而全家没兵中，作《泣蘄錄》以言其事。嘉定十五年，褒贈死事官吏，鉅封顯節侯，謚義烈，與李誠之皆立廟蘄州，賜額褒忠。子孫今家郡中。

牛將軍名富，舊史一名臯。安豐霍丘人。宋制置司游擊寨兵籍，勇而知義。以統制官從安撫呂文煥守襄陽之樊城。樊城居漢水北，襄陽城在漢南，表裏相援爲固。先是，金亡大朝，屯兵鄧州、棗陽、光化，伺隙攻伐。宋亦宿重兵於襄應之，積芻糧器械常數十萬計。咸淳丁卯春，安撫使劉雄飛覺城中氣色有異，又諜知劉左丞整獻取襄之策，憂懼，遣使詣朝廷祈代。賈似道以文煥代守襄，至則北兵已築白河互市堡，兵自北來，穰穰不絕。秋九月，文煥下令清野，繕修守備，陰遣帳下回鶻人探伺北方動静。十月，大兵哨樊城，城中出師迎敵，殺萬戶庫庫岱〔五一〕。自是不大交鋒，而增築鹿門山，置堡江中洲上，周三里餘，起萬人臺，撤星橋，斷襄、樊下流之援，然櫃門關陸路尚通荆、郢。高達時守江陵，嘗有收復襄、樊功，怨朝廷處置失宜，又與呂氏不平，故救襄戰不甚力，而似道亦疑不即用，遣淮西閫夏貴、殿帥范文虎等相繼領兵赴援，皆敗退。辛未、壬申，行中書省、行樞密院駐鹿門山，遣兵斷櫃門關，於峴、楚二山矢石不及之地掘塹築城，下瞰城中，以綴文煥兵。又斷漢江中浮航，襄樊中絕，不能相救，外圍益急，城中兵纔七千人，糧食雖足，而乏薪芻布帛。張順、張貴自均、房上流赴援，力戰至城下，順溺死，貴復帥舟師潰圍出，求援安陸，轉戰至櫃門關，誤發平安砲，城中援者退歸，而北兵大至，敗績，死之。都統制唐海護兵士刈薪城西萬山，伏發被擒，所用回鶻將引兵襲北營，亦敗而死，城中奪氣。癸酉春，北兵急攻樊城，富與其衆數千人力戰不敵，城陷，投砲火中自焚死。統制官范大順、張漢英皆戰死。裨將王福見富死，歎曰：「將軍死國事，吾豈宜獨生？」亦赴火死。麾下戰死及投漢江者尸相枕藉。大兵據樊城，乘高樹砲擊襄陽中安撫司牙樓，襄府牙城譙樓大字篆扁曰「山南東道」，猶唐舊額也。城中恟懼。會唐都統扣城請文煥，宣諭上旨，遂以城降。襄樊拒大兵首尾六年，將士以死守，食盡援絕，其降豈得已哉！按張祐《倩福華錄》載：甲戌冬，大兵至陽羅堡，守關將牛富兩日夜死戰，血凝雙掌，以湯沃開，勝負未決。十二月二十四日，定海統制劉成戰敗，兵始渡江南。夏貴與呂文煥對語，夏發划車弩，誤中千戶解某〔五二〕，遂各退師。此又一牛富也，存以備考。富既死，其妻胡恭人即所居立廟奉祠，額曰忠烈開國節使，蓋當時勑贈云。廟在城中西南隅竹架街。

趙淮者，潭州衡山縣人。宋荆湖制置使方之孫，右丞相、樞密使葵之從子。金源遷汴，連歲南侵，方開閫襄陽，有戰守功。葵帥淮東，平李全，遷淮西制置使，拔用呂文德、夏貴等，皆自偏裨起爲名將。葵督視江淮軍馬，以身任藩屏幾四十年。淳祐癸卯，拜右丞相，被劾去國。咸淳丁卯冬告歸，病卒。而邊事日棘，朝廷以趙氏累世將家，用其子繇爲沿江制置，淮知無爲軍。德祐乙亥，行省兵自江州順流而下，行院兵自淮西來會，據安慶，降池州、太平。賈似道軍潰於丁家洲，沿江守將或遁或降。乃就家起淮爲太府寺丞，同臨安府通判陳昭賓於銀樹東壩措置防拓。淮招集義兵，聚糧造戰艦，於溧陽、宜興界長塘湖垸山阻水置寨，扼建康東出之兵。江東宣撫司屢遣使招之，不從。尋除江東轉運判官，置司溧陽。冬十月，行省分道進兵臨安，別遣招討使徐王榮、新野千戶陳翼引兵攻之。至元十三年正月，進屯兵溧陽之永豐圩〔五三〕，與大兵戰，敗，被擒。宣撫司遣徐王榮送詣淮東行省，路經秦丞相檜別墅，題云：「祖父有功王室，福澤延及子孫。淮今勢窮被執，萬古忠義長存。刀鋸吾所不懼，誓以一死報君。伏願先靈速引，庶幾不辱家門。」徐王榮沿途勸誘使降，淮曰：「汝依南朝體面則可。」徐信之，以轎從迎，過江。至行省，見左丞相阿珠，淮挺立不跪，抗罵不已，即命斬於瓜洲。淮妾二人時從行，有將領逼妻之，紿曰：「伺焚知府屍，唯命是從。」將以爲誠然，聽之。二妾既焚尸，以衣裹骨，投金山江中，並赴水死。宋相陳宜中以淮死節奏，贈忠愍公。事見《宋史》。

汪立信。字成父，號紫源，其先徽州人。宋紹興末，從祖澈宣諭湖北、京西，曾祖智往從之，取道淮西六安山中，喜其山水，擇居焉，子孫遂爲六安人。立信生而氣宇充實，端重寡言。淳祐辛丑，獻策招安慶劇賊胡興、劉文亮等，借補承信郎。丙午赴建康寓試，登進士第。理宗見公狀貌雄偉，顧侍臣曰：「此閫帥才也。」時年四十七，授烏江簿，辟沿江制幕、知桐城縣。未上，辟荆湖制司幹辦、通判建康府。荆湖制置馬光祖辟充策應使司及本司參議官。世説景定庚申變後，賈似道忌一時閫臣，行打算法汙之。趙葵宣撫所用，委建康閫馬光祖打算，大意欲捃摭煆煉，致葵於罪。汪立信時任閫幕，殊不經意。一日，光祖會幕客，置省札並文移案上曰〔五四〕：「此係朝廷新行一大事，須早回報，成父曾見否？」答曰：「略見。」揭視數板，復投案上。光祖曰：「成父意若何？」立信初不對，良久厲聲曰：「趙信庵爲朝廷事，使朝廷錢，制置欲去打算。今本司日日亦使朝廷錢，將後又使誰打算乎？」光祖大怒曰：「成父敢自擔當如此，可自回報朝廷，且自做制置。」即令吏抱印置立信前，立信曰：「可惜朝廷不用某作制置。若某作制置，須管得體，爲朝廷爭氣。」光祖拂衣入内，立信亦趨出。明日，光祖意悔，請立信謀之。立信曰：「於理只當星馳報趙，令自點對，當破數者破數，當還朝廷者還朝廷，本司備以回文〔五五〕，公私交益，兼全朝廷之體。」光祖喜從之，趙遂得全晚節以此。擢提舉京西南路常平義倉、茶鹽公事。改知招信軍，權淮東提刑。景定庚申，差知池州，提舉江南東路，權知常州、兩浙西路提刑。辛酉冬，移臺嘉興，講行救荒之政，公自爲榜。略云：古人有言：「世間善事惟濟人之急爲第一，陰間罪譴惟絶人之食爲最重。」蓋食者，人之命。一日不食則飢，三日不食則死。有能捐斗升以活人，是爲無上功德。昔成都府有黄承事者，每歲遇禾麥熟時，以錢三萬緡收糴。至來年禾麥未熟艱難之際，只照元糴價出糶。張忠定公鎮成都日，夜夢謁紫府真君，真君召黃承事坐公之上。真君加敬如此，其陰功蓋可見矣。燕山竇十郎，其家甚富，歉歲則減價糶穀，其窮乏無錢者則隨數賙給，後生五子，皆登上第。青州有陳、季二富家，歲收田租以數萬計，遇歉歲，則閉糴待價，用小斗出糶，收利十倍，因此愈富。不過三十年，家道日漸蕭索，子孫絶滅無噍類。善惡之報，如影隨形，深可畏哉！榜出，民賴以濟。尋改知江州，充沿江制置副使，節制蘄、黃、興國軍馬，提舉饒州、南康兵甲。升江西安撫使，乞祠祿，差知鎮江。尋充湖南安撫使，知潭州，到任除臥牀薦席外，備堂供帳物件悉置官庫。行惠民之政，以所積錢連歲代納潭民夏稅。貧無告者支米給錢，病者加炭藥，雨雪旱潦軍民皆有犒給。興學校，禁鄉試鬨場，士習丕變。以潭爲湖湘重鎮，創威敵軍，所募精鋭凡數千人，後帥李芾果賴以守。咸淳癸酉，除權兵部尚書、荆湖安撫制置使、知江陵府。時襄陽被圍危急，立信上疏請益安陸府屯兵，凡邊戍皆不宜抽減。黃州守臣陳奕素蓄異志，朝廷宜防之。又移書抵似道，謂「内地何所用乎多兵，宜盡抽之過江，可得六十萬。百里或二百里置一屯，皆設都統。七千里江面纔三四十屯，設兩大藩府，以總攝運調之緩急，上下流相應，必無能破吾聯落之勢者，久之日益進，此第一策也。今久拘使者在真州，何不議遣使偕行，啗以厚利，緩其師期。年歲間，我江外之藩垣成，氣象固，江南之生兵日增矣，此其二策也」。三謂若此兩説不行，惟有準備投拜，其意蓋激賈行第二策。賈得書大怒，指爲張皇生事，罵曰：「瞎賊，敢爾妄語！」諷臺諫劾之。甲戌秋，改兵部尚書，以朱祼孫代守江陵。立信歸金陵，上章丐祠。德祐乙亥，北兵渡江，九江以下皆失守。公挈家登舟，由真、揚入淮，遇似道江中，撫公背曰：「端明、端明，似道不用公言，遂至於此。」答曰：「平章、平章，瞎賊今日更説一句不得？」賈問公何向，曰：「今江南無一寸乾淨地，立信去尋一片趙家地上，死也要死得分明。」後抵高郵，月餘除端明殿學士、沿江招討大使，隨寓開府，沿江諸軍並聽調用。而建康府已降，淮東被圍，公病亦篤，告老，授光禄大夫致仕。丞相巴延行省建康，聞立信所陳三策，驚曰：「江南亦有是人、有是語乎！若宋用之，我豈得至此？」欲遣使迎之。立信得密報，哭曰：「吾猶幸得在趙家地上死也。」握拳撫案者三，聲震中外，以是失聲，三日而死，年七十五。時高郵尚未歸附，以遺表奏，贈少傅。公先居建康興政坊，至元丁丑歸葬溧水都堂山。子麟早卒，姪天麒爲撰年譜云。

【校勘記】

〔一〕鹽：至正本作「鹹」。
〔二〕康：原脱，據《晉書》卷九〇《吴隱之傳》補。
〔三〕焉：至正本無。
〔四〕「時」字前至正本有「於」字。
〔五〕三：原作「二」，據《梁書》卷八《蕭統傳》改。
〔六〕溧水令：至正本作「縣令」。
〔七〕表：原本無，據至正本補。
〔八〕縣：至正本作「小」。
〔九〕違：至正本作「非」。
〔一〇〕如：至正本作「與」。
〔一一〕悔：至正本作「哀而」。
〔一二〕云：至正本作「傳」。

〔一三〕郎妻也：至正本作「娘剖腹」。
〔一四〕民：至正本作「人」。
〔一五〕和：至正本作「煮」。
〔一六〕爲之：至正本作「加旌」。
〔一七〕思樂鄉：至正本作「思鶴鄉」。
〔一八〕二年：至正本作「間」。
〔一九〕「李」字上至正本有「思口口」三字。
〔二〇〕若：原闕，據至正本補。
〔二一〕「股」字上至正本有「右」字。
〔二二〕李震龍：至正本作「鄭雲龍」。
〔二三〕千：原作「干」，據至正本改。
〔二四〕慶元：原闕，據至正本補。
〔二五〕神：至正本作「斗」。
〔二六〕將：至正本作「欲」。

〔二七〕必須獲：至正本作「必母子」。

〔二八〕神前：至正本作「空中」。

〔二九〕神：至正本作「久之」。

〔三〇〕已：至正本無此字。

〔三一〕探其心：至正本作「肉物」。

〔三二〕其事：至正本作「鄉鄰」。

〔三三〕「王弟兒」前原衍一「闕」字，據至正本刪。

〔三四〕丘念一：原闕，據至正本補。

〔三五〕三年俱：原闕，據至正本補。

〔三六〕子適審實：「子」原作「手」，其餘三字闕，據至正本改、補。

〔三七〕如：至正本作「爲」。

〔三八〕又：原作「父」，徑改。

〔三九〕爲：至正本作「尤」。

〔四〇〕霖方：至正本作「母亡」。

〔四一〕知：至正本作「本」。

〔四二〕家：至正本作「間」。

〔四三〕希：《宋史》卷四四七《楊邦乂傳》作「晞」。

〔四四〕侵：至正本作「寇」。

〔四五〕敵：至正本作「虜」。下同。

〔四六〕敵：至正本作「賊」。

〔四七〕奮：原作「奪」，據至正本改。

〔四八〕三：疑爲衍文。

〔四九〕阮希用：至正本作「阮希甫」。

〔五〇〕標：原闕，據至正本及《宋史》卷四四九《秦鉅傳》補。

〔五一〕庫庫岱：至正本作「闊闊歹」。

〔五二〕某：原作「其」，據至正本改。

〔五三〕進：至正本作「淮」。

〔五四〕札：原作「禮」，據至正本改。

〔五五〕文：原闕，據至正本補。

至正金陵新志卷十三上之下

人物志三

列傳

忠勳

范蠡。南陽人。事越二十餘年。句踐即位三年，而欲伐吳，蠡諫曰：「國家之事有持盈，有定傾，有節事。持盈者與天，定傾者與人，節事者與地。夫勇者，逆德也。兵者，凶器也。爭者，事之末也。陰謀逆德，好用凶器，始於人者，人之所卒也。淫佚之事，上帝之禁也，先行此者不利。」句踐不聽，興師伐吳，戰於五湖，不勝，棲於會稽，召蠡問焉，對曰：「君王其忘之乎？定傾者與人。」乃令大夫種行成於吳，吳人許諾。王曰：「蠡爲我守於國。」對曰：「四封之内，百姓之事，蠡不如種也。四封之外，敵國之制，立斷之事，種亦不如蠡也。」王曰：「諾。」令大夫種守國，與蠡入宮於吳。三年，而吳人遣之歸。及至於國，王問蠡曰：「節事奈何？」對曰：「節事者與地，惟地能包萬物以爲一其事，不失生萬物，容畜禽獸，然後受其名而兼其利，美惡皆成，以養其生，時不至不可彊生，事不究不可彊成。時將有反，事將有間，必有以知天地之恒制，乃可以有天下之成利。事無間，時無反，則撫民保教以須之。」四年，王召蠡與謀伐吳，蠡不可。又一年，蠡曰：「人事至矣，天應未也。」又一年，吳殺伍子胥。王召蠡問焉，對曰：「逆節萌生，天地未形而先爲之征，其事是以不成，並受其刑，王姑待之。」又一年，王問曰：「吾昔與子謀吳，子曰未可。今吳稻蟹不遺種，其可乎？」對曰：「天應至矣，人事未盡也，王姑待之。」王怒曰：「子欺不穀耶？吾與子言人事，子應我以天時。今天應至矣，子應我以人事，何也？」蠡曰：「夫人事必與天地相參，然後可以成功。今其禍新，民恐其君臣上下皆知其資財之不足以支長久也，將同其力、致其死。王其馳騁弋獵，無忘國常，彼上將薄其德，下將盡其力，又使之望而不得食，乃可以致天地之殛。」王從之。至於玄月，王召蠡曰：「諺有之：『觥飲不及壺飧。』今歲晚矣，子將奈何？」對曰：「微君王之言，臣固將謁之。臣聞從時者猶救火追亡人也，蹶而趨之，唯恐弗及。」王曰：「諾。」遂興師伐吳，至於五湖。五湖舊云笠澤。溧陽長塘湖別云洮湖〔一〕，即五湖之一。詳見《山川志》。吳人挑戰，一日五反，王欲許之，蠡進諫曰：「夫謀之廊廟，失之中原，可乎？王姑弗許。臣聞古之善用兵者，嬴縮以爲常，四時以爲紀。無過天極，究數而止。天道皇皇，日月以爲常，明者以爲法，微者則是行，陽至而陰，陰至而陽。日困而還，月盈而匡。故善用兵者，因天地之常，與之俱行。後則用陰，先則用陽。近則用柔，遠則用剛。後無陰蔽，先無陽察。用人無藝，往從其所。剛柔以禦，陽節不盡，不死其野。彼來從我，固守勿與。若將與之，必因天地之災。又觀其民之飢飽勞逸以參之，盡其陽節，盈吾陰節，而奪之利。宜爲人客，剛彊而力疾，陽節不盡，輕而不可取。宜爲人主，安徐而重固，陰節不盡，柔而不可迫。凡陳之道，設右以爲牝，益左以爲牡，蚤晏無失，必順天道，周旋無究。今其來也，剛彊而力疾，王姑待之。」王曰：「諾。」弗與戰。居三年，吳師潰。吳王棲於姑蘇，使王孫雒行成於越，曰：「昔者上天降禍於吳，得罪於會稽。今王其圖不穀，不穀請復會稽之和。」蠡諫不許。使者往而復來，辭愈卑，禮愈尊，王又欲許之，蠡諫曰：「臣聞聖人之功，時爲之庸。得時不成，天有還形。天節不遠，五年復反。小凶則近，大凶則遠。君王忘會稽之恥乎？孰使我蚤朝而晏罷者非吳耶？與我爭三江五湖之利者非吳耶？十年謀之，一朝而棄之，王姑勿許。」王曰：「吾欲勿許，而難對其使者，子其辭之。」蠡左提鼓、右援枹對使者曰：「昔者上天降禍於越，委制於吳，而吳不受，今將反義以報此禍，吾王敢無聽天之命而聽君王之命乎？」王孫雒曰：「子范子，先人有言曰：『無助天爲虐，助天爲虐者不祥。』今吳稻蟹不遺種〔二〕，子將助天爲虐，不忌其不祥乎？」蠡曰「王孫子，昔吾先君，固周室之不成子也。改濱於東海之陂〔三〕，黿鼉魚鼈之與處，而榿黽之與同處〔四〕，余雖覥然而人面哉？吾猶禽獸也，又安知是諓諓者乎？」雒請反，辭於王，蠡曰：「君王已委制於執事之人矣。子往矣，無使執事之人得罪於子。」使者辭反，蠡不報於王，擊鼓興師以隨使者，至於姑蘇之宫，不傷越民，遂滅吳。句踐既平吳，命蠡築城金陵之長干，長干在今集慶路城南天禧寺所，故址猶在。詳見後《古蹟志》。以兵北渡淮，與齊、晉諸侯會於徐州，致貢於周。元王使人賜句踐胙，命爲伯。是時，越兵橫行江淮東，諸侯畢賀，號稱霸王。蠡乃辭於王曰：「臣聞君憂臣勞，君辱臣死。昔者君王辱於會稽，臣所以不死者，國之恥未雪也。今事已濟矣，蠡請從會稽之罰。」王曰：「所不掩子之惡、揚子之美者，使其自無終沒於越國。子聽吾言，吾與子分國而治；不聽吾言，身死，妻子爲戮。」蠡對曰：「臣聞命矣，君行制，臣行意。」遂乘輕舟以浮於五湖，注見前。變姓名，自謂鴟夷子皮，父子戮力治産，居無幾何，致産數千萬。齊人聞其賢，以爲相。蠡喟然歎曰：「居家則致千金，居官則致卿相，此布衣之極也，久受尊名不祥。」乃歸相印，盡散其財與知友鄉黨，而懷其重寶間行以去，止於陶，自謂陶朱公。詳見《史記》及《吳越春秋》。

論曰：管仲相桓公霸諸侯，其許不足稱也，而聖人取節焉。若蠡之佐句踐，因敗爲成，報辱爲功，豈與後之君臣酖於晏安、甘心困辱者比乎？其能持盈定傾，務盡人事，而觀天節，皆權謀深計，同於戰國之士〔五〕。蠡力行之，外以強其國，内以保其身，然槩之聖賢之道，功近而德遠矣。

張昭。字子布，彭城人。漢末，避難南渡，居秦淮，爲孫策長史，輔孫權爲軍師。權嘗乘馬射虎，虎突前攀持馬鞍，昭變色而前曰：「將軍何有當爾？夫爲人君者，謂能駕御英雄，驅使羣賢，豈謂馳逐於原野、校勇於猛獸者乎？如有一旦之患，奈天下笑何？」權謝昭曰：「年少，慮事不遠，以此慚君。」權於釣臺飲酒，大醉，使人以水灑羣臣曰：「今日酣飲，惟醉墮臺中乃止。」昭正色不言，出外車中坐。權呼還，謂曰：「共作樂耳，公何爲怒？」昭對曰：「昔紂爲糟丘酒池、長夜之飲，當時亦以爲樂，不以爲惡也。」權默然，慚，遂罷酒。初，權當置丞相，衆議歸昭。權曰：「方今多事，職統者責重，非所以優之也。」後丞相孫邵卒，百僚復舉昭，權曰：「孤豈爲子布有愛乎？顧丞相事煩，而此公性剛，所言不從，怨咎將興，非所以益之也。」乃用顧雍。昭每朝見，辭氣壯厲，義形於色。曾以直言逆旨，中不進見。後蜀使來，稱蜀德美，而羣臣莫拒，權歎曰：「使張公在坐，彼不折則廢，安復自誇乎！」明日遣中使勞問，因請見昭。昭避席謝，權跪止之。昭坐定，仰曰：「昔太后、桓王不以老臣屬陛下，而以陛下屬老臣，是以思盡臣節以報厚恩，使泯沒之後有可稱述，而意慮淺短，違逆盛旨。自分幽淪，長棄溝壑，不圖復蒙引見，得奉帷幄。然臣愚心所以事國，志在忠益畢命而已。若乃變心易慮，以偷榮取容，此臣所不能也。」權辭謝焉。公孫淵稱藩，權遣張彌、許晏往拜淵燕王，昭諫曰：「淵背魏懼討，遠來求援，非本志也。若淵改圖，欲自明於魏，兩使不反，不亦取笑於天下乎？」權與相反覆，昭意彌切，權不能堪，案刀而怒曰：「吳國士人，入宮則拜孤，出宮則拜君。孤之敬君亦爲至矣，而數於衆中折孤，孤嘗恐失計。」昭熟視權曰：「臣雖知言不用，每竭愚忠者，誠以太后臨崩呼老臣于床下，遺詔顧命之言故在耳。」因涕泣橫流，權擲刀與昭對泣，然卒遣彌、晏往。昭忿言之不用，稱疾不朝。權恨之，土塞其門，昭又於内以土封之。淵果殺彌、晏，權數慰謝昭，昭固不起。權因出，過其門，呼昭，昭辭疾篤。權燒其門，欲以恐之，昭更閉戶。權使人滅火，住門良久，昭諸子共扶昭起，權載以還宮，深自克責。昭不得已，然後朝會。昭容貌矜嚴有威風，權常曰：「孤與張公言不敢妄也。」舉邦憚之。年八十一，嘉禾五年卒。遺令幅巾素棺，斂以時服。權素服臨弔，謚曰文。昭封婁侯，著《春秋左氏論語注》。有宅孫閶，見後傳。

周　瑜。字公瑾，廬江舒人。父異，洛陽令。瑜長，壯有姿貌。初，孫堅興義兵討董卓，徙家於舒。堅子策與瑜同年，獨相友善。瑜推道南大宅舍策，升堂拜母，有無通共。瑜從父尚爲丹陽太守，瑜往省之，會策東度到歷陽，馳書報瑜，將兵迎策，從攻橫江、當利，皆拔之。乃渡擊秣陵，破笮融、薛禮。轉下湖孰、江乘，進入曲阿，劉繇奔走，而策之衆已數萬。因謂瑜曰：「吾以此衆取吴會、平山越已足，卿還鎮丹陽。」瑜還。頃之，袁術遣從弟胤代尚爲太守，而瑜與尚俱還壽春。術欲以瑜爲將，瑜觀術終無所成，求爲居巢長，遂還吴，是歲建安三年也。策親自迎瑜，授建威中郎將，與兵二千人，騎五十疋，令曰：「周公瑾英儁異才，與孤有總角之好，骨肉之分，加前在丹陽發衆及船糧以濟大事，論德酬功，此未足以報者也。」瑜時年二十四，吴中皆呼爲周郎。後領春穀長。頃之，策欲取荆州，以瑜爲中護軍，領江夏太守。從攻皖，拔之。復進尋陽，破劉勳，討江夏，還定豫章、廬陵，留鎮巴丘。案孫策時未能得定江夏，瑜所鎮應在江西之巴丘縣，與後所卒巴丘之地不同。策薨，權統事，瑜將兵赴喪，遂留吴，與長史張昭共掌衆事。曹操破袁紹，下書責權任子。權召羣臣會議，張昭、秦松等猶豫不能決。權意不欲遣質，將瑜詣母前定議，瑜曰：「昔楚國初封於荆山之側，不滿百里之地，繼嗣賢能，廣土開境，立基於郢，遂據荆揚，至於南岸，傳業延祚九百餘年。今將軍承父兄餘資，兼六郡之衆，兵精糧多，將士用命，鑄山爲銅，煮海爲鹽，境内富饒，人不思亂，汎舟舉帆，朝發夕到，士風勁勇，所向無敵，有何偪迫而欲送質？質一入，不得不與曹氏相首尾。與相首尾，則命召不得不往，便見制於人也。極不過一侯印，僕從十餘人，車數乘，馬數匹，豈與南面稱孤同哉？不如勿遣，徐觀其變。若曹氏能率義以正天下，將軍事之未晚。若圖爲暴亂，兵猶火也，不戢將自焚。將軍韜武抗威，以待天命，何送質之有？」權母曰：「公瑾議是也。公瑾與伯符同年，小一月耳，我視之如子，汝其兄事之。」遂不送質。十三年九月，操入荆州，劉琮舉衆降，操得其水軍、船、步兵數十萬。將士聞之，皆恐，權延見羣下，問以計策。議者咸欲迎之，瑜曰：「不然。操雖託名漢相，其實漢賊。將軍以神武雄才，仗父兄之烈，割據江東，當横行天下，爲漢家除殘去穢。況操自送死而可迎之邪？請爲將軍籌之。今使北土已安，操無内憂，能曠日持久來爭疆埸，又能與我校勝負於舟楫，可也。今北土既未平安，馬超、韓遂尚在關西，爲操後患。且舍鞍馬、仗舟檝與吴越爭衡，本非中國所長。又今盛寒，馬無藁草，驅中國士衆遠涉江湖之間，不習水土，必生疾病。此數者，用兵之患也，而操皆冒行之，將軍擒操宜在今日。瑜請得精兵三萬人，進住夏口，保爲將軍破之。」權曰：「老賊欲廢漢自立久矣，徒忌二袁、吕布、劉表與孤耳。今數雄已滅，惟孤尚存，孤與老賊勢不兩立。君言當擊，甚與孤合，此天以君授孤也。」拔刀斫前奏案曰：「諸將吏敢復有言當迎操者，與此案同！」及會罷之夜，瑜請見曰：「諸人徒見操書言水步八十萬而各恐懾，不復料其虛實。今以實校之，彼所將中國人不過十五六萬，且軍已久疲。所得表衆極七八萬耳，而尚懷狐疑。夫以疲病之卒御狐疑之衆，衆數雖多，甚未足畏。得精兵五萬，自足制之，願將軍勿慮。」權撫背曰：「公瑾，卿言至此，甚合孤心。子布、元表諸人各顧妻子，挾持私慮，深失所望，獨卿與子敬與孤同耳，此天以卿二人贊孤也。五萬兵難卒合，已選三萬人，船、糧、戰具俱辦，卿與子敬、程公便在前發，孤當續發人衆，多載資糧，爲卿後援。卿能辦之者誠決，邂逅不如意便還就孤，孤當與孟德決之。」時劉備爲操所破，遣諸葛亮詣權，權遂遣瑜及程普等與備並力逆操，遇於赤壁。時操軍衆已有疾病，初一交戰，操軍敗退，引次江北。瑜步將黃蓋曰：「今寇衆我寡，難與持久。然觀操軍方連船艦，首尾相接，可燒而走也。」乃取蒙衝鬬艦數十艘，實以薪草，膏油灌其中，裹以帷幕，上建牙旗，先書報操，欺以欲降，又豫備走舸，各繫在船後。因引次俱前，操軍吏士皆延頸觀望，指言蓋降。蓋放諸船，同時發火，時風盛猛，延燒岸上營落。

頃之，煙炎張天，人馬燒溺死者甚衆。操軍敗走，還屯南郡。權拜瑜偏將軍、領南郡太守，以下雋、漢昌、瀏陽、州陵爲奉邑，屯據江陵。劉備以左將軍領荆州牧，治公安。備詣京見權，瑜上疏曰：「劉備以梟雄之姿，而有關羽、張飛熊虎之將，必非久屈爲人用者。愚謂大計宜徙備置吳，盛築宫室，多其美女玩好，分此二人，各置一方，使如瑜者得挾與攻戰，大事可定也。今猥割土地以資業之聚，此三人俱在疆埸，恐蛟龍得雲雨，終非池中物也。」權以操在北方，當廣攬英雄，又恐備難卒制，故不納。是時，劉璋爲益州牧，外有張魯寇侵，瑜詣京見權曰：「今曹操新折衂，方憂腹心，未能與將軍連兵相事。乞與奮威俱進取蜀，得蜀而並張魯，因留奮威固守其地，與馬超結援。瑜還，與將軍據襄陽以蹙，北方可圖也。」權許之。瑜還江陵，爲行裝，道於巴丘，病卒。所卒之處應在今之巴陵，與前所鎮巴丘名同處異也。兩男一女。女配太子登，男循尚公主，拜騎都尉，有瑜風。

王　導。字茂弘，光禄大夫覽之孫也。少有風鑒，識量清遠。年十四，陳高士張公見而奇之，曰：「此兒容貌志氣，將相之器也。」入朝爲秘書郎。時有洛陽人戍邊，五年不反，所聘妻父母更以女予他族，女不欲行，父母強之登車。生一子，終悒悒成疾以死。踰年，前夫歸，聞其家説如此，便往發墓，開棺視之，女還活，起，與前夫歸其家。後夫訟於縣，縣聞之府，河南尹上其事，詔廷臣議，咸不能決。導曰：「此非常事，不得以常理斷之，女宜還前夫。」詔是其議。元帝爲琅邪王，與導素相親善。導知天下已亂，遂傾心推奉。會帝出鎮下邳，請導爲安東司馬。及徙鎮建康，吳人不附。居月餘，士庶莫有至者，導患之。會上巳觀禊，帝乘肩輿，具威儀，導與兄敦及諸名勝皆騎從，吳人紀瞻、顧榮皆江南之望，竊覘之，相率拜於道左。帝使導躬造榮等，皆應命而至。由是吳會風靡，百姓歸心。俄而洛京傾覆，中州士女避亂江左者十六七，導勸帝收其賢人君子，與之圖事。時荆、揚晏安，戶口殷實，導爲政務在清靜，朝野傾心，號爲仲父。帝從容謂導曰：「卿，吾之蕭何也。」晉國既建，以導爲丞相。軍諮祭酒桓彝初過江，見朝廷微弱，謂周顗曰：「我以中州多故來此，欲求全活，而寡弱如此，將何以濟？」憂懼不樂。往見導，極談世事。還，謂顗曰：「向見管夷吾，無復憂矣。」於時軍旅不息，學校未修，導上書請興復道教，令朝之子弟入學。帝從之。語見《學校志》。及帝登尊號，百官陪列，命導升御牀共坐。導固辭，曰：「若太陽下同萬物，蒼生何由仰照？」乃止。劉隗用事，導漸見疎遠，任真推分，澹如也。王敦反，劉隗勸帝悉誅王氏。導率羣從昆弟子姪二十餘人，每旦詣臺待罪。帝召見之，導稽首謝曰：「逆臣賊子，何世無之，豈意今者近出臣族。」帝跣執其手曰：「茂弘，方託百里之命於卿，是何言邪？」乃詔曰：「導以大義滅親，可以吾爲安東時節假之。」及敦得志，加導守尚書令。初，西都覆沒，四方咸勸進於帝，敦憚帝賢明，欲更議所立，導固爭乃止。及此役也，敦謂導曰：「不從吾言，幾致覆族。」導猶執正議，敦無以奪。元帝愛琅邪王裒，將有奪嫡之議，以問導。導曰：「立子以長，且紹又賢，不宜改革。」帝猶疑之，導日夕陳諫，故太子卒定。明帝崩，導復與庾亮等同受遺詔，共輔幼主。石勒侵阜陵，加大司馬，假黄鉞出討之。軍次江寧，帝親餞於郊，俄而賊退。庾亮將征蘇峻，導曰：「峻猜險，必不奉詔，且山藪藏疾，宜包容之。」固爭不從。既而難作，六軍敗績。導入宫侍帝，峻以導德望，不敢加害，使以本官居己之右。未幾，逼乘輿幸石頭，導爭之不得，使參軍袁耽潛誘峻將路永謀奉帝出奔義軍，而峻衛禦甚嚴，事遂不果，導乃攜二子隨永偕奔白石。及賊平，宗廟宫室並爲灰燼，溫嶠議遷都豫章，三吳之豪請都會稽，二論紛紜，未有所適。導曰：「建康，古之金陵，舊爲帝里，又孫仲謀、劉玄德俱言王者之宅。古之帝王不以豐儉移都，苟思衛文大帛之冠，則無往不可。若不績其麻，則樂土爲虚矣。且北寇遊魂，伺我之隙，一旦示弱，竄於蠻越，求之望實，懼非良計。今特宜鎮之以静，羣情自安。」由是嶠等謀並不行。導有羸疾，不堪朝會，帝數幸其府，後令輿車入殿。石季龍游騎至歷陽〔六〕，導請出討之，加大司馬，假黄鉞、中外諸軍事，置左右長史、司馬，給布萬匹。賊退，解大司馬，復轉中外都督，進位太傅。又拜丞相，依漢制，罷司徒官以並之。册曰：「朕夙罹不造，肆陟帝位，未堪多難，禍亂旁興。公文貫九功，武經七德，外緝四海，内齊八政，天地以平，人神以和，業同伊尹，道隆姬旦。仰思唐虞，登庸儁乂，申命群官，允厘庶績。朕思憑高謨，弘濟遠猷，維稽古建爾於上公，永爲晉輔，往踐厥職，敬敷道訓，以亮天工，不亦休哉！公其戒之。」咸和五年薨，時年六十四。帝舉哀朝堂三日，遣大鴻臚持節監護喪事，賵襚之禮一依漢博陸侯及安平獻王故事。及葬，給九游轀輬車，黄屋左纛，前後羽葆、鼓吹、虎賁、班劍百人，中興名臣，莫與爲比。謚曰文獻，祠以太牢。六子：悦、恬、洽、協、劭、薈。《唐史》：武后就王綝求羲之書，奏曰：「十世從祖羲之書四十餘番，太宗求之，先臣悉上送。今所存惟一軸，並上十一世祖導、十世祖洽、九世祖珣、八世祖曇首、七世祖僧綽、六世祖仲寶、五世祖騫、高祖規、曾祖褒並九世從祖獻之等凡二十八人書，共十篇。」后御武成殿，徧示群臣，詔中書舍人崔融序其閥閱，號《寶章集》，復以賜綝子方慶。其先自丹陽徙雍咸陽。

謝　安。字安石。少有重名。初辟司徒府，除著作佐郎，並以疾辭。寓居會稽，與王羲之及高陽許詢、桑門支遁游處，出則漁弋山水，入則言詠屬文，無處世意。年四十餘，征西大將軍桓溫請爲司馬，將發新亭，朝士咸送，中丞高崧戲之曰：「卿屢違朝旨，高臥東山，諸人每相與言，安石不肯出，將如蒼生何？蒼生今亦將如卿何？」會弟萬病卒，安求歸，除吴興太守。在官無當時譽，去後爲人所思。徵拜侍中，遷吏部尚書、中護軍。簡文帝疾篤，溫上疏薦安宜受顧命。及帝崩，溫入赴山陵，止新亭，大陳兵衛，將移晉室，呼安及王坦之，欲於坐害之。坦之甚懼，問計於安，安神色不變曰：「晉祚存亡，在此一行。」既見溫，坦之流汗沾衣，倒執手版。安從容就席坐定，謂溫曰：「安聞諸侯有道，守在四鄰，明公何須壁後置人邪？」溫笑曰：「正自不能不爾！」遂笑語移日。坦之初與安齊名，至是方知其劣。溫威振内外，人情噂䛤，互生同異。安與坦之盡忠匡翼，終能輯穆。及溫病篤，諷朝廷加九錫，使袁宏具草，安見輒改之，歷旬不就。會溫薨，錫命遂寢。尋爲尚書僕射，領吏部，加後將軍，詔安總閲中書事。時强敵寇境，邊書續至，梁、益不守，樊、鄧陷沒，安每鎮以和靖，御以長算。德政既行，文武用命，不存小察，弘以大綱，威懷外著，人皆比之王導，而謂文雅過之。嘗與王羲之登冶城，悠然遐想，有高世志。羲之謂曰：「夏禹勤王，手足胼胝；文王旰食，日不暇給。今四郊多事，宜思自效，而虚談廢務，浮文妨要，恐非當今所宜。」安曰：「秦任商鞅，二世而亡，豈清言致患邪？」是時，宫室毁壞，安決意繕治，皆仰模玄象，合體辰極，而役無勞怨。又領揚州刺史，詔以甲仗百人入殿。孝武帝始親萬機，進安中書監、驃騎將軍、録尚書事，固讓軍號。頃之，加司徒，讓不拜。復加侍中，假節都督揚、豫、徐、兖、青五州，幽州之燕國諸軍事。苻堅入寇，諸將敗退相繼，安遣弟石及兄子玄等應機征討，所在克捷，拜衛將軍、開府儀同三司，封建昌縣公。堅率衆號百萬，次於淮淝，京師震恐，加安征討大都督。玄入問計，安夷然答曰：「已别有旨。」既而寂然。玄不敢復言，乃令張玄重請。安遂命駕出山墅，親朋畢集，方與玄圍棋賭别墅，游陟至夜乃還，指授將帥各當其任。玄等既破堅，有驛書至，安方對客圍棋，看書既，竟便攝放床上，了無喜色，棋如故。客問之，徐答云：「小兒輩遂已破賊。」既罷還內，過戶限，心喜甚，不覺屐齒之折。其矯情鎮物類如此。以總統功，進拜太保。安方欲經略中原，混一文軌，而會稽王道子用安婿王國寶之譖，與安不協，事多疑沮，乃上疏求自北征，進都督揚、江、荆、司、豫、徐、兗、青、冀、幽、并、寧、益、雍、梁十五州軍事，加黄鉞，本官如故。是時，桓冲既卒，荆、江二州並闕，物論以玄勳望，宜以授之。安以父子皆著大勛，恐爲朝廷所疑，又懼桓氏失職，桓石虔有沔陽之功，慮其驍猛難制，乃以桓石民爲荆州，改桓伊於中流，石虔爲豫州，既以三桓麾三州，彼此無怨，各得所任。常疑劉牢之不可獨任，王味之不宜專城。牢之既以亂終，而味之亦以貪敗，識者服其知人。安雖受朝寄，然東山之志始末不渝，每形於言色。造汎海之裝，欲須經略粗定，自江道還東。雅志未就，遇疾還都。聞當輿入西州門，悵然謂所親曰：「昔桓溫在時，吾常懼不全。忽夢乘溫輿行十六里，見一白鷄而止。乘溫輿者，代其位也。十六里止，今十六年矣。白鷄主酉，今太歲在酉，吾病殆不起乎？」乃上疏遜位。薨，年六十六。帝臨於朝堂三日，贈太傅，謚曰文靖，葬加殊禮，依大司馬桓溫故事。詳見《晉史》。

溫　嶠。字太真，司徒羨弟之子。聰敏有識量，博學屬文，以孝悌稱於邦族。年十七，州郡辟召，皆不就。平北大將軍劉琨妻，嶠之從母。琨請爲參軍，與討石勒，有功，遷右司馬。元帝初鎮江左，琨謂嶠曰：「昔班彪識劉氏之復興，馬援知漢光之可輔。今晉祚雖衰，天命未改，吾欲立功河朔，使卿延譽江南，子其行乎！」對曰：「嶠雖無管張之才，而明公有桓文之志，欲建匡合之功，豈敢辭命。」乃以爲左長史，檄告中外，奉表勸進。嶠既至，引見，具陳琨忠誠，志在效節，因說社稷無主，天人繫望，辭旨慷慨，舉朝屬目，帝器而嘉焉。王導、周顗、謝鯤、庾亮、桓彝等並與親善。於時江左草創，綱維未舉，嶠殊以爲憂。及見王導，共談讙然，曰：「江左自有管夷吾，吾復何慮？」除散騎侍郎，固讓不拜。苦請北歸葬母，不許，遷太子中庶子。太子與爲布衣交，數陳規諷，又獻《侍臣箴》。時太子起西池樓觀，頗爲勞費。嶠上疏以爲朝廷草創，巨寇未滅，宜應儉以率下，務農重兵，太子納焉。王敦舉兵内向，六軍敗績。太子將自出戰，嶠執鞚諫曰：「臣聞善戰者不怒，善勝者不武，如何萬乘儲副而以身輕天下。」太子乃止。明帝即位，拜侍中，轉中書令，甚爲王敦所忌，因請爲左司馬。敦阻兵不朝，多行陵縱，嶠諫敦曰：「昔周公之相成王，勞謙吐握，豈好勤而惡逸哉？誠由處大任者，不可不爾。而公自還輦轂，入輔朝政，闕拜覲之禮，簡人臣之儀〔七〕，不達聖心者，莫不於邑。昔帝舜服事唐堯，伯禹竭身虞庭，文王雖盛臣節不僭，故有庇人之大德，必有事君之小心，俾芳烈奮乎百世，休風流乎萬祀。至聖遺軌，所不宜忽，願思舜、禹、文王服事之勤，推公旦吐握之事，則天下幸甚！」敦不納。嶠知其終不悟，於是繆爲設敬，綜其府事，深結錢鳳，爲之聲譽，每曰：「錢世儀精神滿腹。」嶠素有知人之稱，鳳聞而悅之，深結好於嶠。會丹陽尹闕，嶠說敦曰：「京尹輦轂喉舌，宜得文武兼能，公宜自選其才。若朝廷用人，或不盡理。」敦然之，問嶠：「誰可？」嶠曰：「錢鳳可用。」鳳亦推嶠，嶠僞辭之。敦不從，表補丹陽尹。嶠得還都，乃具奏敦逆謀，請先爲之備。加嶠中壘將軍、持節都督東安比部諸軍事。敦與王導書曰：「大真別來幾日，作如此事！」表誅奸臣，以嶠爲首，募生得嶠者，當自拔其舌。及王含、錢鳳奄至都下，嶠燒朱雀桁以挫其鋒。帝怒，嶠曰：「今宿衛寡弱，徵兵未至，若賊豕突，危及社稷，陛下何惜一橋。」賊果不得舟渡。嶠自率衆與賊夾水戰，擊王含，敗之，復督劉遐追錢鳳於江寧。事平，封建寧縣開國公，賜絹五千四百匹，進號前將軍。帝疾篤，嶠與王導、鮭鑒、庾亮、陸曄、卞壺等同受顧命。時歷陽太守蘇峻藏匿亡命，征西將軍陶侃有威名於荆楚，朝廷疑之，使嶠爲上流形援。咸和初，代應詹爲江州刺史、持節都督、平南將軍，鎮武昌，甚有惠政，甄異行能。聞蘇峻之徵也，慮必有變，求還以備不虞。不聽。未幾，峻果反，嶠屯潯陽，遣都護王衍期、西陽太守鄧嶽、鄱陽内史紀瞻等率舟師赴難。及京師傾覆，嶠聞之號慟。人有候之者，悲哭相對。俄爾庾亮來奔，宣太后詔，進嶠驃騎將軍、開府儀同三司。嶠曰：「今日之急，殄寇爲先，未效勛庸，而逆受榮寵，非所聞也，何以示天下乎？」固辭不受。時亮雖奔敗，嶠每推崇之，分兵給亮，遣王愆期等要陶侃同赴國難。侃恨不受顧命，不許。嶠用其部將毛寶及從弟充之言，固請侃行，侃遣都護龔登率兵詣嶠。嶠於是列上尚書，陳峻罪狀。有衆七千，灑泣登舟，未發，侃復召兵還。嶠與侃書曰：「僕與仁公並受方岳之任，安危休戚，理既同之，進當爲大晉之忠臣，退當以慈父雪愛子之痛。今出軍既緩，復召兵還，人心乖離，是爲敗于幾成也。」峻時殺侃子瞻，由是侃激勵，遂率所統與嶠、亮同赴京師，戎卒六萬，旌旗七百餘里，直指石城，次於蔡洲。侃屯查浦，嶠屯沙門浦。祖約據歷陽，與峻爲首尾，見嶠等軍盛，加散騎常侍，錄前後功，進號征南大將軍，開府儀同三司。敦平，遷都督荆、雍、益、梁州諸軍事，領護南蠻校尉、征西大將軍、荆州刺史。侃性聰敏，勤於吏職。閫外多事，千緒萬端，罔有遺漏。遠近書疏，莫不手答，筆翰如流，未嘗壅滯。引接踈遠，門無停客。常語人曰：「大禹聖者，乃惜寸陰，至於衆人，當惜分陰，豈可逸遊荒醉？生無益於時，死無聞於後，是自棄也。」諸參佐或以談戲廢事者，命取其酒器、蒱博之具，悉投之於江，吏將則加鞭扑，曰：「樗蒱者，牧豬奴戲耳。老莊浮華，非先王之法言，不可行也。君子當正其衣冠，攝其威儀，何有亂頭養望，自謂宏達邪？」造船木屑及竹頭悉令舉掌之，咸不解所以。後正會，積雪始晴，聽事前猶濕，於是以屑布地。及桓溫伐蜀，又以竹頭作釘裝船。其綜理微密皆此類。蘇峻作逆，京都不安，侃子瞻與卞壺等皆死難。平南將軍溫嶠要侃同赴朝廷，推爲盟主。以峻殺瞻，重遣書以激怒之，便戎服登舟。瞻喪至，不臨，與溫嶠、庾亮俱會石頭。諸軍即欲決戰，侃獨謂賊盛不可爭鋒，當以歲月，智計擒之。嶠等累戰無功，侃仍屯查浦〔一〇〕。監軍部將李根建議請立白石壘，曰：「查浦地下，又在水南，唯白石峻極險固，可容數千人，賊來攻不便，滅賊之術也。」侃從之。夜修曉訖，賊見壘，大驚。賊攻大業壘，侃將救之，長史殷羨曰：「若遣救大業，步戰不如峻，則大事去矣。但當急攻石頭，峻必救之，而大業自解。」侃又從羨言，峻果棄大業而救石頭。諸軍與峻戰，陣陵東，督護、竟陵太守李陽部將彭世斬峻於陣，賊衆大潰。峻弟逸復聚衆，侃與諸軍斬逸於石頭。初，峻之反，由於庾亮。亮之奔也，懼侃致討，用溫嶠謀，詣侃拜謝，侃遽止之，曰：「庾元規乃拜陶士行邪？」王導入石頭城，令取故節，侃笑曰：「蘇武節似不如是。」導有慚色，使人屏之。侃旋江陵，尋拜侍中、太尉，加羽葆鼓吹，改封長沙郡公，邑二千戶，賜絹八千疋，加都督交、廣、寧七州軍事。以江陵偏遠，移鎮巴陵。蘇峻將馮鐵殺侃子，奔於石勒，勒以爲戍將。侃告勒以故，勒召而殺之。尋以討郭默，詔侃都督江州，領刺史，增置左右長史、司馬、從事中郎四人，掾屬十三人，移鎮武昌。疾篤，上表遜位，遣左長史殷羨奉送所假節、麾幢曲蓋、侍中貂蟬、太尉章、荆、江州刺史印傳棨戟，以後事付右司馬王愆期，輿車出就船。明日，薨於樊溪，時年七十六。追贈大司馬、假密章，祠以太牢，策謚曰桓。詳見《晉史》。晉徵士潛，字淵明，即侃曾孫。嘗爲建鎮軍參軍。宋高祖王業漸隆，不復肯仕，由彭澤令棄官隱廬山云。

曹　彬。字國華，真定靈壽人。父芸，成德軍兵馬使。彬始生周歲日，父母以百翫之具羅於席，觀其所取，彬左手持干戈，右手取俎豆，斯須取一印，他無所視，人皆異之。既長，氣質淳厚。漢乾祐中，爲成德牙將。周太祖貴妃張氏，彬之從母也，由是得隸世宗帳下，補供奉官。累遷西上閤門使〔一二〕。出使吳越，訖事即行，不受私覿。遷引進使。宋興，遷客省使。伐蜀之役，彬以客省使監歸州路行營。劉光毅軍峽中，郡縣悉下，諸將皆欲屠城殺降，彬獨任恕而戢下，所至悦服。拜宣徽南院使、義成軍節度使。太祖伐江南，以彬將行營之師。彬分兵由荆南順流而東，破峽口砦，進克池州，連克當塗、蕪湖二縣，駐軍采石磯，作浮梁跨大江以濟師，大破其軍於白鷺洲。進次秦淮，江南水陸千萬陳於城下，大敗之。進圍金陵，李煜遣徐鉉奉表詣闕乞緩師。彬亦緩攻取，冀煜歸服，使人諭之曰：「事勢如此，所惜者一城生聚。若能歸命，策之上也。」城垂克，彬忽稱疾不視事。諸將皆來問疾，彬曰：「余之病非藥石所愈，惟須諸公誠心自誓，以克城之日，不妄殺一人，則自愈矣。」諸將許諾，共焚香爲誓。明日，稱疾愈，遂克金陵，城中按堵。李煜與其臣百餘人詣軍門請罪，彬慰安之，待以客禮。自出師至凱旋，士衆畏服，無輕肆者。及入見，以榜子進，稱「奉敕江南幹事回」，其謙恭不伐如此。初，彬之總師也，太祖謂曰：「俟克李煜，當以卿爲使相。」副帥潘美豫以爲賀，彬曰：「不然。是行也，仗天威，遵廟謨，乃能成事，吾何功哉？況使相極品乎！」美曰：「何謂也？」彬曰：「太原未平爾。」已而還朝獻俘，太祖曰：「本除卿使相，然劉繼元未下，姑少待之。」既聞此語，美竊視彬，微哂。太祖覺之，遽詰所以。美不敢隱，遂以前對。太祖亦大笑，乃賜彬錢二十萬。彬曰：「人生何必使相，好官亦不過多積金錢耳。」未幾，拜樞密使、忠武軍節度使。太宗即位，加同平章事。從平太原，加兼侍中。罷爲天平軍節度使，封魯國公。起爲侍中、武寧軍節度使，徙鎮平盧。真宗即位，拜同平章事、樞密使。咸平二年被疾，真宗親視臨問，手爲和藥，賜白金萬兩。問以後事，對曰：「臣無事可言。二子璨與瑋，材器有取，臣若内舉，皆堪爲將。」真宗問以優劣，對曰：「璨不如瑋。」薨，年六十九。贈中書令，以孫女皇后恩，追封濟陽郡王，謚「武惠」。與趙普配享太祖廟廷。此亦有廟。

呂頤浩。字元直，本滄州樂陵人，五世祖因官家於齊州。頤浩登宋紹聖元年進士第，初調北京成安尉、密州司戶。以李清臣薦，除大名府國子監博士〔一二〕。未幾〔一三〕，改邠州教授。歷宗子博士〔一四〕，通判延安，兩浙提舉茶鹽〔一五〕。提舉河北東路常平、河北轉運判官。召爲太府少卿，除轉運副使，陞都轉運使，奉法稱職。宣和四年，童貫用兵燕、薊，徽宗命頤浩爲轉運使。頤浩條奏河北燕山路危急五事，忤旨罷職。金國漸生釁端，前後反復，邀求不已。徽宗悟前日之言，復頤浩官。金人入燕山，公與蔡靖以下文武官三百餘員皆爲金人所執，與蔡靖、李與權、沈琯等隨行至東京城下，得還朝廷。再差爲河北都轉運使，力辭，挈家居揚州。建炎元年五月，高宗即位於南京，召頤浩赴行在，以病辭免。先致書宰執，大略謂：「敵人詭詐不情〔一六〕，貪婪無厭。與契丹相持二十年，今歲講和，明年大戰，前後反覆，卒吞契丹。今日之勢，講和亦不可恃，欲戰則力不逮，若非遷避，更無上策。議者多以謂鑾輿南渡，必失中原，是大不然。赤壁之戰，魏彊吳弱，然而魏武大衄者，江淮之間，沮洳之地，又有長江之險，非北人用重兵之利，此吳所以勝也。戰勝則勢張，豈有失中原之理哉？議者又曰金人既能渡大河，豈不能渡大江？是亦不然。黃河水狹，霜降之後，水面不過一二里，又無水戰之具，北兵渡河，所以不能制。大江則不然，水面闊遠，狹處不下七八里，若於南岸豫習水戰，竢其半渡，以輕舟戰艦順流而下，頃刻追及，雖百萬之師可挫也。且以夏人號善用兵，與我師相持，每迭勝迭負，我師未嘗如今日敗衂者，以涇原、環慶等路皆山險之地，非騎兵所利故也。自金人犯邊，我師遇之，不待接戰而輒奔潰，蓋平原曠野，步不能抗騎故也。愚謂宜遷避者，以三十年來童貫、譚稹掌兵，軍政盡壞，賞罰不明，人無鬬志，必先革此弊，然後可以語戰。兼自金人連年入侵〔一七〕，官私馬劫掠已盡，步人之勢，終難抗騎。《霍去病傳》云：『自後更不議伐匈奴者，以無馬故也。』豈可不鑒哉？今防秋在近，機事宜密〔一八〕。梁宋間諸州環地千里，城壁不固，雖欲增修，不可及矣〔一九〕。願先遷宗廟於江外，大駕且駐南京。萬一有警，速駕南來。江淮地熱，馬無稈草，彼必不能久留。竢彼既往，我復北去，亦未爲失計。兵法所謂彼入我出，彼出我入，茲誠今日備禦之策，惟速圖之，不可緩也。」差知揚州。高宗南幸，召對，奏劄略云：「臣竊觀天下之勢，以撥亂爲急務，成敗安危繫於施設。臣不敢遠引堯舜三代，昔周世宗當中國殘弊之後，王朴獻策曰：『唐失道而失吳、蜀，晉失道而失幽、并。觀所以失之之由，知所以平之之術，在反唐、晉之失而已。』今陛下鑒前之失，必先進賢，退不肖，以清其時。用能，去不能，以審其材。恩信號令，以結其心；賞功罰罪，以盡其力；恭儉節用，以豐其材。徭役以時，以阜其民。待其倉廩實〔二〇〕，財用足，人安將和，則有必取之勢，無不成之功矣。」旬餘，再進劄云：「淮南兩路，北距海，南阻江，土地膏腴，形勢雄勝。臣嘗謂彊可以使之弱，弱可以致之彊。昔漢高祖與項氏相持，百戰百敗。然垓下之役，一戰遂成帝業。越王兵敗，棲於會稽，卑辭厚禮，養兵蓄鋭，有待而發，一戰遂收霸功。然則陛下駐蹕淮甸，豈非天意所以資陛下興王業乎？伏願聚精會神，苦心嘗膽，期於除禍亂，致太平，實萬世無疆之休也。」除戶部侍郎，兼知揚州。明年三月，進戶部尚書。劇賊張遇等衆數萬，自上江順流而下，破太平、真州，屯金山寺，雖受招安，而不卸甲，四向焚劫，命頤浩節制諸大將往圖之。頤浩設砦楊子橋，單騎入賊中，訪得劉彥者爲遇畫謀，令不卸甲。令壯士捽彥庭下，截其兩足，釘於楊子橋柱。餘黨震恐，即日卸甲納官。散被虜之民三四萬人，得被虜婦人五六千人，奏給錢米，召人識認，皆不失所。是年十二月，改吏部尚書。被旨陳備禦十策：一曰收民心，二曰定廟筭，三曰料彼己，四曰選將材，五曰明斥堠，六曰訓彊弩，七曰分器甲，八曰備水戰，九曰控浮橋，十曰審形勢。累數萬言。頤浩久在西北極邊，諳知敵情〔二一〕，料金人必犯淮南，屢乞先輦左藏庫物過江，及獻守淮之策甚備，宰執不從。明年二月三日，金人逼揚州，車駕倉卒南渡，頤浩與禮部侍郎張浚聯鑣追及上於瓜洲〔二二〕，僅得渡江。至秀州，除資政殿學士、同簽書樞密院事，江淮兩浙制置使，引羸兵千人扼揚子江〔二三〕，沿路召募潰散，得四五千人，屯田江府之北〔二四〕，枕江下砦，與金人對岸相持。頤浩遂被甲，乘輕舟於江中，往來督責軍將官以舟濟渡江北被擄逃歸官員士庶、軍兵家小。及選募敢死之士過江，遇夜燒劫敵砦〔二五〕。又分遣兵將沿江上下招集潰兵。金人北去，命頤浩兼領江寧軍府事。忽有赦書至，人情洶洶。頤浩之子摭時任兩浙漕屬，遣人齎蠟彈報苗傅、劉正彦反叛擅廢立狀。頤浩曰：「此不戴天之讎也。」即上表請皇帝復位，遣屬官奉議郎李承造往鎮江，約劉光世往平江府，約張浚、韓世忠、張俊等同起兵討賊。官屬持不可，頤浩不聽。子摭及家屬在杭州，苗傅令歸朝官馬柔吉監守之，公亦不顧。兵至常州，傅、正彦差使臣齎狀具道本末，云朝廷已留知樞密院闕以待公來。頤浩斬其使，督進兵。行至望亭，張浚自平江來見，同議討賊，撰檄書，聲傅、正彦廢立專殺之罪。抵臨平山，賊將苗翊率步騎萬餘人迎擊官軍，頤浩督韓世忠血戰，大破之，賊皇駭率衆南遁。

高宗復位，頤浩除宣奉大夫、尚書右僕射，一行官吏將佐等第推恩，時建炎三年四月也。尋遷左僕射，與張浚密謀誅范瓊，一軍帖然。時金人離淮甸未久，盜賊羣起，李成據宿、泗，靳賽、薛慶、裴淵等寇掠通州、淮、楚，京城隔絕，山東、河北諸路命令不通。頤浩奏置三省樞密院賞功司，應自軍興以來諸路立功將校借補等人並許繳元立功，干照自陳，隨宜推恩，補轉官資。又諸大將多乞空名告劄，軍前書填與親舊伎術無功之人，致名器太輕，無以激勸，公奏今後更不給降，若實有功勳之人〔二六〕，各具名保奏，從朝廷推恩，庶革僥冒。是年九月，探報金兵南來，朝議遣兵守淮，分屯建康府等處，控扼江上。隆祐太后前期往江西，頤浩奏留六宮，乞駕幸浙西，號令江淮，大略謂：「漢高祖、唐太宗之取天下，未嘗一日寧居。黥布作亂，是時謀臣猛將固不乏人，然高祖不憚親征。太宗曰：『吾經營天下，所至處買飯而食，僦舍而宿。』今陛下便鞭馬，精馳射，蓋天之所授將以撥亂，安忍燕處清閒、坐廢白日？臣侵尋老境，常恐功業不成，抱恨泯滅。望詢近臣，察其可否，然後奮發，獨斷施行。」十月，金人渡江，破杭州，欲逼行在。頤浩憂憤不知所爲，遂獻航海之計。帝自明州登海船，趨溫州。會金人已回鎮江，韓世忠以舟師扼江路，金人不得濟。公力請車駕回幸浙西，下親征之詔，亟以鋭兵策應世忠交擊之，以擒烏珠。時人心不樂浙西之行，又中丞趙鼎謂車駕未可北去，竟失機會。頤浩罷相，除鎮南軍節度使、開府儀同三司，充醴泉觀使。未幾，被命充江東安撫制置大使、兼知池州，力辭，弗許，仍令過闕奏事。頤浩入見，奏曰：「臣近自海道北來，伏見朝廷聚集海船在明州岸下，竊慮車駕欲爲避敵之備〔二七〕。夫避敵之計固不可不預辦，然備戰之計尤不可緩。望鑒去年敵騎追襲之事〔二八〕，選兵五萬，分爲兩項，一屯浙西，一往饒、信，分據水鄉，或據山險，邀其追襲之路，使將士戮力，如明州城下之戰，則戰無不勝矣。萬一金人今冬不渡江，則於明年四五月間遣兵二萬由海道趨登州，以搖青、齊，別遣兵二萬，由淮陽軍、徐州，以圖濮、鄆。金人用兵，深忌夏月，我乘其忌而攻之，此必勝之道。且中國衰弱，其勢已甚，自淮以北，皆非我有。士大夫苟目前之安，習太平時驕墮不振之氣，殊無北向以爭天下、恢復中原之心，此臣所以感慨流涕而不能已也。」時大寇李成遣將馬進圍江州，守臣以蠟彈告急。頤浩曰：「江州乃池州上流，江破則池不可保。」節度使楊惟忠有兵七千人屯饒州，頤浩請惟忠同解江圍，自饒州乘舟趨南康，遣大將巨師古往江州城下。賊設伏夾擊，師古兵潰，惟忠與頤浩渡江避賊。具奏衆寡不敵，乞濟師，得王鱛軍二萬人，再趨左蠡下砦。會淮南崔增有兵八千人，皆習水戰。頤浩令與鱛引兵與李成戰於湖口，大敗之。江州守臣以糧盡棄城去，賊據江州。頤浩曰：「我爲江東帥，今不竭力禦賊，則一路皆爲賊境。」遂置砦左蠡江岸，前後數十戰，賊失利，頤浩兵益振。朝廷遣張俊由江西洪州路討賊，頤浩分遣王鱛軍會俊，與賊大戰，賊兵敗走，成與馬進僅以身免。拜尚書左僕射。頤浩初自左蠡班師回鄱陽，而巨寇張琪、李捧引兵五萬人犯饒州，邦人皇駭。頤浩召愛將閻皐等，自畫戰圖授之。皐等方出城五里，而賊鋒已至，前軍張守忠失利少卻，賊恃衆輕犯中軍，皐力戰，而崔邦弼、姚端兩軍翼擊之，賊大敗走，饒人安堵，繪頤浩像祠於郡中。頤浩再入朝，言今天下之勢先平内寇，然後可以禦外侮。乞隨賊寇之大小，分遣兵將，官以金字牌招安，不聽命者加兵剿除，諸路盜賊略平。頤浩奏：「敵人今年既不渡江，則諸事可以措手。願先定駐蹕之地，據都會之要，使號令易通於川陝，將兵順流而可下，漕運不至於艱阻，然後速發大兵，一往江西、湖南，以平羣寇；一往池州，至建康府，處置已就招安之人，明年民得專事耕桑，則大江以南在我之根本立矣。然後乘大暑之際，命劉光世渡淮，由淮陽軍入沂、密，以搖青、鄆。命張俊由漢中府入絳州，以撼河東。乘兩路民心懷宋之時，知王師有收復中原之意，則中興之業可頴。若不速爲之，逡巡過春夏，則金人他日再來，不惟大江以南我之根本不可立，而日後之患不可勝言矣。」又奏：「人事可爲者二，天時可爲者三。昨自揚州之變，兵甲器械十失八九。今張俊軍有衆三萬，全裝甲萬餘副，刀鎗弓箭皆足。韓世忠衆四萬，張守忠軍二萬三千，王鱒有衆一萬三千，雖不如張俊軍盡皆精鋭，亦非前日怯懦之比。劉光世有衆四萬，雖老弱冗散者衆，亦可得精鋭二萬人。神武中軍楊沂中有兵萬人。此外又有神武後軍陳思恭不下萬人，御前中鋭如崔增、張守忠、趙琦、徐文、姚端等軍亦二萬人。上考太祖皇帝取天下，正兵不過十萬，今日有兵十六七萬，器械足用，何憚而不爲？臣所謂人事可爲者一也。建炎、紹興大盜縱横，鄧慶寇廣東，李敦仁犯虔、告〔二九〕，邵清擾通、泰，張琪劫徽、饒，李成破江、瑞，范汝爲據建、劍，馬友、李横、孔彦舟、曹成、張用、劉超等散處江南，爲害於荆湖等路，朝廷枝梧不暇，今則悉已撲滅，民得安業，臣所謂人事可爲者二也。金人南牧以來，我師望塵奔潰，莫敢嬰其鋒。而近年張俊克捷於明州〔三〇〕，韓世忠扼敵於鎮江〔三一〕，陳思恭邀擊於長橋，張榮大捷於淮甸，良由敵人窺覬中原〔三二〕，黎民爭奮〔三三〕，人有戰心，天意殆將悔禍，臣所謂天時可爲者一也。金人命劉豫僭位，盡以中原付之，不欲南來。而豫煩碎，不知爲國之體，雖三尺童子知其不能立國。況兵不如我精，將不如我能，勝負固可料矣。觀宇文虛中密奏，雖未能盡信，然敵騎連年不至淮甸〔三四〕，豈無牽制之故哉？臣所謂天時可爲者二也。江浙等路，連失耕殖，兼苦水旱，米價翔湧，每斗一貫至二貫。今年豐收〔三五〕，米斗不及五六百，江上諸州米斗三四百，臣所謂天時可爲者三也〔三六〕。今韓世忠已到行在，願令世忠及浚與臣等商議決策北向。明年三月，令韓世忠由宿州、南京以入，劉光世由徐、曹諸州路以入。又於明州留海船三百隻，令范溫、閻皐乘四月間南風北去，徑取登、萊。凡此數路，有糧可因，而登、萊尤有積蓄。大兵既集，劉豫必北走。所得州郡，擇逐州豪傑守之，初則示以羈縻之義，過則以爲後圖〔三七〕，雖敵人來年秋冬間必爭其地〔三八〕，然彼出我入，此兵法也。擾之數年，中原必可以復。賈誼曰：『日中必熭，操刀必割。』捨此機會而不乘，後欲追悔，何可及耶？今有兵十六七萬，費用不貲，朝廷竭力經營，錢糧常苦不辦，曠日持久，必取於民。民怨衆離，乃自困之道，禍亂之所起，可不慎哉〔三九〕！又今日戰兵其精鋭者皆中原之人，數年之後，消磨寖少，異時雖欲舉事，勢必不能，可爲深惜者也。」上嘉納，以頤浩都督諸路諸軍事，總師北向。至鎮江，病瘧。踰月，遣中使召還，乞歸致政〔四〇〕，以鎮南軍節度使、開府儀同三司、充醴泉觀使寓居台州。是年冬，以邊防機事奏曰：「豫賊不知用兵之策，而金酋狃於常勝，不知慮敵，深入吾境，此天亡之時。願陛下於此冱寒、敵人弓健馬壯之際〔四一〕，且敕諸將固守江岸，竢其糧盡欲退，併力追襲，此萬全之策。金人大酋如羅索棟摩〔四二〕、國王斡里雅布皆已物故〔四三〕，今次南來者，達蘭郎君、四太子，臣在燕山府皆嘗聞之，達蘭有謀而怯戰，四太子乏謀而粗勇。然四太子所統部曲，比之達蘭多而精鋭，四太子所向，尤宜隄防也。」上降詔獎諭。數日，又詔問以攻戰之利，守備之宜，頤浩條十事上之：一論用兵之策，二論彼此形勢，三論舉兵之時，四論分道進兵之策，五論運糧供軍，六論大兵進發日乞聖駕駐蹕鎮江，七論經理淮甸，八論機會不可失，九論舟楫之利，十論並謀獨斷。是年十二月，除荆湖南路安撫制置大使、兼知潭州。湖南荒歲之後，羣寇竊發，公悉平之。明年十一月，除少保，充兩浙西路安撫制置大使、兼知臨安府、行宫留守。是時車駕在建康，朝有省百司〔四四〕，庶務浩穰。頤浩決事明敏，而號令嚴重，豪右震懾。日纔過午，訟庭已寂然無事。凡民間寃抑有數十年不能雪，如醫僧有謀殺婦人者，悉按置於法。輦轂之下，政若神明。紹興八年，詔還臨安〔四五〕，除少傅，鎮南定江軍節度使，充江南東路安撫制置大使，兼知建康府行宮留守，固辭〔四六〕，依前少保、鎮南軍節度使，充醴泉觀使、成國公，免奉朝請。九年二月，召赴行在，所賜札云：「朕以河南新復境土，陝西最爲重地。惟卿舊弼元臣，威望素著，欲勤卿往，調護諸將，拊循遺民，當體朕意，趣裝亟來，以濟事機，毋爲辭避常禮。」頤浩奏曰：「金人窺覬中原〔四七〕，去而復來〔四八〕，交兵累年，未見寧息。今者無故割新黃河、河南之地與我，豈無意哉？望與執政大臣子細商量，及契勘陝西一路自割屬我朝以來諸路帥臣、守臣曾與未曾申發到文字，分遣臣僚迤邐前去，訪問職位、姓名，傳宣撫問。其鄜延、環慶、涇原、秦鳳、熙河路帥臣仍許以久任之意，庶幾不致疑貳，稍竢定疊，徐爲後圖，茲今日之上策也。」又奏：「陝西利害，今日所繫國體甚重。若一觸事機，必貽後悔。如張中孚等未見向背，趙彬又係曲端門客，本一書生，其人尤爲桀黠，望留聖慮。」公力疾造朝。丞相秦檜被旨，同參政孫近、李光到寓所問疾，得請扶病東歸。除少傅，致仕。薨，年六十九。贈太師，追封秦國公，謚忠穆。子五人，抗、撫、極、搢、撝。孫八人，曾孫十人。

南軒先生張子名栻，字敬夫，廣漢人，丞相魏國公浚之子也。高宗南渡，浚與呂頤浩平苗傅、劉正彥，有大功。以樞密使宣撫川陝，敗於富平。繼督師江淮，以用呂祉，失酈瓊等軍〔四九〕。晚歲以右相視師江淮，朝眷特重。會孝宗受禪，慨然有興師恢復中原之志，命栻以右承務郎、直秘閣充宣撫都督機宜文字。栻早從南岳胡仁仲先生問學，得河南程氏論經奧旨，玩索講評，踐行體驗，十餘年間，充實光大，皆可設施，見於行事。而魏公以身任天下安危，許公之心皓首不渝〔五〇〕。栻在幕府，溫凊之餘，内贊密謀，外參庶務，其所綜畫，老於班列者皆自以爲不及。嘗以軍事入奏，始得見上，即進言曰：「陛下上念宗社之讎耻，下閔中原之塗炭，惕然於中，而思有以振之。臣謂此心之發即天理之所存也，誠願益加省察。而稽古親賢，以自輔焉，無使其或少息也，則不惟今日之功可以必成，而千古因循之弊亦庶乎其可革矣。」上異其言，蓋於是始定君臣之契。已而忠獻公去位，用事者遂罷兵講和。金人乘其隙，縱兵淮甸，中外大震，而廟堂猶主和議，至勅諸將，毋得以兵向敵。

時忠獻公已即世，公不勝君親之念，甫畢藏事，即拜疏言：「吾與金人乃不共戴天之讎，向來朝廷雖亦嘗興縞素之師，然玉帛之使未嘗不行乎其間，是講和之念未忘於胸中，而至誠惻怛之心無以感格乎天人之際，此所以事屢敗而功不成也。今雖重爲羣邪所誤，以蹙國召寇，然亦安知非天欲以是開聖心哉？謂宜深察此理，使吾胸中了然無纖芥之惑，然後明詔中外，公行賞罰，以快軍民之憤，則人心悅，士氣充，而敵不難卻矣。繼今以往，益堅此志，誓不言和，專務自強，雖折不撓，使此心純一，貫徹上下，則遲以歲月，亦何功之不成哉？」疏入不報。後六年，以補郡，臨遣見上，首進明大義、正人心之說。明年召還，上問曰：「卿知敵中事乎〔五一〕？」對曰：「敵中之事臣雖不知，然境中之事則知之詳矣。竊見比年諸道水旱，民貧日甚，而國家兵弱財匱，官吏誕謾，不足倚仗，正使彼實可圖。臣懼我之未足以圖彼也，今日但當下哀痛之詔，明復讎之義，顯絕金人〔五二〕，不與敵使〔五三〕，然後修德立政，用賢養民，選將帥，練甲兵，通内修外，攘進戰退，守以爲一，事且必治其實，而不爲虛文，則必勝之形隱然可見，雖有淺陋畏怯之人，亦且奮躍而爭先矣。」上嘉歎，面諭當以卿爲講官。時還朝未期歲，而召對至六七。公感上非常之遇，知無不言，大抵皆修身、務學、畏天、卹民、抑權倖、屏讒諛之意。至論復讎之義，則反覆推明，所以爲名實之辨者益詳。於是宰相近倖益憚公，合中外之力以排之，而公去國矣。蓋公自是退居，三年更歷兩鎮，雖不復得聞國論，而蚤夜孜孜，反身修德，愛民討軍，以俟國家，扶義正名之舉尤極懇至。天子嘗賜手書褒其忠，實將復大用之，而公已病。病亟且死，猶手疏勸上以親君子、遠小人，信任防一己之偏，好惡公天下之理，以清四海，克固丕圖，若眷眷不能忘者。寫畢，緘付府僚驛上之。有頃而絕。公爲人坦蕩明白，表裏洞然，詣理既精，信道又篤。其樂於聞過，而勇於徙義，則又奮厲明決，無毫髮滯吝意，以至疾病垂死，而口不絕吟於天理人欲之間，則平日可知也。常有言曰：「學莫先於義利之辨。義也者，本心之所當爲而不能自已，非有所爲而爲之者也。一有所爲而後爲之，則皆人欲之私，而非天理之所存矣。」嗚呼！至哉言也，其亦可謂廣前聖之所未發，而同於性善養氣之功者歟。公在建康，幹父謀國之暇，嘗遊城南天禧寺竹間，愛其清邃，掃室讀書，名曰南軒，後人因建祠焉。朱文公贊曰：「擴仁義之端，至於可以彌六合；謹善利之判，至於可以析秋豪。拳拳乎其致主之切，汲汲乎其幹父之勞，仡仡乎其任道之勇，卓卓乎其立心之高。知之者識其春風沂水之樂，不知者以爲湖海一世之豪。彼其揚休山立之姿，既與其不可傳者死矣。觀於此者，尚有以卜其見伊、呂而失蕭、曹也耶！」嘉定八年，賜謚曰宣。景定二年正月，從祀大成殿。

【校勘記】

〔一〕云：至正本作「名」。

〔二〕遺：原作「移」，據至正本及本卷上文改。

〔三〕陂：原作「濱」，據《資治通鑑外紀》卷一〇及至正本改。

〔四〕處：至正本作「渚」。

〔五〕同：至正本作「優」。

〔六〕自「游騎至歷陽」至「謝安」條下「彼此無忌」：原闕，據至正本補。

〔七〕自「人臣之儀」至「列上尚書」：原闕，據至正本補。

〔八〕虜：原作「方」，據《晉書》卷六六《溫嶠傳》及至正本改。

〔九〕侃：原作「亂」，據《晉書》卷六六《陶侃傳》及文意改。

〔一〇〕仍屯：至正本作「屯軍」。

〔一一〕閤：原作「閣」，據《宋史》卷二五八《曹彬傳》改。

〔一二〕博士：至正本作「教授」。

〔一三〕未幾：至正本作「避親」。

〔一四〕子：原闕，據至正本補。

〔一五〕「安兩」二字原闕，據至正本補。

〔一六〕敵人：至正本作「金人」。

〔一七〕侵：至正本作「寇」。

〔一八〕宜密：至正本作「甚迫」。

〔一九〕「不」字上至正本有「已」字。

〔二〇〕待：至正本作「治」。

〔二一〕敵：至正本作「虜」。

〔二二〕鑣：至正本作「馬」。

〔二三〕兵千：原闕，據至正本補。

〔二四〕屯田：至正本作「就鎮」。

〔二五〕敵：至正本作「虜」。

〔二六〕勳：至正本作「績」。

〔二七〕敵：至正本作「寇」。下同。

〔二八〕敵：至正本作「虜」。

〔二九〕李敦仁：「仁」字原闕，據《建炎要録》卷四四補。

〔三〇〕「而」字至正本無。又「克」字，至正本作「獲」。

〔三一〕敵：至正本作「賊」。

〔三二〕窺覬中原：至正本作「貪殘太甚」。

〔三三〕黎民爭奮：至正本作「逆天悖道」。

〔三四〕敵：至正本作「虜」。

〔三五〕收：至正本作「熟」。

〔三六〕臣所謂：至正本無此三字。

〔三七〕以：至正本作「續」。

〔三八〕敵：至正本作「虜」。

〔三九〕慎：至正本作「畏」。

〔四〇〕按此句至正本作「乞解機政」。

〔四一〕敵：至正本作「虜」。

〔四二〕羅索棟摩：至正本作「羅索蟾目」。

〔四三〕斡里雅布：至正本作「斡離不」。

〔四四〕在建康朝有：原闕，據至正本補。

〔四五〕詔：至正本作「駕」。

〔四六〕固：至正本作「力」。

〔四七〕窺覘：至正本作「殘破」。

〔四八〕去而復來：至正本作「肆爲荼毒」。

〔四九〕失：原作「夫」，據至正本改。

〔五〇〕公：至正本作「國」。

〔五一〕敵：至正本作「虜」。下同。

〔五二〕金：至正本作「虜」。

〔五三〕敵：至正本作「通」。

至正金陵新志卷十三下之上

人物志

列傳

治行

史崇。字伯勤。家世杜陵。東漢建武中，累遷右將軍，青、冀二州刺史，加驃騎將軍，封溧陽縣侯。天下既寧，詔遣公侯皆就封。崇褰帷涖政，求民之瘼，治尚寬簡，不威而化。畋漁相遜，桑梓成陰。年七十九，贈司空，使持節徐、兖二州刺史。謚曰壯侯。子孫因家溧陽，遂爲縣人，奕世濟美。里俗呼崇爲史祖，廟貌至今存焉。子顥，字叔升。襲爵，年七十，謚曰文。顥子茅，字德英。元初三年襲爵。

除尚書，遷侍中，轉鎮西將軍、雍州牧，宰治得宜，寬猛相濟，聲譽播於歌詠。年六十七，謚曰頃。茅子洽，字君普。襲爵，除河内太守，轉司隸校尉、雍州刺史，羽儀當世，骨鯁一時。年八十一，謚曰戴。洽子澤，字素廣。襲爵，除左郎將，轉上郡太守，遷御史大夫。正色立朝，貴戚斂手。年七十一，謚曰節。澤子鉉，字安鼎。建元四年襲爵，改封蘭山侯，遷冀州刺史。崇本抑末，章程具舉。年八十五，謚曰康。鉉子藻，字睿文。精究庶事，明察枉直，下無間言。

史嵩。字仁基，崇之裔孫。仕吳爲平越中郎將，蒼梧、鬱林二郡太守，封撫陵侯。崇裔孫又有曰懿者，吳征南將軍、隴西太守。曰爽者，晉冠軍將軍、北中郎將、五兵尚書。從吳歸晉，本國大中正、零陵郡公。曰韶者，交州屬國都尉，陽羨侯。曰楚者，晉建安太守，安吉伯。曰晃者，晉輕車將軍、南蠻校尉、長沙太守。曰璜者，晉蒼梧太守。曰隱者，晉尚書侍御史。曰淵者，晉尚書左民郎、江陽太守、秭縣侯。曰諒者，晉琅邪王府主簿。平蘇峻、祖約有功，封常安侯。曰琬者，晉散騎常侍、輕車將軍、都亭侯。曰陵者，晉左中郎將、御史中丞、豫章太守。曰援者，晉輕車將軍、西中郎將。史光，字伯朗〔一〕，崇裔孫。仕晉中書侍郎，遷侍中，皆稱其職。光子雅，字叔安。晉散騎常侍、中書令、陳留太守。雅子輝，字季明。晉積射將軍。輝子疇，字伯倫。晉豫章太守。疇子憲，字景法。晉主待以殊榮，再不應命，制書責誚，起爲尚書左民郎，轉建安太守。興利除害，舉善黜惡，朝廷嘉之。封山陰縣侯。在郡卒，年七十二，贈江州刺史。史實，亦崇之裔。以溧陽人知溧陽縣事，蓋楊吳天復二年也。被牒云：「溧陽洛橋鎮遏使、知茶鹽榷麴務、銀青光祿大夫、檢校刑部尚書、兼御史大夫、上柱國史實，譽馳鄉里，才達變通，禦邊徼以多能，緝兵戎而有術。加以洞詳稼穡，善撫烝黎，賦輿深見其否臧，案簿窮知其利病。以久無宰，尤藉招攜，俾分兼領之榮，庶養新歸之俗，儻聞報政，別議酬勞，差兼知溧陽縣事。」

潘　乾。字元卓。陳國長平人，楚太傅潘崇之末緒也。察廉除溧陽長，布政優優。令儀令色，矜孤頤耇。重義輕利，推泮宮之教，反決拾之禮。詳見校官碑。

岑仲休者，文本孫。爲溧水令，時兄羲遷金壇令，翔爲長洲令，皆有治績。宰相宗楚客語巡察御史無遺江東三岑。後至商州刺史。按岑君德政碑云：「名植，字德茂，亦文本孫。爲潤州句容令，達時事，明政理，戶口滋，田疇闢，優制加朝散大夫、上柱國。及遣使分行江東道，黜陟使源乾曜舉之，於是邑丞魏亘以下暨民立碑。」雍州錄事張景毓文。

蘇　頌。字子容，泉州晉江人。仁厚恭謹，喜怒不形於色。自書契以來，六藝之流〔二〕，百家之説，至於圖緯、陰陽、五行、律吕、風角〔三〕、算法、山經、本草無所不通。嘗議學校，欲令所隸州課試諸生〔四〕，以學校爲陞俊之路〔五〕。議貢舉，先篤實而後文藝〔六〕。去封彌謄錄之法，使有司各依其素行之〔七〕，自州縣始，庶幾復鄉貢里選之遺範。論上，韙之。慶曆三年，知江寧縣。建業承李氏後，版籍與圖無法〔八〕，每有發斂，府移追擾，吏係縲於道，頌曰：「此令職也，府何與焉？」每因治訴，旁問鄰封丁産多寡〔九〕，悉得其詳。一日，召鄉老更定户籍。民有自占不實者，必曰：「汝家尚有某丁某産，何不自言？」相顧而驚，無敢隱者，一縣以爲神明。又爲剗革蠹弊，更設條教，簡而易行，諸縣取以爲法。他日，諸令長造門領縣民拜庭下謝曰：「此曹獲免追逮，皆公之賜也。」民有忿爭者，至誠喻以鄉黨宜相親善。意若以小忿而失歡心，一旦緩急，將何賴焉？往往謝去。或至半道，思其言而歸，縣以大治。時監司王鼎、王綽、楊紘皆於部吏少所許可，觀頌施設，曰：「非吾所及。」後相哲宗，爲時名臣。

明道先生程子，諱顥，字伯淳。其先河南人。年十五六時，奉父太中公諱珦之命，師事濂溪周先生，聞其論道，遂厭科舉業，慨然有求道之志。明於庶物，察於人倫，辨異端似是之非，開百代未明之惑，秦漢而下未有臻斯理也。謂孟子沒而聖學不傳，以興斯文爲己任。進將覺斯人，退將明之書。不幸早世，皆未及也。其辨析精微，稍見於世者，學者之所傳爾。先生自弱冠應詔，中進士第，再調主江寧府上元縣簿。上元田稅不均，比他邑尤甚，蓋近府美田爲貴家富室以厚價薄其稅而買之，小民苟一時之利，久則不勝其弊。先生爲令畫法，民不知擾，而一邑大均。其始富者不便，多爲浮論，欲搖止其事，既而無一人敢不服者。會令罷去，先生攝邑事，上元劇邑，訴訟日不下二百，爲政者疲於省覽。先生處之有方，不閱月民訟遂簡。江圩稻田，賴陂塘以溉，盛夏塘堤大決，計非千夫不可塞。法當言之府，府稟於漕司，然後計功調役，非月餘不能興作。先生曰：「比如是，苗槁久矣，民將何食？救民獲罪，所不辭也。」遂發民塞之，歲則大熟。江寧當水運之衝，舟卒病者則留之爲營以處，曰小營子，歲不下數百人，至者輒死。先生察其由，蓋計留然後請於府，給券乃得食。比有司文具，餓已數日。先生白漕司，給米貯營中，至者即與之食，自是生全者太半。措置於纖微之間，而人已受賜。先生嘗云：「一命之士，苟存心於愛物，於人必有所濟。」仁宗登遐，遺制官吏成服三日，而除三日之朝。府尹率郡官將釋服，先生進曰：「三日除服，遺詔所命，莫敢違也，請盡今日。若朝而除之，所服止二日耳。」尹怒不從。先生曰：「公自除之，某非至夜不敢釋也。」一府相視，無敢除者。茅山有龍池，其龍如蜴蜥而五色。祥符中，中使取二龍。至中途，中使奏一龍飛空而去。自昔嚴奉，以爲神物，先生嘗捕而脯之，使人不惑。其始至邑，見人持竿道旁，以黏飛鳥，取其竿折之，教之使勿爲。及罷官，艤舟郊外，有數人共語：「自主簿折黏竿，鄉民子弟不敢畜禽鳥。」先生爲政，治惡以寬，處煩而裕，當法令繁密之際，未嘗從衆爲應文逃責之事。人皆病於拘礙，而先生處之綽然；衆憂以爲甚難，而先生爲之沛然。雖當倉卒，不動聲色。方監司競爲嚴急之時，其待先生率皆寬厚，施設之際，有所賴焉。先生所爲綱條法度，人可效而爲也。至其道之而從，動之而和，不求物而物應，未施民而民信，則人不可及也。自上元移澤州晉城令，尋以呂公著薦授太子中允、權監察御史裏行。神宗素知先生名，期以大用，前後進説甚多，大要以正心窒欲、求賢育才爲先，不飾辭辨，獨以誠意感動人主。嘗言：「人主當防未萌之欲。」神宗俯身拱手曰：「當爲卿戒之。」時王荆公安石日益信用，先生每進見，必爲神宗陳君道，以至誠仁愛爲本，未嘗及功利。荆公寖行其說，先生意多不合，事出必論列，數月之間，章數十上，尤極論者。輔臣不同心，小臣與大計，興利之臣日進，尚德之風寖衰。荆公與先生雖道不同，而嘗謂先生忠信。先生每與論事，心平氣和，荆公多爲之動。而言路好直者必欲力攻取勝，由是與言者爲敵。先生言既不行，懇求外補。神宗猶重其去。上章及面請至十數，不許，遂闔門待罪。神宗命執政除以監司，復上章曰：「請罪獲遷，刑賞混矣。」累請得罷。尋與外任，雖在小官，賢士大夫視其進退以卜興衰。哲宗嗣位，召爲宗正寺丞，未行，以疾終，年五十有四。士大夫識與不識莫不哀傷。子三人：端慤、端懿、端本。元豐八年十月，葬伊川先塋。太師、潞國公文彦博題其墓曰「大宋明道先生程君伯淳之墓」。晦菴先生徽國文公朱熹贊曰：「揚休山立，玉色金聲。元氣之會，渾然天成。瑞日祥雲，和風甘雨。龍德正中，厥施斯普。」嘉定中，賜謚曰純。淳祐初，詔曰：「明道初元，天於河南。篤生大賢，是似顔子。故任承議郎、宗正寺丞、謚純程顥德性粹甚，天理渾然，由明而誠，有過化存神之妙；自體達用，有綏來動和之功。使得相於熙寧，蒼生之福未艾，朕每追惜之。然誦其遺書，如有用我，期月而可，真足以開萬世之太平也。爰躋從祀，仍錫追封，以示褒崇，可特封河南伯。」元統元年，制加封豫國公。弟伊陽伯頤洛國公。

劉珙。字共父，建安人。宋靖康忠臣劉韐之孫，知興元府子羽之子。韐帥真定，有威名。後爲宣撫副使，與守禦事。東京陷，死於金營。子羽佐張魏公浚宣撫川陝。浚坐失地喪師奪官，子羽亦被責，安置白州，賴吳玠以兩鎮節贖罪乃免。珙登第補官。紹興末年，金人渝盟。珙由吏部員外郎充起居舍人、權直學士院，用兵詔檄，一出其手，詞氣激烈，讀者感勵。孝宗淳熙二年，除建康留守。值歲大旱，首奏倚閣三等戶夏稅，分遣官吏行田蠲租，出官錢糴米數萬斛，借發常平米十餘萬石助賑饑民，令州縣勿徵舊逋。又奏禁上流郡縣稅米遏糴，違者劾治之。商賈輻湊，穀價以平，闔境數十萬人無一人捐瘠者，隣境州郡亦賴以濟。孝宗降詔獎諭。再任，以致仕去。卒，謚忠肅。官民思之，立祠繪祀。詳見《祠祀志》中。珙在任，始建明道先生祠，朱文公撰記。文公師屏山先生子翬，乃子羽弟，自韐以下，忠孝之傳世不乏賢。而中興以來，循吏以珙爲稱首。孝宗曰：「前宰執治郡，往往不以職事爲念。陳俊卿在福州，劉珙在建康，於職事極留意，治狀著聞，未可換易。」龔茂良等曰：「二人治郡，事事皆有條理，誠如陛下所言。」又以破嶺南寇李全功推賞，孝宗曰：「近日儒者多高談〔一〇〕，無實用，卿則不然，能爲朝廷了事，誠可賞也。」

真德秀。字景元，建寧人也。少年中進士第，召試博學宏辭科。歸建陽，盡讀朱文公諸書，發揮天理人心之妙，蓋有及門而不盡得者。誠意實德，見者心服。嘉定六年癸酉，奉詔使金。會大兵攻圍燕京，中原大亂，不得達而回。明年，德秀上書，請絕金人歲幣。略謂：「金人徙都於汴〔一一〕，乃吾國之至憂。蓋大國之圖滅金人〔一二〕，猶獵師之志在得鹿。鹿之所走，獵必從之。既能越三關之阻以攻燕，豈不能絕黃河一帶之水以趍汴？臣恐秋風一生，梁宋之郊已爲戰場。今當乘金人之將亡，而亟圖自立之策乎？抑幸其未亡，而姑爲自安之計乎？夫用忠賢、修政事、屈羣策，收衆心者，自立之本也。訓兵戎、擇將帥〔一三〕、繕城池、飭戍候者〔一四〕，自立之具也。以忍恥和戎爲福，以息兵思戰爲常積，安邊之金繒，飭行人之玉帛。金人尚存，則用之於金人；強敵更生，則用之於強敵，此苟安之計也。陛下以自立爲規模，則國勢日張，人心日奮，雖強敵驟興，不能爲我患。陛下以苟安爲志向，則國勢日削，人心日媮，雖金敵僅存〔一五〕，不能無外憂矣。」尋除江東計度轉運副使。八年，兩浙、江東西旱蝗，建康尤甚，凡濟人之政，皆以身當其勞。合本道義倉，及轉般米數十萬斛，而厚其積。因戶部罷夏稅之請，以蠲其征。取郡縣官及寓公之賢，以覈其實。大家勿勸分，貧者糶，乏者濟，已甚者輦粟賜之，病者載藥與之。本之以河北救災之議，行之以青州之政。櫛風沐雨，遍走二郡。不足則開寄納倉，出官錢糴之吳中。又不足，則以翰苑槖中金益之。不忍留都之不及，則發私財以賑贍之。訖事，民益急，則轉糶爲濟，賴以全活者數十萬計。廣德守魏峴附會時好，劾教授林庠，德秀引咎以白其冤。禱雨白鷺洲，其應如響，是歲以稔告。捐金粟建明道書院，設教一本於二程，由是士知講學。時金人遷汴，漸有南窺江漢之謀。錢象祖、史彌遠等相繼秉政，邊帥任董居誼、賈涉、李大東輩，朝廷上下應文苟安。德秀深憂之，於驛遞附奏，推本寧皇之仁，一似仁祖，而羣臣般樂怠傲，不異政宣者十事。末謂：「天下之勢，猶長江大河，上流決潰，下流必無獨寧之理。今荆淮以北，數百里間干戈搶攘，戎馬雜襲〔一六〕。正如熊咆虎鬭，僅在藩垣之外，而或者乃曰無預吾事。彼其中心，實不謂然？姑欲架漏目前，攫取名器爵祿而去。至於宗社生靈之憂，則使陛下獨當之耳。彼羣臣爲一身計可也，陛下爲人子孫，任九廟之托，奈何付安危於度外乎？」語意剴切，上爲感動。其後守泉南，帥豫章、長沙、三山，惠民平盜，尤多善政，遠人讋服〔一七〕天下唯恐其不入相。更化立朝，發明《大學》

得失與盛衰治亂存亡之義。上爲詔讀校文入奏，歡然接納，將舉國聽之，而公薨矣。自濂溪而下，六君子扶持道統者皆未得顯位。於時惟公纘斯道之脈，晚始嚮用，世皆以堯舜君民望之。命參大政，而不及拜，君子有以知宋祚之不長矣。今其著書立言存於世者，羽翼考亭，與其書並傳。卒，贈太師，謚文忠。

陸子遹者，會稽山陰人，放翁務觀之子。弱冠登第，所至涖政有能名。嘉定十一年，知溧陽縣事。始至，即興學校以明教化，鋤強梗以植善良，審聽斷，卹鰥寡。先是，溧陽民多奉白雲宗教，雄據阡陌，豪奪民業，不與差徭。貧下之民有赴訴者，輒連結賄吏不行，或反爲所誣。俗又好禱祠，大興淫祀，病者不事醫藥，惟日延巫覡於家，手刃鷄鴈之屬，加盤水以降鬼神。雉經距踴，取飲食啗之，有頃妄曰：「吾得請於神矣。」以是誑民，牢不可解。子遹召其徒諭之曰：「有我則無汝。今奉天子命司人民社稷，山鬼何爲者亂吾政〔一八〕，賊吾赤子！」則下令悉毁廟之自聖僭王者，奪白雲宗所據民業，悉歸其主。有田者當役，與齊民均，正妖巫扇惑之罪，縣境肅然，舊習爲之丕變。究和買虛額之弊，謹差役推排之籍，召縣尉巡檢，與之面約，自邑分鄉，自鄉分都，自都分保，凡當役者，貧富高下，悉覈其産之虛實，序其次第，吏莫能欺。又以農隙，創新官署。至於郵傳橋道，無不整飾。去任而民思之，至今言溧陽前政之美者，必稱子遹云。

馬光祖〔一九〕。號裕齋，婺州金華人。祖之純，號野亭。慶元間，以承議郎主管江東轉運司文字，廉平公正。有《金陵百詠》詩。後五十餘年，當寶祐甲寅，而光祖以中奉大夫守司農卿，總領淮西、江東軍馬錢糧，權江東轉運使。明年，以寶章閣直學士、太中大夫，沿江制置使，江東安撫使節制和州、無爲、安慶三郡屯田使、兼知建康府事。初，光祖弱冠登第，爲臨江之新喻縣簿，已有能名。及宰饒之餘干，獲登西山真文忠公之門，一見許以國士，爲作《心經》、《政經》、《夜氣箴》、《裕齋》詩，及遺以《文章正宗》。西山既居政府，力加薦拔，遂躋清要。光祖亦自奮勵，期無負西山之教，所至以異績聞。知建康，始上，即以常例公用器皿錢二十萬緡支犒軍民，減租稅，除秋苗斛面，令人戶自槩，收養鰥寡孤疾無告之人。招兵置寨，給錢助諸軍婚嫁。所屬諸縣折稅例收絲綿絹帛，倚閣除免以數萬計。興學校，禮賢才，辟召僚屬，皆極一時之選。戊午春，除端明殿學士，荊湖制置大使，知江陵府。去而民思之不已。理宗聞，令以資政殿學士再知建康，士女相慶。光祖益思寬養民力、興廢起壞，知無不爲。蠲除前政逋負錢百餘萬緡，魚利税課悉罷減，予民修建明道、南軒書院及上元縣學。撙節費用，創建平糴倉，貯米十五萬石。又爲庫貯糴本二百餘萬緡，補其折閲。其米夏糶冬糴，糶常減於市價，以利小民，通判一員提督。倉門題云：「人人飽喫昇州飯，世世常存老守心。」其兼沿江節制，修飭武備，上至安慶、池州，下達海口，招兵買馬，防拓要害，邊賴以安。三任始終，凡十二年，民愛之如父母，敬之如神明。屢以老乞休致，朝廷不許。光祖爲政寬猛適宜，事存大體。景定庚申，大兵既退，賈似道行打筭法，欲以汚諸閫臣。時趙葵以宣撫使屯兵江西，委建康打筭。光祖用參議汪立信言，陰使葵自爲計，且力爲辨析，葵得無害。他帥若向士璧、杜庶皆瘐死獄中，累及妻子。辛酉、壬戌間，似道用劉良貴、吴勢卿、陳堯道、曹孝慶合奏公田之法，回買官田一千萬畝，浙西大擾，貧民失業。州縣一時迎合，止欲買數之多，元租六七斗者，皆作一石。秋成之際，元額有虧，則取足田主。或田有磽瘠，佃有頑惡，皆從元主責換，其禍尤慘。光祖移書賈相，乞不以公田及江東。必欲行之，罷光祖乃可。尋召赴行在，除臨安府尹，賑濟饑民，彈治權豪，京邑大治。咸淳甲子，再以沿江制置大使、江東安撫大使、行宫留守兼知府事。所修繕營創，視前增多，郡民爲建生祠六所。己巳三月，除樞密使、兼參知政事。時襄陽被圍，邊報日亟，公入朝被劾，即以疾乞還。而建康自吳革改除後，黄萬石、趙溍繼之，皆碌碌無遠慮奇略。大兵自武昌順流而下，沿江諸將望風降遁，無堅壁者。光祖卒，謚莊敏。其行事詳具諸志及宋年表。

儒林

賀循。字彦先。其先慶普，漢世傳《禮》，世所謂慶氏學。族高祖純，博學有重名。漢安帝時，爲侍中。避安帝父諱，改爲賀氏。曾祖齊，仕吳爲名將。祖景，滅賊校尉。父邵，爲孫皓中書令，被誅。循少嬰家難，流放海隅。吳平，乃還本郡。操尚高厲，童齔不羣，言行進止，必以禮讓，國相丁義請爲五官掾。刺史嵇喜舉秀才，除陽羨、武康令，各有政教，然無援於朝，久不進序。著作郎陸機上疏薦之，召補太子舍人。趙王倫篡位，轉侍御史。辭疾去職，除南中郎長史，不就。會賊李辰起兵江夏，征鎮皆望塵奔走，辰別帥石冰略有揚州，逐會稽相張景，以前寧遠護軍程超代之。以其長史宰與領山陰令。前南平内史王矩、吳興内史顧秘、前秀才周玘等唱義，傳檄州郡討賊，循亦合衆應之。冰大將抗寵有衆數千，屯郡講堂。循移檄於寵，爲陳逆順，寵遂遁走，超、與皆降，一郡悉平。循迎景還郡，即謝遣兵士，杜門不豫功賞。及陳敏之亂，詐稱詔書，以循爲丹陽内史。循辭以腳疾，手不制筆，又服寒食散，露髮袒身，示不可用，敏不敢逼。是時，州内豪傑皆見維縶，或有老疾，就加秩命，惟循與吳郡朱誕不豫其事。及敏破，征東將軍周馥上循領會稽相，尋除吳國内史，公車徵賢良，皆未就。元帝爲安東將軍，復上循爲吳國内史，東海王越命爲參軍，徵拜博士，並不起。及帝遷鎮東大將軍，以軍司顧榮卒，引循代之，循稱疾篤，牋疏十餘上，帝遺之書曰：「前者顧公臨朝，深賴高算。元凱既登，巢許獲逸。今道之云亡，邦國殄悴。羣望顒顒，實在君侯。望必屈臨，以副傾遲。」循猶不起。及帝承制，復以爲軍諮祭酒，循稱疾。敦逼，不得已，乃轝疾至。帝親幸其舟，因諮以政道。循羸疾不堪拜謁，乃就加朝服，賜第一區，車馬牀帳衣褥等物。循辭讓，一無所受。時廷尉張闓住在小市，將奪左右近宅，以廣其居。乃私作都門，早閉宴開，人多患之。訟於州府，皆不見省。會循出，至破岡，連名詣循質之。循云〔二〇〕：「見張廷尉，當爲言及之。」闓聞，而遽毁其門，詣循致謝。其爲世所欽服如此。愍帝即位，徵爲宗正。元帝在鎮，又表爲侍中，道嶮不行。以討華軼功，將封鄉侯。循自以卧疾私門，固讓不受。建武初，爲中書令，加散騎常侍，又以老疾固辭，改拜太常，常侍如故。循以九卿舊不加官，又疾患不宜兼處，惟拜太常。朝廷疑滯，皆諮之，輒依禮經對，爲當世儒宗。其後帝以循清貧，下令曰：「循冰清玉潔，行爲俗表，位處上卿，而居身服物周形而已，屋室財庇風雨。孤近造其廬，以爲慨然。其賜六尺牀、薦席褥並錢二十萬，以表至德，暢孤意焉。」循又讓，不許。不得已，留之，初不服用。及帝踐位，以循行太子太傅，太常如故。循自以枕疾廢頓，臣節不修，累表固讓。帝不許，命皇太子親往拜焉。循有羸疾，而恭於接對，詔斷賓客。疾漸篤，表乞骸骨，上還印綬，授左光禄大夫，開府儀同三司。帝臨軒，遣使持節加印綬。循雖口不能言，指麾左右推去章服。車駕親幸，執手流涕。太子親臨者三，往還皆拜，儒者以爲榮。太興二年卒，時年六十。帝素服舉哀，哭之慟。贈司空，謚曰穆。循博覽羣書，尤精禮傳，雅有知人之鑒，拔同郡楊方於卑陋，卒成名於世。子隰，康帝時官至臨海太守。楊方〔二二〕，字公回。補高涼太守。在郡積年，著《五經鈎沉》，更撰《吳越春秋》並雜文筆，皆行於世。

劉瓛。字子珪。沛郡相人。晉丹陽尹惔六世孫也。篤志好學，博通訓義。年五歲，聞舅孔熙先讀《管寧傳》，欣然欲讀。舅更爲說之，精意聽受，曰：「此可及也。」宋大明四年，舉秀才。除奉朝請，不就。兄弟三人共處蓬室，怡然自樂，習業不廢，教授常數十人。丹陽尹袁粲於後堂夜集，聞而請之，指聽事前古柳樹謂瓛曰：「人謂此是劉尹時樹，每想高風。今復見卿清德，可謂不衰矣。」薦爲秘書郎，不見用。後拜安成王撫軍行參軍，坐事免。瓛素無宦情，自此不復仕。袁粲誅，瓛微服往哭，並致賻助。齊高帝踐祚，召瓛入華林園，談語問以政道。答曰：「政存《孝經》，宋氏所以亡，陛下所以得之是也。」帝咨嗟曰：「儒者之言，可寶萬世。」又謂瓛曰：「吾應天革命，物議以爲何如？」瓛曰：「陛下戒前軌之失，加之以寬厚，雖危可安。若循其覆轍，雖安必危。」及出，帝謂司徒褚彥回曰：「方直乃爾，學士故自過人。」敕瓛使數入，而瓛自非召見，未嘗到宮門。上欲用瓛爲中書郎，使吏部尚書何戢喻旨，瓛笑曰：「平生無榮進意。」後以母老闕養，拜彭城、會稽郡丞，學徒從之者轉衆。除步兵校尉，不拜。瓛姿狀纖小，儒業冠於當時，都下士子貴游莫不下席受業，當世推其大儒，以比古之曹、鄭。性謙率，不以高名自居。詣人，唯一門生持胡牀隨後，主人未通，便坐門待答。住在檀橋，瓦屋數間，上皆穿漏。學徒敬慕，不敢指斥，呼爲青溪。竟陵王子良親往修謁。十年，表武帝爲瓛立館，以城西楊烈橋故主第給之，生徒皆賀，瓛曰：「此華宅〔二二〕，豈吾宅耶？幸可詔作講堂，猶恐見害也。」未及徙居，遇疾卒。瓛有至性。祖母病疽經年，手持膏藥，漬指爲爛。母孔氏甚嚴明，謂親戚曰：「阿稱便是今世曾子。」「稱」，瓛小名也。年四十餘，未有婚對。建元中，高帝與司徒褚彦回爲瓛娶王氏女。王氏穿壁掛履，土落孔氏牀上，孔氏不悦，瓛即出其妻。及居母憂，住墓下不出廬，足爲之屈，杖不能起。此山常有鵂鶹鳥，瓛在山三年不敢來。服釋還家，此鳥乃至。梁武帝少時嘗從受業。天監元年，下詔爲瓛立碑，謚貞簡先生。所著文集行於世。

雷次宗。字仲倫，豫章南昌人。居廬山，篤志好學，尤明《三禮》、《毛詩》，隱退不受徵辟。宋元嘉十五年，徵至都，開館於鷄籠山，聚徒教授，置生百餘人，會稽朱膺之、潁川庾蔚之並以儒學總監諸生。時國子學未立，上留意藝文，使丹陽尹何尚之立玄學，太子率更令何承天立史學，司徒、參軍謝元立文學，凡四學並建。

車駕數至次宗館，資給甚厚。久之，還廬山，公卿以下並設祖道。後又徵詣都，爲築室鍾山西巖下，謂之招隱館，使爲皇太子諸王講經。次宗不入公門，使自華林東門入延賢堂就業。二十五年，卒於鍾山。子肅之，頗傳其業。

伏曼容。字公儀，平昌安丘人。晉著作郎滔之曾孫也。曼容早孤，與母兄客居南海。少篤好學，聚徒教授以自業。爲驃騎行參軍。宋明帝好《周易》，嘗集朝臣於清暑殿講。曼容美風采，帝以方嵇叔夜，使吴人陸探微畫叔夜像賜之。爲尚書外兵郎。嘗與袁粲罷朝相會，言玄理，時論以爲一臺二絕。昇明末，爲輔國長史、南海太守，作《貪泉銘》。齊建元中，爲太子率更令、講衛將軍〔一三〕，拜中散大夫。曼容宅在瓦官寺東。施高座於聽事，有賓客，輒升高座爲講説，生徒嘗數十百人。梁臺建，召拜司徒、司馬，出爲臨海太守。天監元年卒官，年八十二。曼容善音律、射馭、風角、醫筭，莫不閑了。爲《周易》、《毛詩》、《喪服集解》、《老》、《莊》、《論語義》，詳見史傳。

隱逸

嚴光。字子陵。一名遵。會稽餘姚人也。少有高名，與光武同遊學。及光武即位，乃變名姓，隱身不見。嘗結廬溧水上。《十道四蕃志》、《太平寰宇志》皆云溧水縣東南十五里有東廬山，有水源三，嚴子陵嘗結廬於此。帝思其賢，令以物色訪之。後齊國上言，有一男子披羊裘釣澤中。帝疑其光，備安車玄纁，遣使聘之，三反而後至，舍於北軍，給牀褥，大官朝夕進膳。司徒侯霸與光素舊，遣使奉書，使人因謂光曰：「公聞先生至，區區欲即詣造。迫於典司，是以不獲願，因日暮自屈語言。」光不答，口授書曰：「君房足下，位至鼎足，甚善。懷仁輔義，天下悅。阿諛順旨，要領絕霸。」得封奏之，帝笑曰：「狂奴故態也。」車駕即日幸其館，光臥不起。帝即其臥所撫光腹曰：「咄咄子陵，不可相助爲理邪？」光眠不應，良久乃張目熟視曰：「昔唐堯著德，巢父洗耳，士固有志，何至相迫乎？」帝曰：「子陵，我竟不能下汝耶？」於是升輿歎息而去。復引光入，論道舊故，相對累日。共偃臥，光以足加帝腹上。明日，太史奏客星犯御座甚急，帝笑曰：「朕故人嚴子陵共臥耳。」除爲諫議大夫，不屈，乃耕於富春山。後人名其釣處爲嚴陵瀨。建武十七年，復特徵，不至。年八十，終於家。帝傷惜之，詔下郡縣賜錢百萬，穀千斛。溧水乃初隱處，富春乃歸隱處。

魯　勝。字叔時，代郡人也。少有才操，爲佐著作郎。元康初，遷建康令。到官，著《正天論》。嘗歲日望氣，知將來多故，便稱疾去官。中書令張華遣子勸其更仕，再徵博士，舉中書郎，皆不就。

郭　文。字文舉，河内軹人也。少愛山水，尚嘉遁，常遊名山，歷華陰，觀石室。洛陽陷，入吳興餘杭大滌山中〔二四〕，倚木於樹，苫覆其上而居焉。時猛獸爲暴，文獨宿十餘年，竟無所患。恒著鹿裘葛巾，採竹葉木實，貿鹽米自供。人或賤價取之，亦即與之。遇有猛獸殺鹿於文菴側，文以語人，人賣得錢分文，文曰：「若須自取，何以相語？」又有一獸向文張口，文爲探去其鯁骨而去，明旦致一鹿於室前。每有寄宿者，文爲之汲水，無勸色。餘杭縣令顧颺與葛洪造之，颺使致韋袴褶，文不納。颺使置室中，乃至爛於戶内，竟不服用。王導爲相，使迎至京師，於西園築臺置之，今永壽宮爲古冶城，有舊太乙殿基，山上有墩阜，即其處。朝士咸共觀之。文頹然箕踞，傍若無人。溫嶠嘗問曰：「人皆有六親相娱，先生棄之，何也？」文曰：「遭世亂耳。」又問：「飢而思食，壯而思室，自然之性，先生獨無情乎？」文曰：「情由憶生。不憶，則無情。」又曰：「先生獨處窮山，若疾遭命，不爲烏鳥食乎？」文曰：「埋藏者亦爲螻蟻所食。」又曰：「猛獸害人，先生獨不畏乎？」文曰：「人無害獸之心，獸豈有傷人之意？」又曰：「苟時有不寧，身不得安，今將用先生以濟時，若何？」文曰：「山草之人，安能佐時？」永昌中，大疫，文亦病。王導遺藥，文曰：「命不在藥，夭壽，時也。」居冶城七年，一旦忽求還山，導不聽，乃逃歸臨安。及蘇峻作逆，而臨安獨全，人以爲知機。自此不復語，但舉手指麾。及病篤，臨安令萬寵候之，問「先生可得幾日」？文三舉手，果十五日而終。既葬於座下，有木數片，反覆書之，上曰《金雄記》，下曰《金雌詩》。《詩》著地爛毁不識，《金雄記》言將來事，多有驗也。

史虚白。字畏名，世家齊魯，嘗隱嵩少間。中原喪亂，與韓熙載皆歸江南。時南唐烈祖徐知誥輔吳，方任用宋齊丘。虚白數爲烈祖言，中原方横流，獨江淮豐阜，兵食俱足，當長驅以定大業，毋失事幾，爲他日悔。與齊丘意不合，乃謝病去，南遊九江，至落星灣家焉。常乘雙犢版轅，掛酒壺車上，山童總角負一琴一酒瓢以從，往來廬山，絕意世事。保大初，元宗召見，訪以國事。對曰：「草野之人，漁釣而已，安知國家大計？」賜宴便殿，醉溺於殿陛，元宗曰：「真隱者也。」賜田五頃，放還山。本傳云：元宗南遷，次蠡澤，虛白鶴裘藜杖，迎謁道旁。元宗駐蹕勞問曰：「處士居山，亦嘗有賦乎？」曰：「近得《谿居》詩一聯。」使誦之，曰：「風雨揭卻屋，渾家醉不知。」元宗變色，厚賜粟帛，上樽酒。徐鉉、高越謂之曰：「先生高不可屈，盍使二子仕乎？」虛白曰：「野人有子，賢則立功業，以道事明主。愚則負薪捕麋，以養其母，僕未嘗介意也，不敢以累公。」鉉、越媿歎。卒年六十八。將終，謂其子曰：「官賜吾美酒，飲之略盡，尚留一榼，吾死，置藜杖及此酒於棺中，四時勿用祭享，無益死者，吾亦不歆。」子皆從之。孫溫，宋天聖中，仕爲虞部員外郎。獻《虛白文集》，仁宗愛之，追號虛白沖靖先生。

耆舊

紀　瞻。字思遠，丹陽秣陵人也。祖亮，吳尚書令。父陟，光祿大夫。瞻少以方直知名。吳平，徙家歷陽郡。察孝廉，不行，後舉秀才〔二五〕、尚書郎。永康初，州又舉寒素，大司馬辟東閤祭酒。其年除鄢陵公國相，不之官。明年，左降松滋侯相。太安中，棄官歸家。與顧榮等共誅陳敏，召拜尚書郎，與榮同赴洛。在塗，共論《易》太極。瞻曰：「昔庖犧畫八卦，陰陽之理盡矣，文王、仲尼係其遺業。三聖相承，共成一致。稱《易》準天，無復其餘也。夫天清地平，兩儀交泰，四時推移，日月輝其間，自然之數，雖經諸聖，孰知其始。吾子云曚昧未分，豈其然乎？聖人，人也，安得混沌之初能藏其身於未分之内？老氏先天之言，此蓋虚誕之説，非《易》者之意也。亦謂吾子神通體解，所不應疑。意者直謂太極，極盡之稱。言其理極，無復外形。外形既極，而生兩儀。王氏指向，可謂近之。古人舉至極以爲驗，謂二儀生於此，非復謂有父母。若必有父母，非天地其孰在？」榮遂止。至徐州，聞亂日甚，將不行〔二六〕，會刺史裴盾得東海王越書，若榮等顧望，以軍禮發遣。乃與榮及陸玩等各解船棄車牛，一日一夜行三百里，得還揚州。元帝爲安東將軍，引爲軍諮祭酒，轉鎮東長史。帝親幸瞻宅，與之同乘而歸。以討周馥、華軼功，封都鄉侯。石勒入寇，加揚威將軍，都督京口以南至蕪湖諸軍事。勒退，除會稽内史。時有詐作大將軍府符收諸暨令，瞻覺其詐，便破檻出之。訊問使者，果伏罪。遷丞相軍諮祭酒，論討陳敏功，封臨湘縣侯。西臺除侍中，不就。及長安不守，與王導俱入勸進，帝不許。瞻曰：「二帝失御，神器去晉於今二載。

陛下膺籙受圖，特天所授。而欲逆天時，違人事，失地利，三者一去，雖復傾匡於將來，豈得救祖宗之危急哉？且今五都燔爇，宗廟無主，劉淵竊弄神器於西北，而陛下方欲高讓於東南，此所謂揖讓而救火也。」帝猶不許，使殿中將軍韓績徹去御座。瞻叱績曰：「帝座上應星宿，敢動者斬。」帝爲之改容。及帝踐位，拜侍中，轉尚書。上疏諫諍，多所匡益。久疾不堪朝，請除尚書右僕射。稱病篤還第，不許。時鮭鑒據鄒山，屢爲石勒等所侵逼。瞻以鑒有將相之材，恐朝廷棄而不恤，上疏請徵之。明帝嘗獨引瞻於廣室，慨然憂天下曰：「社稷之臣無復十人，如何？」因屈指曰：「君便其一。」瞻辭讓，帝曰：「方欲與君善語。」復云：「何崇謙讓邪？」瞻才兼文武，朝廷稱其忠亮雅正。轉領軍將軍，六軍敬憚之。加散騎常侍。王敦之逆，帝使謂瞻曰：「卿雖病，但爲朕臥護六軍，所益多矣。」賜布千匹，瞻不以歸家，分賞將士。賊平，復自表還家〔二七〕，不許。拜驃騎將軍、常侍，止家爲府。卒，年七十二，冊贈開府儀同三司，謚曰穆。御史持節監護喪事。論討王含功，追封華容子。降先爵二等，封次子一人亭侯。瞻性靜默，少交遊，好讀書，或手自抄寫。凡所著述，詩賦牋表數十篇，兼解音樂。立宅烏衣巷，館宇崇麗，慎行愛士，老而彌篤。尚書閔鴻、太常薛兼、廣川太守河南褚沉〔二八〕、給事中宣城章遼、歷陽太守沛國武瑕並與瞻素疎〔二九〕，咸藉其高義，臨終託後於瞻，瞻悉營護其家，爲起居宅，同於骨肉。少與陸機兄弟親善。機死，瞻卹其家，嫁機女，資送同於所生。長子景，早卒。景子友嗣，官至廷尉。景弟鑒，太子庶子、大將軍從事中郎，先瞻卒。

王諒。字幼成，丹陽人。少有幹略，爲王敦所擢，參其府事。稍遷武昌太守。初，新昌太守梁碩專威交阯，迎立陶咸爲刺史。咸卒，敦以王機爲刺史。碩發兵距機，自領交阯太守，迎前刺史修則子湛行州事。永興三年，敦以諒爲交州刺史，謂曰：「修湛、梁碩皆國賊也，卿至，便收斬之。」諒既到境，湛退還九真。廣州刺史陶侃遣人誘湛來，詣諒所，諒執之。碩時在坐，曰：「湛故州將之子，有罪可遣，不足殺也。」諒曰：「是君義故，無豫我事〔三〇〕。」即斬之。碩怒而出，諒使客刺之，弗克。碩遂率衆圍諒於龍編，陶侃遣軍救之，未至而諒敗。碩逼諒奪其節，諒固執不與。斷諒右臂，諒正色曰：「死且不畏，臂斷何有？」十餘日，憤恚而卒。碩據交州，凶暴，尋爲侃所討誅。

陶　璜。字世英，丹陽秣陵人。父基，吳交州刺史。璜仕吳，歷顯位。孫皓時，交阯太守孫諝貪暴，爲百姓所患。會察戰鄧荀至，擅調孔雀三千頭，遣送秣陵，既苦遠役，咸思爲亂。郡吏呂興殺諝及荀，以郡附晉武帝，拜興安南將軍、交阯太守，尋爲其功曹李統所殺。更以建寧爨谷爲交阯太守，谷又死，更遣巴西馬融代之。融病卒，南中監軍霍弋又遣犍爲楊稷代融，與將軍毛炅、九真太守董元、牙門孟幹、孟通、李松、王業、爨能等自蜀出交阯，破吳軍於古城，斬大都督修則、交州刺史劉俊。吳遣虞汜爲監軍，薛珝爲威南將軍、大都督，璜爲蒼梧太守，拒稷，戰於分水。璜敗退，保合浦，亡其二將。珝怒謂璜曰：「若自表討賊而喪二帥，其責安在？」璜曰：「下官不得行意，諸軍不相順，故致敗耳。」珝欲還，璜夜以數百兵襲董元，獲其寶物船載而歸，珝乃謝之，以璜領交州，爲前部督。璜從海道徑至交阯，將戰，璜疑斷牆內有伏兵，列長戟於其後。兵纔接，元僞退。璜追之，伏兵果出。長戟逆之，大破元等。以前所得寶船上錦物數千匹遺扶嚴賊帥梁奇，奇將萬餘人助璜。元有勇將解系同在城內，璜誘其弟象，使爲書與系，又使象乘璜軺車鼓吹導從而行，元等曰：「象尚若此，系必有去志。」乃就殺之。珝、璜遂陷交阯，吳因用璜爲交州刺史。璜有謀策，周窮好施，能得人心。滕修數討南賊，不能制，璜曰：「南岸仰吾鹽鐵，斷勿與市，皆壞爲田器，如此二年，可一戰滅也。」修從之，果破賊。初，霍弋之遣稷、旻等，與之誓曰：「若賊圍城，未百日而降者，家屬誅。過百日救兵不至，吾受其罪。」稷等守未百日，糧盡，乞降。璜不許，給其糧使守。諸將並諫璜曰：「霍弋已死，不能救稷等必矣。可須其日滿，然後受降，使彼得無罪，我受有義，内訓百姓，外懷鄰國，不亦可乎？」稷等期訖糧盡，救兵不至，乃納之。皓以璜爲使持節，都督交州軍事、前將軍、交州牧。武平、九德、新昌土地阻險，夷獠勁悍，歷世不賓。璜征討，開置三郡及九真屬國三十餘縣。徵璜爲武昌都督，以合浦太守修允代之〔三一〕。交土人請留璜以千數，於是遣還。皓既降晉，手書遣璜息融，敕璜歸順。璜泣數日，遣使送印綬詣洛陽。帝詔復本職，封宛陵侯，改冠軍將軍。在南三十年，威恩著於殊俗。及卒，舉州號哭，如喪慈親。子威，領交州刺史，在職甚得百姓心，三年卒。威弟淑，子綏，後並爲交州。自基至綏四世，爲交州者五人。璜弟濬，吳鎮南大將軍，荆州牧。濬弟抗，太子中庶子。濬子湮，字恭之；湮弟猷，字恭豫，並有名。湮至臨海太守、黄門侍郎。猷宣城内史，王導右軍長史。湮子馥，于湖令，爲韓晃所殺，贈廬江太守。抗子回，自有傳。

陶　回。丹陽人也。王敦命爲參軍，轉州別駕。敦死，司徒王導引爲從事中郎，遷司馬。蘇峻之役，回與孔坦言於導，請早出兵守江口。峻將至，回復謂庾亮曰：「峻知石頭有重戍，不敢直下，必向小丹陽南道步來，宜伏兵要之，可一戰而擒。」亮不從。峻果由小丹陽經秣陵，迷失道，逢郡人，執以爲鄉導，夜行無部分。亮聞之，深悔不從回言。尋王師敗績，回還本縣收合義軍，得千餘人，與陶侃、溫嶠等並力攻峻，又別破韓晃，以功封康樂伯。時大賊新平，綱維弛廢，司徒王導以回有器幹，擢北軍中候，俄轉中護軍。久之，遷征虜將軍、吳興太守。時人飢穀貴，三吳尤甚。詔欲聽相鬻賣，以拯一時之急。回上疏曰：「當今天下不普荒儉，唯獨東土穀價偏貴，便相鬻賣，聲必遠流。北賊聞此，將窺疆場。如愚臣意，不如開倉廩以賑之。」乃不待報，輒便開倉，及割府郡軍資數萬斛米以救乏絕，由是一境獲全。既而下詔，並勑會稽、吳郡依回賑恤，二郡賴之。在郡四年，徵拜領軍將軍，加散騎常侍，征虜將軍如故。回性雅正，不憚彊禦。丹陽尹桓景佞事王導，會熒惑守南斗經旬，導語回曰：「南斗揚州分，而熒惑守之，吾當遜位以厭此謫。」回曰：「公以明德作相，輔弼聖主，當親忠貞，遠邪佞，而與桓景造膝，熒惑何由退舍？」導深愧之，以疾辭職，帝不許〔三二〕。徙護軍將軍，常侍、領軍如故，未拜。卒，年五十一，謚曰威。四子：汪嗣爵位，至輔國將軍、宣城内史，陋冠軍將軍，隱少府，無忌光祿勳，兄弟咸有幹用。

張闓。字敬緒，丹陽人，吴輔吴將軍昭之曾孫也。少孤，有志操，太常薛兼言：「闓才幹貞固，當今之良器。」元帝引爲安東參軍，甚加禮遇。轉丞相從事中郎，以母憂去職。既葬，帝強起之，拜給事黄門侍郎，領本郡大中正。以佐翼勳賜爵丹陽縣侯，遷侍中，出補晉陵内史。在郡甚有威惠。所部四縣並以旱失田，闓乃築曲阿、新豐塘，溉田八百餘頃，每歲豐稔，葛洪爲其頌。以擅興造免官。後公卿爲之言曰：「張闓興陂溉田，可謂益國，而反被黜，使臣下難復爲善。」帝感悟，下詔曰：「丹陽侯闓，昔以勞役部人免官，雖從吏議，猶未淹其忠節之志也。倉廩，國之大本，宜得其才，今以闓爲大司農。」闓陳黜免始爾，不宜便居九列，疏奏，不許。帝晏駕，爲大匠卿。營建平陵事畢，遷尚書。蘇峻之役，闓與王導俱入宫侍衛，峻使闓持節權督東軍，王導潛與闓謀，密宣太后詔於三吴，令速起義軍。陶侃等至，假閫節，行征虜將軍，與振威將軍陶回共督丹陽義軍。閫到晉陵，盡運四部穀以給鮭鑒，又與蔡謨、虞潭、王舒等招集義兵討峻。峻平，以尚書加散騎常侍，賜爵宜陽伯，遷廷尉。以疾解職，拜金紫光祿大夫。卒，年六十四。子混嗣。閫牋表文議傳於世。

樂道融。丹陽人。少有大志，好學不倦。與朋友信，每約已而務周急，有國士之風。爲王敦參軍，敦將反，使告甘卓，卓以爲不可遲留，不赴。敦遣道融召之，道融雖爲敦佐，忿其逆節，因說卓曰：「主上躬統萬機，非專任劉隗，今慮七國之禍，故割湘州以削諸侯。而王氏擅權日久，卒見分政，便謂被奪。敦背恩肆逆，舉兵伐主。國家待君至厚，今若同之，豈不負義？生爲逆臣，死爲愚鬼。君當僞許應命，而馳襲武昌，敦衆聞之，必不戰自散，大勳可就矣。」卓大然之。乃與巴東監軍柳純等露檄陳敦過逆，率所統致討，又遣齎表詣臺。卓年老多疑，待詣方同進軍，至豬口。敦聞，大懼，使卓兄子杷求和，令卓旋軍。主簿鄧騫與道融諫曰：「將軍起義兵而中廢，爲敗軍之將，竊爲將軍不取。且士卒各求其利，一旦西還，欲其無叛，恐不可得。」卓不從，道融晝夜涕泣諫說，憂憤而死。未幾，卓果爲其下所殺。

劉係宗。丹楊人。少便書畫，爲宋竟陵王誕子景粹侍書。誕舉兵廣陵，城内皆死。勑沈慶之赦係宗，以爲東宫侍書。泰始中，爲主書，以寒官累積勳品。元徽初，爲奉朝請〔三三〕、兼中書通事舍人、員外郎，封始興南亭侯，兼秣陵令。齊高帝廢蒼梧王，呼正直舍人虞整，醉不能起，係宗歡喜奉勑。高帝曰：「今天地重開，是卿盡力之日。」使寫諸處分勑令及四方書疏。主書十人，書吏二十人配之，事皆稱旨。高帝即位，除龍驤將軍、建康令。永明初，爲右軍將軍，淮陵太守〔三四〕，兼中書通事舍人。母喪，起復本職。宿衛兵東討，遣係宗隨軍慰勞，遍至遭賊郡縣，百姓被驅逼者悉無所問。上欲修白下城，難於動役，係宗啓謫役在東人丁隨唐寓之爲逆者，從之。後車駕出講武，履行白下城，曰：「劉係宗爲國家得此一城。」永明中，魏使書常令係宗題答，秘書局皆隸之。再爲少府、寧朔將軍、宣城太守。係宗久在朝省，閑於職事，武帝常云：「學士輩不堪經國，唯知讀書耳，經國一劉係宗足矣，沈約、王融數百人於事何用？」其重吏事如此。建武二年卒官。

紀少瑜。字幼瑒，丹陽秣陵人。本姓吳，養於紀氏，因而命族。早孤，有志節。常慕王安期之爲人。年十三，能屬文，賦《京華樂》，王僧孺見而賞之，曰：「此子才藻新拔，方有高名。」常夢陸倕以一束青鏤管筆授之，云：「我以此筆猶可用〔三五〕，卿自擇其善者。」其文因此頓進。年十九，遊太學，博士東海鮑皦雅相欽悅。時皦有疾，請少瑜代講。少瑜既妙玄言，善談吐，辯捷如流。爲晉安國中尉，侍宣城王讀。當陽公爲郢州，以爲功曹參軍，轉輕車限内記室，坐事免。大同七年，爲東宮學士。邵陵王在郢，啓求學士，武帝以少瑜充行。少瑜善容貌，工藁草。吏部尚書到溉嘗曰：「此人有大才，而無貴仕，將拔之。」會溉去職，後除武陵王記室參軍，卒。

陶子鏘。字海育，丹陽秣陵人。父延，尚書比部郎。兄尚，宋末爲倖臣所怨，被繫。子鏘公私緣訴，流血稽顙，行路嗟傷。逢謝超宗下車相訪，回諸建康令勞彦遠曰：「豈忍見人昆季如此，而不留心！」勞感之，兄乃得釋。母終，居喪盡禮。與范雲隣，雲每聞其哭聲，必動容改色，欲相申薦，會雲卒。初，子鏘母嗜蓴，母没後，常以供奠。梁武義師初至，此年冬，營蓴不得，子鏘痛恨，慟哭而絶，久之乃蘇，遂長斷蓴味。

陶季直。秣陵人。祖愍祖，宋廣州刺史。父景仁，中散大夫。季直早慧，愍祖愛異之，嘗以四函銀列置於前，令諸孫各取。季直時甫四歲，獨不取。人問其故，季直曰：「若有賜，當先父伯，不應度及諸孫，是故不敢。」愍祖益奇之。五歲喪母，哀若成人。初母未病，於外染衣，卒後家人始贖。季直抱之號慟，聞者莫不酸感。及長，好學，淡於榮利，起家桂陽王國侍郎、北中郎、鎮西行參軍，並不起，時人號曰：「聘君父，憂服闋。」爲丹陽後軍主簿，領郡功曹，出爲望蔡令，以病免。時劉秉、袁粲以齊高帝權勢日盛，將圖之。秉素重季直，欲與之定策。季直以袁、劉儒者，必致顛殞，固辭不赴。俄而秉敗。齊初，爲尚書比部郎。時褚彦回爲尚書令，與季直素善。頻以爲司空、司徒主簿，委以府事。彦回卒，請爲立碑，終始營護，甚有吏節，時人美之。遷太尉記室參軍，出爲冠軍司馬、東莞太守。還除散騎侍郎，領左衛司馬，轉鎮西諮議參軍。明帝作相，誅鋤異己，季直不能阿意，出爲輔國長史、北海太守，遷驃騎諮議參軍、尚書左丞，出爲建安太守，政尚清靜，百姓便之。還爲中書侍郎，遷遊擊將軍、兼廷尉。梁臺建，遷給事黄門侍郎。常稱仕至二千石，始願畢矣，無爲久預人間事，乃辭疾還鄉里。天監初，就家拜太中大夫。高祖曰：「梁有天下，遂不見此人。」卒，年七十五。季直素清苦，又屏居十餘載。及死，家徒四壁，子孫無以殯斂，聞者莫不傷其志焉。作《京都記》傳於世。

丁咸序。秣陵人。耽儒學，進修士業，授衡陽判官，太守賢之。

淳于量。字思明。其先濟北人，世居建業。父文甫〔三六〕，仕梁爲梁州刺史。量偉姿容，有幹略，便弓馬，以軍功封廣晉縣男。侯景陷臺城，元帝承制，以爲巴州刺史。景西攻巴州，與王僧辯並力拒景，大敗之，擒其將任約、宋子仙。景平，封謝沐縣侯。出爲都督、桂陽刺史。陳受禪，進位南撫軍大將軍〔三七〕。華皎叛，爲征南大將軍、西討大都督。平皎，並降周將元定等，以功授侍中、中軍大將軍、開府儀同三司，進封醴陵縣公。出爲南徐州刺史，進號征北大將軍，遷車騎將軍、都督、南兗州刺史。薨，贈司空。

張松。建康人。兄悌，坐罪當死，松及弟景各欲代其死。縣以讞上，武帝以爲孝義，特降其死。

史務滋。溧陽人。先爲溧陽侯，累吏勞，遷司賓卿。天授元年九月，進拜納言。武后革命，詔務滋等十人分行天下。雅州刺史劉行實兄弟爲侍御史，來子詢誣其反，詔務滋與來俊臣雜治。俊臣言務滋與囚善掩其反狀，后命俊臣並治，遂自殺。

沈　恪。丹陽人。永定初，爲威猛將軍〔三八〕。陳霸先謀篡，使中書舍人劉師知引恪勒兵入宫，衛送梁主如別宫。恪排闥見霸先，叩頭謝曰：「恪身經事蕭氏，今日不忍見此分受死耳，決不奉命。」霸先嘉其意，不復逼，更以盪主王僧志代之。《晉書》：張禕者，吳郡人。恭帝爲琅邪王，以禕爲郎中令。及帝踐祚，劉裕以禕帝之故吏，素所親信，封藥酒一罌，付禕密令鴆帝。禕嘆曰：「鴆君而求生，何面目視息世間哉？不如死也。」自飲之死。與恪皆義士，故附見之。

許　淹。句容人。多識廣聞，精詁訓。與魏模、公孫羅皆以博學名家。

劉　鄴。字漢藩，句容人。父三復，以善文章知名。少孤，母病廢，三復丐粟以養。李德裕爲浙西觀察使，奇其文，表爲掌書記。德裕三領浙西及劍南，未嘗不從。會昌時位宰相，擢三復刑部侍郎，弘文館學士。鄴六七歲，能屬辭，德裕憐之，使與子共師學。德裕既斥，鄴無所依。去客江湖間，陜虢高元裕表爲推官，又辟鎮國幕府。咸通初，擢左拾遺，召爲翰林學士，賜進士第。歷中書舍人，遷承旨。鄴傷德裕以朋黨抱誣死海上，令狐綯久當國，更數赦，不爲還官爵。至懿宗立，綯去位，鄴乃伸其冤，復德裕故官，世高其義。後與崔沆皆同中書門下平章事。

許叔牙。字延基，句容人。貞觀時，遷晉王府參軍事，弘文館直學士。於《詩》、《禮》尤邃，獻《詩纂義》十篇。御史大夫高智周見之曰：「欲明《詩》者，宜先讀此。」子予儒，字文舉。高宗時爲奉常博士。長壽中，歷天官侍郎、弘文館學士，封潁川縣男。

張常洧。字巨川，句容人。高祖伯卿，曾祖元紹，並抗志不仕。祖處靜烏程令，父璋建州司戶。常洧，璋第四子也。建中四年，父歿，廬墓三年，墓側産瑞芝十二莖，太守樊泌表奏旌表。太和六年，姪孫公珽亦以孝聞。時賢謂張氏孝傳三世，可革俗矣。公珽兄孫瑑以經學著。

徐　鉉。字鼎臣，廣陵人。十歲能屬文，與韓熙載齊名，江南謂之「韓徐」。仕南唐爲翰林學士、御史大夫、吏部尚書。今攝山棲霞寺西來賢亭即其居也。宋師圍金陵，煜遣鉉朝京師求緩兵，太祖以禮遣之。後隨煜至京師，太祖責之，鉉對曰：「臣仕江南，國亡不能死，臣之罪也，不當問其他。」太祖歎曰：「忠臣也。」以爲太子率更令。太平興國初，直學士院。從征太原，加給事中。出爲左散騎常侍，坐事貶黜。卒，年七十六。李穆嘗使江南，見鉉及其弟鍇文章，嘆曰：「二陸不能及也。」鍇仕江南，爲內史舍人而卒。鉉好李斯小篆，尤得其妙，隸書亦工。尺牘爲士大夫所得，皆珍藏之。有集三十卷，又有《質疑論》、《稽神錄》行於世。

李華。字君儀。溧陽人。父歿，居喪，毀瘠盡哀。母老得疾，廢於牀，華憂懼，置家事不問，專意奉養，衣不解帶者十餘年。尤篤於友愛，内外無間言。有田十餘頃，歲水旱，晢不一言，減縣官租。穀翔貴，亟發廩平價，食其一方，虛甑待炊者日以千計。大觀，政和間，蝗數害稼，羣飛下其田，輒去不食。年八十六卒。子朝正，字治表。性剛直，不苟勢利。遊太學，登第。歷勑令所删定官，知溧水縣。有異政，民詣府舉留。葉夢得薦於朝，賜對，轉一官，賜銀緋，從民所欲，命還溧水。陛辭，乞易所得章服封母，從之。秩滿，除太府寺簿，再除勑令所删定官，俄除戶部郎，改右司，權戶部侍郎。奉祠，知平江府。卒年六十，官至朝奉大夫。

王安石。其先撫州臨川人。父楚國公益，字舜良。登第，仕至尚書都官員外郎、通判江寧府，年四十六卒官，因家金陵。七子：安仁、安道、安石、安國、安世、安禮、安上。安仁，皇祐元年中進士第。舉賢良，授宣州司戶參軍卒。安石，字介甫。慶曆二年中進士第，累遷知制誥。相神宗，先再知江寧府。最後力告老，拜鎮南軍節度使、同中書門下平章事、判江寧府。納節改左僕射、觀文殿大學士、集禧觀使，居金陵，封荆國公，加司空。除安上提點江東路刑獄公事，命移治所於金陵以慰之。其見重如此。薨，謚曰文，封舒王。此舊有祠堂。安石二子，雱封臨川伯。雱子棣，字儀仲。顯謨閣學士、右中大夫、開德府路經略安撫使。建炎三年，金人攻澶淵，死於城守，詔贈資政殿大學士。雱弟旁，旁生桐，桐生璹、珏。安國，字平甫。有文名當世，正直不阿。至崇文院校書，改著作佐郎、秘閣校理。爲吕惠卿所中，放歸田里，歲餘卒。有文集。二子，旊，字元均。任將作少監、知滑州、壽春府，贈朝議大夫。斿，字元龍。知滑州、京西路提點刑獄。元豐元年，旊、斿言亡父安國寃抑，詔元祐旨揮更不施行，斿差監江寧府糧料院。旊子檏。安禮，字和甫。中進士第。召對，神宗欲峻用之，以兄當國，授崇文院校書。元豐元年，以端明殿學士、中大夫知江寧府。遷太中大夫，改資政殿學士。元祐元年，移知揚州，官至左丞。姿貌魁偉，有口辯，常以經綸自任，而闊略細謹。安上，字純甫。由太子右贊大夫、三司度支判官召對，有提點刑獄之命，歷知和、湖二州，管勾江寧府崇禧觀，卒。子旂、旟〔三九〕，旂子棁，宣和七年〔四〇〕，棁並除直秘閣。楚國以下並葬建康，今集慶、湖州蕪湖及平江寶華皆有三氏族云〔四一〕。

李　琮。字獻甫。江寧人〔四二〕，慶歷中登第，爲尚書屯田員外郎。江東轉運判官〔四三〕，築惠民圩四十里〔四四〕，於金陵、太平、宣城三郡間奏陳塩法十六事〔四五〕。會瀘南罷兵，詔充梓路轉運副使〔四六〕。琮到官，納歲費，備邊事。瀘帥王光祖虐軍校相挻爲亂〔四七〕，琮械繫告者付獄，瀘人乃安。璽書賜再任〔四八〕，轉左朝散大夫，歷知吉、相、潞、洪州。召爲太府卿〔四九〕。時游天經議以礬水漬鐵爲銅，可鑄錢〔五〇〕，琮上疏，極言不當，以僞爲實。轉朝議大夫、刑部侍郎〔五一〕。陝西人張天經上書詆時政，琮議如律，忤丞相章惇意〔五二〕，尋以寶文閣待制出知杭州，兼浙西兵馬鈐轄。移知河南府，兼西京留守，又遷高陽關路安撫使、知瀛州，上柱國、隴西郡開國侯，後贈太師，封襄國公。有文集十卷。子回，字少愚。登第，試中書舍人，兼校證補完御前文籍，直龍圖閣待制，封隴西縣開國男，食邑三百戶。校證文籍，書成，知東平府、兼安撫使。襲殺賊楊進等三千人，轉朝請大夫、太子詹事、太子侍講，遷御史中丞。金人進兵河上，除延康殿學士，簽書樞密院、兼大河守禦使，還知福州。奉使元帥府，奉璽符冊書，勸進高宗即位。除端明殿學士，同知三省樞密院事，尋參知政事，出爲江南西路安撫大使、知洪州，卒。回在襁褓間，父琮攜家人上塚。乳母負回登舟，忽失手墮水，不能救。是夕，舟次秦淮江口，聞隣舟兒啼聲，頗類，叩隣舟，果得之。舟人言：「夜見江上火光，若列甲仗數百人守衛者。舟近，皆散不見，獨火光明滅，得是兒。」《溧水志》：李世家中山。宋末名玺者，登第，知名當世。今進士名恒、名懋者，皆玺孫，居城中。

俞　䌷。字祇若，溧水人。中上舍釋褐第一人。初授承事郎、秘書正字，轉起居舍人、給事中。極論丞相蔡京不合，出知潤州，改襄陽府。鹿門寺有田千頃，牛千頭，僧饒於財，無戒行，䌷乃奏改禪院賜額，分其田，半爲官田，歲收租萬斛以助軍儲。一年召赴闕，言：「官吏苟且成風，不肯予奪公事，蓋慮不當，將來罪有所歸。及百姓訴縣不當公事，本州不與予奪，復送本縣依條施行。訴州不當公事，監司不與予奪，復送本州依條施行。且百姓冤抑，强有力者能自訴於縣，訴於州，訴於監司，亦不過送本縣依條施行。貧窮孤弱之人冤抑雖甚，何從申愬？切慮上干陰陽之和。」又曰〔五三〕：「外方最要切者，監司守令。願戒論三省，謹擇監司，俾表率州縣，天下幸甚。」上嘉其言，賜衣、金帶。再試給事中，除御史中丞、翰林學士、知制誥、兵部尚書。在朝知必盡言，上每嘉納，多所匡正。蔡京復以䌷多忤意，奏出知河陽，改開德府。章屢上，責授常州團練副使，太平州安置。政和八年，復除顯謨閣待制、知潭州。以母病，陳乞就近便，改知建康府。到任，轉朝奉大夫、述古殿直學士，未幾致仕。子孫後多顯官。按飷作俞氏。釋褐題名記：其祖考始儲《六經》，以詔昆裔。越五十年，然後有解褐而歸者。自天聖訖今，凡十人，非朝廷樂育之效與？故丞相岐公嘗以十榜傳家爲美，飷誦其詩而悅之，因追念先澤，刻石以垂訓學者勿嬉勿惰，克踵舊武，以忠義報國，益振家聲。則視此無愧矣。諸科如良佐、良弼，瑊、珏、仲、翁、徹、飷、贖、迎、次聃、布、次喬，皆俞氏云。

秦檜。字會之，江寧人。登進士第。相高宗，與金講和。以病，同子熺致仕。二孫：塤，堪，乞改差在外宮觀。檜進封建康郡王、少傅。熺贈少師，封福國公致仕。塤、堪並提舉江州太平興國宮。後檜追封申王，謚忠獻。孫鉅死節，別有傳。兄梓，字楚材。自江寧居溧陽，使高麗還。登進士第，歷知台、秀、袁、太平、常、湖六州。除翰林學士，出知宣州。民詣闕請留，進職再任，再移湖州。告老，贈光祿大夫。子焴，孫城，皆篤學，世其家業。

魏良臣。字道弼。溧水崇教鄉南塘人。負資瑰偉，少遊郡學歸，母病已亟。良臣刲股爲糜以進，下咽即安，閭里稱孝。宣和三年，登進士第。初擬丹徒尉，詣闕投匭函，仲太學陳東寃，天下高其義。調嚴州壽昌令，以縣最聞。召對，除敕令刪定官，遷吏部郎官。金人犯高郵，擇使講和，上曰：「魏良臣頗有氣節，宜往使。」還，舊相去國，廷議不協，丐祠歸，閒廢累年。上念之，除禮部郎官，遷左右司檢正。秦檜當國，欲畀以言職，力辭。適金人敗盟，擢吏部侍郎奉使。烏珠擁精鋭以懼之，良臣從容不懾，反復審辨，迄定初議。後參大政，出衣冠之囚，歸蠻獠之冤，起淹抑，斥姦回，修軍政，罷冗官，節浮費。晚歷知紹興、宣、潭、洪四郡。卒，年六十九。贈光祿大夫，建康郡開國侯，食邑千三百戶，食實封二百戶，謚敏肅。

潘　祺。字長吉，溧陽人。好學，尚氣節。遊太學知名，與陳諫議東爲友。陳欲獻書闕下，過祺謀可否，祺曰：「祺親老，不能與子俱，子不可不勉。」陳意遂決。祺性至孝，父疾革，露章請於帝，願減己筭益父壽，父疾果瘳，僉以爲孝誠所感。登第，調宣州司戶。卒，年三十八，里人痛惜之。

吳思道。金陵人。以詩爲蘇軾、劉安世諸人鑒賞。官至團練使。宣和末，亟掛冠去，責授武節大夫致仕。詩思益超拔。後寓新安，野服蕭然，如雲水，人其高逸如此。

王　綸。郡人。紹興五年登第，仕至參知政事。三十一年，以資政殿大學士知府，兼安撫等使。府治西廳建晝錦堂。詳見《慶元志》。

唐文濟。金陵人。性冲澹，以琴爲娛。太宗朝待詔，上曰：「古琴五絃，文武增爲七絃，朕欲令蔡裔增琴爲九絃，可乎？」文濟曰：「不可。五絃有遺音，而益以二，今無所闕。」上怒，叱出，遂增之，文濟終守前說。上嘉其有終，令賜緋。

錢戩。溧陽人。居父憂，有少年數人來曰：「而父在京師逋我金數百萬。」戩欲償之，兄弟有難色，且令舉其要。戩獨曰：「大人與人交信厚，彼必不我欺。且彼謂吾父貸宿鏹，吾拒以無左驗辭，雖直，顧非孝子待親之道〔五四〕。」卒與之，家爲瘠，不悔。元夕，家人出觀燈，隣不肖子潛入其家將爲盜。戩知之，呼前諭曰：「爾良家，何爲乃至是？」取一白金合子與之，使速去，終不語人。其子時敏始生，有烏鵲銜青銅五銖錢一置庭中香案上，識者知其陰德之徵〔五五〕。以時敏恩，贈奉直大夫。時敏，字端修。早穎悟，讀書一覽即成誦。屬文敏速，氣岸軒豁，勇於爲義。年十八，以明經貢辟雍，擢上舍第，繇大理寺丞遷秘書丞，除駕部郎，充奉迎兩宮扈從禮儀使司屬官。改兵部郎，檢察郊祀大禮儀仗。遷右司郎、兼權右史，充禮部貢院參詳官。又兼外制，拜權工部侍郎，俄權兵部侍郎。除敷文閣待制，奉祠告老。

卒，年六十八，贈正議大夫。

錢周材。字元英，溧陽人。質重氣和，退然似不能言。七歲能屬文，鄉試第一。登第，繇大理司直擢普安郡王府教授。歷遷校書郎、著作郎，兼教授，除起居舍人、刑部侍郎。使金還，拜中書舍人、直學士院，兼實錄院修撰、兼侍講，知常州，奉祠。孝宗登極，以舊學召對便殿，留奉內祠，兼侍講。復爲中書舍人，遷給事中、直學士院。母憂，服闋，屢詔不起，以龍圖閣直學士奉祠告老。卒，年七十二，官至朝議大夫。

閻彥昭。字德甫。世家建康之江寧，徙居溧陽。性敏悟，善治繁劇，輕財尚義。自浙西帥司機宜監六部門，遷太府寺丞，除倉部郎。奉使淮東，參議浙東、江西帥幕，除兩浙運判，奉祠。乾道九年卒，年七十九。官至右奉直大夫。子晃、昂、晟。晃子一德，歷江陰、建昌二軍，及泰、真二州太守，累官宗正寺簿。

刁衎。昇州人。初仕南唐，直清輝閣，閱中外章疏。江南平，李昉、扈蒙在翰林。勉衎出仕，因獻《聖德頌》於朝，乃復故官。七年不遷，恬澹夷雅。太平興國七年，上疏言：「淫刑酷法，非律文所載者，望詔天下悉禁止之。」上覽疏，甚悦。

秦傳序。江寧人也。淳化五年，賊攻陷嘉、戎、瀘、渝、涪、忠、萬、開八州。時傳序爲開州監軍，力戰而死，上降詔嘉奬。其子奭泝峽求其父尸，至夔州，船覆溺死。人謂父死於忠，子死於孝。奏至，上嗟惻久之，録傳序次子煦爲殿直，賜錢十萬。

邵必。丹陽人。博學有雅望。慶曆六年，差爲編修《唐書》官。必言：「史出衆手，非是。」卒辭之。

朱存。金陵人。嘗讀吳大帝而下六朝書，具詳歷代興亡成敗之迹。南唐時，作覽古詩二百章，章四句，前志多引爲證云。

朱舜庸。建康人。好古博雅，編《金陵事蹟》。二十年，自里巷口傳至仙佛之書，無不研綜，春容大帙，餘數萬言。慶元中，留守吳琚得其編，爲之訂證銓次，目曰《續建康志》。

吳柔勝。字勝之，溧水永寧鄉茅城人。登淳熙八年進士第。調宣城都昌尉、巴陵主簿、華亭下砂鹽場官。授嘉興教授，浙西使者黄灝委以荒政，賴全活者衆。韓侂胄用事，注贛縣尉。時黨論沸騰，柔勝爲人指目訕笑，恬不爲意，獨與寓官吏部楊萬講學義理。提點刑獄司辟爲屬，獲盜，當改官，柔勝曰：「豈忍以人命博官？」諸監司交委任之，丐祠歸家。嘉定初，召除主管尚書刑工部架閣文字，授國子正。當輪對，時大風雷，太廟鴟尾壞，柔勝所進皆廷臣不敢斥言者。遷博士，時年六十，乞通判建康府。邊郡擇守，授司農丞、知隨州。隨經兵火，茅葦彌望，不及中州一下縣。柔勝治之，罷科斂，寬逋負，奬忠義，褒死節，隨人大悅相慶。隨及棗陽舊無城，敵至，直犯安陸、漢陽，東及蘄、黄，南至鄂州、興國，柔勝爲築守。既而金人大入，圍棗陽三月，不克而退，諸郡賴之。就兼提點京西刑獄，改知池州。未幾，除湖北轉運判官，兼知鄂州。值饑，以精勤於事，活人萬餘。或議其用是干譽，柔勝屢求罷，改知太平州，鄂人泣留之。治太平一年，有惠政。柔勝素戒止足，上章請老，除秘閣修撰，主宫觀。卒，贈太師，謚正肅。子源、泳、淵、潛。淵字選父，登嘉定七年進士第。淳祐九年，以端明殿大學士、太中大夫、沿江制置等使知府。十年，詔以淵立山寨耕屯，備竭忠勤，特除資政殿學士，仍與執政恩例，進封金陵侯。十一年，詔以淵興利除害，所列二十五事究心軍民，特轉兩官，賜錦綉堂忠勤樓大字，尋進爵爲公。十二年，陞大學士，除福建安撫使、知福州。改知平江府，爲發運使，未幾論罷。淵所至，好籍沒豪横，惠濟貧弱，立義莊。事見各志。

潛字毅父。嘉定十年舉進士第一人。相理宗，封許國公。爲賈似道排，貶循州，尋薨。事見《宋史》。

秦憙者，其先自南泉徙居秣陵。五世孫澤，宰金壇秩滿，徙居溧陽洮湖南，憙其後也。爲人長者。歲收萬餘斛租，鄉民輸粟，每令自行槩，因是而稱爲「秦自量」。當熙寧、元豐間，頻歲饑饉，作糜粥，以飼往來之人；計升斗，以給乏絶之家，所全活甚衆。霞山有廟，居民好淫祀，憙憫其妄殺牲畜，因改廟爲佛宇。今號曰塔院。崇寧二年，蔣靜傳其事。見縣志。

王端朝。字季羔。本澶淵人，過江，愛溧陽風土，因家焉。少以該洽聞。年十八，舉建康第一。後薦太學，又爲第一。登第，再中博學宏詞科。歷太學錄、秘書省正字、江東帥司機宜。除宗正丞，提舉兩浙市舶，知永州。乾道二年卒，年四十四。

劉岑。字季高，本吳興人，遷居溧陽。博學愛士，有古君子風。登第，擢著作郎。再使金。通判興國軍，除湖北運判，辟川陝隨軍轉運使，除金部郎，累遷權戶侍。出知太平、池州，移鎮江府。除刑部侍郎，遷吏部侍郎，知信州。責單州團練副使，全州安置。在全五年，移建昌軍居住，又歷九年。紹興乙亥冬自便，復官奉祠，起知泰州，移揚州、溫州，除戶部侍郎。車駕親征，除御營隨軍都轉運使。奉祠告老，除徽猷閣直學士。乾道三年卒，年八十一，官至左朝散大夫。先世葬烏程之杼山，故號杼山居士。熙寧中，曾祖述，字孝叔。爲御史知雜，以忤荆公，出知江州司馬。溫公折簡，與孝叔有「道勝名立」之語。杼山既居溧陽，乃以「道勝」名其堂。

崔敦禮。與弟敦詩本通州靜海人，同登紹興庚辰第。愛溧陽山水，買田築居。池上有讀書堂，扁曰雙桂。敦禮，字仲由。歷江寧尉、平江府教授、江東撫幹、諸王宮大小學教授。敦詩，字大雅。性端厚，議論疏通。知大體，博覽彊記。繇秘書省正字除翰林，權直崇政殿說書，兼權給事中〔五六〕。家難服闋，除樞密編修官、著作郎。權吏部郎官，又兼崇政殿說書。進國子司業、直學士院，拜中書舍人。加侍講、直學士院。卒，贈中大夫。

李處全。字粹伯，徐州豐縣人，邯鄲公淑之曾孫，遷居溧陽。慕劉杼山之爲人，文章閎肆，詩體兼衆長，字畫遒麗。登第，繇宗正寺簿遷太常丞，知沅州。提舉湖北茶鹽，除秘書丞、兼禮部郎。遷殿中侍御史，遂除侍御史。母憂，去朝奉祠。後知袁州、處州，移贛州，未赴，改舒州，卒於任，年五十九，官至朝議大夫。姪柄，字子權。知無爲軍、舒州。卒，年四十二，亦有聲稱云。

潘夤征。字泰初。寓居溧陽，記問該洽。宗濂洛先儒之學。四薦三魁，登嘉定甲戌第，廷對剴切。漫塘劉宰嘉其志不苟求，學行才猷兼備，深器重之。時杜丞相範爲湖州錄參，漫塘併薦於朝，得宰崑山、繁昌，有能名，而範後爲相。夤征自號鶴山狷叟云。

王雲起。字霖仲，號友山，荆國王文公弟安上八世孫。治《春秋》學，任澧州路儒學教授。嘗爲湖廣行省考試官，士論服其鑒裁。翰林學士草廬吴公澂、石塘胡長孺皆嘗序其詩文。吴序云：「宋三百年，文章歐、曾、二蘇、各名一世。而荆國王文公爲之最，何也？才識、學行俱優也。弟平父、子元澤，亦卓爾不羣，英哲萃於一門，出於一時，噫，難乎其繼矣！文公季弟，純父之遠孫雲起，字霖仲。胸懷坦坦，如青天白日，無掩蔽，無晻曖，言論挺挺，如迅雷烈風，無阿倚，無留藏。其徵於文也亦然。韓子云『昭晰者無疑，優游者有餘』，霖仲蓋是也。平父、元澤之後，而復見斯人乎！

王氏其世有人矣哉。彼深險也，而辭易直；鄙狹也，而辭宏敞；輭媚也，而辭勁峭；穢濁也，而辭清整。若是而爲文，皆表裏不相符〔五七〕，予不知其可也。」胡序云：「長孺被徵館集賢之三年也〔五八〕，霖仲亦徵，同舍數十日去，實至元二十有六年也。始至，即求還山。宰相留之，不可。欲用爲教授江南一郡，又不可，遂行。後十年，見宰相杭州，延禮不逮京師時，出輒與絕。乃過長孺，語移晝漏十刻。又後十有四年，爲宗晦書院山長。歲滿，自溫集杭，留六十日。時時會語，出所著《定林漫稾》相示，長孺聆且閱焉。其言出入載籍而不拘，其詩疏通動蕩而不滯，其文條達敷暢而不流。追記異時，霖仲初自建業到京，師才二十有五，長身疎髭，面目光晢如畫，氣盛志強，若飛鶴游魚凌厲青冥之上，縱橫泠淵之間，見貴富如將以糞溲染己，疾走不肯一顧。自杭歸建業，方以詩書授徒弟，子取縣教諭、書院山長，爲之大作詩文。及再爲山長歸，道杭而留也，貌嚴體癯，鬚髮盡白，雖志氣未衰，而視在京師固已灑然異矣。使霖仲在京師如在建業，碌碌從庸衆人，後積日月，得官受祿，爲貴富人已久。然舍經術詩文，從事乎其他，則又安得《漫稾》四編之多也邪？非徒多也。假之歲年，顧有不駸駸類荆國也哉！」其爲澧州教，甚宜其官，宋狀元本爲譔遺愛碑。改將仕郎，旌德縣主簿，不赴，以疾終於家。姪垕今居蔣山墳菴集，王氏家譜甚詳覈云。

楊剛中。字志行。其先處之松陽人。曾大父遂，仕宋，知黃陂縣，徙家建康。父公溥，鄉貢進士。公幼穎敏力學。家貧，竭力養親，或躬井臼之勞。與兄敏中同居，雍睦内外無間言。行臺移治建康，任官者皆國初名臣，咸敬公學行，折節賓禮，不翕翕趨附也。省辟主江寧縣學，升郡學錄正，得徽州路儒學教授。丁外艱，服闋，除平江路教授，未赴。擢福建閩海道肅政廉訪司，管勾承發架閣庫，兼照磨。至則獨處公署，行李蕭然，扁所居齋曰霜月。御史行部，至必加禮貌。憲僚寀與之言，必稱先生。會行科舉，江西行省聘公與故翰林學士草廬吳公澂偕主文衡，所取拔皆知名奇士。有以不及貢額爲言者，公謂國家以科目取士，選貴精審，不宜以碌碌者充數，聞者是之。遷江東廉訪司照磨，復校文江浙行省，得士尤多。秩滿，風憲舉守令，授衛輝路錄事，不赴。改文林郎、江浙等處儒學提舉，修舉學政，省憲欽異。丞相托歡公薦於朝，召爲翰林待制、承務郎、兼編修官。赴官月餘，謝病去。晚自宣城挈家還，居建康，鄉人子弟詣門質疑，誨誘不倦。著《易通微説》、《詩講義》若干卷。卒，年七十四。其甥進士李桓述行狀，御史中丞張公夢臣撰碑。門人雷秉義刊《霜月齋集》，見趙魯公、王侍御、張中丞序文。

【校勘記】

〔一〕朗：《景定建康志》卷四九作「朝」。

〔二〕六藝：至正本作「經史」。

〔三〕風角：至正本作「星官」。

〔四〕欲令所隸州：至正本作「欲博士分經」。

〔五〕學校：至正本作「行藝」。

〔六〕篤：至正本作「行」。又「先」字上至正本有「欲」字。

〔七〕依：至正本作「參考」。

〔八〕按此句至正本作「版籍賦輿無法」。

〔九〕封：至正本作「里」。

〔一〇〕近日：至正本作「近時」。

〔一一〕都：至正本作「巢」。

〔一二〕金人：至正本作「女真」。下同。

〔一三〕帥：原作「師」，據至正本改。

〔一四〕候：至正本作「守」。

〔一五〕金敵：至正本作「弱虜」。

〔一六〕戎：原闕，據至正本補。

〔一七〕遠人：至正本作「外夷」。

〔一八〕山：至正本作「三」。

〔一九〕馬光祖：原作「馮光祖」，據至正本改。

〔二〇〕云：至正本作「曰」。

〔二一〕楊：至正本無此字。

〔二二〕宅：至正本作「宇」。

〔二三〕講衛將軍：原作「侍講」，據《景定建康志》卷四九改。

〔二四〕滁：原作「辟」，據《晉書》卷二〇改。

〔二五〕後：原闕，據《景定建康志》卷四九補。

〔二六〕將：原闕，據《景定建康志》卷四九補。

〔二七〕復：原闕，據《景定建康志》卷四九補。

〔二八〕川：原作「州」，據《景定建康志》卷四九及至正本改。

〔二九〕疎：原作「踈」，據《景定建康志》卷四九改。

〔三〇〕無：原本無，據至正本補。

〔三一〕修允：至正本作「修充」。

〔三二〕帝：原闕，據《景定建康志》卷四九補。

〔三三〕爲：原闕，據《景定建康志》卷四九補。

〔三四〕淮陵：原作「濮陽」，據《南齊書》卷五六及《南史》卷七七《劉係宗傳》、《景定建康志》卷四九改。

〔三五〕以：原作「餘」，據《景定建康志》卷四九改。

〔三六〕文肅：至正本作「文成」。

〔三七〕南：至正本作「中」。

〔三八〕威：至正本作「宣」。

〔三九〕旂：原闕，據至正本補。

〔四〇〕「七年」及下句「梲」字：原闕，據至正本補。
〔四一〕集慶湖：原闕，據至正本補。
〔四二〕「寧人」及下句「慶曆」：原闕，據至正本補。
〔四三〕「東」及「運判官」：原闕，據至正本補。
〔四四〕築：原闕，據至正本補。
〔四五〕郡間奏陳：原闕，據至正本補。
〔四六〕轉運副使：原闕，據至正本補。
〔四七〕「虐軍校相挻」五字原闕，據至正本補。
〔四八〕璽書賜再任：原闕，據至正本補。
〔四九〕召爲太府：原闕，據至正本補。
〔五〇〕「鑄錢」及下句「琮上」二字：原闕，據至正本補。
〔五一〕部侍郎：原闕，據至正本補。
〔五二〕忤丞：原闕，據至正本補。
〔五三〕曰：至正本作「言」。

〔五四〕顧：原闕，據《景定建康志》卷四九補。

〔五五〕徵：原作「證」，據《景定建康志》卷四九改。

〔五六〕兼：原闕，據至正本及《景定建康志》卷四九補。

〔五七〕符：至正本作「肖」。

〔五八〕三：原本無，據至正本補。

至正金陵新志卷十三下之下

人物志

列傳

仙釋

三茅君。兄弟三人。長諱盈，字叔申。咸陽南關人。高祖諱濛，字初成，一字本初。深識玄遠，知周衰，不仕諸侯，乃師北郭北阿鬼谷先生。長往華山，道成，以秦始皇三十年九月庚子乘龍白日昇天。時邑童謡曰：「神仙得者茅初成，駕龍上昇入太清，時下玄洲戲赤城。繼世而往在我盈，帝若學之臘嘉平。」始皇聞之，詢諸父老，具對曰：「此仙人之謠。」勸帝求長生之術，於是始皇忻然有尋仙之志，因改臘曰嘉平。盈弟固，字季偉；衷，字思和，皆生漢景帝中元間。盈天漢四年道成，至元帝初元五年來江左句曲之山，哀帝元壽二年乘雲而去，是爲大司命君。固至孝元時拜執金吾卿，衷宣帝地節四年拜上郡太守、五更大夫，並解任，從兄修學，俱得爲仙。固爲定籙真君，衷爲保命仙君。詳見《茅山志》。

葛仙公。名玄，字孝先。本姓諸葛，遠祖征江漢，次丹陽之句容，因止而嘆曰：「獨身在此，何諸之有？」遂單姓葛。玄有仙術，嘗從吳主至溧洲，還遇大風，百官船皆敗沒，玄船亦沈。吳主使人求玄，久見玄出水上，衣履不濕，而有酒色。既而言曰：「從子胥飲酒耳。」玄性好酒，嘗飲醉，臥門前陂水中竟日，醒乃止。帝重之，爲於方山立洞玄觀。後傳白日舉。今方山猶有玄煮藥鐺及藥臼在。

葛　洪。字稚川，丹陽句容人。祖系，吳大鴻臚。父悌，仕晉爲邵陵太守。洪少好學。家貧，躬自伐薪，以貨紙墨〔一〕，夜輒寫書誦習，遂以儒學知名。爲人木訥，不好榮利，閉門卻掃，未嘗交游。於餘杭見何幼道、郭文舉，目擊而已，各無所言。時或尋書問義，不遠數千里，崎嶇冒涉，期於必得。遂究覽典籍，尤好神仙導養之法。從祖玄，吳時學道得仙，號葛仙公，以其煉丹秘術授弟子鄭隱。洪就隱學，悉得其法。後又師事南海太守上黨鮑玄。玄亦内學，逆占將來。見洪，深重之，以女妻洪。洪傳玄業，兼綜練醫術。凡所著撰，皆精覈是非，而文章富贍。太安中，石冰作亂，吳興太守顧秘爲義軍都督，與周玘等起兵討之，檄洪爲將兵都尉攻冰，别率破之〔二〕，遷伏波將軍。冰平，洪不論功賞，徑至洛陽，欲搜求異書，以廣其學。洪見天下已亂〔三〕，欲避地南土，乃參廣州刺史嵇含軍事。及含遇害，遂停南土。征鎮檄命，一無所就，後還鄉里。元帝爲丞相，辟爲掾。以平賊功，賜爵關内侯。咸和初，司徒導召補州主簿，轉司徒掾，遷諮議參軍。干寶薦洪才堪國史，選爲散騎常侍，領大著作，洪固辭不就。聞交趾出丹，求爲勾漏令。帝以洪資高，不許。洪曰：「非欲爲榮，以有丹耳。」帝從之，遂將子姪俱行。至廣州，刺史鄧嶽留，不聽，去，洪乃止羅浮山錬丹。嶽表補東莞太守，辭不就，乃以洪兄子望爲記室參軍。在山積年，優游閒養，著書凡内外一百一十六篇，自號抱朴子，因以名書。其餘所著碑誄詩賦百卷，移檄章表三十卷，神仙、良吏、隱逸、集異等傳各十卷。又抄五經、《史》《漢》百家之言、方伎雜事三百一十卷，金匱藥方一百卷，肘後要急方四卷。後忽與嶽疏云：「當遠行尋師，剋期便發。」嶽得疏，狼狽往別。而洪坐至日中，兀然若睡而卒。嶽至，遂不及見，時年八十一。視其顔色如生，體亦柔軟，舉尸入棺甚輕，如空衣，世以爲尸解得仙云。

許邁。字叔玄，一名映，丹陽句容人。家世士族，而邁少恬靜，不慕仕進。未弱冠，嘗造郭璞，璞爲之筮，遇泰上六爻發，璞謂曰：「君元吉自天，宜學道。」時南海太守鮑靚隱跡潛遁，人莫之知。邁乃往候之，探其至要。父母尚存，未忍違親，謂餘杭懸霤山近延陵之茅山，是洞庭西門，潛通五嶽，陳安世、茅季偉常所遊處。於是立精舍於懸霤，而往來茅嶺之洞室，放絶世務，以尋仙館，朔望時節，還家定省而已。父母既終，乃遣婦孫氏還家，攜其同志徧遊名山。永和二年，移入臨安西山，登巘茹芝，眇爾自得，有終焉之志，改名玄，字遠遊。與婦書告別，又著詩十二首論神仙事。王羲之造之，未嘗不彌日忘歸，相與爲世外交。自後莫測所終。

《實録》始簡文爲會稽王時，有三子俱夭。及道生廢後，獻王早世，諸姬絶孕，十年無子，令卜者扈謙筮之曰：「後房有一女，當育二貴男，其一終盛晉室。」時徐貴人有寵無子，帝從容問，邁曰：「臣好山水，本無道術，斯事豈所能判？願陛下從扈謙之言，以存廣接之道。」帝然之。數年，令善相者遍召諸愛妾示之，皆云非其人。時李后在織坊中，形長黑色，宮人皆謂之崑崙。既至，相者驚曰：「此其人也。」因召侍寢。后常夢兩龍枕膝，日月入懷，生烈宗及會稽文孝王。案陳江總寺碑言攝山：「南瞻舊落，顧悌鎮戍之塢；北望荒村，扈謙卜筮之宅。」則謙乃攝山人也。

陶弘景。字通明，丹陽秣陵人。祖隆，王府參軍。父貞，孝昌令。弘景以宋孝建三年丙申歲夏至日生，幼有異操。年四五歲，常以荻爲筆，畫灰中學書。至十歲，得葛洪《神仙傳》，晝夜研尋，便有養生之志。謂人曰：「仰青雲，覩白日，不覺爲遠矣。」父爲妾所害，弘景終身不娶。及長，身長七尺七寸，神儀明秀。讀書萬餘卷，一事不知，以爲深耻。善琴棊，工草隸。未弱冠，齊高帝引爲諸王侍讀，除奉朝請，雖在朱門，閉影不交外物，唯以披閱爲務，朝儀故事，多所取焉。家貧，求宰縣，不遂。永明十年，脱朝服挂神武門，上表辭禄，詔許之，賜以束帛，敕所在月給茯苓五斤，白蜜三斤，以供服餌。及發，公卿祖之征虜亭，供帳甚盛，車馬填咽，咸云宋齊以來，未有斯事。於是止於句容之句曲山，立館自號華陽陶隱居。沈約爲東陽郡守，高其志節，累書要之，不至。永元初，更築三層樓，弘景處上，弟子居中，賓客僅至其下。與物遂絶，唯一家僮得至其所。本便馬善射，晚皆不爲，唯聽吹笙而已。特愛松風，庭院皆植松，每聞其響，欣然爲樂。有時獨遊泉石，望見者以爲仙人。性尚奇異，顧惜光景，老而彌篤。尤明陰陽、五行、風角、星筭、山川地理、方圓産物、醫術本草。帝代年曆，以筭推知。按本傳：弘景筭漢熹平三年丁丑冬至加時在日中，而天實以乙亥冬至加時在夜半，凡差三十八刻，是漢曆後天二日十二刻也。又以歷代皆取其先妣母后配饗地祇，以爲神理宜然，碩學通儒咸所不悟。深慕張良爲人，云：「古賢無比。」齊末，爲歌曰：「水丑木，爲梁字。」及梁武兵至新林，遣弟子戴猛之假道奉表。嘗造渾天象，高三尺許，地居中央，天轉而地不動。以機動之，悉與天相會云。修道所須，非止史官用之。齊末，議禪代。弘景引圖讖數處，皆成「梁」字。武帝既早與之遊，及即位後，恩禮愈篤，書問冠蓋相望。每得其書，燒香虔受。帝使造年曆，至己巳歲，而加朱點，實太清三年也。是年，侯景陷臺城，帝崩。國家每有吉凶征討大事，無不前以諮詢，月中常有數信，時人謂爲山中宰相。二宫及公王貴要參候相繼，贈遺多不納受。天監四年，移居積金東澗。自隱處四十許年，逾八十而有壯容。《仙書》云：「眼方者，壽千歲。」弘景末年，一眼有時而方。簡文欽其風素，召至後堂，以葛巾進見，與談論數日而去，甚敬異之。無疾，自知應逝，逆剋亡日，爲《告逝》詩。大同二年卒，時年八十五，顔色不變，屈伸如常，香氣累日，氛氳滿山。弘景既得神符秘訣，以爲神丹可成，而苦無藥物。

帝給黄金、朱砂、曾青、雄黄等，後合飛丹，色如霜雪，服之體輕。及帝服飛丹有驗，益敬重之。嘗畫作兩牛，一牛散牧水草之間，一牛著金籠頭，有人執繩以杖驅之。武帝笑曰：「此人無所不作，欲効曳尾之龜，豈有可致之理？」曾夢佛授菩提，記名爲勝力菩薩，乃詣鄮縣阿育王塔，自誓受五大戒。天監中，獻丹於武帝。中大通初，又獻二刀，其一名善勝，一名成勝，並爲嘉寶。詔贈太中大夫，謚曰貞白先生。不娶，無子，從兄以子松喬嗣。所著《學苑》百卷，《孝經》、《論語集註》、《帝代年曆》、《本草集註》、《效驗方》、《肘後百一方》、《古今州郡記》、《圖像集要》及《玉匱記》、《七曜新舊術疏》、《占候》。今本草方書獨行於世。弘景逆知梁祚覆没，製詩云：「夷甫任散誕，平叔坐論空。豈悟昭陽殿，遂作單于宫。」詩秘藏篋裏〔四〕。化後，門人方稍出之。大同末，士人競談玄理，不習武事。後侯景篡，果在昭陽殿。

楊義和。名羲，句容人。幼而通靈，與二許結神明之交。博學工書，爲公府令。興寧乙丑，衆真降所居，後乘雲駕鶴仙去云。羲以《經誥》傳許邁弟穆，穆傳子翽，小字玉斧。

桓闓。事陶隱居於茅山華陽館，執爨，日常修默朝之道，後乘白鶴翀舉。又有李明長官，避世不仕，隱居句曲欝岡山，丹成，升玄洲，今舊跡存焉。

王遠知。系本琅邪。父曇選，爲陳揚州刺史。母晝寐，夢鳳集其身，因有娠。

浮屠寶誌謂曇選曰：「生子當爲世方士。」遠知少警敏，多通書傳。事陶弘景，傳其術爲道士，又從臧兢游。陳後主聞其名，召入重陽殿，辯論超詣，甚見咨挹。隋煬帝爲晉王，鎮揚州，使人邀見。少選羕白，俄復鬒，帝懼遣之。後幸涿郡，召遠知見臨朔宮，帝執弟子禮，咨質仙事，詔京師作玉清玄壇以處之。及幸揚州，遠知謂帝不宜遠，京國不省，高祖尚微，遠知密語天命。武德中，平王世充，秦王與房玄齡微服過之，遠知未識，迎語曰：「中有聖人，非王乎？」乃諗以實。遠知曰：「王異日必爲太平天子，願自愛。」太宗立，欲官之，苦辭。貞觀九年，詔即茅山爲觀居之。忽謂其弟子潘師正曰：「吾少也有累，不得上天，今署少室仙伯，吾將行。」即沐浴加冠，衣若寢者，遂卒，或言壽蓋百二十六歲云。遺命子紹業曰：「爾年六十五見天子，七十見女君。」調露中，紹業表其言。高宗召見嗟賞，追贈遠知太中大夫，謚升真先生。武后時，復召見，皆如其年，又贈金紫光祿大夫。天授中，改謚升玄。見《唐史》。時有徐則隱天台山，亦爲煬帝所禮。唐有潘師正、司馬承禎、吳筠季、含光隱茅山，宋有朱自英、劉混康，皆遇知世主。自魏元君以道術傳楊羲，由許穆、陸修靜、陶弘景以下，皆名宗師。今四十六傳。見《茅山志》

邱濬。字道源，黟縣人。天聖中，登進士第。因讀《易》，至損〔五〕、益二卦，自此能通數，知未來興廢。早歲遊華陽洞，求爲句容令。秩滿，以詩寄茅山道友曰：「鳴鳳相邀覽德輝，松蘿從此與心違。孤峰萬仞月正照，古屋數間人未歸。欲助唐虞開有道，深慙茅許勸忘機。明朝又引輕帆去，紫术年年空自肥。」歷官至殿中丞。嘗語家人曰：「吾壽終九九。」後在池州，一日起盥沐，索筆爲《春草》詩。詩畢，端坐而逝，年八十一。及殮，衣空，衆謂尸解。太守滕甫爲記其事。葬於九華山。後數年，有黄衣人持濬書抵滁州。家人啓封，人忽不見。書言：「吾本預仙籍，以推步象數，謫爲泰山主宰云。」按《句容縣志》：景祐中，濬以衛尉寺丞知縣事，能明天文，有占星臺。

釋寶誌者，不知何許人。有於宋太始中見之出入鐘山，往來都邑，年已五六十矣。齊、宋之交，稍顯靈跡，被髮徒跣，語嘿不倫。或被錦袍，飲啖同於凡俗。恒以鏡銅、剪刀、鑷屬掛杖，負之而趍，或徵索酒肴，或累日不食，預言未兆，識他心智。一日中〔六〕，分身易所，遠近驚赴，所居噂雑。齊武帝忿其惑衆，收付建康獄，旦日咸見遊行市里。既而檢校，猶在獄中。其夜又語獄吏：「門外有兩輿金鉢盛飯，汝可取之。」果是文惠太子及竟陵王子良所供養。縣令呂文顯以啓武帝，帝乃迎入養之〔七〕。寶誌乃忽重著三布帽〔八〕，亦不知從何得。俄而帝崩，文惠太子、豫章文獻王相繼卒，齊亦於此季矣。靈味寺沙門釋寶亮欲以衲被納之，未及有言，寶誌忽來，牽被而去。蔡仲熊嘗問仕何所至，了自不答，直解杖頭左索繩擲與之，初莫能喻。後仲熊官至尚書左丞，方知言驗。梁武帝尤深敬事，嘗問年祚遠近，答元嘉元嘉。帝欣然，以爲亨祚倍宋文之年。雖剃鬚髮，而常冠下裙，謂納袍，故俗呼爲誌公。好爲讖記，所爲誌公符是也。高麗聞之，遣使賫緜帽供養。天監十三年卒。將死，忽移寺金剛像出置戶外。語人曰：「菩薩當去。」旬日，無疾而終。王筠嘗至莊嚴寺，誌遇之，與交言，歡飲至亡。敕命筠爲碑，蓋先覺也。《高僧傳》云：「寶誌，本姓朱氏，金城人。少出家，止江東道林寺，修習禪業。嘗於臺城對梁武帝喫鱠，昭明諸子皆侍側，武帝曰：「朕不知味二十餘年，師何爲爾？」誌乃吐出小魚，依然鱗尾。帝深異之。今秣陵常有鱠殘魚也〔九〕。天監五年冬，旱雩，祭備至而未雨，忽上啓云，願於光華殿講《勝鬘經》請雨。即使沙門講《勝鬘經》竟夜，便大雨。天監十三年，無疾而終，葬於鐘山獨龍之阜，仍於墓所立開善寺，敕陸倕製銘於塚內，王筠勒碑文於寺門。」宋大中祥符五年，詔於龍圖閣取太平興國中舒州所獲誌公石以示輔臣，上作詩紀其事，又作贊，目曰神告帝統石，仍加謚誌公曰真覺，遣知制誥陳堯咨詣蔣山致告。其後又加謚道林真覺，令天下公私無得斥誌公名。高宗紹興中，加謚慈應。今天曆戊辰，加號道林真覺慧感慈應普濟禪師。案金城在蔣山北。世傳朱氏汲井，聞鷹巢中兒啼，而得寶公云。

帛尸黎密。西域師子國王子。以國讓弟，爲沙門。晉永嘉中，到中土，止於太市。王丞相導一見奇之，以爲吾之徒也。塔寺記云：「尸黎密寺，宋曰高座，在石子岡。」尸黎密常行頭陀，卒於梅岡。晉元帝於塚邊立寺，因號高座。高座道人不作漢語，或問此意，簡文曰：「以簡應對之繁。」

杯渡者，不知姓名。常乘木杯渡水，往來京師，多在延賢寺，神異不可備記。宋元嘉三年入東，行至赤山死，還葬覆舟山。

法度。黃龍人。齊時遊金陵，明僧紹隱居攝山，待以師友。及亡，捨所居爲棲霞寺。

菩提達磨。自西域達南海廣州。梁武帝詔赴京師，車駕爲出郊迎之，延居内殿。時帝崇信釋典，常捨身爲奴，寶誌、雲光諸師以神異講說見重，達磨意不與之同，乃棄去。居河南嵩山，以所傳佛衣鉢授弟子慧可，爲南來第一祖云。

趙僧巘。北海人。寥廓無常，人不能測。所友劉明善爲青州，欲舉爲秀才，大驚，拂衣去。後忽爲沙門，栖遲山谷。常以一壺自隨。一旦謂弟子曰：「吾今夕當死，壺中大錢一千，以通九泉之路；蠟燭一挺，以照七尺之尸。」至夜而亡。時人以爲知命。

藏法師。梁開善寺僧。初與何胤遇於秦望山，後還都，卒於鐘山。卒之日，胤在吳中波若寺，見一僧授以香爐奩，並函書，云：「發自揚都，呈何居士。」言訖，失所在。函中乃《莊嚴論》，世中未有。訪之香爐，乃藏公所常用者。

融禪師。俗姓韋。本潤州延陵大族。年十九，通經史。從茅山吳法師落髮出家，入牛頭山幽棲寺北巖之石室修道，虎鹿馴伏，數有靈異。唐貞觀中，四祖信禪師傳達磨心印，在蘄州雙峰。知融可以傳道，遂來山中授以法要。後寺僧日多，融自往南丹陽負米，相去八十里，負米石有八斗，供三百人食。住建初寺，卒，葬鷄籠山，號一代祖師，其寺與山遂號祖堂云。

木平和尚。不知何許人。南唐保大初，徵至闕下，傾都瞻禮，闐咽里巷，金帛之施日積數萬。嘗出入宮禁中，他日從上登百尺樓，上曰：「新建此樓，制度佳否？」木平曰：「尤宜望火。」上初不喻其旨。居數載，木平卒，淮甸大擾，自壽陽置烽候以應龍安山。旦夕，上多登覽，以瞻動靜。又上最鍾愛慶王。王方幼學，上問壽命幾何，木平曰：「郎君聰明哲智，預知六十年事，壽當七十。」是歲疾，終年十七，蓋反語以對也。世說木平初見後主李煜，掛木瓶杖頭。煜出，欻不見，問曰：「和尚何在？」木平引瓶自蔽，詭曰：「某在此澡浴。」煜拜之。木平曰：「陛下見羣臣，勿言某在瓶中浴。」煜笑曰：「和尚見人，亦勿道吾拜汝。」後爲建寺宮側，本名木瓶寺，蓋類誌公持刀鑷尺拂之意云。

酒　禿。姓高氏，駢族子。棄家祝髮，博極羣書。善講說，而脫略跌宕，無日不醉。後主召講《華嚴》，梵行一品，賚金帛甚厚。即日盡送酒家，日夜劇飲。醉則從小兒數十，浩歌道中。歌曰：「酒禿酒禿，何榮何辱？但見衣冠成古丘，不見江河變陵谷。」一日，醉死石子岡。按《慶元志》，唐有鍾山曇璀禪師顧氏，吳郡人。初謁融禪師悟大旨，晦跡鍾山。南唐清涼院休復悟空禪師王氏，北海人，告寂，國主爲建塔。又清涼院法眼文益禪師，魯氏，餘杭人。周顯德五年告寂，國主於江寧丹陽鄉造塔，即無相院塔也。嘗於宮中觀牡丹，賦詩，有云：「髮從今日白，花是去年紅。何須待零落，然後始知空。」《北夢瑣言》以爲後主時事，非也。又有牛頭智威禪師、法持禪師、毗陵芙蓉山大毓禪師、金陵清涼明禪師、金陵奉先深禪師、金陵龍光院澄禪師、金陵鍾山章義禪師、道欽禪師、金陵報慈道場文遂導師、金陵報恩元則禪師、金陵淨德道場達觀禪師、金陵清涼法燈禪師、金陵報恩法安慧濟禪師、昇州奉先寺淨照禪師，並見《傳燈錄》，今不詳載。

方伎

漢李南。字孝山，丹陽句容人。少篤學，明於風角。和帝永元中，太守馬稜坐盜賊事被徵，當詣廷尉，吏民不寧。南特通謁賀，稜意有恨，謂曰：「太守不德，今當即罪，而君反相賀邪？」南曰：「旦有善風，明日中時應有吉問，故來稱慶。」旦日，稜延望景晏，以爲無徵。至晡，乃有驛使齎詔書原停稜事。南問其遲留之狀，使者曰：「向度宛陵浦里航，馬蹶足，是以不得速。」稜乃服焉。後舉有道，辟公府，病不行，終於家。南女亦曉家術。爲由拳縣人妻，晨詣爨室，卒有暴風，婦便上堂從姑求歸，辭二親，姑不許。乃跪而泣曰：「家世傳術，疾風卒起，先吹竈突及井，此禍爲婦女主爨者，妾將亡之應。」因著其亡日，乃聽。還家，如期病卒。

陳訓。字道元，歷陽人。少好秘學，天文算曆、陰陽占候無不畢綜，尤善風角。孫皓以爲奉禁都尉，使占候。皓政嚴酷，訓知其必敗，而不敢言。時錢唐湖開，或言天下當太平，青蓋入洛陽。皓以問訓，訓曰：「臣止能望氣，不能達湖之開塞。」退而告其友曰：「青蓋入洛，將有輿櫬銜璧之事，非吉祥也。」尋而吳亡。訓隨例内徙，拜諫議大夫，俄去職還鄉。時甘卓方貴，訓相其目名盻刀，又目有赤脈自外而入，不出十年，必有兵死，不領兵則可以免。卓果爲王敦所害。王導多病，每自憂，以問訓。訓曰：「公耳竪垂肩，必壽，亦大貴，子孫當興於江東。」訓年八十餘卒。

戴洋。字國流，吳興長城人。善風角，好道術，妙解占候卜數。吳末，爲臺吏。知吳將亡，託病不仕。及吳平，還鄉里。揚州刺史嘗問吉凶於洋，答曰：「熒惑入南斗，八月有暴水，九月當有客軍西南來。」如期，果大水，而石冰作亂。冰既據揚州，洋謂人曰：「視賊雲氣，四月當破。」果然。陳眕問洋曰：「人言江南有貴人死，顧彦先、周宣佩當是不？」洋曰：「顧不及臘，周不見來年八月。」榮果以十二月十七日卒，十九日臘玘，宣佩以明年七月晦亡〔一〇〕。王導遇病，召洋問之。洋曰：「君侯本命在申，金爲土，使之主，而於申上石頭立冶，火光照天，此爲金火相爍，水火相煎，以故受害耳。」導即移居東府，病遂差。鎮東從事中郎張闓舉洋爲丞相令史。時司馬颺爲烏程令，將赴職，洋曰：「君宜深慎下吏。」颺後果坐吏免官。其言奇驗類此。元帝登祚，亦洋擇日也。

郭　璞。字景純，河間聞喜人。好經術，博學有高才，而訥於言論，詞賦爲中興之冠。好古文奇字，妙於陰陽筭曆，雖京房、管輅不能過也。王導引參己軍事，帝與導令璞筮，皆奇應，帝深重之。璞因天人休咎之徵，輒上疏論時政。遷尚書郎，數言便宜，多所匡益。明帝在東宮，與溫嶠、庾亮有布衣之好，璞亦以才學見重，埒於嶠、亮。後王敦起璞爲記室參軍。敦之謀逆也，嶠、亮使璞筮之，璞對不決。嶠、亮復令占己之吉凶，璞曰：「大吉。」嶠等退相謂曰：「璞對不了，是不敢有言，或天奪敦魄。今吾等與國家共舉大事，而璞云大吉，是爲舉事必有成也。」於是勸帝討敦。初璞每言殺我者山宗。至是，果有姓崇者構璞於敦，敦將舉兵，使璞筮，璞曰：「無成。」敦固疑璞之勸嶠、亮。又聞卦凶，乃問璞曰：「卿更筮吾壽幾何？」答曰：「思向卦，明公起事，禍必不久。若住武昌，壽不可測。」敦大怒曰：「卿壽幾何？」曰：「命盡今日。」日中，敦怒，收璞詣南岡斬之。璞臨出，謂行刑者欲何之，曰：「南岡頭。」璞曰：「必在雙栢樹下。」既至，果然。復云：「此樹應有大鵲巢。」衆索之不得，璞更令尋覓，果於枝間得一大鵲巢，密葉蔽之。初，璞中興初行經越城，間遇一人，呼問姓名，因以袴褶遺之，其人辭不受。璞曰：「但取，後自當知。」其人遂受而去。至是，果此人行刑。時年四十九。敦時屯兵姑孰南岡，當在今太平路境。前志謂璞死於武昌，非也。及敦平，追贈弘農太守。璞撰前後筮驗六十餘事，名《洞林》。又抄京費諸家要最，更撰《新林》十篇、《卜韻》一篇，註釋《爾雅》，別爲《音義圖譜》，又註《三蒼》、《方言》、《穆天子傳》、《山海經》及楚辭《子虛》、《上林賦》數十萬言，皆傳於世。子驁，臨賀太守。璞有墓，見《古迹志》。

徐文伯。字德秀，濮陽太守熙曾孫也。熙好黃老，隱於秦望山，有道士授以《扁鵲鏡經》，曰：「君子孫當以道術救世，當得二千石。」因精心學之，遂名震海內。子秋夫，彌工其術，仕至射陽令，世傳嘗爲鬼針腰痛。秋夫生道度、叔嚮，皆精其業。道度仕宋文帝朝，位蘭陵太守。道度生文伯，叔嚮生嗣伯。文伯兼有學行，倜儻不屈於公卿，不以醫自業爲效，與嗣伯相埒。孝武路太后病，衆醫不識，文伯診之曰：「此石博小腸耳。」乃爲水劑消石湯，病即愈。除鄱陽王常侍。明帝宮人患腰痛牽心，每至輒氣欲絕，衆醫以爲肉癥。文伯曰：「此髓癥。」以油投之，即吐，得物如髓。稍引之，長三尺，頭已成蛇，能動，挂門上，適盡一髓而已，病都差。子雄傳家業，位奉朝請，能清言，多爲貴游所善。事母孝。母終毁瘠，幾至自滅。俄而兄亡，扶杖臨喪，撫膺一慟，遂絕。嗣伯，字叔紹。亦有孝行。善清言，位至員郎、諸府佐。直閣將軍房伯玉服五石散十許劑，無益，更患冷，夏日常複衣。嗣伯診之曰：「卿伏熱，應須以水發之，非冬月不可至。」十一月，冰雪大盛，令二人夾捉伯玉，解衣坐石，取冷水從頭澆之，盡二十斛，伯玉口噤氣絕，家人啼哭請止。嗣伯遣人執杖防閤，敢有諫者撾之。又盡水百斛，伯玉始能動，而見背上彭彭有氣。俄而起坐曰：「熱不可忍。」乞冷飲。嗣伯以水與之，一飲一升，病都差。自爾恒發熱，冬月猶單褌，移體更肥壯。常有嫗人患滯冷，積年不差。嗣伯爲診之曰：「此尸注也，當取死人枕煮服之。」於是往古塚中取枕。枕已一半腐缺〔一〕，服之即差。後秣陵人張景年十五，腹脹面黄，衆醫不能療，以問嗣伯。嗣伯曰：「此石蚘耳，極難療，當得死人枕服。」依語煮枕，以湯投之，得大利，並蚘蟲頭堅如石，五升，病即差。後沈僧翼患眼痛，又多見鬼物，以問嗣伯。嗣伯曰：「邪氣入肝，可覓死人枕煮服之，竟，可埋枕於故處。」如其言，又愈。王晏問之曰：「三病不同，皆用死人枕而俱差，何也？」答曰：「尸注者，鬼氣伏而未起，故令人沉滯。得死人枕投之，魂氣飛越，不得復附體，故尸注可差。石蚘者，久蚘也。醫療既僻，蚘中轉堅，世間藥不能遣。所以須鬼物驅之，然後可散，故令煮死人枕也。夫邪氣入肝，故使眼痛而見魍魎，應須邪物以鈎之，故用死人枕，氣因枕去，故令埋於塚間也。」嘗春月出南籬間戲，聞笪屋中有呻吟聲，嗣伯曰：「此病甚重，更二日不療必死。」乃往視，見一老姥稱體痛，而處處有𪘏黑無數。嗣伯還，煮斗餘湯，送令服之。服訖，痛勢愈甚，跳投床者無數。須臾，所𪘏處皆拔出釘，長寸許。以膏塗諸瘡口，三日而復，云：「此名釘疽也。」時有薛伯宗，善徙癰疽。公孫泰患背，伯宗爲氣封之，徙置齋前柳樹上。明旦癰消，樹邊便起一瘤，如拳大。稍稍長二十餘日，瘤大膿爛，出黄赤汁斗餘，樹爲之痿損。文伯之孫之才，後顯於北齊。

吳廷紹。爲南唐太醫令。烈祖食飴，喉中噎，國醫皆莫能愈。廷紹尚未知名，獨謂當進楮實湯一服，疾失去。馮延巳苦腦中痛，廷紹密詰廚人，知延巳平日嗜食山鷄、鷓鴣，廷紹投以甘豆湯，亦愈。羣醫默識之。他日取用，皆不驗。或扣之，曰：「噎因甘起，故以楮實湯治之。山鷄、鷓鴣皆食烏頭、半夏，故以甘豆湯解其毒耳。」聞者大服。

耕刺巫者，溧陽甓橋人。能以異法治骨骾。淳熙九年，長巷村人王四食鵝遭骾，三日不能下飲食，且死。遣子持錢詣巫，即於竈内取灰篩布地上，炷香焚紙錢，誦咒召神結印。次以葦筒作小犂狀，耕灰中，云骨甚深，凡耕至一再，筒中忽微有聲，亟傾注水盌間，乃鵝翅骨也。甓橋距長巷四十里，王氏子至家，父平復已半日矣。其病之淺者，一犂即愈。事見《夷堅志》。戚氏云：「今陶吳鎮有能此術者，謂之耕刺。大抵如上所云。但其巫先要親人某日食某物被骾狀，然後行法耕之。耕既得骨，仍以裹香紙一幅付親人，使焚於家，咒水一盂，令被骾者飲之。計其時，多是耕時痛稍輕，飲水後全平復。此蓋祝由之驗者，攝氣運神，須其親人則易爲感通，以見天地間焉往而非一氣之流行，一心之運用也。其術雖小，可以喻大，故著之爲傳云。」

譚紫霄。泉州人。幼爲道士。先是，有道士陳守元者，斸地得木札數十，貯銅盎中，皆漢張道陵符篆，朱墨如新。紫霄得，盡通之。遂自言得道陵天心正法，劾鬼魅，治疾病，多効。廬山僧鬬路，有大石堅不可鑱，紫霄索杯水噀之，工施鑱，應手如粉。後主聞其名，召見，賜官不受。開寶初年，百餘歲，隱化於廬山棲隱洞之道館。葬之日，有祥雲、白鶴盤遶。後言天心法者，皆祖紫霄。

街士王生。金陵人。瞽而善聽聲。丁晉公謂守金陵，王生潛聽其馬蹄聲，曰：「參政月中必召拜相。」果如其言。後真宗晏駕，謂充山陵，使王生來京師，俾聽馬蹄聲，曰：「有西行之兆。」諸子責曰：「爾知相公充山陵使，故有是說。」或密問之，曰：「蹄西去，而無回聲。」後果罷相，分司西京，繼貶厓州。

李士寧道人。蓬州人。先得塗氏所藏軒轅山鏡，洞見遠近。蔡君謨以道自任，聞先生之名，望風惡之。君謨一夕夢爲虎所逼，有一人救之。虎既去，與之坐曰：「公貴人也，但頭骨不正。」手爲按之曰：「骨已正矣。」夢覺，頭尚痛。翌日，士寧謁君謨，謂曰：「夜夢頗驚惶否？」君謨愕然，視其狀，乃夢中逐虎正骨者，遂異之。後出守閩中，士寧經由謁君謨，君謨說久患目疾不愈，昨夜夢龍樹菩薩，豈有先告之驗乎？士寧即於袖中出畫本視之，一如夢中所見者。既而瞠目視君謨，須臾，兩目豁然明快。參政張方平任兩制時，士寧出入門下，時論以爲方平且大拜，士寧以詩別云：「異時復與公相見，正是江南二月天。」其後久無爰立之說，忽除知江寧。士寧自茅山來謁，即仲春也。他驗類此甚多。蓋服氣煉形之久，善爲幻者爾。

蔡槐。號月湖，饒州德興人。歸附後，僑居建康。少日讀書，卓犖不羈，好相人之術，然不妄許可。至元二十三年，與傅學士立等偕召至京師，詔問：「朕壽幾何？」對曰：「仁者壽，陛下壽及八旬。」時春宫未建，嘗賜見便殿，俾定儲君於諸皇孫中。對曰：「某位太子龍鳳之姿，天日之表，他日必爲太平天子。」後七年登極，即成廟也。久之，大臣有愛姦利者，請問休咎，槐拒不往見。他日，見於朝，辭色甚怒，槐爲言曰：「相公能憂國愛民，自可享耆頤之福。何問之有？」然亦懼其讒間，授集賢學士，辭不拜，乞歸田里，從之，敕復其家税役。隱居鍾山，不復有仕進意。臺省以下官恒以上意歲時詣門存問。數年時相果敗。元貞改元，復召不赴，以疾終於家。初與槐同召者，傅學士立，亦德興人。學士善康節數術，言事巧發奇中。世傳其術得於同召者前宋進士彭復，復得之建昌南城人廖應淮。應淮幼不讀書，好異端之學，及風角烏占之術。游俠江湖，不遇。年三十，客臨安，疏丁大全丞相誤國狀。大全中以法，配漢陽軍。應淮荷校出都門〔一二〕，所至說易數禍福，無不中。多得錢與監人，醉飽抵漢陽。遇蜀道士杜可大於漢江濱，謂曰：「子非廖某耶〔一三〕？余待子久矣。自邵堯夫以先天學授王天悦，悦死，葬未百年，而吳曦叛。盜掘其塚，得《皇極書體要》一篇、《内外觀象》十篇，無名公手澤俱存，余賄盜得之。今餘五十年，數當授子。」爲之禱郡將，脱軍籍，館諸道室，盡教以塚中書，筭由聲音起。應淮神鑒警敏，一聞萬了。道士指畫未到處，應淮先意逆悟居年餘，告別道士，又教之隱宣、歙間，如其言。如是者十年。著《玄玄集》、《曆髓》、《星野指南》等書數十萬言。自號守一翁、溟涬子。遇余安裕於弋陽，將教之。安裕且勸讀《中庸》，應淮怒，拂袖行。再之臨安，僦賀道士衔樓寓焉，晝市大衍數，夜沽酒痛飲，嘗大叫曰：「天非宋天，地非宋地矣。」語泄，賈似道使闞其醒，扣之，應淮曰：「某年某月，地膨偏白，淅水西是其祥矣。」至咸淳八年夏四月八日，果然。似道使以徵應來扣，應淮曰：「某年樊陷襄降，某年長江飛渡，某年宋亡。」似道畏惡甚，然以地膨驗，故不加罪。應淮嘗謁殿院曾淵子索酒，酒酣，歌曰：「禽聲兮啾啾，草色兮幽幽，風熂熂兮火怒，泉殷殷兮血流，屋將焚兮，燕呢喃以未已；鼎漸沸兮，鼅婆娑其不休。歸去來兮，不歸兮焉求。」歌罷，坐中朝士十數輩雷然，以爲誕，曾酷信之。應淮又謂太學生熊晞望曰：「吾端居層樓，俯瞰通衢，聞風中戎馬百萬來，人鬼作哭聲。某年宮車晏駕，某年似道殛死，某年妃后、皇子、幼主、親王、卿相南北走，嘘吸事耳，公在此奚爲？」又謂進士尹應許曰：「吾數中甲戌年無殿試，丙子年無科舉。奈何？自是朝大夫都人士至戒門以絕，而識與不識皆望之，卻走矣，唯國子簿吳浚、進士彭復願從受《易》，應淮許諾，嘗字呼浚曰：「允文某年月日汝即刑於禁所，汝知之乎？」浚禮遇少衰。自參江閫幕議，莫能竟其業，惟復執弟子禮逾恪。即以道士所授塚中書及自著十條萬言一舉而授復焉。癸酉、甲戌間，宋事日棘，沿江失守。曾淵子銜似道命，詢世運如何。應淮如昨不對，俄攢眉曰：「殺氣向移泉、潮、惠去，余不知死所矣。」言訖慟哭，曾亦哭。頃之應淮遁，朝野物色，莫能得，杭人神之。宋亡後四年，病死處州學，年五十二。無子，一義女從。及嫁，仍處子云。嗚呼！自甲子歲慧星出柳，謝枋得校文建康，已痛哭流涕言之。而臨安君臣溺於晏安，方且夸張太平，惡聞逆耳，其勢必至於淪胥顛覆，有不待智術而後知也。然應淮由筭數逆處興衰禍福，如身所親歷，可謂精於藝者矣。以其關涉江左治亂，故並著之云。

列女

貞義女史氏。溧陽人。吳王僚五年，伍子胥去楚，自鄭奔吳，《史記》云：「橐載出昭關。」關在今和州含山縣北十八里，東至溧陽甚近。中道而疾。乞食溧陽，值女子擊緜於瀨水，筥中有飯。子胥跪而乞餐，女子飯之。子胥餐已欲去，謂女子曰：「掩子壺漿，無令其露。」女子嘆曰：「嗟乎，妾獨與母居三十年，自守貞明，不願從適，何宜饋飯而與丈夫，越虧禮義，妾不忍也，子行矣。」子胥行，反顧女子，已自沉於水。其後闔閭十年，子胥破楚入郢，還過溧陽瀨水之上，長嘆息曰：「吾嘗飢，乞食於女子，女子飯我，遂自沉而亡，欲報以百金而不知其家。」乃投金水中而去。有頃，一老嫗悲泣而來。或問曰：「何泣之悲乎？」曰：「吾女往年擊緜於此，遇一窮途君子，而輒飯之。恐事泄，自沉於水，後知其爲伍君也。今聞伍君來，不得其償，自傷女之虛死，故悲耳。」人曰：「子胥欲報以百金，不知其家，投金水中而去矣。」嫗遂取金以歸。李白有記及詩，見《景定志》。

賢母習氏者〔一四〕，吳丹陽太守李衡之妻也。衡本丹陽兵家子，漢末入吳，爲武昌渡長。聞羊衜有知人之鑒，往干之。衜曰：「多事之世，尚書郎才也。」時校事郎呂壹操弄權柄，大臣目之，莫敢言者。衜曰：「此非李衡無以困壹。」遂薦之爲郎。太祖引見，喜之。衡乃口陳呂壹奸短數千言，太祖有愧色。後數月，壹事發誅，衡大見顯用，累遷諸葛恪府司馬。恪誅，守丹陽太守。時景帝爲琅邪王，在郡，家人淫放，衡以法繩之。習氏常諫不可，衡不從。尋而帝立，衡憂懼，爲妻曰：「不用卿言至此，今奔魏何如？」妻曰：「不可。君本庶人，先帝賞拔過量，既作無禮，而復逆，自猜嫌逃叛，求活北歸，復何面目見士大夫乎？且琅邪王素好善慕名，方欲自顯於天下，終不以私嫌殺君明矣。君可自囚詣獄，表陳前失請罪。如此，必當逆見優饒，非但直活而已。」衡從其言，果免於罪。衡欲爲子孫儲業，妻輒不聽，曰：「財聚則禍生。以禍遺子孫，豈賢者所爲？」衡遂不言。後密使家人於江陵龍陽洲上作宅，種甘橘千樹。臨死，敕兒曰：「汝母每惡吾治家，故窮如此。然吾州置有千頭木奴，不責汝衣食，歲上絹一疋，當足用耳。」衡亡後，兒以白母。母曰：「此當是種甘橘也。汝父每欲積財，吾嘗以爲患，不許。七八年來，失十戶客，不言所之，當是汝父有此故也。恒見汝父稱太史公言江陵千樹橘，可比封侯。吾答曰：『人患無德，不患不富貴。若貴而能貧，方好耳，用此何爲？』今無乃是耶？」訪得之。襄陽有習家池，在城南十里，蓋郡世家。

袁粲母王氏，太尉長史誕之女。粲幼孤，伯、叔並當世榮顯，而粲飢寒不足，王以績紡供朝夕。後粲忤於孝武，坐囚。母候乘輿出，負塼扣頭流血，塼碎傷目。自此粲與人語，有誤道眇目者，輒涕泣彌日。嘗疾，母憂念，晝寢夢粲父語曰：「愍孫無憂，將爲國家器，不患沉沒，但恐富貴終當傾滅耳。」愍孫者，粲小字也。及粲貴重，母恒懼其及禍，戒以所夢父言，粲故自挹損。遇遷官，常固讓不拜。母亡後，粲以討蕭道成不克，死於石頭城中。按《宋史》：粲爲尚書令，領丹陽尹。齊方革命，粲以身受顧，訖圖舉兵，事敗，謂其子最曰：「本知一木不能止大廈之崩，但以名義至此耳。」最時年十七，叫抱父，乞先死，兵士人人隕涕。粲曰：「我不失忠臣，汝不失孝子，復何恨乎？」百姓諺曰：「可憐石頭城，寧爲袁粲死，不作褚淵生。」淵先以粲謀告道成，故粲敗及禍云。

鄭獻英者，齊垣曇深之妻也。曇深爲臨城令，罷歸，得錢十萬，買宅奉母〔一五〕，退無私蓄。劉楷爲交州，請於王儉，與曇深同行，未至州而卒。獻英時年二十，子文凝始生，甚有容德，仍隨楷到鎮，晝夜紡織，傍無親援。居一年，私裝就緒，乃告楷求還。楷大驚曰：「去鄉萬里，固非孀婦所濟。」不許。鄭曰：「垣氏羈魂不反，而其孤藐幼，妾若一同灰壤，則何面目以見先姑！」因大悲泣。楷愴然許之，厚爲旌送。鄭間關危險，至鄉葬畢，乃曰：「可以下見先姑矣。」時文凝年甫四歲，親教經禮，訓以義方，州里稱美。

王僧辯母魏氏，不知何許人。性安和，善於綏接，家門內外莫不懷之。僧辯以事下獄，母流涙徒行，將入謝罪，元帝不與相見。時貞惠世子有寵，母詣閤，自陳無訓，涕泗嗚咽，衆並矜之。及僧辯免坐，母深相責厲，辭色俱嚴，雖剋復舊都，功蓋宇內，每自謙損，不以富貴驕物，朝野稱之，謂之明哲婦人。及亡，甚見愍悼。且以僧辯勳重，故喪禮加焉，命侍中謁者監護喪事，謚曰貞敬太夫人。靈柩將歸建康，又遣謁者至舟渚弔祭。

謝疊山妻李氏，饒州安仁縣儒家女也。疊山名枋得，開慶己未，大兵分道攻江南，圍長沙、武昌，掠龍興，東南大擾。時枋得以進士調官家居，不忍視其國之危，率鄧、傅二社壯士二千餘人舉義，李氏悉家資奩産助軍，朝廷嘉之，擢枋得兵部架閣。景定甲子秋七月，慧星出柳北，兵聚襄、鄧間，爲謀叵測。時賈似道擅朝，方括田賣官，蒙蔽視聽。枋得校文宣城及建康漕闈，發策十問，言權奸誤國，趙氏必亡。似道怒，構以罪，貶興國軍。咸淳癸酉，襄樊失守，沿江諸武帥怨朝廷處置失宜，望風降附，似道軍敗於丁家洲。陳宜中當國，起諸儒臣爲帥守，驅内地耕民，授兵以戰，敗亡相繼。枋得爲江東制置使，募兵援饒州，戰於安仁，敗績，又敗於信州。軍潰，棄家入閩。李夫人與其子爲大兵所執，囚建康宣撫司獄中。監守者逼以非義，李自度不能終拒，既詭辭答，即自經死。廣海既平，留承旨夢炎、程侍御文海交薦枋得學行，辭不應召。至元戊子，魏參政天祐執拘北行，至燕，絶不飲食，遂死。夫婦皆守義不辱，與文丞相天祥相類。李夫人死，或云在揚州行省。時宣撫、宣慰二司轄江東諸路，相繼皆置司建康云。夫人姪存，有學行。跋金谿吳節婦黃氏教子詩敘。夫人死時，事詳覈足徵。

闞文興者，其先不知何許人。宋末，隸建康兵籍。妻王氏，細柳坊民家女。至元乙亥，馬步軍副總管、沿江制司都統徐王榮及翁都統以諸軍數萬人納款，軍各分隸諸萬戶，與蒙古漢軍相雜，號新附軍。十三年，大兵追二王，略定福建諸路。漳州守臣黄佺、通判楊丙，以城迎降。文興從其奕萬戶。賈將軍戍漳，以累戰功，又知文墨議論，得爲萬戶府知事。十七年八月望日，畲峒陳吊眼，率其衆襲陷漳州〔一六〕，殺招討傅全官軍死者十八九〔一七〕，文興亦力戰死。王氏爲賊所執，逼汚之，紿曰：「我不幸至此，豈敢愛身，願收葬吾夫，持服百日然後惟命。」賊義而許之。時死者枕籍縱横，王行哭辨識累日，得其夫亂屍中。積薪焚之。火既熾，即躍投其中以死。大德初，漳州路始上其事。帥省疑之，下路府體覈，得其從卒李某二人，具言文興及王氏死節時在傍，知見狀。十一年，省以聞於朝，下禮部議。部請訪王氏族里，旌其門閭，收恤其宗親，仍以事付史館。皇慶二年，建康路以省檄至，訪求得王氏家細柳坊營中，有姑適人，異居已老，同母弟一人，住揚州爲酒家傭。有司文移往復，無有以爲意者。而闞氏故起小兵，絶無姻屬。江浙省不得其族里，則用漳守言表其故營曰烈女坊。又二十一年，爲至順癸酉，漳士民並以文興之死爲請，會左司郎中張侯士弘爲吏部侍郎，力以其事言於朝，乃定封文興英毅侯，王氏貞烈夫人，賜廟額曰雙節，藝文監丞揭公傒斯爲記。而集慶坊里未有所表，異焉。

揭監丞碑略云：「天下綰符杖節，擁萬夫之衆、鎮千里之地者，不知其幾。一旦四方有急，天子之命未及於境，已閉閤稱疾者有矣，委衆而去者有矣。當是時，變起倉卒，使闞文興第守簿書期會之常，負妻子踰垣而辟，人亦孰得而議之！而臨難忘身，見危授命，蒙兇威，蹈白刃，奮萬死不顧之勇，死而不悔者何則？禍亂作於前，忠義激於內，不暇擇地而死也。至於王氏決死生於俄頃，不辱其身，烈丈夫有弗逮矣。故君子曰：『人皆死於危，二人獨死於安，以皆有苟免之道而不由也。』然微張侯審綱常之重，英毅必不侯，貞烈之封亦不及，二人之死亦豈欲求廟食、冀褒寵要譽於天下哉？誠不忍棄君臣夫婦之義焉耳。傳全闔門死難，有司之請、朝廷之議皆不及者，武臣死事，國有常恩云。」

節婦余氏者，溧水州銀林市人。淳熙十年，鄉惡少景佐欲污之，至於持刃逼脅，余氏義不辱，甘受白刃。知縣王衎鞫勘，具案解府。嘉其正潔，改市爲節婦里，旌表門閭。仍給賜錢米酒帛，及免本戶三年應干官租。

劉母郝氏者，晉山人。年十三，適觀察使劉虎之孫應麒。十五年，而應麒以疾亡，子鎧、鉉尚幼，郝誓不易志，養祖姑王氏、姑郝氏，克盡婦道。教其子，皆有成立。始，觀察自廬州梁縣徙居建康，嘗統師拒北兵濠之五河，中矢洞腹達背，十餘日〔一八〕，瘡潰而死。死時，妻王氏年始二十餘，守志不出戶庭者五十二年。其子祐爲監税官，僅弱冠死。死時妻郝氏年二十一，守志如姑王氏之行者五十三年。及應麒妻郝氏克勵婦操〔一九〕，事二姑四十餘年，皆以壽終。郝今尚康強，就養於子，諸孫皆讀書向仕。時謂劉氏三世貞節。郡府以其事聞憲察，具有文移，聞者咸嗟異云。

節婦李氏者，太原人。年十五，適里人楊弘。弘生不茹葷，嗜典籍，通國語，尤閑弓馬。金亡不仕，年三十二而死。死時囑李曰：「吾二親老，子幼，後事託汝，幸養吾親。百年後汝適人，吾亦瞑目九泉。」李大慟，以死自誓，未幾弘卒。二親年皆九十餘，以喪子哭失明。李時年二十九，子二人，長仲舉，年方齠齔；次仲通，始脫襁褓，仰事俯育之責皆萃於李。居喪，不湯沐，不茹葷，旦暮哭臨，哀動閭里。家素貧，晝奉舅姑，夜績麻枲，治絲繭，竭力以供甘旨。親黨或以年少無所依，微言相感動者，李輒哭應曰：「人之所以爲人，以有信義也。今舅姑高年，命在旦夕，亡夫囑我以養，而不能卒，遺我以孤幼，而不能使之成立，信義安在？若然者，生無以見天日，死無以見吾夫於地下。」自是非禮之言相戒以絕。舅姑嘗念我子雖蚤世，而新婦孝養不替，每仰天祝曰：「願新婦享我之年，子孫昌盛，還受所養。」後舅姑各以壽終。仲舉爲南臺掾日，奉李氏過江，居金陵，以子恩，封正平縣君，弘贈奉議大夫、冀寧路治中、正平縣子。李卒，年八十三。延祐間，郡府上其志節，朝命下西京宣慰司核議，復其家。建康中，旌表見居門閭。仲舉後爲福建、江西兩道廉訪司經歷、知福清州致仕。卒，年七十七。仲通以子貴，贈承務郎、河中府判官。卒，年八十三。孫四人，獸子淵，湖州錄事司判官。熙子明，三臺御史，歷宣政院判、漢中僉事、奉政大夫、御史臺都事。杰子俊，海南、湖北、江西三道廉司知事。烈子承，經筵檢討、福建廉司經歷。曾孫十人，皆駸駸仕進。推本其家慶所自，謂非其上世厚德貞信之報其可哉！

李成妻周氏，府城北門民籍。年二十七喪夫，家貧守節，奉姑方氏盡孝。天曆二年，部擬旌表門閭。

劉英傑妻吳氏，府城北隅柴街儒家，宋吳知縣季申之女。年二十三喪夫，子慶孫、端中皆在襁褓，誓不他適，紡績以養舅姑，教子皆爲儒。年七十餘。元統三年，部擬旌表門閭，復其家差役。

張宜妻周氏，府城真武廟街人。年二十二喪夫，守志十載。一子復喪，孫二人皆幼，子婦樊氏奉姑，亦守節不嫁，周氏年七十餘。大德十一年，部擬旌表門閭，復本家差役。

王元壽妻楊氏，淮西人。元壽祖福，故宋殿師，贈少師、平海軍節度使〔二〇〕，卒於開慶己未，葬江寧縣新亭鄉之黄墓岡。福爲將，累有戰功，嘗於府城機行街建節樓藏宋帝御書「忠勤」字扁〔二一〕。生子應龍、應虎、應麟，皆爲武官。至元乙亥，應龍以帶御器械知滁州，以城歸附授本州安撫使。爲統制蒙亨所殺。子元壽，時爲沿江制置司計議官，亦死於難。妻楊氏方二十歲〔二二〕，守節不嫁，教其子招孫、建孫。長立仕官，招孫終汾水州知州〔二三〕，建孫任龍興路富州判官。楊氏以子恩，封上元縣君。大德五年，部擬旌表門閭。

劉祐妻馬氏，山東人。寓居府城西隅清化坊。年二十九喪夫，終身績袵，以養舅姑，年五十餘。至元五年，部擬旌表門閭。

曹裕興母王氏，句容人。夫亡守節，子幼家貧，事姑盡孝。皇慶元年，部擬旌表門閭。

節婦容國夫人薩法喇〔二四〕，于闐氏，江淮等處行中書省平章政事阿爾彬之女〔二五〕，贈榮祿大夫、大司徒、上柱國、容國公特穆爾布哈之妻〔二六〕，治書侍御史阿嚕呼圖克之母〔二七〕。大德丙午歲，特穆爾布哈任建康、廬州、饒州牧馬戶達嚕噶齊，卒於溧水。夫人年二十九，居喪執禮，以儉率下，其家能完居。

【校勘記】

〔一〕貨：《景定建康志》卷四九作「貿」；又「墨」字，《景定建康志》作「筆」。

〔二〕破：至正本作「殺」。

〔三〕洪：原闕，據《景定建康志》卷四九補。

〔四〕藏：至正本作「在」。

〔五〕至：至正本作「悟」。

〔六〕日：原作「旦」，據《南史》卷七六《陶弘景傳》及《通志》卷一八二改。

〔七〕養之：至正本作「華林園」。

〔八〕寶誌：至正本作「少時」。

〔九〕常：至正本作「尚」。

〔一〇〕佩：原作「塧」，據《晉書》卷九五《戴洋傳》、《太平御覽》卷三三及上下文意改。

〔一一〕半：至正本作「邊」。

〔一二〕荷：至正本作「何」。

〔一三〕廖：原作「㢘」，據至正本改。

〔一四〕習氏：「氏」字原闕，據至正本補。

〔一五〕母：至正本作「兄」。

〔一六〕陷：原作「殺」，據至正本改。

〔一七〕殺：原作「陷」，據至正本改。

〔一八〕日：至正本作「年」。

〔一九〕克：至正本作「尤」。

〔二〇〕少師：原作「少帥」，據至正本改。

〔二一〕宋帝：至正本作「理宗」。

〔二二〕二十：至正本作「三十」。

〔二三〕汾水州：至正本作「沐水州」。

〔二四〕薩法喇：至正本作「薩法禮」。

〔二五〕阿爾彬：至正本作「阿里別」。

〔二六〕特穆爾布哈：至正本作「帖木兒普化」。下同。

〔二七〕阿嚕呼圖克：至正本作「阿魯忽都」。

至正金陵新志卷十四

摭遺

《戰國策》范環對楚懷王曰：「且王嘗用召滑於越，而納句章昧之難〔一〕。越亂故楚，南察瀨湖，而野江東。」鮑氏注云：「察猶治也，楚有而治之，以江之東爲野。此言楚雖有唐昧之難，而能得越地，以召滑亂之也。」然鮑註瀨湖乃以爲南陽之屬，殆非也。南陽未嘗屬越，又與江東全不相近，正謂溧陽之瀨水明矣。

《漢溧陽長潘乾元卓校官碑》，靈帝光和四年所立，時歲在辛酉。杜少陵所謂骨立通神者，蓋此類也。詳見碑碣。石淪於固城湖中。紹興十三年，溧水縣尉喻中遠得之，輦置聽事之側，蓋相距九百六十二年矣。時時見光采，弓兵宿直。或以褻衣頓於趺上，必夢大軀逐而詈之。乾道戊子，有官告院吏出職爲尉，顧碑字多闕蝕，以爲無用，且厭人之來，呼隸史曹彥與謀，將沈之宅後廢沼內。一寓客素好古，聞其說，往詰止之。邑宰陳容之爲徙諸縣圃，作屋覆焉。至辛卯歲，金陵守作文一篇，欲識石陰。遣匠來，甫鎸兩字，遭碎屑激入目。旋易他匠，皆然。竟不能施工。出洪邁《夷堅志》〔二〕。守蓋唐埭〔三〕。

孫鍾，權之祖也，家富春。早失父，與母居，性至孝。遭歲荒儉，以種瓜自業。忽有三少年詣鍾乞瓜，鍾厚待之。三人曰：「此山下善，可葬，當出天子。君望山下百步許，顧見我等去，即可葬處也。」鍾去三四十步便返，顧見三人並成白鶴飛去。鍾記之，後葬其地。地在縣城東，冢上常有光怪，雲氣五色，上屬於天。及堅母孕堅，夢腸出，繞吳閶門，以告鄰。母曰：「此夢安知非吉祥也。」按《溧水志》：上方寺基在縣西二十里，唐開元十二年置。南唐僧惠海作《十王齋記》，立石。大觀二年，以石送府。故老云，寺即孫種瓜地也。其鄉見名思鶴可證。知縣史彌鞏作《羊左廟》等十調笑樂府，《孫鍾瓜井》有曰：「孫鍾元是栽瓜圃，客至嘗瓜固其所，不應司命降從天。」至今人指設瓜處皆謂在此，與《實錄》不同，姑存其說。

孫策爲許貢客昭所刺傷面，治瘡方差，取鏡照面，見所殺道士于吉在其中，顧而不見，如是再三。因擲鏡大呼，瘡裂，須臾而死。

孫權與曹操相持於濡須，權乘大船來覲曹公軍。曹公使弓弩亂發，箭著其船，船偏重，將覆，乃迴船，復以一面受箭。箭匀船平，乃迴。《魏書》。

孫權使將軍衛溫等下海求亶、夷二洲。洲在海中。長老傳云：「秦皇遣方士徐福將童男女數千人入海，求蓬萊神山及仙藥，遇風，皆止此洲不出〔四〕，世世相承，有數萬家。」時有會稽東鄉人行海遇風，至夷洲，其亶洲絕遠，不可得到，溫等得夷洲數千人而還。

張溫使蜀，諸葛亮見而嘆曰：「江東菰蘆中生此奇才。」

孫峻害諸葛恪，並使無難督施寬上取其弟融。融不之知，忽聞兵至，猶豫不決。先是，公安有靈鼉鳴，時謠曰：「白鼉鳴，龜背平，南郡城中可長生，守死不去義無成。」及此，融果刮金印龜服之而死。

《吳錄》術人姚光，自言火仙帝。焚之火滅，光坐灰中，手持素書一卷，帝看之不識。初在武昌，日徵方士會稽介象者爲立第，給御帳，號爲介君。帝每從學閃形法，前後所言皆驗。帝曾問象，鱠魚何者爲上。象曰：「鯔魚。」帝曰：「海中魚不可卒得，且言近者。」象曰：「易得。」因陷地，灌水其中，釣之得鯔，以爲鱠。仍請使往蜀市薑爲虀，初作鱠而去，欲了而還。使者言於蜀，見張溫，溫因附家書而歸。吳廢帝亮暑月遊西苑，食青梅，使黄門至中藏取蜜。黄門先恨藏吏，乃取鼠糞投蜜中，言藏吏不謹。帝即呼吏，吏持蜜瓶入。帝問曰：「既蓋之日，有掩覆，無緣有此，黄門非有恨於爾耶？」吏叩頭曰：「彼嘗從臣求官席，席有數，臣不敢與。」帝曰：「必此也。」黄門不伏。侍中刁玄、張邠請收黄門與藏吏付獄，帝曰：「易知耳。」令破鼠糞，糞中猶燥。帝大笑謂玄、邠曰：「若先在蜜中，中外俱濕。今乃燥，是黄門所爲也。」黄門懼，即自首伏法。

吳少帝時，全主譖殺其妹朱主，埋於石子崗。後主欲改葬之，塚壍相亞，不可識别，而宫人頗有識主亡時衣服。乃使兩巫各待一處，以伺其靈，使察戰監之，不得相近。久之，二巫各見一女，年可三十餘，上著青錦束頭，紫白袷裳，丹綈絲屨，從石子崗上半崗而以手抑膝，長息小住。須臾，進一塚上，便止，徘徊奄然不見。二巫不謀而言同。遂開塚，衣服與所言同。

吳使光祿大夫紀陟使魏，司馬昭問來時吳主如何。對曰：「來時皇帝臨軒，百寮陪位。」曰：「彼戍備幾何？」答曰「自西陵至江都，五千七百里。」昭曰：「道里甚遠，難爲堅固。」答曰：「疆界雖遠，而其險惡必爭之地不過數四，猶人有八尺之體，靡不受患，至於防護風寒亦數處耳。」昭善之，厚禮遣還。

建鄴有鬼目草，生工人黄狗家，依緣棗樹，長丈餘，莖廣四寸，厚三分。又有買菜生工人吳平家，高四尺，厚三分，如枇杷形。上圓徑一尺八寸，下莖廣五寸，兩邊生葉緑色。東觀案圖名，鬼目草爲芝草，買菜爲平慮草，遂以爲瑞。封狗爲侍芝郎，平爲平慮郎，皆銀印青綬。案《干寶傳》：黄狗者，吳以土運承漢後，故初有黄龍之瑞。及其末年，而有鬼目之妖託黄狗之家，黄稱不改，而貴賤懸殊，即其天道精微之應也。

臨海松陽人柳榮，從張悌出師。至楊荷橋，榮忽病死船中，二日，時軍已上岸，未及埋。忽大叫言「人縛軍師，人縛軍師」二聲，遂活。人問之，榮言上天北斗下見人縛張悌，意中驚愕，乃大呼：「何人縛軍師〔五〕?」門人怒榮，叱逐去之，遂活。其日悌死。榮至晉元帝初猶在。

王濬將拔吳〔六〕，造船於蜀。建平太守吾彦覺之，表請增兵爲備，皓不從，彦乃輒爲鐵鎖斷江路。及晉師臨境，沿江諸城望風降附，或見攻拔。彦堅守，攻之不下，晉軍退舍禮之。及皓亡，始降，晉武帝拜爲金城太守。帝嘗從容問薛瑩孫皓所以亡，瑩對曰：「皓爲君，昵近小人，刑罰妄加，大臣大將無所親信，人人憂恐，各不自安，敗亡之釁由此而作。」帝復問彥，答曰：「吳主英俊，宰輔賢明。」帝笑曰：「何爲亡？」彥曰：「天禄永終，曆數有屬，所以爲陛下擒，此蓋天時，豈人事也？」張華在坐，謂彥曰：「始爲名將，積有歲年，蔑爾無聞，竊所惑矣。」彥曰：「陛下知我，而卿不聞。」帝甚嘉之，位至長秋卿。《吳録》。

晉王濟嘗與武帝棊，時濟伸腳在局下，因問孫皓曰：「聞君生剝人面皮，何也？」皓曰：「人臣無禮於其君者則剝之。」武子大慙，遽縮腳。又嘗侍宴，武帝曰：「聞君善歌，令唱汝歌。」皓應聲曰：「昔與汝爲隣，今爲汝作臣。勸汝一盃酒，願汝壽千春。」

大帝黄武年中，魏軍大舉。文帝自至廣陵臨江，朝廷危懼。乃召術人趙達筮之，達布筭曰：「吳衰在庚子，今賊無能爲。」帝問庚子遠近。曰：「後五十八年。」帝笑曰：「朕憂當身，不及子孫也。」後五十八年，皓果亡國。《吳志》：達本河南人，少好奇異，用思精密。知東南有王氣，可以避難，遂脱身渡江。治九宫一筭之術，究其微旨，是以應機立成，對問若神。計飛蝗，射隱伏，無不中効。謂太史丞公孫滕曰：「吾先人得此術，欲圖爲帝王師。至予三世，不過太史郎。」滕求其法，達曰：「今已亡矣。」及太祖即位，令達筭在位幾年，達曰：「漢高建元十二年，陛下倍之。」

帝大喜，後果如言。嘗謂知星者曰：「我不出戶牖，以知天道。足下晝夜暴露，望氣不亦勞乎？」帝每問其法，終不言及。死，聞有書，發棺求之，竟無所得。時皇象字休明，善書，中國不及；嚴武子字子卿，善圍棊，人莫與對，宋壽能占夢，十不失一；曹不興善畫，妙動神明，與太祖畫屏風，誤落筆點，因爲蠅，帝以爲生蠅，舉手彈之；孤城鄭嫗能相人知吉凶；吳範占風氣；劉淳明天官太一。此八人，世謂之八絶。吳自景帝立，災祥頗衆。永安二年三月，有異童子，年可六七歲，著青衣來，從羣兒戲。諸兒畏，問之，答曰：「我熒惑星，將有告爾曰：『三公鉏，司馬如。』」言訖，昇天去。漸遠，若疋練。自後五年，蜀亡。六年，晉興。未幾，吳爲司馬氏所滅。

王敦在湖陰謀舉逆，明帝密知之，自乘巴滇駿馬，微行至於湖陰，察敦營壘而出。敦時晝臥，夢日繞其營，驚起曰：「此必黄鬚鮮卑奴來也。」《晉書》：帝母荀氏，代州人。帝狀類外家鬚黄，故敦謂之黄鬚鮮卑奴也。使五騎追之，帝已馳還。見逆旅賣飯嫗，以七寶鞭與之曰：「後有騎來，以此示也。」俄而敦追騎至，問嫗。嫗曰：「去已遠矣。」因以鞭示之。五騎傳翫，稽留遂久，又見馬糞冷，《晉書》帝以水灌糞令冷，以爲信而止。帝僅獲免。今太平南有翫鞭亭。敦既得志，暴慢愈甚，諸方貢獻，多人己府。兄含既兇戾〔七〕，黨成不軌。初敦始病也，夢白犬自天而下噬之，又夢刁協乘軺車導從，瞋目叱左右執之，意惡而死。

蘇峻反，祈鍾山神，許晝朱鬣紫蹄馬、碧蓋朱絡車。後鮭鑒入援，亦祈鍾山，山神謂鑒曰：「蘇峻爲逆，人神所憤，當與蔣子文共誅鋤之。峻亦祈我，豈可助之爲虐？今以疏相示。」及案收而疏見。

干寶，字令升，新蔡人，少勤學。中宗即位，以領國史，累遷散騎常侍。修《晉紀》，上自宣帝，迄於建興，凡五十三年，成二十卷。辭簡理要，直而以婉，世稱良史。初，父亡，有所幸婢，母忌之，乃殉葬。後十餘年，母喪，開冢合葬，殉婢仍活，取嫁之。因問幽冥，考校吉凶，悉驗，遂著《搜神記》三十卷。將示劉惔，惔曰：「卿可謂鬼之董狐也。」《三十國春秋》云：昔年，中牟令蘇韶病卒〔八〕。後韶從弟節見韶乘馬晝日而行，著黑介幘〔九〕，黃綵單衣。節問曰：「兄何由來？」韶曰：「欲改葬耳〔一〇〕。」節問幽冥之事，韶曰：「死者爲鬼，俱行天地之中，在人間而不與生者接。顏回、卜商今見爲修文郎，死之與生略無有異，死虛生實，此有異爾。」節曰：「死者何故復欲歸其尸乎？」對曰：「譬若斷兄一臂以投地，就剝蝕之〔一一〕，於兄有患否？死者屍骸亦如此也。」節曰：「厚葬之頃〔一二〕，死者樂乎？」韶曰：「何樂之有？」節曰：「若然，兄何故欲改葬？」韶曰：「遂生時意耳。」言終而不見。

何充性好釋典，修佛寺，供沙門以至貧乏。阮裕常戲之曰：「卿志大宇宙，勇邁終古。」充問其故，裕曰：「我圖數千戶郡，尚未能得，卿圖作佛，不亦大乎？」時鮭愔及弟曇奉天師道，而充與弟準崇信釋氏。謝萬譏云：「二何佞於佛，二鮭諂於道。」

許詢徵司徒掾，不就，乃策杖披裘，隱於永興西山，憑樹構堂，蕭然自致，至今此地名爲蕭山。遂捨永興、山陰二宅爲寺，家財珍異悉皆是給。既成，啓奏孝宗。詔曰：「山陰舊宅爲祇洹寺，永興新居爲崇化寺。」詢仍於崇化寺造四層塔。物產既罄，猶欠露盤相輪，一朝風雨，相輪忽自備。時所訪問，乃是剡縣飛來。既而移阜屯之巘，常與沙門支遁及謝安石、王羲之等同遊往來，至今阜屯呼爲許玄度巘也。

《許玄度集》遁字道林，常隱於東山〔一三〕，不問世事〔一四〕，好養鷹馬，而不乘放。人或譏之，遁曰：「貧道愛其神駿。」卒後，戴安道嘗經其墓，嘆曰：「德音未遠，而拱木已成〔一五〕，冀神理綿綿，不隨氣運俱盡爾。」

《塔寺記》今興嚴寺即謝尚宅也。南直竹格巷，臨秦淮，在今縣城東南一里二百步。尚嘗夢其父告之曰：「西南有氣至衝，人必死，勿當其鋒，家無一全，汝宜修福建塔寺可禳之。若未暇立寺，可杖頭刻作塔形，見有氣來，可擬之。」尚寤懼，遂刻小塔施杖頭，恒置左右。後果有異氣，遙見西南從天而下，始如車輪，漸彌大，直衝尚家。尚以杖頭指之，氣便回散，闔門獲全，氣所經處數里無復孑遺。遂於永和四年捨宅造寺，名莊嚴寺。宋大明中，路太后於宣陽門外太社西藥園造莊嚴寺，改此爲謝鎮西寺。至陳太建元年，寺爲延火所燒。後五年，豫州刺史程文秀更加修復。孝宣帝降勑，改名興嚴寺。《實録》。

謝奕爲桓溫府司馬。溫尚南康公主，主妬忌，溫甚憚之，經年不入其室。奕嘗以酒逼溫，溫逃酒入主門。奕遂升溫廳事，更命酒，引一直兵共飲，謂之曰：「失一老兵，得一老兵，亦何恠也！」公主謂溫曰：「君若無狂司馬，我何由得相見？」

京師每歲除日行儺，今所謂逐除也。結黨連羣，通夜達曉，家至門到，責其送迎。孫興公嘗著戲爲儺，至桓宣武家。宣武覺其應對不凡，推問之，乃興公。案《禮》，儺逐癘鬼也。《論語》云：「鄉人儺，朝服立於阼階。」注云：「儺驅逐疫鬼也，亦呼爲野雩戲。今俗謂儺爲野胡，並訛言耳。」《實録》。

晉太宗見讖云：「晉祚盡昌明。」及孝武帝在孕，李太后夢神人曰：「汝生子男，必昌明爲字。」及産，東方始明，名之。太宗後悟，泣曰：「昌明在爾耶！」

桓溫初廢海西公，兼害殷涓、曹秀、庾倩等。及太宗崩，入拜山陵，左右覺其有異。或云：「臣不敢。」既登車，失色，顧謂從者曰：「向見先帝因問涓形狀。」答曰：「肥短。」溫曰：「向見亦在側。」歸，遂懼而爲疾。《晉書》。

桓溫伐蜀，行見諸葛亮八陣圖，指謂左右曰：「此常山蛇勢也。」《蜀書》：「八陣圖，諸葛武侯所作，在魚復平沙上，皆聚細石爲八陣，行列相去各三丈許，在今夔州白帝城下江水次。每至冬月水小，行人沿江踐踏，毁散殆盡。至夏五六月間，淤潦淹没，其圖復如故。及冬水退，次序宛然，實靈異也。」

桓溫移鎮姑孰，自以雄武專朝，窺窬非望。或卧對親僚曰：「爲爾寂寂，將爲文景所笑。」既而撫枕起曰：「既不能流芳後代，復不足遺臭萬載耶？」時遠方一比丘尼有道術，至姑孰求浴，溫竊窺之。尼倮身，先以刀破腹，次斷兩足。溫見惡之。浴竟，問尼，尼曰：「君若作天子，亦當如是。」曾經行王敦墓，望曰：「可人可人。」其心跡若是。

王坦之初與沙門竺法師甚厚，每共論幽明報應，便要先死者當報其事。後經歲，師忽來云：「貧道已死，罪福皆不虚，唯當勤修道德，以升濟神明爾。」言訖不見。坦之尋亦病卒。臨終，與謝安、桓冲書，言不及私，唯憂國家之事，朝野痛惜之。

桓冲，溫弟也，有武幹，溫甚異之。初，父亡後，兄弟並少。家貧母患，須羊以解，無由得之。溫乃以冲質羊，羊主不欲爲質，乃言曰：「幸爲養買德郎。」買德郎，冲小字也。及爲江州刺史，厚報之。

劉驎之住在南平陽岐村，刺史桓冲將造之。值驎之在樹採桑，冲遣通驎之。驎之曰：「使君忘其聘賤，猥賜光臨，請先詣家君。」冲因詣其父，父命驎之於内取濁酒菜葅。冲令人代驎之斟酌，其父辭曰：「若使官人，非野民之意。」冲爲盡歡而去。驎之常賑窮濟急，以身親其事，村民感焉。遠村有一獨嫗，病將死，謂人曰：「誰當埋我，唯有劉長史耳。」驎之往看，自爲治棺殯之。侍中張玄奉詔至江陵，經陽岐村，見一人持生魚半籠來造船，寄作鱠。及維舟取之，問姓名，即驎之也。玄素聞名，甚加禮重。驎之飡罷即返，竟弗留焉。

桑門釋道安，與習鑿齒初相見。道安曰：「彌天釋道安。」鑿齒曰：「四海習鑿齒。」時人以爲佳對。桓溫覬覦非望，鑿齒在郡，著《漢晉春秋》以裁正之。起漢光武，終晉愍帝，紀五十四卷。以爲三國之時蜀以宗室爲正，魏武雖受漢禪，晉尚爲篡逆。至文帝平蜀，乃爲漢亡，而晉始興焉。引世祖諱炎，興而爲禪授，明天心，不可以勢力彊也。鑿齒尋以腳疾廢居里巷。苻堅陷襄陽，與道安俱獲於秦。秦主與語，大悅，賜遺甚厚。又以其蹇疾，與征鎮，書曰：「昔晉氏平吳，利在二陸。今破漢南，獲士裁一人有半爾。」苻堅敗歸襄陽，襄、鄧反正，朝廷欲徵鑿齒使典國史，未行，會卒。《晉書》：鑿齒爲桓溫西曹主簿。時溫有大志，既平蜀，召蜀人知天文者，至夜，執其手，問國祚修短。答曰：「世祀方永。」溫疑其難言，乃飾辭云：「如君言，豈獨吾福，乃蒼生之幸。然今日之語，自可令盡，必有小小厄運，亦宜說之。」星人曰：「太微、紫微、文昌三宮氣候如此，必無憂虞，五十年外不論耳。」溫不悅，乃止。異日，送絹一疋、錢五千與之。星人馳詣鑿齒曰：「家在益州，被命遠下。今受旨自裁，無由致其骸骨。緣君仁厚，乞爲標碣棺木耳。」鑿齒問其故，星人曰：「賜絹一疋，令僕自裁。惠錢五千，以買棺耳。」齒曰：「君幾誤死。君嘗聞於知星宿，有被不覆之義乎？以此絹戲君，以錢供道中資，是聽君去耳。」星人大喜。明日，便詣溫別。溫問去意，乃以鑿齒言答，溫笑曰：「鑿齒憂君誤死，君定是誤活。然徒三十年看儒書，不如一詣習主簿。」

晉孝武帝遊於清暑殿，有一人，黃衣，自號天泉池神，名淋岑君，謂帝曰：「若見善待，當福祐之。」帝忤恐，投以佩刀。神怒曰：「君爲不道，將使知之。」因不見，遂聞鼓鼙之響而去。帝乃請大沙門爲齋，夜轉誦，見一臂長三丈，來摸經案，甚怪之。後帝與宫妓泛龍舟，飲宴於池，有慢神色，乃見形，攀龍舟沈，帝遂溺死。與今本紀不同。尋考其實，則暴崩清暑，非繆也。《圖經》。

諸葛長民富貴時多有異。每臥夜中，輒驚起跳踉，與人相敵。毛修之問其故，長民曰：「見一物甚黑而有毛，脚不分明，奇健，非我無以制之。」又屋中柱及椽桷間悉見有蛇頭，令人以刀懸斫，應刃隱藏，隨復卻出。又擣衣杵相與語，如人聲，不可解。又於壁中見巨手，長七八尺，臂大數圍，令斫之，豁然不見。未幾被誅。

初王子年著讖云：「帝諱昌明運當極，特申一期延其息。諸馬渡江百年中，當值卯金折其鋒。」至安帝，果爲劉氏所代。自東晉子孫相承四代十一帝，起戊寅，終己未，凡一百二年，並都臺城之建康宫。始元帝過江稱晉王，置宗廟，使郭璞筮之云：「享二百年。」自元帝稱晉王元年丁丑歲，至禪宋之年庚申歲，實一百四年。而丁丑尚繼於西晉，庚申終入於宋，唯一百二年。郭言二百，益倒其言爾。

宋武帝微時，躬於丹徒業農。及受命後，耨耜之具頗有存者，皆命藏之，留於後。及文帝幸舊宫，見而問焉，左右以實對，帝有慚色。有近侍進曰：「大舜躬耕歷山，伯禹親事土木。陛下不覩列聖之遺物，何以知稼穡之艱難，何以知先帝之至德乎？」及孝武大明中，壞上所居治室，於其處起玉燭殿。與羣臣觀之，牀頭有土障，壁上挂葛燈籠、麻繩拂。侍中袁顗稱上儉素之德，武帝不答，獨言曰：「田舍翁得此已過矣。」

宋元嘉九年，詔有司盱眙表王彭所居曰通靈里，蠲復二世。彭幼喪母，後父亡，將營葬，值天旱，遠汲以泥塼，泣號勤悴。一旦大霧，霧歇於磚竈前，有水如池，得以周用。窆訖，歸助者或亡其斧，返求之，至向水所，則積旱揚塵。塵有雉浴，鄉人異焉。

宋王仲德在北爲慕容垂所逐，潦水暴至，不知所如。有白狼來對仲德號，訖厲水度，仲德隨之獲免。又曾夜行澤中失道，每有炬火照路。後貴，圖白狼祀之。

宋明帝六年，立總明觀，徵學士充之。置東觀祭酒、訪舉各一人，舉士二十人，分爲儒、道、文、史、陰陽五部學，言陰陽者遂無其人。

明帝末年，好鬼神，多忌諱言語。文書有禍敗凶喪，及疑似言應迴避者數百千品，犯者必加罪戮。改鏞馬字爲馬傍作爪。以鏞似「禍」字故，又嘗以南苑借張永，云給三百年，期滿更啓復命。問曰：「永不以爲少乎？」他事類此。宣陽門人謂之白門，上以爲不祥，甚諱之。尚書左丞江謐嘗誤犯，上變色曰：「白汝家門。」謐頓首謝罪，久之方釋。

宋顔竣，字士遜。轉吏部尚書，留心選舉。後謝莊代竣領選。竣容貌嚴毅，莊風姿甚美，賓客諠訴，常微笑答之，時人語曰：「顔竣嗔而與人官，謝莊笑而不與人官。」

朱修之守滑臺，爲魏所圍，累月糧盡，外援不至，遂陷沒。初，母聞修之被圍，常悲憂。忽一旦乳汁驚出，母號慟告家人曰：「我年老非復有乳。今如此，兒必沒矣。」後聞修之果以此日陷沒。拓跋敬嘉其守節，以爲侍中，後奔鮮卑馮弘於黄龍。拓跋燾伐弘，有説弘令修之歸求救者。乃發使隨修之泛海，未至東萊，遇猛風，船失柂。海師慮向海北，垂長索，船乃正。仰望見飛鳥，知去岸近。尋至東萊郡。

宗慤隨檀和之破林邑王，范陽邁傾國來逆，以具裝被象。慤以師子威服百獸，乃製其形與象相拒。象見，果驚奔敗賊衆潰，遂尅林邑，收其珍異，皆是未名之寶，金銀各六萬兩。

蕭思話初在青州，嘗用銅斗覆在藥廚下。忽於斗下得二死雀，思話歎曰：「斗覆而雙雀殞，其不祥乎？」既而被繫。

謝莊，字希逸，爲《赤鸚鵡賦》。袁淑見而嘆曰：「江東無我，卿當獨秀。我若無卿，亦一時之傑也。」孝武嘗問顔延之曰：「謝希逸《月賦》何如？」延之答曰：「美則美矣，但莊始知隔千里兮共明月。」帝召莊以延之答語莊，莊應聲答曰：「延之曾作《秋胡》詩，始知生爲久離别，没爲長不歸。」帝撫掌竟日。

殷孝祖入援建康，遷冠軍將軍，督前鋒諸軍事。先有諸葛亮筩袖鎧鐵帽，二十五石弩射之不能入，上悉以賜之。

薛安都嘗夢仰頭視天，正見天門開。謂左右曰：「天門開，乃中興之象。」及魯爽叛，上遣安都率步騎據歷陽追爽，至小峴，刺爽斬之。爽世號驍勇，生習戰陣，咸言萬人敵。安都單騎直入，斬之而返，時人云：「關侯斬顔良，不之過也。」進爵爲侯。

袁粲，字景倩。少有風操，著《妙德先生傳》，以續嵇康《高士傳》。其文略曰：「有妙德先生，陳國人也。嘗謂人曰：『昔有一國，國中有一水，號曰狂泉。國人飲此水無不狂，惟國君穿井而汲，獨得無恙。國人既並狂，反謂國主之不狂爲狂。於是聚謀共執國主，療其狂疾，火艾針藥，莫不畢具。國主不任其苦，於是到泉所，酌水飲之，飲畢便狂。君臣大小其狂若一，衆乃懽然。』我既不狂，難以獨立，比亦欲試飲此水矣。」

宋時，郡縣田祿以芒種爲斷，此前去官者，則一年秩祿皆入後人；此後去官者，則一年秩祿皆入前人，始自元嘉，不改此科，計月分祿。阮長之嘗爲武昌太守，去郡，代人未至，以芒種前一日解印綬去。

戴顒，逵之子也。有巧思。自漢世始有佛像，形製未工，顒特善其事。宋世子鑄丈六銅像於瓦官寺，既成，時議面恨瘦，工人不能改，顒曰：「非面瘦，臂胛肥耳。」及減臂胛，患即除，無不歎服。

王弘之性好釣上虞江。有一處名三石頭，弘之嘗垂綸於此。經過者不識之，或問漁師得魚賣不，弘之曰：「亦自不得，得亦不賣。」日夕載魚入上虞郭，經親故門，各留一兩頭置門內而去。

齊高帝性節儉，即位後身不御精細之物。主衣中有玉，使碎之。凡有異物，皆毀之。後宮欄檻以銅爲飾者，皆改用鐵。內殿舒黃紗帳，宮人著紫皮履。每曰：

「使我治天下，十年當使黃金與土同價。」欲以身率天下，移變風俗也。齊鬱林王昭業即位，改元隆昌。其秋見廢，立海陵王昭文。冬十月，爲明帝所弑，改元建武。先是，沙門寶志住東宮，常從平昌門入。忽云門限上血汚人衣，褰裳走過。俄而載帝屍自此門出，頸血流於門限。史臣曰：「郭璞稱永昌之占二日之象，而隆昌之號亦同焉。」案：漢靈帝中平六年四月崩，辨太子十歲即位，改元光熹。張讓、段珪誅，後改爲昭寧。董卓輔政，改爲永漢。卓廢帝爲弘農王，一百七十日鴆之，九月立靈帝子協，卻號中平。一年四號也。晉惠帝太平二年，長沙王反，事敗，成都王穎改元永安。穎奔，河間王復改元永興。一歲三號也。隆昌、延興、建武，亦三號。故知喪亂之軌逾千載，而必同之矣。

王敬則東起兵，高祖疾篤，朝廷倉卒。東昏侯使人上屋，望見虜亭失火，謂敬則至，隱裝欲走。或有告敬則者，敬則曰：「檀公三十六策，走是上策，汝父子唯應急走耳。」蓋諺云「檀道濟避虜」也。

崔祖思隨青州刺史垣護之入堯廟，廟有蘇侯像偶坐。護之曰：「唐堯聖人，而與雜神爲列。」祖思曰：「使君若清蕩此坐，則是堯廟重去四凶之伍也。」遂相與除雜神。

垣榮祖少學騎馬及射。或謂之曰：「武事可畏，何不學書？」榮祖曰：「曹操上馬横槊，下馬談論，此於天下，可不負飲食矣。君輩無自全之技，何異犬羊乎？」累遷寧國將軍、東海太守。榮祖善彈，登西樓，見海鵠羣翔，謂左右當生取之。於是彈其兩翅，毛脫盡，墜地無傷，養毛生後飛去。其妙如此。

虞玩之仕宋，官至左丞。見齊太祖躡屐造席，太祖取屐視之，訛黑斜銳蔑斷，以芒接之。問曰：「卿此屐已幾載？」玩之曰：「三十一年矣，初拜征北行佐所買，貧士未辦易之。」太祖善之，因賜新屐，不受。曰：「着精日久，弊不可捐，所以不當殊賜。」

謝超宗，靈運之孫。父鳳，嘗作殷淑儀誄。宋孝武見嘆曰：「超宗殊有鳳毛。」出爲太祖長史，坐公事免。自詣東府門通謝，其日風寒慘厲，太祖謂四坐曰：「此客至，使人不衣自煖矣。」超宗既坐，飲酒數甌，辭氣横逸〔一六〕，太祖對之甚懽。太祖即位，轉黄門侍郎，在直省常醉。上忽召見，語及北方事，超宗曰：「虜動來二十年，佛出亦無奈何。」以失儀出爲南郡王司馬，後以怨望免官禁錮。司徒褚淵送湘州刺史王僧虔，閣道壞，墜水。僕射王儉牛驚，跳下車。超宗撫掌笑曰：「落水三公，墜車僕射。」前後言誚布在朝野。及淵出水沾濕，超宗又笑曰：「有天道焉，天所不容。有地道焉，地所不受。投畀河伯，河伯不用。」淵大怒曰：「寒士不遜。」超宗曰：「不能賣袁粲，焉得免寒士。」

陸澄，字彦淵。少好學，行坐眠臥手不釋卷。竟陵王子良得古器，小口方腹，而底平，可容七八升，以問澄。澄曰：「此名服匿，昔單于以賜蘇武。」子良復細視器底，有字髣髴可識，如澄所說。以老疾，轉光禄大夫，卒年七十，世稱碩學。讀《易》三年，不解文義；欲撰《宋書》，竟不成，王儉戲之曰：「陸公，書廚也。」

張融嘗泛海，至交州，於海中遇風，終無懼色，方詠曰：「乾魚自可還其本鄉，肉脯復何爲者哉？」又作《海賦》，還示顧愷之，曰：「此賦可超《玄虚》，但恨不道鹽耳。」融立取筆注之曰：「漉沙構白，熬波出素。積雪中春，飛霜暑路。此四句後足也。」融嘗與王僧虔書曰：「融天地之逸民也，進不辨貴，退不知賤，兀然造化，忽若草木。每自歎曰：『不恨我不見古人，恨古人不見我。』」善草隸書，自號其能。太祖尤善之，見融常笑曰：「此人不可無一，不可有二。」與何戢善，嘗往詣戢，爲從者誤通尚書劉澄宅。融入門，乃曰：「非是。」至戸外望澄，又曰：「非是。」既造席，熟視澄，良久曰：「都不是。」乃出。其爲異如此。遷司徒從事中郎，謁告東出。世祖問所住，止曰：「臣陸居無屋，舟居無水。」上問融從兄緒，緒曰：「融近東出，未有居處，權牽小船於岸上住。」上大笑。

周顒，字彦倫。於鍾山西立隱舍，休沐則歸之。清貧寡欲，終日長蔬。雖有妻子，獨處山舍。甚機辯。王儉謂顒曰：「卿山中何所食？」顒曰：「赤米、白鹽、綠葵、紫蓼。」文惠太子問顒：「菜食何味最勝？」顒曰：「春初早韭，秋末晚菘。」

謝鳳子超宗，嘗候王僧虔，仍往東齋詣其子慈。慈正學書，超宗曰：「卿書何如虔公？」慈曰：「我不及，有如鷄之比鳳。」超宗狼狽而退。

陸惠曉，字叔明，晉太尉玩之玄孫。清介正直，不雜交遊。劉璡行至吴，謂人曰：「吾聞張融與惠曉並宅其間，有水必應異味。」遂命駕往，酌而飲之，曰：「飲此水則鄙吝之萌盡矣。」惠曉後遷竟陵王長史。或謂曰：「長史貴重，不宜妄自謙退。」答曰：「我性惡人無禮，不欲以無禮處人。」又曰：「貴人不可卿，而賤者乃可卿，人生何用立輕重於懷抱。」終身常呼人官位。

王融嘗詣王僧祐，遇沈昭略，素未相識。昭略流眄〔一七〕，謂主人曰：「是何年少？」融殊不平，謂曰：「余猶日出扶桑〔一八〕，入於濛谷，照耀天下，何人不知，而卿有是問〔一九〕？」昭略曰：「不知許事，且食蛤蜊？」融曰：「方以類聚，物以羣分。君長東隅，居然應嗜此族。」其高自標致如此。

齊明帝末年，東陽女子婁逞變服，詐稱丈夫。粗知圍碁，解文義，徧遊公卿門。仕至揚州議曹從事，事方泄。明帝令東還，始作婦人服，歎曰：「有如此伎，還爲老姥，豈不惜哉？」此人妖也，陰而欲爲陽。事不果，故泄。王敬則、蕭遙光、陳顯達、崔慧景舉兵之應也。遙光未敗前一夕，人夢羣虵緣城四出，明日各共説之，咸以爲異。

齊衡陽王鈞常手細字書《五經》，一部爲一卷，置之巾箱中。侍讀賀玠問曰：「殿下家有墳素〔二〇〕，何須此蠅頭細書别藏巾箱？」答曰：「巾箱《五經》檢閲且易，一更手寫則永不忘。」諸王聞而爭效之。爲巾箱《五經》自此始。

宋武帝平關中，得姚興指南車，有外形而無内軸〔二一〕。每行，使人於内轉之。昇明中，齊太祖輔宋〔二二〕，薦祖冲之追修古法〔二三〕。冲之乃造銅機，運轉不窮，而司方如一，自馬均已來，未始有也。宋元嘉已後，用何承天所製曆，比古十一家爲密。冲之以爲尚疎，乃更造新法。永明年中，爲竟陵王子良造欹器，獻之。與周廟不異。性解鍾律博塞，當時爲獨絶。諸葛亮有木牛流馬，冲之別造一器，不因風水，施機自運，不勞人力。

宋孝武時，青州人發古塚，得銘曰：「青州世子，東海女郎。」帝問學士鮑照、徐爰等，皆不能悉。賈淵答曰：「此司馬越女嫁敬晞兒。」驗訪，果如其言。先是，譜學未有名家。淵三世傳學，十八州士族譜合一百帙七百餘卷，該覽精悉，世莫比之。建武中，遷長水校尉卒。撰《氏族要狀》及人名書，盡行於世。永明中，王儉亦有百家譜。

虞愿爲晉安太守。郡出蚺蛇，膽可爲藥。有餉愿蛇，愿放之二十餘里，一夜蛇還歸牀下。復送四十里，經宿復至故處。愿令人更送，遲明乃復歸。如此再三。說者以爲仁義之心所致。

梁武帝普通元年置大愛敬寺，西南去縣十八里，爲太祖文皇帝造。大通四年，又造一丈六尺旃檀像，量之剩二尺成丈八尺形次衣文及手足。更重量，又剩一尺五分。至大通五年，寺主僧洽重量，又剩七寸，即是長二丈矣。大同四年，移入大殿。敕主書吳文寵更量，又剩五寸。凡五度量，即長二丈七寸，豈非精誠所感耶？精金著人，神氣故異。

曹景宗大破魏軍於鍾離，封竟陵公，拜侍中。爲人性躁，不能沈默。出行嘗欲褰車帷幔，左右輒諫，以位望重，人所具瞻，不宜如此。景宗謂所親曰：「我昔在鄉里，騎快馬如龍。與少年輩數十騎馳騁拓弓，作霹靂怒，發箭如餓鴟叫。平澤中逐麞鹿，數肋射之，渴飲血，飢食肉，覺耳後風生，鼻頭火出，此樂使人忘死，不知老之將至。今來揚州作貴人，動靜不得，路行欲開車幔，小人輒言須閉置，向車中如三日新婦，悒悒使人無氣。」

夏侯詳未貴時，荆州城局參軍吉士瞻因浚萬人伎庫火防池，得金革鉤，隱起文曰：「錫汝金鉤，既公且侯。」士瞻妻詳之兄女，乃竊與詳，詳喜佩之。及武帝革命，詳果封侯，而士瞻不錫茅土。

范雲與梁高祖常同宿顧嵩舍。嵩妻産子，有鬼在外，曰：「此中有王有相。」雲起謂帝曰：「王當仰屬相以見歸。」後果然。

宋如周有才學而面狹長，梁宣帝嘗戲之曰：「卿何爲謗《法華經》如周踧踖？」自陳不謗。帝又言之：「如周不悟，而出告蔡大寶。」大寶知其旨，笑曰：「君當不誇餘經，止應不信《法華》。《法華》云「聞經隨喜，面不狹長」。」如周乃悟。

陳王固，琅琊人。性信佛法，嘗禪坐誦經，又妙於玄言。使聘魏國。宴饗，請殺一羊，羊於固前跪足而拜。又宴昆明池，魏以固南人嗜魚，大設網罟於水中。固以佛法呪之，一無所獲。

陳司空吳明徹幼孤，性至孝。年十四，感墳塋未修，家貧未辦，乃勤力耕種。遇大旱，苗稼焦枯。明徹哀憤，每至田中號哭，仰天告愬。居數日，有溉田迴者云：「苗已更生。」明徹往，果如所言。至秋大穫，足充葬用。有尹生善占墓，謂其兄曰：「君家葬日，必有乘白馬逐鹿者來，經墓所，是最小孝子大貴之徵也。」至時果然有應。

馬樞，郿人。少好學，六歲能誦《孝經》、《論語》、《老子》。及長，博極經史，尤善佛經及《周易》、《老子》義。梁邵陵王綸引爲學士，留書二萬卷與之。嘗喟然嘆曰：「吾聞貴爵位者，以巢由爲桎梏；愛山林者，以伊呂爲管庫。束名實，則芻芥柱下之言；翫清虛，則粃糠席上之論。稽之篤論，亦各從其所好。」乃隱茅山，有終焉之志。陳天嘉中，徵度支尚書，辭不至。每王公大人有饋餉，辭不獲免者十分受一。屬世亂，所居盜賊不及，依託者數百家，皆得全。樞目精洞黄，能視闇中物。常有白鷺一雙，巢其庭樹，馴狎櫚廡。年八十六卒，撰《道覺論》行於世。

徐陵使魏，魏人館宴之。日甚熱，主客魏收謂陵曰：「今日之熱，當由徐公。」陵答曰：「昔王肅至此，爲魏始制禮儀。今僕來聘，使卿復知寒暑。」收大慙。

陳後主嘗自夢黄衣圍城，有血霑階，至臥床頭而火起。又有狐入其床下，捕之不見，以爲妖精。後主乃自賣身於佛寺爲奴以禳之。又於郭内大皇寺造七層塔，未畢功而火從中起，飛向石頭城，燒人家無數。常使人採木於湘州，栰下至牛渚磯，沒水中，既而漁人見栰浮於海上，乃起齊雲觀，未就。國人歌曰：「齊雲觀，賊來無際畔。」始北齊末，諸省官人皆稱省主，未幾而滅。陳末，朝官亦稱省主，識者以爲省主，主將見省之兆也。陳高祖即位日，其夜奉朝請史普直宿省中，夢有人自天而下，導從數十人至太極前殿，北面執策，策金字曰：「陳氏五帝，三十四年。」又後主在東宮有婦人，突入唱曰：「畢畢國國主主。」尋而不見。又嘗有一足鳥，集於殿庭，以觜畫地成文曰：「獨足上高臺，茂草化爲灰。欲知我家處，朱門向水開。」解者以爲獨足蓋指後主，獨行無衆，茂草言荒穢也。隋承火運，草得火，故爲灰矣。

及後主至長安，與其家屬館於都水臺，所謂上高臺、當水開者，其言皆驗。《南史》東昏妃潘玉兒有國色，武帝將留之，王茂曰：「亡齊者此物，留之恐貽外議。」帝乃出之。軍主田安啓求爲婦，玉兒泣曰：「昔時見遇時主，今豈下匹非類，死而後已。」義不受辱，乃縊而死。

仙者李盤白，溧陽人。西晉初，築室高邃山之西陲煉丹。丹成，以九井藏之。得玉苗芝一本，類白蓮花。養一虎，飼以藥苗、清水，不血食，謂之仁虎。峰頂作一亭，名會仙。元康元年八月十五日清晨，輕雲縹緲，異香紛郁，太極仙翁、八洞天仙俱會於亭，乃服丹。玉皇遣朱衣使者賷玉冊詔補吳越仙任。盤白老鬢皤然，而紺髮盤頂，因以盤白爲嘉號，仍以名山事載於碑。或曰名盤栢云。

許堅，南唐人。嗜魚，炙火上，不去鱗腸食。每和巾帶入溪澗浴，坐乾風日中，衣服黤氣，人惡之。多夢中吟詩。宿下山雲泉精舍，僧出「白」字韻，請留詩。與僧對榻熟睡，至晚起出詩，有「古池香泛荷花白」之句，見《詩話》。太虚觀有堅放魚池，舊傳堅放食魚，全骨化生魚云。又題幽棲觀云：「仙翁上昇去，丹井連晴壑。山色接天台，湖光照寥廓。玉洞絕無人，老檜猶棲鶴。我欲泛靈槎，他時冲碧落。」

又雲泉寺呂司法題詩云：「許老求仙杳不還，好詩長在碧蘿間。唐人錯寫雲泉寺，只合題爲小蔣山。」注曰：「寺在下山許堅隱居之地，重巒喬木，邑人號蔣山。」見《溧陽志》，又見《祈澤寺註》。

盧絳寓居翔鸞坊，遘熱病彌日。晝寢，夢一婦人被真珠衣，持蔗一本，令絳盡食，歌《菩薩蠻》一曲送之。食畢而寤，病亦瘳矣。其詞曰：「玉京人去秋蕭索，畫簾鵲起梧桐落。欹枕悄無言，月臨殘夢圓。孤衾成暗泣，睡起羅衣濕。眉黛遠山攢，芭蕉生暮寒。」絳後立功，仕至節度留後。南唐亡，起兵匡復，不克而死。

睦昭符，金陵人，保大中常州刺史。州當吳越之衝，屢交兵，城邑荒殘。昭符爲政寬簡，招納逋亡，未幾遂富實。一日坐聽事，雷雨暴至，電光如金蛇繞案，吏卒皆震仆，昭符不懾，撫案叱之，雷電遽散。及舉案，惟得鐵索重百斤，昭符亦不變色，徐命舉索納庫中。

洪内翰邁嘗言：「古今忠臣義士，其名載於史冊者萬世不朽，然有不幸而泯沒無傳者。南唐後主時，有淮人李雄，當王師弔伐，出守西偏，不遇其敵。雄以國城重圍，不忍端坐，遂東下以救之，陣於溧陽，與王師遇，父子俱歿。諸子不從行者，亦死他所。死者凡八人，李氏亡，訖不霑褒贈。其事僅見於吳唐《拾遺錄》。頃嘗有旨，合九朝國史爲一書。他日，史官爲列之於《李煜傳》，庶足以慰斯人於泉下。」《容齋續筆》。按《宋史》「李雄」作「張雄」。

南唐將亡數年前，修昇元寺殿，掘得石記，視之詩也，其辭曰：「莫問江南事，江南事可憑。抱鷄昇寶位，趂犬出金陵。子建居南極，安仁秉夜燈。東隣驕小女，騎虎踏河冰。」宋師以甲戌渡江，後主實以丁酉年生。曹彬爲大將，列柵城南，爲子建也。潘美爲副將，城陷，恐有伏兵，命卒縱火，即安仁也。錢俶以戊寅年入朝，盡獻浙右之地。《皇朝類苑》。

南唐將亡前數年，宮中人挼薔薇水染生帛。一夕忘收，爲濃露所漬，色倍鮮翠。因令染坊染碧，必經宿露之，號爲天水碧，宮中競服之。識者以爲天水，趙之望也。開寶中，新修營，一石記凡數百字，隸書，從頭云：「從他痛，從他痛。」如此連寫至末云。不爲石子盡，更書千萬箇「從他痛，從他痛」，不知其讖也。未幾，宋師渡江云。

陳喬仕江南爲門下侍郎，掌機密。後主之稱疾不朝，喬預其謀。及宋師問罪，誓以固守。時張洎爲喬之副，嘗言於後主，苟社稷失守，二臣死之。城陷，喬將死，後主執其手曰：「當與我同北歸。」喬曰：「臣死之，即陛下保無恙，但歸咎於臣，爲陛下建不朝之謀，斯計之上也。」掣其手去。視事廳內，語二僕曰：「共縊殺我。」二僕不忍，解所服金帶與之，遂自經。後主求喬不得，或謂張洎曰：「此詣北軍矣。」喬既死，從吏撤扉瘞之。明年，朝廷嘉其忠，詔改葬，其屍如生而不僵，髭鬗鬱然。初求屍不得，人或見一丈夫，衣黄半臂，舉手障影，自南廊過。掘得屍，以右手加額上，如所覩者。

魏泰《筆錄》云：「幼聞祖母集慶郡夫人言江南有國日，有縣令鍾離君與隣縣令許君結姻。鍾離女將出，適買一婢從嫁。一日，婢執箕箒行治地，至堂前，熟視地之窊處，惻然泣下。鍾離君適見，怪問之，婢泣曰：『幼時我家父於此穴地爲毬窩，道我戲劇，歲久矣，而窊處未改也。』鍾離驚曰：『而父何人？』婢曰：『我父乃兩政前縣令也，身死家破，我遂落民間，而更賣爲婢。』鍾離君遽呼牙儈問之，復質於老吏，具得其實。是時，許令子納采有日，鍾離君遽以書抵許令曰：『吾買婢得前令之女，吾特憐而悲之，義不可久辱，當以吾女之奩篚先求婿，以嫁前令之女。

更俟一年，別爲吾女營辦嫁資，以歸君子，可乎？』許君答書曰：『蘧伯玉恥獨爲君子，君何自專仁義。願以前人之女配吾子，然後君別求良奥以嫁君女。』於是前令之女卒歸許氏。祖母語畢，嘆曰：『此等事，前輩之所常行，今則不復見矣。』余時尚幼，恨不記二令之名，姑書其事，亦足以激天下之義矣。」

宋高宗爲康王時，靖康初，避金兵，走甚急。忽有白馬莫知從來，康王乘馳千里，夜宿村市，馬不復見，黎明復來。越數日，康王渡海，自明越海之杭，渡錢塘江，甫登岸，馬復在前。王策之，至晚不見。徧尋之，乃土地廟所塑白馬，尚復微暖流汗。康王即位，行下臨安建白馬廟，歲差官祭之。

建炎南渡，百僚倉皇渡江。舟人乘時射利，停橈水中，每渡一人，必須金一兩，然後登船。是時，葉宗諤爲將作監，逃難至江滸，而實不攜一錢，徬徨無措，忽覩婦人於其側，美而豔，語葉云：「事有適可者，妾亦欲渡江，有金釵二隻，各重一兩，宜濟二人。而涉水非女子所習，公幸負我以趨。」葉從之，且舉二釵以示，篙師肯首，令前婦人伏於葉之背而行。甫扣船舷失手，婦人墜水而沒，葉獨得逃生，悵然以登南岸。葉後以直龍圖閣帥建康，其家影堂中設位云「揚子江頭無姓名婦人」，豈鬼神托此以全其命乎？許彦周《揮麈録》。

溧陽豪民吴瑋，以財横鄉曲，非特外人畏之，其家子弟亦甚嚴憚。每坐堂上，則無敢過其前。必先穴壁窺伺，瑋不在方敢入。弟十九郎者，因窺隙見金紫人向堂立，後有服朱緑數人，少長儼列，驚異之，疾走入門，乃無所覩，私喜以爲家慶未艾。既而瑋以不法，爲邑丞龔鋈所治，至於竄流遠方，弟亦連坐，黥徙袁州，家貲皆估籍。劉侍郎岑買其室居，緣是爲請，袁守免其弟歸，因得服役門下。適劉當歲除享祀，偶於壁隙窺之，金朱緑袍，恍然曩日所見者，始以語人。《夷堅志》。

洪輯居溧陽縣西寺，事觀音甚敬。幼子佛護病痰喘，醫不能治，凡五晝夜不乳食，證危甚。呼醫杜生診視之，杜曰：「三歲兒抱疾如此，雖盧、扁復生，無如之何矣！」輯但憂泣，辦凶具。而輯母以嘗失孫〔二四〕，愁悴尤切。輯益窘懼，投哀請禱於觀音，至中夜，妻夢一婦人自後門入，告曰：「何不令服人參胡桃湯？」覺以語輯，洒然悟曰：「是兒必活，此蓋大士垂教耳！」急取新羅參寸許，胡桃肉一枚，不暇剝刮，煎湯灌兒一蜆殻許，喘即定。再進，遂得睡。明日，以湯浸去胡桃皮，取淨肉入藥，與服，喘復作。乃只如昨夕法治之，信宿遂瘳。此藥不載於方書，蓋人葠定喘，帶皮胡桃則歛肺也。《夷堅志》。

聖湯延祥，溫湯元序。金陵屬邑溧水、溧陽舊多蟲毒，丞相韓滉之爲浙西觀察也，欲更其俗，絕其源，終不可得。時有僧住竹林寺，每絹一疋，易藥一圓，遠近中蠱者多獲全濟。值滉小女有惡疾，浴於鎮之溫泉，即愈。乃盡捨女之粧奩，造浮圖廟於湯之右，謀名僧以蔵寺事。有以竹林市藥，僧應之，滉欣然迎置，且求其藥方，久之僧始獻。於是其法流布，仍刊石於二縣之市。唐末喪亂，石不復存，而溫湯之寺至今在焉。鎮之大族夏氏世傳其法，藥以溫湯爲名，誌其所自也。溫湯元方，五月初桃皮末，二錢，生用。盤蝥末，一錢，先以麥麩炒去翅足。大戟末，二錢，生用。右三味，以米泔淀爲圓，如棗核形。如中一切蠱毒，食前用米泔下一圓，修合時於淨室中，切忌婦人、孝子、貓犬見。崇寧間，住持僧智淳得其方於府帥魯氏家云。

南唐李後主獵青龍山，一牝狙觸網，見主雨淚，稽顙屢指其腹，主戒虞人保守之。是夕，誕二子。還幸大理寺，親錄囚徒，一大辟婦以孕在獄，未幾産二子。煜感牝狙之事，罪止於流。其山去城東二十五里。

溧水州東南二十五里有烏鯉廟。昔民有女感黑龍於田野，歸而有娠，産一鯉魚，投於水中，復能變化，隨母所出入，後乘雲而去。母亡，每春時必來墳所。鄉人因立廟祠焉。

開寶七年，金陵苑圃中鹿忽一旦人語；牧者叱之，鹿亦叱牧者曰：「明年今日，汝等俱作鬼物，苑囿荒涼，焉能拘我？」明年，宋師渡江，牧者俱死鬬敵，苑囿亦廢矣。

裴長史，新羅國人，忘其名，後主朝行建州長史。開寶八年，宋師攻金陵未下，建州守查元方知長史善伎術，遣赴金陵。五月，路由歙州，長史託疾不行，密告刺史龔慎儀、監軍軫鎬曰：「有狀託以附奏。」言金陵事者五：一、金陵立春節後出災，寧謐無事；二、潤州城九月當陷；三、朱令贇舟師氣候不過池州；四、江州血氣覆城，明年春末夏初，血塗原野；五、大朝明年十月有大喪。後皆如其言。

李珣，字溫叔，都官外郎之幼女也。八歲能作詩。適江夏人王常，同泛舟射利江湖間。婁徹爲江州清風亭記，常方歎美，珣曰：「未之盡也，何不云『好山綠水萬里有盡處，清風明月千古無老時』。」一日舉其文於徹，徹卒用其言爲破題。不久常死，珣溺舟於三山磯下。後三日，尸忽出於水中，土人異之，爲立廟。熙寧中，都山張芝過廟，作三絕焚於廟中。一云：「風軟潮生江水平，遙峰隱隱浸寒青。自從香骨沉波底，獨我爲詩弔爾靈。」二云：「軋軋櫓聲離遠浦，瀟瀟帆影落寒潮；慇懃瀝酒陳佳果，將此深心尉寂寥。」三云：「江雨初晴遠岸低，心因啼鳥陡思歸。爾如會我題詩意，魂夢相求一處飛。」既夜，一青衣召云：「娘子奉俟久矣。」芝曰：「娘子爲誰？」青衣曰：「早來獻詩與誰耶？」芝乃悟。見一婦人謂芝曰：「早來佳章，欲託以夢寐，是或不真，不能盡所懷，故求面見。妾溺此時，水官令賦詩及校《九江會源錄》，一夕而畢，水官大悅，令江神出其尸，顯其靈。今有祠在此，血食於人，謝子之詩意，所不敢當。」答以詩。詩見前志。芝見詩，歎賞久之。俄出白金二百星贈芝曰：「煩礲一石，載妾前事，亦有奉報。」芝受其金，送芝出幄，則已五鼓矣。芝後因循不爲立石，舟再過三山磯下，幾至傾覆。是夕，又夢其女深詬責之。事見《翰林名談》。

晉元帝渡江，隨帝有王離妻季氏者，洛陽人。將洛陽舊火南渡，自言受道於祖母王氏，傳此火，並有遺書二十七卷。臨終使行此火，勿令斷絕。火色甚赤，異於餘火，有靈驗。四方病者，將此火煮藥及灸，諸病皆愈。轉相妖惑，官司禁不能止。及季氏卒，火亦經時而滅。人號其所居爲聖火巷，在今縣東南三里禪衆寺直南出御街。齊武帝末年，匈奴中謠言云：「赤火南流喪南國。」於是匈奴始規爲寇，帝方憂之。是歲，果有沙門從北來，齎此火至，火色赤於常火，而微云可治疾。貴賤爭取之，多得其驗。二十餘日，京師咸云聖火。詔使吏澆滅之，而民亦有竊蓄者。治病先齋戒，以火炙桃板七炷而疾愈。吳興丘國賓竊還鄉邑，邑人楊道慶虛疾二十年，形容骨立，依法炙板一炷，即痊。是月，武帝崩。《建康實錄》注。

京師寺記：興寧中，瓦官寺初置，僧衆設會，請朝賢鳴刹注疏，其時士大夫無有過十萬者。顧愷之，字長康，直打刹注一百萬。長康素貧，時以爲大言。後寺成，僧請勾疏，長康曰：「宜備一壁。」遂閉戶，往來一百餘日，畫維摩一軀。工畢，將欲點眸子，謂寺僧曰：「第一日開，見者責施十萬。第二日開，可五萬。第三日，可任例責施。」及開戶，光明照寺，施者填塞。俄而，果百萬錢也。蘇魏公題維摩像云：「顧生首創維摩詰像，有清羸示病之容，隱几忘言之狀。陸探微、張僧繇效之，終不能及。至唐寺廢，杜牧之爲池州刺史，道過金陵，嘆其將圮，募工榻寫千餘本遺好事者，其一乃汝陰太守，某人也。不能攜去，至今置於州廨。丞相臨淄公鎮潁日，嘗語從事鑱石以記其始末。嘉祐壬寅，予領郡事，暇日，數取以觀之。案長康晉人，故所畫服飾器用皆當時所尚，其意態位置非常畫之比也。杜本已爲後人竊取，今所存者，益再經臢榻矣！而氣象超遠，髣髴如見當時之人物，已可愛也。况牧之所傳乎？况長康之真跡乎？」

梁張僧繇於金陵安樂寺畫四龍，不點睛，每云點之則飛去，人以爲妄誕。因請點之，須臾破壁，二龍乘雲上天。未點睛者故在。初，吴曹不興圖青溪龍，僧繇見而鄙之。乃廣其象於龍泉亭，其畫留在秘閣，時未之重。至太清中，震龍泉亭，遂失其壁，方知神妙。又天皇寺，明帝所置也，内有柏堂，僧繇畫盧舍那佛及仲尼十哲。帝怪問釋門内如何畫孔聖。僧繇曰：「後當賴此爾。」及後代滅佛法，焚天下寺塔，獨以殿有宣尼像乃不令毀。《實錄》大同三年，置一乘寺，西北去縣六里，邵陵王綸造，在丹陽縣之左。隔邸舊開東門，門對寺。梁末，賊起，遂延燒。至陳尚書令江總捨書堂於寺，今之堂是也。寺門遍畫凹凸花，代稱張僧繇手跡，其花乃天竺遺法朱及青綠所成，遠望眼暈如凹凸，就視即平，世咸異之，名凹凸寺。

艾宣，金陵人。工畫花竹、翎毛，孤標雅致，别是風規。敗草荒榛，尤長野趣。又有昇州厲昭慶工佛像，尤長於觀音。句容郝澄以丹青自樂。周文規能畫鬼神、冕服、車器、人物。昇元中，命圖南莊，最爲精絕。江寧沙門巨然，畫烟嵐晚景，當時稱絕。建康蔡潤，善畫舟船及江湖水勢。曹仲元工畫佛道鬼神。竺夢松工畫人物女子、宫殿臺閣。顧德謙工畫人物。劉道士工畫佛道鬼神。《圖畫見聞志》。

《西清詩話》曰：「自古文人雖在艱危困踣之中，不忘於述作。蓋性之所嗜，雖鼎鑊在前不卹也，況下於此者乎？後主在圍城中，猶書長短句，未就而城破，所謂『櫻桃落盡春歸去，蝶翻金粉雙飛，子規啼月小樓西。曲欄珠箔惆悵卷，金泥門巷寂寥人。去後望殘烟柳低迷』。嘗見殘藁點染，晦昧心方危窘。意不在書耳！」

《宋朝事實》云：「周廣順中，江南伏龜山圮，得石函，長二尺八寸，中有銘云：『維天監十四年秋八月，葬寶公於此。』按《寶公傳》葬蔣山，豈蔣山自有伏龜山乎？」

申漸高者，南唐優人。金陵建國之初，軍儲未實，闤市之利，斂索尤繁，農商苦之，而莫達於上。時屬近甸，亢旱日久，禱祈無應。上他日舉觴苑中，宣示宰臣曰：「近京三五十里外皆報雨足，獨京城不雨，何也？」得非獄市之間冤枉未伸乎？」諸相未及對。漸高歷階而進曰：「雨懼抽税，不敢入城。」上悟，翌日下詔停一切額外税。信宿之間，膏澤告足。故知優旃漆城，那律瓦衣，不爲虛矣！烈祖曲宴便殿，引鴆觥賜周本，本疑不飲，佯醉，别引一巵，均酒之半，跪捧而進曰：「願陛下千萬歲。陛下若不飲此酒，非君臣同心同德之謂也，臣不敢奉詔。」上變色〔二五〕，無言者久之，左右皆相顧流汗。漸高有機智者，竊諭其意，乃乘恢諧，盡併兩盞飲之，內金盃懷中趨出。上密使親信持藥詣私第解之，已不及矣，漸高腦潰而卒。

南唐元宗嗣位之初，春秋鼎盛，留心內寵，宴私擊鞠，略無虛日。常乘醉，命樂工楊花飛奏水調詞《進酒》，花飛唯歌「南朝天子好風流」一句，如是者數四。上既悟，覆盃大懌，厚賜金帛，以旌敢言。上曰：「使孫、陳二主得此一句，固不當有銜璧之辱也。」翊日，罷諸歡宴，留心庶事，圖閩弔楚，幾致治平。

元宗暑月賜嚴、李二相曲宴北苑中，有老牛方息大樹之陰，上命樂工詠之，伶人王感化首進一詞，曰：「甯戚已聞鞭扣角，田單亦用火焚身。困臥斜陽噍枯草，近來問喘更無人。」《南唐近事》。

李冠子善吹中管，妙絕當代，上饒郡公嘗聞於元宗。上甚欲召對，屬淮甸多故，盤桓朞月，戎務日繁，竟不獲見。出關日，李建勳贈一絕云：「韻如古澗長流水，怨似秋枝欲斷蟬。可惜人間容易聽，新聲不到御樓前。」《南唐書》作李冠云。冠既不遇，周顯德中，北遊梁、宋，每醉，輒登市樓長嘯。後不知所終。

南唐鄧匡圖爲海州刺史，有野客潘扆謁之，鄧不甚禮遇，館於外廄。一日，命潘觀獵近郊，鄧妻詣廄中覘扆棲泊之所，弊榻莞席竹籠而已，籠中有錫彈丸二枚，其他一無所有，艾夜扆從禽歸，啓籠之際，忽爲歎駭之聲，且曰：「定爲婦人所觸，幸吾朝來攝其光鋩，不爾斷婦人頸久矣！」圉人異之，乃聞於鄧。鄧詰其由，室家具以實告，鄧頗驚異，遂召潘升堂，屏左右曰：「先生其有劍術乎？」潘曰：「素所習之。」鄧曰：「願先生陳其所妙，使某拭目一觀可乎？」潘曰：「何不可也，明日公當齋戒三日，擇近郊平廣之地，可試吾術。」鄧如其約。至期，命潘聯鑣而出，至城東，其始潘自懷袖中出二錫彈丸置堂中，俄有氣兩條如白虹之狀，微微出指端。須臾，上接於天，若風雨之聲，當空而轉，又繞鄧之頸，左盤右旋千餘匝，其勢奔掣，其聲錚摐，雖震雷迅雷無以加也。鄧據鞍危坐，喪精褫魄，雨汗浹體，莫知己身之所從。乃稽首祈謝曰：「先生神術固已知矣，幸攝其威靈，無相見怖。」燔笑舉一手，二白氣復貫掌中，若雲霧之乍收，食間復爲二彈丸矣。鄧自此禮遇彌厚，表薦於烈祖納焉。其後欲傳之於人，一夕，夢其師怒扆擅洩靈術，傳非其人，陰奪其法。既寤不復能劍矣。尋病，終於紫極宮。臨終上言乞桐棺，葬於近地，後當尸解。

上從之，使中貴人護於金波園。至保大中，元宗命親信發塚觀之，骸骨尚在，迄無異焉。天地間金氣至剛，遇真陽則敗，此亦可以理推。

《南唐書》：耿先生者，父雲，軍大校。耿少爲女道士，玉貌鳥爪，常著碧霞帔，自稱北大先生。始因宋齊丘進，嘗見宮婢持糞埽，謂元宗曰：「此物可惜，勿令棄之。」取置鐺中，烹煉良久，皆成白金。嘗遇雪，擁鑪索金盆貯雪，令宮人握雪成鋌投火中，徐舉出之，皆成白金，指痕猶在。又能熁麥粒成圓珠，光彩粲然奪真。大食國進龍腦油，元宗秘愛，耿視之曰：「此未爲佳者。」以夾緋囊貯白龍腦數斤懸之，有頃，瀝液如注，香味逾於所進，遂得幸於元宗。有娠，將產之夕，雷雨震電。及霽，娠已失矣。久之，宮中忽失元敬宋太后所在，耿亦隱去，凡月餘，中外大駭。有告者云：「在都城外二十里方山寶華宮。」元宗亟命齊王景遂往迎太后，見與數道士方酣飲，乃迎還宮，道士皆誅死。耿亦不復得入宮中，然猶往來江淮，後不知所終。金陵好事家至今猶有耿先生寫真云。

《南唐書》：嗚呼！南唐褊國短世，無大淫虐，徒以寖衰而亡。要其最可爲後世監者，酷好浮屠也。初烈祖居建業，大築其居，窮極土木之工，作無遮大齋七會。

有僧自身毒中印土來，以貝葉旁行，及所謂舍利者爲贄。烈祖召僧智玄譯其書，並圖寫制論李長者像，班之境內，然烈祖未甚惑。後其徒爲姦利，多出國人，則寖已成俗矣。及其末年，溧水天興寺桑生木人，長六寸，如僧狀，右袒而左跪，衣裓皆備，其色如純漆可鑑，謂之須菩提。縣掇置龕中，以仁壽節日來獻。烈祖驚異，迎置宫中，奉事甚謹，其徒因誇以爲感應。按《譙氏五行書》，主有大喪。不三月，烈祖殂。及元宗、後主，好之遂篤。幸臣徐遊專主齋祠事，羣臣和附恐後。宫中造寺十餘，出金錢募民及道士爲僧，都城僧至萬人，悉取給縣官。後主退朝，與后著僧伽帽，服袈裟，課誦佛經，拜跪稽顙，至爲瘤贅，手常屈指作佛印。僧尼犯姦淫，命禮佛百而捨之。奏死刑日，適遇其齋，則於宫中佛前然燈以達旦爲驗，謂之命燈。未旦而滅，則論如律，不然則貸死。富人賂宦官，竊續膏油，往往獲免，上下迷惑，不恤政事。有諫者，輒被罪。歙州進士汪涣上封事，言：「梁武惑浮屠而亡，陛下所知也，柰何效之？」後主雖擢涣爲校書郎，終不能用其言。開寶初，有北僧號小長老，自言募化而至，多持珍寶怪物賂貴要爲助，朝夕入論天宫地獄果報之說，後主大悦，謂之一佛出世，服飾皆鏤金絳羅。後主疑其非法，答曰：「陛下不讀《華嚴經》，安知佛富貴？」因説後主多造塔像，以耗其帑庾。又請於牛頭山造寺千餘間，聚徒千人，日給盛饌。有食不能盡者，明旦再具，謂之折倒，蓋故造不祥語，以搖人心。及王師渡江，即其寺爲營。又有北僧立石塔於采石磯，草衣藿食。後主及國人施遺之，皆拒不取。及王師下池州，繫浮橋於石塔，然後知其爲間也。金陵受圍，後主召小長老求助，對曰：「北兵雖強，豈能當我佛力！登城一麾，外兵暫退。」自是圍城中皆誦救苦菩薩。未幾，梯衝環城，矢石如雨，蒼皇復召小長老，稱疾不至，始悟其姦，鴆殺之。群僧懼併坐誅，乃共乞授甲出鬭死國難。後主曰：「教法可毁乎？」弗許云。

至元甲戌冬十二月，宋師大敗於陽邏堡，制置趙溍領兵巡江，諮議官李應龍充總統軍馬，隨司行江上。應龍即趙葵參謀官李虎之子。十二月二十五日潰軍，百餘人搶劫建康市物，人心不安。蓋以二十四日趙制置、李諮議同兵船於江上，遠見一哨船載一紅襖老子順流而下，趙船軍兵喝問之，不答。再曰：「如不説，即放箭！」其舟人答曰：「夏相公來也！」官軍大驚。請入使船，三人對泣。夏曰：「二公何不回建康？老夫今回廬州去也。北兵勢不可當，建康乃降，將家鄉當防之。」三公泣下。既別，夏小舟徑入廬州小港。此時窺伺軍人逃歸，當夜點軍，不及數。李諮議謂趙制使曰：「不如且歸建康，鎮撫之即出，何如？」二十六日，二公歸，以逃歸倡亂之軍咸正典刑，民間稍定。張燈守歲，喻以和議垂成，皷樂喧天。過明年正月初二日，二公再出，於龍灣置司矣。見張佑倩《福華錄》註。

宋末，江南忽有童謠云：「江南若破，百鴈來過。」初不諭其旨。至元乙亥，丞相淮安忠武王統大兵渡江，乃應其讖。巴延、百鴈，音相近也。

宋初，馬亮四知昇州，前後凡十一年。末年，馬光祖亦三知建康府，通十二年。年之甲子亦相出入，去任休致皆以己巳。二公皆有遺愛在民，恩數亦相埒，此事之不偶然者。

宋得天下於柴氏，以老母幼君，其亡也亦然。宋之興也，年號顯德；其亡也，幼君名由顯，改元德祐。曹彬下江南，以開寶乙亥；及建康歸附，亦以乙亥。烏珠之屠建康，惟阿哈大王戢兵禁殺〔二六〕，郡人爲之立廟。見《祠祀志》。曹南王，名阿嘍罕〔二七〕，歸附初，行省建康，今祠於郡，封國又與曹彬姓同。彬王爵，立廟郡中。得失興亡之故蓋亦有數存乎其間矣。顯德事見《福華錄》。

天喜寺阿育王塔，世傳爲阿育王葬佛爪髮舍利八萬四千塔之一。《梁書》所載晉簡文時，劉薩阿及梁高祖開掘得見，俱有光明神異。其高悝所得金像，隋文帝移入長安，能自轉動向陽，自世俗觀之，可謂異矣。殊不知太陰、太陽之精氣凝而成物，隨所繫著，多現光怪。人之精想所注，皆能變動。氣之精明純粹者，在天爲日月星辰，在地爲金石珠玉。在飛走草木之類凡其多壽者，皆爲精氣之聚。況人靈於物，爲聖賢、仙佛者所稟既異，又能充其至大至剛之體，以與天地同壽者乎！春秋之末，吳隳會稽，獲防風氏之骨專車。蔡京修第，得古所葬瓦棺，棺中骨肢體皆具。其人非能有所養者，皆以稟賦之異而能不朽，況於爲佛者乎！宋慶曆甲申，昇州開寶寺塔災，掘所瘞舍利入內，傳有光怪。諫官余靖上疏非之，謂不足致福可矣，謂不能爲光怪亦不可，蓋理之常，無足異者。近至順年間，重修舍利塔，亦有天花飛雨、祥光如練者數日云。按《實錄》：晉高悝得金像，送長干寺。後有西域神僧五人來詣悝曰：「昔於天竺得阿育王所造像，來過鄴下。後值胡寇亂〔二八〕，埋像於河邊，尋失所在。」五人嘗一夜夢像語：「吾出江東，爲高悝所得。」悝乃送五僧至寺。諸僧見像，歔欷流涕，像便放光，燿燭殿宇。又瓦棺寺僧惠邃欲模寫像形，寺主僧慮虧損金色，謂邃曰：「若能請像放光，回身西向，乃可相許也。」邃便懇拜，謂之其像即轉座，放光西向，當便模之。又銅花趺上先有外國書，莫有識者。後有三藏求那跋摩識云：「是阿育王爲第四女所造也。」及梁朝，勑除市側數百家以廣寺域，堂殿樓閣，頗極輪奐，其圖諸經變相並是。張僧繇運丹青之功，爲其冠絕。陳亡，寺内殿宇悉皆焚燼。今見有石塔三層，高一丈一尺〔二九〕，下闊七尺，形狀殊特，非人功焉，鳥雀不敢棲息。《西京記》：光福坊大興寺殿内有阿育王金像，歷宋、齊、梁、陳，數有奇異。陳國亡，忽面自西向，雖止之還爾。隋文帝載入長安内中供養。後移置北寺，寺衆以殿大像小，不可當陽，置之於北面。明日，乃自轉正陽。衆咸驚異。復置北面，明還，復轉南面。衆乃懺謝，不復更動。又靖安坊崇敬寺有石像一軀，高五尺，製作麄惡，甚有靈驗，傳云是阿育王第四女所造。其女貌醜，嘗自慨恨，多作佛像。及成，皆類如此千數。乃至誠祈禱，忽感佛見形，更造諸像，相好方具，其父使鬼神遍散諸像於天下。此石像是其一也。

溧水州花山節婦者，游山鄉人，姓名不傳。至元丙子間，爲大兵擄，至崇賢鄉碑亭橋嚙指滴血，於橋柱上題詩畢，即投水而死。後人以「花山節婦」名之。里士濮梅山記其詩曰：「君王有難妾當災，棄子離夫被擄來。遥望花山何處是，存亡兩地亦哀哉。」見本州志。

句容唐秀才起巘住潘家村，嘗爲人言：大德丙午，有溧陽士人挈妻寓館其村。值歲荒，學徒解散，貧甚，夫婦以績網給食。一日，其夫攜網出賣，不復還家，妻餒守空房中。士有利其姿色者，頗爲給食。居旬餘，欲逼私之。婦正色曰：「我非如是人也。」其人謂：「歲荒如此，汝夫已餓死不還。汝不從我，我不供給，汝亦餓死耳。」婦答曰：「餓死與病死等耳，我寧餓死，不忍以非禮辱吾身。」其人絕去。婦閉戶益嚴。彌日，隣左共開視之，則餓死矣。惜不記其姓氏，以補《貞節傳》之缺。丁復仲《容說》。

合州人文復之，字廷實。治《易》，王會龍榜第三名。及第，授閬州掌書記，累官至湖北提刑，以起居舍人召。每切齒時相丁大全所爲，與人言：「我見上，必極言其姦邪。」大全覺之，止不得見，令俟再命。改刑部郎官，不赴。乞祠祿，授朝散大夫、直煥章閣、主管成都府玉局觀。欲還蜀，道經建康，時邊事日亟，同年馬闕齋守郡，留不聽。行，遂寓郡之修文坊馬家巷。歸附初，廉左丞希愿宣撫江東，欽其名，待如師友，欲以宋官薦之仕，力辭不應，以經史自娛終其身，郡之琳宮佛宇多其文章。子掞，宋工部架閣，遵父志亦不仕云。

陳鉞，字宜之，太平當塗人。宋咸淳辛未第三人。廷對鯁直，切中時弊。賈似道當國，欲其依附，百計牢籠。舊例，登科上表謝恩，作啓見宰執。狀元張鎮孫請公同作啓，毅然不從，曰：「天子親擢上第，宰臣何以謝爲？」賈聞之不悦，授鎮巢軍判官，辟建康閫幕，因家焉。至元乙亥，丁内艱，因無降名，元帥索多令有司根捕甚急〔三〇〕。鉞衰服詣轅門，長揖不拜，陳忠孝大義。元帥嘉歎，許從便居住。後攝府學教授，不受月俸，託疾以歸。所作詩文，書甲子，稱慈湖民牧菴。姚公持憲江東，聞其以道自守，屏車騎詣門，因請寓宿。翌日，以詩報謝。姚答韻敘同宗之誼，以姚與陳俱爲舜後，故詩曰：「況我田齊胤，同出原不詐。」公優於禮學，事繼母至孝，學者稱爲慈湖先生。卒年五十四，有文集藏於家。其子孫附儒學籍。

梁隆吉，名棟，其先相州人。祖琛、父定，皆仕金。金亡，歸宋，自鄂遷鎮江。隆吉弱冠，領漕薦。戊辰，龍飛榜登第，除寶應簿。丁父憂，再調錢唐仁和尉，辟入帥幕，聲名張甚。甲戌後，流離兵間。宋亡歸臨安，不復肯仕。弟中砥，名柱，爲茅山道士，隆吉依焉。至元庚寅，遭詩禍，臺府諸達官共救解之，自是名益聞，江東人士從學甚衆。卒，年六十四。葬城南鳳臺西鄉。性嗜吟詠，而不存藁。或問之，答曰：「吾詩堪傳，人將有腹藁在，焉用自彰白爲？」其子及門人裒集，得若干首，世多傳誦。觀其詩，可以得其平生大節矣。集有《登大茅峰》云：「杖藜絕頂窮追尋，青山世路爭嶇嶔。碧雲遮斷天外眼，春風吹老人間心。大君上天寶劍化，小龍入海明珠沈。無人更守玄帝鼎，有客欲問秦皇金。巔崖誰念受辛苦，古洞未易潛幽深。神光不破幽暗惱，山鬼空作《離騷》吟。我來俯仰一慷慨，山川良昔人民今。安得長松撐日月，華陽世界收屋陰。長嘯一聲下山去，草木爲我留清音。」他時詞多感諷，此不及載。

劉虎，字伯林，廬州梁縣人。父以上五世同居，孝友雍穆。公起農家，隸軍籍。四明趙善湘來帥淮西，一見偉之，留帳下。嘉定十五年，金人犯安豐，請爲援師先鋒，連戰賈鷄山、陳村、漕口，斬首六百級，獲蕭、張二統軍及千戶穆昆十三人以獻〔三一〕。寶慶二年，累功爲鎮江府防江軍准備將。賊紅衲襖擾山陽，從戍揚州，以偏師敗之於顧澤。三年繇海道泝淮，戰盱、楚、漣、海間，大小捷三十有七，於劉伶臺手射貫銀甲冑者，應弦而仆，實沒拐曳統軍云。特旨補進勇副尉，靖安水軍正將。紹定四年，從吳英復淮安，復鹽城有功。五年，紅賊略平。惟金將納哈塔敏珠爾據盱眙城〔三二〕，跨泗爲橋，度衆柵龜山，表裏相援。公以淮陰水軍統制提所部進擊，乘風便出敵不意〔三三〕，夜奪浮橋，焚其駕橋之舟百有九十，斬萬戶李松，掩龜山之寨壘而鏟削之，還師攻泗州。自三月至於九月，捷無虛日。禽萬戶劉山兒三十人，梟僞酋楊總領、龐萬戶於舟次，納哈塔敏珠爾以城降，行賞居第一。擢鎮江副都統制，任責措置邊面，仍總轄淮陰水陸軍馬。端平元年，趙丞相葵制置淮東，遣公與趙司令楷將舟師徇地漣水軍，國安納款，率汲君立、張山、王義深等郊迎，便宜知軍事。以汲君立攝總管，部戰艦三百，徇東海縣降之，進徇海州，君立降將也〔三四〕，易之。公亟以師次於北張店，夜檄周岊，岊驚曰：「公至矣！」頓兵城下，岊乃降。是歲，經理河南，知應天府，節制水陸軍馬，屯據衝要。北兵三閫殼熟，不克而遁。明年，遷許浦水軍都統制。淳祐元年，戍真州，大閫才之，俾參兵謀，總制在城軍馬，迺以孟義扼江口，而身治城守。北哨驟至，背城而陳，以孟義部戰艦，選鋭將，間道斫營，俘獲甚衆，敵懼引去。明年，加帶御器械，統兵戍濠州。時察罕擁兵攻濠，別遣額蘇倫由渦潁入淮〔三五〕，水陸並進。公師於五河，率勇士奮前拒戰，乘風縱火，槍火、礟火、箭火、蒺藜焚之，北兵敗績，南北兩岸尸相枕藉。會划車弩發，公中矢，洞腹達背，悶絶復甦，指授諸將方略，意氣彌厲，敵不能支，乃遁，追禽額蘇倫等十將。捷聞，賜金百兩，落階超轉和州防禦使，改鎮江都統制、兼知淮安。三年，察罕擁衆圍壽春，朝命往援，敵已截渦口路，公轉戰而上，會騎帥呂宣，使文德提兵至援，師大振。自三月至於五月，晝耀兵，夜斫營，戰百餘合，焚其壁壘，遂解重圍。凱奏，理宗命賜金帶，金綫袍，進利州觀察使。明年，召除帶御器械，拜合肥郡侯。七年，樞使督視，趙相葵辟諮議官，任責鎮江江面。八年，除知和州。和城圮於雨，修築一新。是役也，當暑庀工，聞晡未休，猝單騎至役所，取大截，俾部役者自飪之，飪熱良苦，則語之曰：「汝端坐終日，獨不念役者之惔焚乎？」杖之，命自今日役不過午。郡大旱，請於制府回糴屯田穀之儲於郡者，損直以振民。捐郡西北湖利，縱饑民於廣袤六七十里内食魚蝦芰藕之産，轉徙者舍其上，全活以數萬計。請祠，提舉建康府崇禧觀。十年，權知安慶府事。時安慶僑治楊渚，敵方掠蘄及境，公屢出奇擊卻之。寶祐元年，知泰州，繕城浚隍，恒若敵至。會箭毒發，自忖非藥石所能及也，力請於大閫而歸。卒於金陵私第，年五十有三。兄海，從弟師勇、師雄、師賢，皆以善騎射爲名將。師勇以德祐乙亥與常州守姚訔、通判陳炤、統制官王安節共守毗陵。其冬城破，訔、炤、安節皆力戰死，城中無一降者。師勇以四騎潰圍，東出中道。其子墮馬，師勇曰：「安有大將之子而墜馬者？」斫其首繫鞍上馳去。後三十餘年，吳下休休庵一老僧病死，遺篋繫梁上，封識甚嚴。衆發視之，惟鐵衣、寶劍各一，其文字有劉師勇名。相傳師勇自常州馳至臨安，又轉徙至匡山。宋亡，乃晦跡浮圖氏云。以上見馮去非所作《神道碑》，師勇事見《陳炤小傳》。

王鑑〔三六〕。字仲明。世居安豐軍霍丘縣之張村。曾祖詔，好善樂施，有田數頃，置莊，名曰布施，專濟族黨里閭之貧者，邑人德之。祖莘，閤門宣贊舍人、知光州事。父煥，母陳氏。公幼警敏，精騎射。年十五，從伯父之彥戍邊，既而代爲正陽忠勇軍正將，陞訓練官，又陞准備將。嘉慶六年，攻潁上縣，夜半斬關入，以一箭斃其將，擢本軍統領。八年正月，金人犯正陽，公迎戰北門外，單騎衝陣，爲虜鈎鎗所及，傷臂墜馬，射大酋，中之，奪其馬以歸，語統制張振曰：「今日之事，惟有死耳。」連日血戰，殺獲甚衆。敵愕然，相謂正陽紙城鐵人，謀欲退，會安撫使豐有俊遣建康統制張斌來援，至劉備澗，未戰而潰。虜增兵急攻，振戰死，而城不破。十三年，金人以重兵再犯正陽，公預設伏淮岸，大戰，禽其將孔醜兒等，中原人來歸者相屬。十五年，金人大舉入寇，公領兵要擊，敗之於陳村。累遷淮西路兵馬鈐轄。李全謀逆，盱賊張惠等皆叛，以紅爲號，公往來禽討略定。紹定三年，李全犯揚州，江淮大使司檄公從趙提刑葵往救。全衆數十萬，掘壕，栽鹿角，聯亙三城。公乘其始至，出破敵橋迎擊之任，守西門，無日不戰。賊識公旗幟曰：「淮西硬軍也。」四年正月十四日，安撫使趙范戒朝食，期十五日出兵大戰，葵曰：「非王都統不可。」約公摘兵以往，公擐甲待旦，躍馬至北門。或以非地分，勸公徐行。公以策揮之曰：「同舟遇風，何地分爲？」全適宴北使於平山堂，意以驕我。公單騎直前，相拒纔數百步，厲聲呼：「逆賊李全，爾在山東號賊李三，歸宋作節度使，背義孤恩，天地不容，今日當死我手。」全怒，奔馬來戰，約一時許，塵埃漲天。范葵遣郡刀手斷全歸路，全爲公所敗，偕十餘騎西走，至新塘墮水中，公追至，左右射全與其黨，皆死，獲全本身衣甲、銀笠子、金孛圖鞍馬等，餘衆宵遁。捷聞，特轉十官，授左武大夫、復州團練使。乘勝復泰州，破紅賊餘黨。復楚州，權知州事，尋除鎮江諸軍都統制。趙制置葵以公名震山東，命駐軍淮安。是年，明禋加恩轉和州防禦使。端平元年，鄭清之入相，遣趙范、趙葵等諸道進取。五月，公自揚州由天長、招泗越淮建大將鼓旗，水陸並進，過雎口，喜曰：「舟行數百里無礙，成功必矣！」六月二十六日，抵邳州，分兵斷徐州之援，獲兵船弓弩甚衆。邳州城稍堅，公貽書守將高按台，示以逆順。諸酋喜求酒，與五十樽。夜半，勒兵自城西南角入，按台與其衆驚遁，追獲知州王亨、同知王潑口、總領閻守道、鎮撫高永等一千餘級。乘勝進攻徐州，守將闊闊不花棄城走。捷聞，朝論中變，命公回邳州，就知州事，措置捍守。公築城起樓櫓，引蓼湖水以灌城壕，疊沂河堤以堰壕水，散金帛，納降附，邳民大悦。九月召還，除左驍衛大將軍，兼權侍衛步軍司職事，轉福州觀察使。提兵援襄不及，救光州，敵望風遁去。爲殿帥韓昱所譏，提舉建康府崇禧觀。嘉熙元年，除江東路總管、權知黄州。公馳赴鎮，日爲戰守之備。十一月十八日，北兵大至，行省口溫不花、粘合重山視黄州城易之，親驅八都魯推鵝車洞，並遮箭牌，分道攻掘，直犯清淮門，以砲飛擊女牆，又煎人油，以物盛貯，繫於火箭，聚燒城樓。夜半，城塌七十餘丈，公意氣自若，指麾士衆，創築月城與大城等，栽迷魂柵二十四層，重插排桊，掘萬人坑，布硬軍占守。敵蟻附登城，城中益火牛草，燒火山，斷歸路。椎牛饗士，一上一勦，晝夜殺獲不可勝計。敵又以舟師趍赤壁磯下，欲窺壽昌。公先遣兵扼三江口中流要擊，奪兵船五十餘艘。二年正月五日，敵兵乘雪夜遁。自攻圍至解五十八日，諸軍出關追擊，以大捷聞，特授利州觀察使、主管侍衛馬軍行司公事、兼知黄州。以母老，乞就養金陵。是夏，除兼建康諸軍都統制，與淮西制置杜杲同共措置捍禦，陞侍衛馬軍司都虞候。公至廬州，巡視城池與戰禦之具，駭然白杲，請亟加增葺。杲曰：「今年敵兵不來。」公曰：「人情叵測，君獨不聞有備無患乎？」乃下令諸將分責守地，審受敵去處，築牆浚壕，起串樓硬棚，工未畢兩料，而北將察罕、忒沒㻋、侪盞圖端等衆數十萬至城下矣。時諸將士多舊部曲，熟公號令，制司復優給錢米，士皆感悦，殊死鬬敵。北兵於南門外立砲，輦薪草，塞壕爲十七垻，攻金鷄觜、舒城門兩處最急。公親行城，命砲對擊，預插排桊，内築月城、串樓，上用柳枝，厚泥重覆。又以皮船載小砲，循壕上下施擊，所募土豪義士七千人，皆精勇，日鬬夜劫敵不能休。一日，營中喑啞，有舁屍北去者，蓋爲火砲擊死一大將。時東南風大起，公麾軍乘勢，用火箭焚燒，垻上煙燄漲天，敵不能當。十月五日，解圍北去。以功除武康軍承宣使、侍衛馬軍副都指揮使。三年三月，兼都督行府諮議官，總統兩淮策應軍馬，與吕安撫文德大破敵衆於濡須垻，追回所擄人畜。四年三月，丁母憂，起復知濠州。至郡，修守備，斬巨木十萬有奇，分布排桊。淳祐元年，察罕再攻城，不克，嘆曰：「濠州一座木城子，不可犯也。」

是年，調舟師合許浦劉都統虎於五河，敗敵之前鋒。遣長子環衛烈、鄭總管進於渦口，截敵歸路，俱捷。公抗章乞終制，不允。三年正月，差知廬州。會子烈遇敵戰沒，力辭不許。以平招信軍亂，除樞密都承旨、淮西安撫副使。調兵城壽州，察罕兵數十萬奄至城下，公遣弟鎔監鄭進、耿春等軍突圍，送兵糧入城，敵尋退遁。捷聞，除淮西安撫使，轉兩官。五年，差知鄂州，改真州、淮安，皆有政績。五年，充京湖宣撫大使司諮議官。是秋，任責防江下流，解泰州圍，破北將塔察兒兵於城上。開慶元年九月，北兵渡滸黄州，詔趣淮閫發兵，公曰：「此臣子捐軀報國之日也。」拜疏即行，總統兩淮軍馬，應援鄂、漢。十月十五日，進兵木鵝洲，戰陽邏洑下。十一月三日，戰滸黄州，泊沙河，鄂圍尋解。景定元年，除左金吾衛上將軍，依舊知真州。任滿，寓居金陵，築室謝公東山下，有泉石竹木之勝。咸淳元年九月，得疾，有大星隕於第西南，數日卒，年八十二。先期乞致仕，除寧武軍節度使，封廬江郡開國侯，加食邑五百戶，食實封二百戶。遺表上，特贈太尉。公御軍嚴整，屯滁州日，有光州武定馬軍二人割民稻苗載馬上者，立命斬之。主兵者祈免，亦杖脊而去。出入邊閫踰四十年，所薦拔麾下士皆至大官，康寧壽考，以功名終，近世亦鮮其比矣。詳見林子密行狀及參政馬光祖所作神道碑云。

阮思聰。字仲謀，光州固始縣人。祖瓊，宋武略大夫、光州諸軍都統制。父興，武功大夫、淮西南路馬步軍都統制，累贈安遠軍承宣使。公幼孤，年十三，固始陷，扶母夫人陳氏依安撫使呂文德於廬州。未弱冠，膂力絕人，善騎射，喜讀《左氏春秋》及兵家書，呂奇之，以舅之女馬氏妻之。積戰功，累官淮西制帳都統。寶祐初，從文德招捕西南夷，領所部先驅，戒勑兵士，秋毫不犯，夷人悅服，至犵狑、犵狫、羅斯鬼國刻石紀功而還。遷武功大夫、忠州刺史、御前諸軍都統制，鄂州駐劄。開慶元年，北師圍合州之釣魚山，文德命公率兵往援之，戰於黄平及溫陽、銅鑼等峽，所向有功。合圍解，領所部兵歸，舟次洞庭口。時北師圍鄂渚，造橋於白洋口渡兵，分别將領舟師截岳之上流，公兵爲所邀，遂入於湖北。舟追甚爭，公坐車船中，令左右伺之，報曰：「將及矣！」以一矢斃其將，餘舟莫敢進。翌日，撫勞士卒，令各具長薪，至夕爇之，聞鼓聲而動。舟兩傍繫舟而去其底，將出湖鳴鼓，軍士各持烈炬，執兵者叫譟爭奮，火光燭天。時西南風甚急，與北舟相接，北兵競來爭舟，皆墜於水，或攀舟者，以刃斷之，莫敢枝梧，順流至於武昌。時賈似道、呂文德皆屯漢陽，未知蜀耗。公至，始知退師之詳。鄂圍未解，賈、呂憂之，問計於公，公曰：「橋可斷也。」乃擇日具戰艦，勵將士，備爐炭，乘風熾火，直搗白洋口橋所，率溫和等力戰，一舉而焚之，延及北寨，舟糧無遺。左肩中流矢，血流至踵，弗覺也。及北師既歸，似道召入相，公與孫虎臣、劉雄飛等以兵送之，至咸寧縣藾草坪，與北餘兵數千相遇，公令軍士先備柳棒短兵，既接，以棒棒之，北軍退走，似道語人曰：「吾知戰矣，若隔籠鬭鷄。」寔景定元年三月三日也。特轉右武大夫、吉州團練使、知黃州軍州事，賜蒲圻田五十頃，賞鄂之功也，始來居建康。景定四年，轉拱衛大夫、蘄州防禦使、左武衛大將軍、知復州軍州事，弋陽郡開國伯。州有譁民，持郡中短長，每太守至，必以民間陰事來告。公命拘於獄，使吏誘其情，久乃言曰：「前太守至，某以豕羊牛禱神，以祈訟勝。今聞阮公神明，欲以人代牲，故敗。」公杖之，黥爲兵，役以備城，月餘而死。咸淳四年，授福州觀察使、右環衛大將軍，帶御器械，兼淮西南路安撫使，知蘄州軍州事，弋陽郡開國侯。北師圍襄，公遣人持書詣似道曰：「鹿門山，襄陽之咽喉也，朝廷宜急遣重兵守之，否則援路絕矣。」似道不聽，遣范文虎救襄，思聰哂曰：「文虎富貴家子，令走馬擊毬可耳。」

既而兵敗鹿門，果失守。咸淳八年，授清遠軍承宣使，右金吾衛上將軍，弋陽郡開國公。宋制，承宣使上無官者，謂之落階，即節度留後也。自建炎南渡，左右金吾衛將軍多爲武階所帶官，入朝供斯職者惟李顯忠、高達及思聰三人而已。供職，賜金帶二，蓋異恩也。公言於似道曰：「北兵圍襄四年，輓輸供給，亦已疲矣。諜者云：彼中父死子代，贅婿承戶役，中原虛弊可知。誠能選兵三萬人，由海道以擣青、齊，彼必回軍自救，則襄圍解矣。」似道不聽。欲以爲四川制置大使，辭不行。十一月，遣視沿江城壁。即路，以本官知池州。歲餘，以病去官。德祐元年，授招信軍節度使。似道開督府，辟公爲參謀官。遣持書見丞相淮安忠武王於池州，議和不成，歸至魯港，師潰，公歸建康。權馬司徐王榮、都統翁某昇制置司已下印鑰來告曰：「大兵且至，趙制置已去，城中惟節使官高，望救一城之命。」公曰：「我宋臣子也，受宋恩厚，不敢以城獻。」王榮等知不可強，乃止。至元十八年七月二日，病亟，家人見神人長丈餘，被甲立廳事前，時列星燦然，俄而大雨，震雷一聲，而公逝矣。公受知於武忠呂公文德最深，樞密趙公葵、節使王公鑑皆加器重，慷慨有大志，雖向武多智，而心好仁。治軍二十餘年，未嘗妄戮一人。爲郡處事，務在平恕，所至民皆德之。篤於親義，內外待公而食者三百家，嫁孤女十餘人。素有知人之鑒，薦李珏於朝，牛皐其部將也。張世傑之初歸宋也，久未知名，公召與語，奇之，薦於荆閫呂公文德。時給有功將士官誥，有張世傑者，死即以其誥畀之，階此歷官，後竟著忠節云。思聰卒，未及立碑。以上事跡，其子起雋所述。自劉虎以下，俟參考《宋史》，附人列傳。

慈湖黃震，度宗朝爲翰林檢閲，繳申楊簡、張虙、吳從龍事跡云：從龍以紹定四年逆全之變，提孤軍爲先鋒策應，轉戰無前。賊益兵，圍之數重，不幸所乘馬中流矢，遂爲賊禽。賊載其名旗，使僞稱援兵，給泰州開城。從龍至城下，大呼曰：「建康右軍統制吳從龍，馬傷被執，非降賊者。揚州初不破，泰州可死守。」賊不勝忿怒，刃交下，猶駡賊不絶口，竟寸臠以死。先皇帝矜之，詔爲立廟，官其後。方逆全猖獗，時維揚閉守，未知爲計，但給得泰州城一開，即賊之窟穴多而揚州孤，事未可知。從龍從容就義，以一死爲國忠謀，視解揚事殆過之，又非尋常死節者比。若不爲之立傳，何以勵臣子之節云云。從龍事前志不載，始附於此。

趙定母。金陵人。多通詩書，常聚生徒數十人，張帷講說。儒碩登門質疑，必引與之坐，開發奥義，咸出意表。景德二年，子定登第，授海陵從事，訓曰：「無飾虚以沽名，無事佞以奉上。處内在盡禮，居外在活民。」定遵奉無失。見石徂徠《賢惠錄》。

岷山脈盡於建康，其分支爲天目，舊稱金陵地肺，言其沈浮軒輊，疑不獨三茅福地爲然。前代都此，濤水常入石頭殺人。今去江甚遠，與臨平湖開塞相應，智者當有以辯焉。

【校勘記】

〔一〕而納句章：至正本無。

〔二〕洪邁：原作「洪遵」，誤。按《夷堅志》爲洪邁所作，徑改。

〔三〕唐埭：至正本作「唐粘」。

〔四〕出：至正本作「還」。

〔五〕人：至正本作「云」。

〔六〕拔：至正本作「援」。

〔七〕兄：原作「凡」，據至正本改。

〔八〕病：至正本無。

〔九〕介幘：原作「闕」字，據至正本補。

〔一〇〕耳：至正本無。

〔一一〕之：原作「其」，據至正本改。

〔一二〕之頃：至正本作「美墳」。

〔一三〕於：至正本作「剡」。

〔一四〕問世：至正本作「遊人」。

〔一五〕成：至正本作「績」。

〔一六〕逸：至正本作「出」。

〔一七〕流：至正本作「顧」。

〔一八〕猶日出：至正本作「出於」。

〔一九〕是：至正本作「此」。

〔二〇〕素：原作「索」，據至正本改。

〔二一〕內：至正本作「機」。

〔二二〕宋：至正本作「政」。

〔二三〕薦：至正本作「使」。

〔二四〕輯：至正本作「生」。

〔二五〕變色：至正本作「色變」。

〔二六〕阿哈：至正本作「阿罕」。下同。

〔二七〕阿嘍罕：至正本作「阿喇罕」。

〔二八〕胡：原本無，據至正本補。

〔二九〕一尺：至正本作「二尺」。

〔三〇〕索多：至正本作「唆都」。

〔三一〕穆昆：至正本作「謀克」。下同。

〔三二〕納哈塔敏珠爾：至正本作「納合買住」。下同。

〔三三〕敵：至正本作「賊」。

〔三四〕將：至正本作「虜」。

〔三五〕額蘇倫：至正本作「阿木魯」。下同。

〔三六〕按「王鑑」以下至「智者當有以辨焉」原本無，據至正本補。

至正金陵新志卷十五

論辨

諸國論

陸機二論。機本吳人，居秦淮。晉滅吳，乃作《辨亡》二論，並述其祖遜、父抗之功業。

上篇曰：昔漢氏失御，姦臣竊命，禍基京畿，毒徧宇內，皇綱弛頓，王室遂卑。於是羣雄鋒駭，義兵四合。吳武烈皇帝慷慨下國，電發荆南，權略紛紜，忠勇霸世。威稜則夷羿震盪，兵交則醜虜授馘，遂掃清宗祊，蒸禋皇祖。於時雲興之將帶州，猋起之師跨邑，哮闞之羣風驅，熊羆之族霧合。雖兵以義動，同盟戮力，然皆包藏禍心，阻兵怙亂。或師無謀律，喪威稔寇，忠規武節，未有如此其著者也。武烈既沒，長沙桓王逸才命世，弱冠秀發，招攬遺老，與之述業。神兵東驅，奮寡犯衆。攻無堅城之將，戰無交鋒之虜。誅叛柔服，而江外底定；飭法修師〔一〕，則威德翕赫。賓禮名賢，而張公爲之雄；交御豪俊，而周瑜爲之傑。彼二君子，皆弘敏而多奇、雅達而聰哲。故同方者以類附，等契者以氣集，江東蓋多士矣。將北伐諸華，誅鉏干紀，旋皇輿於夷庚，反帝座於紫闥。挾天子以令諸侯，清天步而歸舊物。戎車既次，羣凶側目。大業未就，中世而殞。用集我大皇帝以奇蹤襲逸軌，叡心因令圖，從政咨於故實，播憲稽乎遺風，而加之以篤敬，申之以節儉，疇諮俊茂，好謀善斷。束帛旅於丘園，旌命交乎塗巷。故豪彥尋聲而響臻，志士晞光而景鶩，異人輻輳，猛士如林。於是張公爲師傅，周瑜、陸公、魯肅、呂蒙之儔入爲心腹，出作股肱。甘寧、凌統、程普、賀齊、朱桓、朱然之徒奮其威，韓當、潘璋、黄蓋、蔣欽、周泰之屬宣其力。風雅則諸葛瑾、張承、步騭以名聲光國，政事則顧雍、潘濬、呂範、呂岱以器任幹職，奇偉則虞翻、陸績、張溫〔二〕、張淳以風義舉政，奉使則趙咨、沈珩以敏達延譽，術數則吳範、趙達以機祥協德。董襲、陳武，殺身以衛主；駱統、劉基，強諫以補過。謀無遺諝〔三〕，舉不失策。故遂割據山川，跨制荆吳，而與天下爭衡矣。魏氏嘗藉戰勝之威，率百萬之師，浮鄧塞之舟，下漢陰之衆，羽楫萬計，龍躍順流，鋭師千旅，虎步原隰，謨臣盈室，武將連衡，喟然有呑江滸之志，壹宇宙之氣。而周瑜驅我偏師，黜之赤壁，喪旗亂轍，僅而獲免，收迹遠遁。漢王亦憑帝王之號，帥巴漢之人，乘危騁變，結壘千里，志報關羽之敗，圖收湘西之地。而我陸公亦挫之西陵，覆師敗績，困而後濟，絶命永安。續以濡須之寇，臨川摧鋭，蓬籠之戰，孑輪不反。由是二邦之將，喪氣挫鋒，勢衂財匱，而吴莞然坐乘其弊〔四〕。故魏人請好，漢氏乞盟，遂躋天號，鼎跱而立。西界庸益之郊，北裂淮漢之涘，東苞百越之地，南括羣蠻之表。於是講八代之禮，蒐三王之樂，告類上帝，拱揖羣后。武臣毅卒循江而守，長棘勁鍛望猋而奮。庶尹盡規於上，黎元展業於下，化協殊裔，風衍遐圻。乃俾一介行人，撫循外域。巨象逸駿擾於外閑，明珠瑋寶耀於内府。珍瑰重迹而至，奇玩應響而赴。輶軒騁於南荒，衝輣息於朔野。黎庶免干戈之患，戎馬無晨服之虞。而帝業固矣。大皇既沒，幼主莅朝。姦回肆虐，景皇聿興。虔修遺憲，政無大闕，守文之良主也。降及歸命之初，典刑未滅，故老猶存。大司馬陸公以文武熙朝，左丞相陸凱以謇諤盡規，而施績、范慎以威重顯，丁奉、鍾離斐以武毅稱；孟宗、丁固之徒爲公卿，樓玄、賀邵之屬掌機事，元首雖病，股肱猶良。爰逮末葉，君公既喪，然後黔首有瓦解之患，皇家有土崩之釁。曆命應化而微，王師躡運而發。卒散於陣，衆奔於邑。城池無藩籬之固，山川無溝阜之勢。非有工輸雲梯之械，智伯灌激之害，楚子築室之圍，燕人濟西之隊，軍未浹辰而社稷夷矣。雖忠臣孤憤，烈士死節，將奚救哉？夫曹、劉之將，非一世所選；向時之師，無曩日之衆。戰守之道，抑有前符；險阻之利，俄然未改，而成敗貿理，古今詭趣，何哉？彼此之化殊，授任之才異也。

下篇曰：昔三方之王也，魏人據中夏，漢氏有岷益，吴制荆揚，而奄有交廣。曹氏雖功濟諸華，虐亦深矣，其人怨。劉翁因險以飾智，功已薄矣，其俗陋。夫吴，桓王基之以武〔五〕，太祖成之以德，聰明叡達，懿度弘遠矣。其求賢如弗及，卹人如稚子。接士盡盛德之容，親仕罄丹府之愛。拔呂蒙於戎行，試潘濬於繫虜。推誠信士，不恤人之我欺；量才授器，不患權之我偪。執鞭鞠躬，以重陸公之威；悉委武衛，以濟周瑜之師。卑宫菲食，豐功臣之賞；披懷虛己，納謨士之筭。故魯肅一面而自託，士燮蒙險而效命。高張公之德，而省游田之娱；賢諸葛之言，而割情欲之歡。感陸公之規，而除刑法之煩；奇劉基之議，而作三爵之誓。屏氣踢蹐，以視子明之疾〔六〕；分滋損甘，以育凌統之孤。登壇忼愾〔七〕，歸魯子之功；削投惡言，信子瑜之節。是以忠臣競盡其謨，志士咸得肆力。洪規遠略，固不厭夫區區者也。故百官苟合，庶務未遑。初都建鄴，羣臣請備禮秩，天子辭而弗許。曰：「天下其謂朕何？」宫室輿服，益慊如也。爰及中葉，天人之分既定，故百度之缺粗修。雖醲化懿綱，未齒乎上伐，抑其體國經邦之具，亦足以爲政矣。地方幾萬里，帶甲將百萬，其野沃，其兵練，其器利，其財豐。東負滄海，西阻險塞。長江制其區宇，峻山帶其封域。國家之利未巨有弘於兹者也。借使守之以道，御之有術，敦率遺典，勤人謹政，修定策，守常險，則可以長世永年，未有危亡之患也。或曰：「吴、蜀、脣齒之國也。夫蜀滅吴亡，理則然矣。」夫蜀，蓋藩援之與國，而非吴人之存亡也。其郊境之接，重山積險，陸無長轂之徑；川扼流迅，水有驚波之艱。雖有鋭師百萬，啓行不過千夫；舳艫千里，前驅不過百艦。故劉氏之伐，陸公喻之長蛇，其勢然也。昔蜀之初亡，朝臣異謀，或欲積石以險其流，或欲機械以禦其變。天子總羣議，而諮之大司馬陸公。公以四瀆天地之所以節宣其氣，固無可遏之理，而機械則彼我所共。彼若棄長技以就所屈，即荆楚以爭舟楫之用，是天贊我也，將謹守峽口以待擒耳。逮步闡之亂，憑寶城以延強寇，資重幣以誘羣蠻。於時大邦之衆，雲翔電發，懸旍江介，築壘遵渚，衿帶要害，以止吳人之西。巴漢舟師沿江東下，陸公偏師三萬，北據東坑，深溝高壘，按甲養威。反虜踠迹待戮，而不敢北窺生路，強寇敗績宵遁，喪師太半。分命鋭師五千，西禦水軍，東西同捷，獻俘萬計，信哉賢人之謀，豈欺我哉！自是烽燧罕警〔八〕，封域寡虞。陸公沒而潛謀兆，吳釁深而六師駭。夫太康之役，衆未盛乎曩日之師；廣州之亂，禍有愈乎向時之難。而邦家顛覆，宗廟爲墟。嗚呼，人之云亡，邦國殄瘁，不其然歟？《易》曰：「湯、武革命順乎天。」或曰：「亂不極，則治不形。」言帝王之因天時也。古人有言曰：「天時不如地利。」《易》曰：「王侯設險，以守其國。」言爲國之恃險也。又曰：「地利不如人和，在德不在險。」言守險之在人也。吳之興也，參而由焉，孫卿所謂合其參者也。及其亡也，恃險而已，又孫卿所謂舍其參者也。夫四州之萌，非無衆也；大江以南，非乏俊也。山川之險易守也，勁利之器易用也，光政之策易修也，功不興而禍遘，何哉？所以用之者失也。故先王達經國之長規，審存亡之至數，謙己以安百姓，敦惠以致人和。寬冲以誘俊乂之謀，慈和以結士庶之愛。是以其安也，則黎元與之同慶；及其危也，則兆庶與之共患。安與衆同慶，則其危不可得也；危與下同患，則其難不足卹也。夫然，故能保其社稷而固其土宇，麥秀無悲殷之思，黍離無愍周之感矣。

皇甫湜作《東晉正閏論》曰〔九〕：王者受命於天，作主於人，必大一統，明所受授，所以正天下之位，一天下之心。舜傳堯，禹傳之於舜，以德禪者也。桀放於湯，紂殺於武，以時合者也。秦滅二周，兼六國，以力成者也。漢除秦社稷，以義取者也。故自堯以降，或以德，或以時，或以力，或以義，承授如貫，始終可明，雖殊厥迹，皆得其正。以及魏取於漢，晉得於魏，史冊既載，彰明可知，百王既通行，萬代無異辭矣。惠帝無道，群胡亂華，晉之南遷，實曰元帝。與夫祖乙之圮耿，盤庚之徙亳，幽王之滅戲，平王之避戎，有異乎哉！而拓跋氏種實匈奴，來自幽、代，襲有先王之桑梓，自爲中國之位號，謂之滅邪。晉實未改，謂之禪邪，已無所傳。而昔之著書者，有帝元；今之爲錄者，皆閏晉，可謂失之遠矣。或曰：元之所據，中國也。對曰：所以爲中國者，以禮義也；所以爲夷狄者，無禮義也，非繫於地。杞用夷禮，杞即夷矣。子居九夷，夷不陋矣。沐紂之化，殷士爲頑人矣；

國戎之遷，伊川爲陸渾矣，非繫於地也。晉之南渡，人物攸歸，禮樂咸在，流風善政，史實存焉。魏氏恣其暴強，虚此中夏斬伐之地，雞犬無餘，驅士女爲肉籬，委之戕殺，指衣冠爲芻狗，逞其屠刈，種落繁熾，歷年滋多，此而帝之，則天下之士有蹈海而死，天下之人必登山而餓，忍食其粟而立其朝哉！至於孝文始用夏變夷，而易姓更法，將無及矣。且授受無所，謂之何哉？又曰：周繼元，隋繼周，國家之興，實繼隋氏，子謂是何？對曰：晉爲宋，宋爲齊，齊爲梁，江陵之滅，則爲周矣。陳氏自樹而奪，無容於言。況隋兼江南，一天下，而授之於我。故推而上，我受之隋，隋得之周，周取之梁。推梁而上，以至於堯、舜，得天統矣。陳姦於南，元閏於北，其不昭昭乎！其不昭昭乎！

吕祖謙《十論·吴論》：孫權起於江東，拓境荆楚，北圖襄陽、西圖巴蜀而不得。北敵曹操，西敵劉備，二人皆天下英雄，所用將帥亦一時之傑。權左右勝之，而後能定其國。及權國既定，曹公已死，丕、叡繼世，中原有可圖之釁，權之名將死喪且盡，權亦老矣。世人謂權之所以爲固者，東南之地；所以爲强者，東南之兵，此大不然。夫東南之地，天下至弱，而孫氏之地又爲六朝最弱，獨權守之而固。

東南之兵，天下至弱，而孫氏之兵又爲六朝最弱，獨權用之而强。長江而上，達於江陵。轉江陵之南，阨於巫峽。上下千里可航而渡者凡幾，可阨而守者凡幾，道路坦然，非有潼關、劍門之阻也。自廣陵而渡京口，自歷陽而渡采石，自郑城而渡武昌，易若反手。江陵破，則上流無結草之固；濡須破，則江上不知所以爲計，地之形勢可謂弱矣。權之兵衆皆江南舟子，綿力薄才之人區區捃拾盜賊，驅獵山越，以寬行伍，兵亦可謂弱矣。然權用之，如此之固且强，何也？蓋權之所以自立者，有謀而已。不獨用其臣之謀，而又自出其謀。内以謀用衆，外以謀應敵。所以地狹兵少，處天下之至弱，而抗衡中原，成三分之勢者歟。始權之初立，曹操下荆州，移書吴會，舉國震駭。權聞魯肅之言，翻然而悟；聞周瑜之議，奮然而起。一舉而走曹操，存劉備，基王霸之業，此用周瑜、魯肅之謀也。及劉備借荆州而不反，關羽頡頏於上流。權謂養關羽，使北吞許、洛，全有江漢，回舟東下，誰能禦之？欲圖之，懼曹操之乘其弊也。乘羽北逼許、洛，曹公以朝命見招，權乃上牋擊羽以自効。使吕蒙、陸遜一襲而得之，全有荆楚，西閉劉備於三峽，北釋曹公之患，以安江東。此用吕蒙、陸遜之謀也。方曹丕已禪漢，天下憤怒切齒之時，權知劉備必報關羽，恐曹氏掎其後也，乃於是時釋其憤切之心，而稱臣於魏，受其爵封，擊備而走之。此權之謀也。及魏責任子而權不遣，西患未解，而北患復起，權之計宜乎窮也。權知劉備以復漢爲名，而曹操篡位之罪甚於殺關羽，備亦欲結己爲與國，而專意北圖。於是遣使講和，以中備之欲，遂得息肩於西，而專意於北，拒魏而退之。此權之謀也。方曹操之反自烏林，憤權而東征，謂權恃水以自固，故以舟師入合肥。權若拒之於江南，則曹公水軍入江，權軍不戰自潰矣。故逆拒之於濡須，使操雖水軍無所施，步騎雖多，瀕阻江洳，春水方生，義無所用，操嘆息而退。此又權之謀也。操既還，自他人觀之，大則追軍逐北，小則自足稱雄，今權不然，反請降於操。蓋權料操之内憂尚多，北有未定之河北，西有未復之關中，操欲伐之，而慮東南之變，非大定不往也。故稱降，以少厭其意而安之，使操不復虞東南而盡力西北。己得於其間，益繕戰守之備，以待其再來。此權之謀也。方曹丕之責任子不得而南征也，權見丕不知兵，不如其父，而老臣宿將亦不盡力如操之時，始卻之於濡須。而再來，權之意以謂丕不知兵，非使之深入疲竭上下之力則不止，非使之臨江而反則丕必不休，故開而致之，瀕江而不與之戰，挑之而又不應，使之力盡而自還，又小發以警之。魏自是不復敢南出。此又權之謀也。權又以爲兵久不用則士氣鈍，疆埸久安則人心逸，且使敵人晏然，積以歲月，坐以成資，非計之得也。故兩譎淮南之將，致而擊之，所虜獲足以自資，而敵人之資又爲之破壞。此亦權之謀也。權又以謂所用多南兵，便於舟楫，短於陸戰，故用兵未嘗一日捨舟楫，而乘勝逐北，亦不肯遠水以逐利。雖有大舉長驅之計，亦不敢行，以僥一時之幸。故曹休敗而不敢追，殷札獻言而不敢用。此亦權之謀也。權之受封吳王也，盡恭以受其爵命，使其國中知己爲百姓屈也。與邢貞爲盟，陰以怒其羣下，方且爲進取之計，而自卑屈如此。此亦權之謀也。故權之爲國，自奮亦用謀，自屈亦用謀，勝亦用謀，負亦用謀，動無非謀也。故能以一江爲阻，而與曹、劉爲敵。然權起非仗義，徒知以割據爲雄，不能興漢室以傾天下之心。使當漢末大亂，權能招徠中原之士，廣募西北之兵，緝馬步之鋭，挾舟楫而用之，鼓行北出，水陸並進，孰能當之哉！當曹丕之立也，權又能求漢室子孫而輔之，出師問罪，劉備必亦連衡而掎角。中原之士挾思漢之民，必有起而應我者矣。權不知出此，徒自尊於崎嶇蠻夷山海之間，故雖力爲計謀詭詐，然基業僅足以終其身，而無足以遺子孫；僅足以保其國，而不足以爭衡天下，惜哉！

然使權不爲計謀以自立，則雖其身不能終也，況子孫乎？其國不能保也，況天下乎？何以言之！權没未幾，諸葛恪一用之而僅勝，再用之而大敗，孫綝用之又敗，江淮之間惴惴而已。上流藉陸抗之賢，挾以重兵，僅能支襄陽一面。抗死，則亦惴惴然矣。藉使孫皓不爲暴虐，亦豈能久存也哉？後世不察權以計謀自立，而區區欲效權之畫江爲守，是不察夫形勢、甲兵之最弱也。古人惟陸抗知此。抗言於孫皓曰：「長江浚川，限帶封域，乃守國之常事，非智者之所先。」審抗此言，則當時之形勢爲不足言，而所謂智者所先則有道也，抗可謂善論孫氏形勢者矣。

《晉論》上：東晉之始，形勢與吴相若。然吴北不能過淮，而東晉時得中原之地。吴旋爲晉滅，而晉更石勒、苻堅之强，終不能破。其君臣人材去吴遠甚，而其固如此者，晉以中原正統所繫，天下以爲共主故也。以正統所繫、天下共主，而百餘年不能平天下、雪讎恥，恢復舊物，晉之君臣斯可罪矣。《詩》美宣王曰：「内修政事，外攘夷狄。」齊桓公〔一〇〕、晉文公、越王勾踐，皆國中已治，然後征伐。今夫晉室南遷，士大夫襲中朝之舊，賢者以遊談自逸，而愚者以放誕爲娱，庶政陵遲，風俗大壞，故威權兵柄奸人得竊而取之，小則跋扈，大則篡奪。士大夫雖有以事業自任者，亦以政事不修、財匱力乏而不得盡其志，可勝惜哉！《易》曰：「君子藏器於身，待時而動，何不利之。」有夫政事已修，任屬賢將而待可爲之時，時而進焉，則無不成矣。晉既内無政事，外之任屬又非其人，雖有中原可勝之時，而我無以赴之，雖赴之而敗矣。故褚裒北伐，蔡謨曰：「今日之事，必非時賢所辦。」殷浩之再舉北伐，王羲之曰：「區區江左，固已寒心，力爭武功，非所當作。」又曰：「雖有可喜之會，内求諸己，而所憂乃重於所喜。」由是觀之，晉之政事不修，任屬非其人，雖有中原可乘之時，亦無能爲也。然謨之言，大抵謂任屬非其人，故曰：「非上聖與英雄，自餘莫若度德量力。」羲之之言，大抵謂根本不固，故曰：「保淮非復所及，長江以外，羈縻而已。」三君雖相當時之失，然盡如二君所言，則東晉未有復中原、雪讎耻之期，端坐江左，以待哀弱滅亡而已。此知其一而不知其二也。夫東晉之初，其強弱何如三國之吳、蜀？當時有志之士尚能欲自強而不肯休，諸葛亮、諸葛恪之語最然，亦知其一而不知其二也。亮之言曰：「先帝知臣伐賊，材弱敵強。然不伐賊，王業亦亡。惟坐而待亡，孰與伐之？」孔明之治蜀，可謂有政；蜀之任孔明，可謂得人，然未有可乘之時。恪之言曰：「今所以敵曹氏者，以操兵衆，於今適盡。司馬懿已死，其子幼弱，未能用計智之士，今伐之，是其危會。」恪之言知可乘之時，而不知所修之政，而自量其材，與夫所用之人也。是故孔明無成，而恪卒以敗。觀蔡謨、王羲之與諸葛亮、恪之論正相反，而各得一偏。世之人好興作者，必以孔明、元遜之言爲先；而安偷惰者，必以蔡謨、王羲之之言爲是。酌厥中而論之，藏器於身，待時而動，内修政而外安邊患〔一一〕，聖經之言不可易也。後世亦曰：「事貴乘釁。」又曰：「上策莫如自治。」蓋急急自治，政事既修，恢復之備已具，事會之來不患無也。一旦觀釁而動，將無往而不利矣。若内雖有自治之名，而無自治之實，徒爲空言，玩日引歲，端坐而守，而待賊虜之自滅，非愚之所敢知也。苟不相時，先事妄發，小者無功，大者覆敗。一旦機會之來，事力已竭，不能復應，東晉之事如此者多矣。

《晉論》中：孟子曰：「入無法家拂士，出無敵國外患者，國常亡。」夫無敵國外患者，謂國安可也。乃曰「常亡」，何哉？蓋既無法家拂士，又敵患不至，則君驕臣縱，入於危亡而不自知，東晉之末是也。晉之始也，敵國雲擾，强臣專制，上下惴恐，如處積薪之上而火然者。故君無驕泰之失，而臣下自以危亡爲憂。是以内雖王敦、蘇峻反叛相尋，桓溫擠權廢立；外則石氏之兵三至江上，苻堅淝水之役，江東幾至不保，然當時人主恐懼於上，而王導、溫嶠、陶侃、謝安、謝玄之徒足以盡其力，故至危而復安，將亡而復存也。及桓溫既死，苻堅復亡，上流諸鎮皆受朝廷號令，非有間者。跋扈之人，雖姚氏自守於關西〔一二〕，慕容相踐於河北，非有向日邊境之憂也。君臣上下，自以江東之業爲萬世之安，心滿意足。孝武漸生奢侈於上，道子之徒竊威柄於下，謝安、謝玄至以功名自疑矣。安、玄既死，其政愈壞，甚於已危將亡之時，泯泯靡靡，不自知也。已而君臣、兄弟之間爭權植黨，上流之患復開，不待外敵之強，而國遂亡矣。聖人於無事之時而爲持盈守成之戒，可不信夫？況東晉讐恥未復，遽以無事自處，不其愚哉！

《晉論》下：杜牧謂宋武不得河北，故隋爲王，宋爲伯。愚謂不然。並吞海內之形勢，關中爲重，河北次之。關中者，周、秦、漢用之；河北者，光武用之。皆用之以取天下也。曹操、石勒以河北取關中，苻堅以關中取河北，三人者，皆吞海內十有八九，而不能併。東晉之後，元魏以河北取關中，後周以關中取河北，隋、唐以關中取天下。以此論之，用關中並天下者五，而不得者二；用河北併天下者一，而不能者三，則關中爲重，河北次之，顧不信乎？宋武帝非獨不得河北，暫有關中而已，何嘗得之哉！宋武起於布衣，身經百戰，戰勝攻取，髣髴曹操，司馬懿而下不可比也。舉東南至弱之兵練而用之，踐西北至強之衆，前無横陣，旁無堅敵，逆河而上，闖關而入之，用之如建瓴破竹之易，可謂奇矣。然得關中而不守，翻然東歸，失百二之地於反掌。暮年慷慨登壽陽城樓北望，流涕而已，可不悲哉！愚謂宋武之失關中，其罪有三：一則好殺伐而不得中原之心，二則急窺神器而不能快中原之憤，三則倚南兵而不能用中原之人。夫宋武下廣固，欲盡坑其父老。韓範力諫，猶誅王公以下三千人，沒入其孥。前賢論之，以謂舉事曾苻、姚之不如，有智勇而無仁義，安有當哉？其一失也。宋武帝之不爲晉室藩輔，人人所知也。然輔晉而行，能仗大義，使中原知爲晉雪百年之憤，天下其孰能議之？其子亦不失天下。今急爲篡奪，大業不終，曹操猶能曰「天命有在，吾爲周文王」。終身輔漢而不取。宋武識慮不及操遠矣。其失二也。宋武之北伐，魏主以問崔浩。浩嘗策之，以爲必克而不能久。裕之取燕、取秦，西北之人未嘗據連城、舉大衆來附之者，裕獨用南人轉戰山河之間，往返萬里。使裕收燕之後，選用燕之豪傑，廣募壯勇以傾三秦；得秦之後，選用秦之豪傑〔一三〕，廣募壯勇以傾河北，分爵裂土，以功名與衆共之，攻伐元魏，則中原盡得矣。東掃慕容之餘燼，西剪赫連之遺種，以裕之智勇，王鎮惡、檀傳、朱沈之徒爲爪牙，而謝晦之徒主謀議，何爲而不成。裕之施爲既已不能選用燕秦賢傑，廣募壯勇，而區區用遠客之南兵，縱無所練之士卒。南兵獨用，已敗不可支。其失三也。蓋南北異宜，攻守異便，南兵不可專用有三：雖勇而輕，一也；利險不利易，易困難久，二也；易亂難整，三也。項羽之破趙，一以當百。高祖征黥布，張良戒毋與楚人爭鋒。然羽、布皆爲高祖以持重困之，此雖勇而輕也。吴王濞之反，有田將軍者請急據洛陽，曰：「漢車騎入梁、楚之郊，則事敗。」此利險而不利易也。吳、楚屯聚數月，無食而潰之；北伐軍至長安〔一四〕，已謳歌思歸，此易困而難久也。裕軍至長安，日暴市肆，此易亂而難整也。裕既無中原之衆，欲以南兵守關中，人無智愚皆知不可也。裕之東歸，世以謂劉穆之死急於篡取，愚以謂正以南兵不能守關耳。裕見已所行事已失中原之情，欲全軍共歸，則惜關中不忍棄之。欲不歸而守，則南人思歸既甚，將潰而歸矣，裕之首領未可保也，況關中乎！數十年之得，一朝失之，古今所惜。然則後之欲恢復者，得中原之郡縣，可不以裕爲深戒哉！

《宋論》：宋文帝以河南之地爲宋武帝舊物，故竭國家之力，掃國中之兵而取之，卒無尺寸之功。史稱文帝之敗，坐以中旨指授方略，而江南白丁輕進易退。以愚言論之，文帝不用老將舊人，而多用少年新進，使專任屬，猶恐不免於敗，況從中以制之乎？鋒鏑交於原野，而決機於九重之中；機會乘於斯須，而定計於千里之外，使到彦之輩御精兵亦不能成功，況江南白丁乎？然江南之兵亦非弱也，武帝破燕、破秦、破魏則皆南兵也，何武帝用之而强、文帝用之而弱也？南兵不可專用，豈無北方之人可號召而用之乎？蓋武帝失之於前，而文帝失之於後也。自古東南北伐者有二道：東則水路由淮而泗，由泗而河；西則陸路越漢而洛，由洛而秦。自晉南遷，褚裒、殷浩、桓溫、謝玄皆獨由一路以進。至於武帝，則水陸齊舉，故能成功。今文帝專獨用南兵，而專恃水戰舟楫之利，雖嘗使薛安都等盡力於關陝，而孤軍無援，形勢不接。此三者，文帝之所以敗也。使文帝得賢將而任之，屯於淮外，委以經略，不獨用南兵而號召中原之衆，不獨恃舟楫而修車馬之利，則雖未能堅守河南，亦不至於一敗而失千里之地，再敗而邊塵内入也〔一五〕，文帝修政事，爲六朝之賢主，而措置之謬如此，可不戒哉？可不懼哉？

《齊論》上：天下之情，艱難則勤，承平則惰。勤者雖弱小而奮，惰者雖盛大而衰。夫元魏以外國之強〔一六〕，據中原之地，士馬精健，上下習兵而喜戰。道武以來，戰勝攻取未嘗少挫，幾併天下。然至孝文之時，議舉兵伐齊，而在廷之臣皆以爲不可，雖驅之以威，莫肯行也，與間者習戰之俗何其相反哉？蓋自道武沒，更以母后幼主持政，羣臣皆生長安佚，非復昔日馬上之士也；稍備朝廷宫室之美，非復昔日穹廬遷徙之俗也。金錢玉帛，府庫充滿，非復昔日計牛馬錐刀之利也；美衣甘食，冬溫夏涼，非復昔日習饑餒之勞也；高談徐步可以致大官，取卿相，非復昔日競戰國攻取之勳也。故雖有事〔一七〕，而流爲承平無事矣。夫朝野之間，以中國禮義維持〔一八〕，而承平無事日久，猶恐以驕淫致亂。假令上下無禮義之維持〔一九〕，稍稍無事，則志氣滿矣，制度侈矣，子女盛矣，土木興矣，此慕容、苻、姚所以不能久也〔二〇〕。元魏居於雲中，未甚變其俗習，然猶上下厭兵畏戰，國主親在行間，而不肯前。至於遷洛之後，急國衰矣，切譬之猶夫鷙鳥也〔二一〕，去其利爪，而傅以鳳鳥之羽，則無德可昭、無威可畏，取死於虞羅必矣。然元魏既衰之後，家氏多事，齊氏享國日淺，梁武謬於攻取，待元魏至於國分爲二，然後自斃。若使南朝有英武之主，智謀之士，蓄開拓之備而伺其隙，則元魏豈能據有中原如是之久也哉？

《齊論》下：齊氏享國日淺，雖無境外之功，而疆埸之間亦無失矣。太祖初立，魏以劉昶爲主，入寇；高宗之篡，魏又入寇，皆有以爲辭矣。然是時，魏之入寇無他奇策，而齊禦之者亦無高計，勝負相當。魏不能渡淮南定漢沔，齊之大鎮無傷焉。齊亦不能追擊魏，全軍而反。然魏得沔北數城，齊不能復取也。齊之君臣度未足以開拓，故亦不敢深爲報復之計。待其通使於我，然後歸其俘而納之，亦計之是者也。然其性無常〔二二〕，和好不久，高祖與之講和。五年而以明帝篡立爲辭，分道入寇，夫魏孝文豈專爲明義者哉？求土地之獲而已。使齊氏自通好以來邊備不修，一旦變起，國中未靖，外難又至，豈不殆哉？專言和好之不可恃〔二三〕，自兩漢以來然矣！

《梁論》上：陳慶之以東南之兵數千入中原形勢強盛之地〔二四〕，大小數十戰，未嘗少挫，遂入洛陽，六朝征伐之功，未有若是之快者也。然卒以敗歸，理亦宜然。何以言之？夫孤軍獨進，不能成功，自古以然。當時梁武使諸道並進，乘魏人上下崩離之際，分取郡縣，河南之地必可取也。慶之既至洛陽，縱士卒暴市里，此豈弔伐之師乎？當時能整軍陣，宣佈梁德，取不樂爾朱氏之人而用之，改立魏主，則河南之地雖不版圖，必當爲附庸之國矣！南人善戰伐而少馬，慶之能鏖北兵於平原曠野，使挾騎而用，胡可敵哉？自入敵地，務廣騎兵，使不樂南之人與？南人善射，參用之，縱不能守洛陽之地，多得騎軍，猶足以歸壯國勢，且安得有嵩陽之敗哉？然慶之與元顥更相猜忌，則廣兵之計顥必不行。以此觀之，慶之進退，專之可也；顥之成敗，不可任也。恤顥之成敗，而不恤軍旅之衆寡，非計之善者也。夫慶之固奇才，未易議也。著其所不及，以俟有慶之之才者試觀焉。

《梁論》下：梁之亡也以侯景。武帝納景，得禍也速，受禍也重。元帝僅能滅景，而卒不能振其國家，悲夫！昔馮亭以上黨輸趙，平原欲受之，趙豹曰：「聖人甚禍無故之利。」太史公曰：「利令智昏。」武帝之納侯景是也。夫景自以猜疑不容於高氏，反覆南來，既非吾兵威之所加，又非吾馳說之所下，忽以三十州數千里之地來歸，斯可謂無故之利矣。武帝思慮、朝臣諫說非不詳矣，始疑而卒納之，可謂利令智昏矣。趙之與梁得地無異，而受禍相似，趙致長平之師，幾至國亡，梁致臺城之隱，亦至於亡國，是禍又甚於趙也。趙有強秦之敵，摧之以致禍。梁氏既無強秦之敵，而獨一侯景已足以致亂，是又出於趙之下也。然則在武帝勿受，可乎？曰：方高氏、宇文制東西魏，與鼎立三分，地廣兵強者，勝如之何？勿受。受之有道乎？曰：景之初叛，先降西魏，二人已覺其詐。于謹則請加爵位而勿遣兵，王思政則請因而進取。乃使思政與李綽、趙弼赴之，故已制其肘腋矣。已而思政入潁川，逐景出之，則已傾巢穴矣。而又召景入朝，則伐其姦謀矣。景既不入朝，思政遂據景七州十二鎮之地。是魏因納景，不血刃而取千餘里之地。武帝施設羅網，略無西魏之一二，何爲而可納？武帝既信其姦詐，而以羊鴉仁應接。鴉仁非景敵也，不足以制景，一失也；又信朱异捨鄱陽王範，而以淵明爲帥，卒有寒山之敗，致軍折於外，景益無所憚，二失也；景之地不得尺寸，既失景地，何用於景？不殺則廢之可也，反豢養於邊陲，三失也。方景之未來，而貳於宇文，說辭自辯，不能逆折其情，則曲意爲詔以安之。既而奔亡入境，不能制畜，遂捨鈐鍵而縱之，盜據邊疆則又從而與之，跋扈不遜則又虛辭而說之。高氏以淵明爲間，又不能推大信於景而欺之；謀反已露，則又不能逆擊而討之，梁之失也如此，其所施之方略、所用之將帥與西魏何相萬萬也。故非獨不得景尺寸之地，而又不得景絲毫之力，而受丘山之禍，由梁武所用非其人，而制置失其宜故也。夫無故之利，無時無之，方略制置，尚鑒茲哉！

《陳論》：陳之形勢不足道也。視吳又無江陵，自峽口至海盡江而已。使孫權復生，且不能守，況叔寶之淫昏乎？蓋自晉以來，習於水戰，以江自恃，初不知我能渡，敵亦能渡，何足恃哉？以愚觀之，江若大河之北耳，大河猶有悍湍之虞，若江則順風登舟，一瞬可濟，雖有京口、采石、潯陽、武昌、巴陵，號爲控扼，豈秦關劍閣之比哉？守江之計必得淮南以爲戰地，荆楚控扼上流，又有舟師戰於江中，然後可粗安。孫權之拒曹操，東晉之拒苻堅，宋之拒魏太武，齊之拒魏孝文是也。若曰亡淮南、荆襄而獨憑恃共流以爲大險，豈不可笑也！今陳既失淮南，又失江陵，吳阻長江，又有南郡，一旦王渾之師入自淮南，杜預之師入自襄陽，王濬之師從江而下，沿江鎮戍不能禦也。陳阻長江，又失荆州，一旦賀若弼出淮南，秦王俊出荆襄，楊素之師泛江而下，沿江鎮戍能禦而不能破也。蓋無淮南、襄陽，則自廣陵至於峽口皆可渡，吳、陳三世之後亡國，已幸矣！唐末，楊行密據有江淮。既死，而李昪取之，建都金陵，以孫權自處。方其有淮南諸郡，則闊步高視，東攻二浙，西取湖南，南取閩越，南方莫強焉。迨淮南爲周世宗所取〔二五〕，則自窘以至於亡，亦失淮南則不能守江南之明驗也。王羲之云：「保淮非所及〔二六〕，不如保江。」蓋見吳之能守，而未見若陳、若南唐不可守者也〔二七〕。後之智計君子既有謀焉，謹勿割棄荆淮而爲守江之論也。

奏議

宋李綱奏幸建康，在立志以成中興之功。 臣伏覩車駕以仲春令辰發軔吳門，臨幸建康，斷自宸衷，不貳不疑，慨然有恢復土宇、掃清中原、極濟烝黎、勘定禍亂、克剪大憝、刷恥復仇之志，天下臣子莫不望風跛竦，忭蹈踴躍，願少須臾無死，以觀中興之功，誠甚盛之舉也。臣竊觀自古建功立事、扶持社稷之臣，未嘗不以立志爲先。申包胥聞伍員有覆楚之言，則曰：「我必存之。」其後哭秦庭以乞師，卒如其志。張柬之語武氏於荆南江中，其後卒復唐祚，垂祀三百。一夫發念，其烈如此，而況以聖明之資爲萬乘之主乎？高祖之志，見於不肯鬱鬱久居漢中，而與韓信論定三秦之策。光武之志，見於披輿地圖於信都城樓上，與鄧禹論天下大計。此皆志定於前，功成於後，初似落落難合，而卒能建大功、立大名、定大業，功施於當年，名垂於後世，載在典冊，不可誣也。恭惟皇帝陛下天錫勇智，運屬艱難，遵養時晦之久，應機立斷，幡然改圖，思欲撥亂興衰，光復祖宗之大業，故親統六師，以臨江表，捨去吳越，而幸建康，漸爲北伐之計，志慮規模可謂宏遠矣。臣願陛下益廣聖志，充而行之，與神爲守〔二八〕，日新其德，勿以去冬驟勝而自怠，勿以目前粗定而自安，凡可以致中興之治者無不爲，凡可以害中興之功者無不去。有所規畫措置，必以天下爲度，必以施於長久、可傳於後世爲心〔二九〕，則中興不難致矣！夫中興之於用兵只是一事，必以修政事〔三〇〕、信賞刑、明是非、別邪正、招徠人民〔三一〕、振作士氣〔三二〕、愛惜民力、順導衆心爲先。數者既定〔三三〕，則士奮於朝，農安於野，穀粟充盈，財用不匱，然後輯睦〔三四〕，士卒樂戰，用兵其有不勝者哉？方今北兵雖強〔三五〕，不仁不義，專務變詐暴虐，以脅制其衆〔三六〕，神怒人憤〔三七〕，莫之與親，自古豈有如此而能長享國者〔三八〕？正如隆冬涸陰沍寒〔三九〕，層冰萬里〔四〇〕，陽氣所到〔四一〕，不時銷釋〔四二〕，此理之必至，無足怪也。昔范蠡說越王勾踐以持盈者與天，定傾者與人，節事者與地〔四三〕。勾踐用之，國以富強。然又必以人事與天時相參，然後乃能成功，遂以報吳。臣竊觀國家去歲諸路豐穰，今春雨暘調適，又將豐歲，是在我者得天時矣，正當修人事以應之。以我之無釁待彼之有釁，則戡亂定功，役不再藉，夫何遠之有？臣以固陋，自靖康以來，與聞國論，獨持戰守之策，不敢以和議爲然，今十有二年矣。孤危寡與，屢遭謗誣，仰賴聖明曲加照察，脱身九死之濱，今得承乏待罪方面，恭聞戎輅臨駐江干〔四四〕，將大有爲，以成戡定之烈，欣幸之情，倍萬常品。顧雖衰病，尚庶幾未填溝壑間，獲覩陛下恢復中原，攄憤千古，志願畢矣。

宋汪藻奏分張俊軍策應建康。臣昨自三月末得之傳聞云：金人在建康築城，爲度夏計。臣雖幸其不然，然心竊憂之。以爲中國困於外兵而得少休息者〔四五〕，正賴其不能觸熱，故常已寒方至，未暑先歸。吾於半年間汲汲措畫，猶每歲奔命不暇。今若縱其度夏，則長爲依據〔四六〕，無所忌憚，不知朝廷何以枝梧。洎到行在〔四七〕，聞韓世忠列戰艦江中，遮其歸路，日有所獲，且言金人窮蹙之狀，臣竊欣幸，以爲三月所傳蓋誕妄耳。續覩黃備錄韓世忠捷奏，又以爲朝夕必可奏捷〔四八〕，今近二十日矣，其耗寂然，議者頗疑世忠奏狀未必皆實。兼數日人自常、潤來者皆云，敵於蔣山〔四九〕、雨花臺兩處各劄大寨拖城開，河兩道以護之，及穴山作小洞子，以爲逃暑之地。陸增城壘，水造戰船，而采石金人已渡，復回者纍纍不絕。今且五月矣，比常年去已月餘，乃反去而復回，其欲留建康明甚，如此則與三月所傳又似符合。臣聞金人計出百端〔五〇〕，尤喜爲窮蹙之狀，以疑我師。我師墮其計中者，前後非一。今安知其本不爲度夏計而陽爲窮蹙者，特以疑誤我師邪？建康爲東南咽喉，國之門戶也。天下轉輸、朝廷號令未有不由此而通者。若金人果據此爲門戶〔五一〕，則東南饋餉遂絕，如人扼其咽喉，守其門戶，果能高枕而臥乎？不知羣臣日至上前亦嘗有反復及此者否？豈遂以爲無事而所當講者承平之先務乎？抑揣陛下非所樂聞而不以聞也。不惟是而已，人既扼我咽喉，守我門戶，則羣盜亦將視我緩急，以我爲向背，國家果有力能使之退聽屏息乎？況又有意外之憂，所難言者，不得不慮。臣愚，以爲此事所係非細，廟堂當若救焚拯溺。然朝夕在念，及五六月間，我師未困之時，會諸將與韓世忠一舉掃除，非特免目見之患，將使懲創終身，不敢復南，其利害豈不萬萬哉！雖聞近遣張俊提兵過江，節制浙西，人馬迤邐前去以爲策應，此固陛下長筭也，不知張俊果能爲陛下有慨然立功之意乎？臣愚，欲乞專差得力使臣數人，齎陛下宸翰，星夜兼程，自襄、鄧、荆、湖以來迎張俊軍，令分數萬人順流而下，仍於上流自計置糧斛以自隨。彼張俊軍既皆新人，必精鋭可用。且敵人見上流之師突然而至，莫知其數，必破膽而潰〔五二〕，此制敵一奇也。如其不然，八九月間，氣候清涼〔五三〕，彼得其時矣。幾會一失，雖悔何追。伏望睿慮不以臣言爲愚〔五四〕，輕忽此事，特加采納，不勝幸甚！

辨　考

《景定志·丹陽辨》。丹陽之辨有三：一辨其字，二辨其地，三辨其治。按《西漢·地理志》，字從「楊」。《東漢·郡國志》字從「陽」。自晉至唐，見於史傳者或爲「楊」或爲「陽」，無定字也。《江南地志》云：「郡國有赭山，其山丹赤。」《寰宇記》云：「赭山，亦名丹山。唐天寶中，改爲降巘山。」丹陽之義出此。

山臨湖，故湖亦以丹陽名。今此山在溧水、句容兩縣之間，以此證之，則丹爲山名，山南爲陽，故曰丹陽，字從「陽」者爲是。《晉・地理志》於丹楊郡之丹楊山註云〔五五〕：「山多赤柳。」以此證之，丹楊即赤柳之異名〔五六〕，字從「楊」者爲是。二字各有所據，世或疑之。切考古史多通用〔五七〕，如豫章名郡，取義於木，而字不從樟；會稽名郡，取義會計，而字或從鄶，豈容以今字之拘而疑古字之通哉？況柳之赤山之丹，未必不互相因也。丹山之有丹楊，則因木取義宜也；丹楊山之南曰丹陽，因方取義亦宜也。二字之通毋庸深辨，而地則不可不辨耳。蓋地之名丹陽者不一。周成王封熊繹於丹陽，乃荆楚之所始其地，在荆州，不在楊州。《唐・地理志》丹州咸寧郡有府五，丹陽居其一，此在關内道古雍州之域，亦不在揚州也。《史記》：楚懷王與秦戰於丹陽。司馬貞《索隱》云：「此丹陽在漢中。」則又屬梁、益之州，而非揚州也。秦置鄣郡，有縣曰丹陽。漢改故鄣爲丹陽郡。此實隸揚州。孫吳析溧陽以北六縣爲丹陽，治建業，亦隸揚州。自東晉以至於唐，丹陽郡有分有合，而皆隸揚州。其名偶與荆、雍、梁、益之丹陽同，而其地實異。蓋九州之域，自禹而分不可紊也。如秭歸縣有丹陽城，枝江縣有丹陽聚，地皆屬荆。《北史》中有封丹陽侯者數人，地皆在雍。於此無辨，則丹陽見於史傳者多，前之以彼爲此者未必知其訛，今之書此遺彼者未必不疑其略矣。丹陽之地名不一，固所當辨。而丹陽之屬揚州者，其治不一，或者猶有疑焉。《漢志》云：「丹陽郡治宛陵。」蓋今之寧國府也。杜佑《通典》云：「以丹陽郡隸潤州。」蓋今之鎮江府也。「吳寶鼎中，嘗割丹陽附吳興。」蓋今之安吉州也。人多惑於三說，遂疑丹陽之不在建業。殊不知丹陽之名本出建業，而郡治寓於宛陵者暫爾。自建安以來，丹陽郡治常在建業，常以宰輔諸王爲尹，隋以前未嘗改也。夫置丹陽治建業者，孫權也。割丹陽附吳興者，孫皓也。平吳以後，復吳興，所有之丹陽歸於建鄴者，晉也。平陳以後，廢丹陽郡而置溧水縣者，隋開皇也。廢蔣州而復置丹陽郡者，隋大業也。以江寧溧水復置丹陽縣者，唐武德也。嘗考《潤州類集》曰：今之潤境，皋非丹陽地。而唐以丹陽名郡，何也？蓋唐天寶以前，唯有潤州，未有昇州。是時潤所領縣六，江寧、句容在焉，二縣爲丹陽故地。天寶初，改州爲郡，因以名之。迨至德二載，始割出二縣，增以溧水、溧陽，建爲昇州，而丹陽之名遂存於潤。杜佑《通典》以天寶以前州縣爲定，故載潤而闕昇。後之作方志者曾不審此，往往只據佑所書，而在秦在漢，皆繫於二郡之間，誤矣。又云：漢元封二年，改鄣爲丹陽。其城在今江寧府東南八里，即漢丹楊太守及晉丹楊尹之所治。隋平陳，廢之，平其城以爲田。大業初，復置。唐武德九年，又廢之，以其縣隸潤州。天寶元年，始改潤州爲丹陽郡，又改曲阿爲丹陽縣。皆非兩漢六朝之丹陽也。又嘗考諸縣治，漢丹陽郡統縣十七：秣陵、句容、丹陽、溧陽、江乘隸焉。晉丹陽郡統縣十一，建鄴、江寧、丹陽、溧陽、江乘、句容、秣陵皆隸焉。隋丹陽郡統縣三：江寧、溧水隸焉。其丹陽名縣於潤境者，亦唐天寶以後也，非兩漢六朝之舊也。戚氏曰：丹陽，《史記》作「陽」，從阜。《漢志》書郡從木，書縣從阜。東漢、吳、齊三志，唐《通典》並從阜，晉、宋、唐三志並從木。自餘或從阜，或從木。今志從《史記》，從阜爲定。今按戚氏《志》以此地有荆山、小丹陽、瀨渚、固城，引班固《漢志》爲証。疑楚始封在此，而不在荆州。按《詩·商頌》稱荆楚在國南鄉。《左傳》載齊桓公責楚之辭曰：「楚貢包茅不入，王祭不供，無以縮酒。寡人是徵。昭王南征而不復，寡人是問。」蓋楚封荆州，故應貢包茅。漢水近南郡、枝江，故並以昭王事責楚其不服者，楚始封地狹未及漢也。楚人之辭亦曰：「君處北海，寡人處南海。」若以楚封在今建鄴之丹陽，則自江泝流至漢水三千餘里，桓公不應以荆州事責之。其時上距熊繹始封纔三百五十餘年，不容大誤至此。如謂熊繹子孫嘗改封於南郡枝江，則成王至昭王數十年耳，何以即改封也？班固居西，非如太史公徧歷江淮，作書未成而誅。其妹曹大家代，足成之，所書地理不能無謬。是以但知丹陽郡之後常屬楚，而不知其非熊繹始封之丹陽。但知文王自丹陽徙郢，而不計其自滅漢東諸姬。楚地既廣，乃自南郡枝江徙而漸北也。戚氏舍《左傳》、《史記》而信之，過矣！其他佐驗尤多，楚非封此甚明。其名丹楊，或取義於山、於木，與枝江之丹陽偶同。靈王伐吳，築城瀨渚，或徙丹陽之人居此，然亦未嘗有丹陽之名。今鄧州淯陽縣有丹水，在漢江北，即秦人戰楚之地，不屬梁益州。餘地名丹陽甚多，《景定志》所辨，不易之論也。

《景定志·揚州辨》。或問《禹貢》揚州之域，北距淮東，南距海，不專在建鄴也。宋揚州治廣陵，不復隸建鄴。今以揚州刺州及州牧入《建康志》，何哉？曰：自漢以來，揚州無常治，或徙壽春，或徙曲阿，或徙歷陽，皆暫爾，而治建鄴之時獨多。漢末揚州之地南屬吳者十四郡，而揚州治建鄴。合肥以北屬魏，而揚州治壽春。晉平吳以後，徙壽春之揚州合治建鄴。至元帝渡江，都揚州，統丹陽等郡。宋以揚州爲王畿。六朝都建鄴時，若揚州牧、若刺史皆以大臣諸王兼領治所，皆在建鄴。隋開皇初，雖嘗徙治江都，而大業隨廢。唐武德二年，置揚州東南道行臺，治江寧。三年，以江寧、溧水二縣置揚州。六年，又以延陵、句容隸揚州。以地言之，皆建鄴也。雖武德九年嘗徙治江都，而貞觀七年復治江寧矣。則隋唐之間，揚州常治建鄴，而徙江都者亦暫爾。至於五代，僞吳楊行密雖以江都爲揚州，而金陵實爲別都。至僞唐，又自廣陵而遷治金陵矣。若以今之揚州言之，則廣陵一郡之名耳，若無關於建鄴；以古揚州言之，則《禹貢》九州之一之總名，建鄴乃其州之鉅鎮，而治所多在焉。今於六朝表中書揚州之事，從古也；本朝表中不書揚州之事，從今也。是不可以不辨。

《景定志·金陵辨》。金陵何爲而名也？考之前史，楚威王時，以其地有王氣，埋金以鎮之，故曰金陵。又曰地接金壇，其山産金，故名。於是因山立號，置金陵邑。至秦始皇時，望氣者言，其地有天子氣，又埋金寶於山以厭之。昔有一碣，在靖安道間，題爲《埋金碑》，其文曰：「不在山前，不在山後，不在山南，不在山北，有人獲得，富了一國。」耆老指爲秦時古碑，近年遂爲好事者取去。是金陵之名始於楚、秦，千數百年於此矣！前輩固嘗疑之，蓋謂寶劍在地，氣射牛斗，光怪燭天，其下有實，熊商嬴政方惡其地氣之異，而欲消去之，乃復埋金寶於其地，是益其氣也，安得爲知乎？及見靖安道間埋金碑之語，然後知熊商、嬴政知術相襲，以愚黔首，而千數百年無能發其詐者。地有王氣，楚、秦所忌，故將鑿山以泄其氣也，役其人以鑿山，則人未必從，於是借埋金之説，以致鑿山之人曰：「山有金也。」曰：「吾嘗埋金於山也。」人皆有求金於山之心，則皆不愛其鑿山之力。求不獲，則鑿不已，不待驅而從也。又設爲山前、山後、山南、山北之語以惑之，神其有金之地，將以眩其求金之人，蓋人知其地之有金，而莫知其金之所在，則遍山而求之，遍山而鑿之，金未有獲，而山之氣泄矣！求金之人皆無所得，而楚、秦之君求泄山氣之謀遂矣！則是埋金之説所以爲驅人鑿山之術，豈真埋金也哉？吁！熊商、嬴政將以愚黔首，適自愚耳。山融川結，天地之氣爲之，豈區區智術所能變之哉？惟修德足以永天命，惟施仁足以固人心，惟行帝王之道足以消姦雄之變，聖賢以理御氣，大抵然也。不是之務，而求以人力勝地氣，復以智術致人力，熊商終無救於楚之滅，嬴政終無救於秦之亡，豈非甚愚也哉？當時言天子氣以五百年爲期，自是四百九十年，而晉元帝渡江，建都金陵，適符其數，商與政如之何哉？故著斯辨以發金陵之詐，而袪黔首之惑云。今按此辨，埋金之妄固當，然碑辭淺露，不類秦、楚時刻文，隋唐以後好事者爲之耳。姑存以備參考。

《景定志·越臺辨》。越城者，建康作古之城，勾踐、范蠡之所營也；越臺者，越城之故址也。考之史傳，無異辭矣。越而楚、楚而秦、秦而漢、漢而吳、晉、宋、齊、梁、陳，攻守於此者，西則石頭，南則越城，皆智者之所必據。劉濞於此避條侯，溫嶠於此破王含，劉裕於此拒盧循，蕭懿於此拒慧景，蕭衍於此屯王茂，皆越城、越臺也。《郡國志》云：越城在縣南六里。《實錄》云：越城在淮水南一里半。《祥符圖經》云：越城在秣陵縣長干里。《宮苑記》云：范蠡築城，在瓦棺寺南。《金陵事跡》云：南門外有越臺，與天禧寺相對，今府城之南江寧尉廨之後軍寨之間臺猶存也，訪古者每興感焉。近世詩人有作《越臺曲》者，乃爲説曰：越女嫁江南國主爲妃，以其地卑濕，運越土築此臺以居焉。見此詩者併爲一談，牢不可破。若使其考古，必知誤矣。《越臺曲》云：「玉顔如花越王女，自小嬌癡不歌舞。嫁作江南國主妃，日日思歸淚如雨。江南江北梅子黄，潮頭夜漲秦淮江。江邊雨多地卑濕，旋築高臺匀曉粧。千艘命載越中土，喜見越人仍越語。人生脚踏鄉土難，無復歸心越中去。高臺何易傾，曲池亦復平。越姬一去向千載，不見此臺空有名。」《六朝事類》周紫芝邦彦詩也。

江南古稱江左，亦稱江右。案吴澥《宇内辨》云：金陵居長江下注，據金陵而言，則江南居左。四瀆之流皆自西來，天下之形勢亦然。以中原而言，則江南之地居右。故前史兩稱之。

唐潤州亦曰金陵。唐張氏《行役記》言：「甘露寺在金陵山上。」趙璘《因話録》言〔五八〕：李勉初至金陵，於李錡坐上屢讚招隱寺標致二事，皆在潤州。則唐人謂京口亦曰金陵。《杜牧集》有《金陵女秋娘》詩，《白居易集》有《賜金陵將士敕書》，皆京口事也。

右金陵新志首圖考，終論辯，共壹拾五卷。

本路提調司吏江子澄

本路儒學教授王元孫

學正方自謙　學録陳觀

訓導丁復　婁章

林燾　胡暠

朱遂　吴溢

督刊司書掌版鄭懋

知書陳祥　曹志仁

編寫生員劉溟　吕益

徐震　翟庸

鄭瑛　趙天禄

李夔　趙天壽

【校勘記】

〔一〕法：至正本無。

〔二〕張溫：至正本無。

〔三〕谞：至正本作「謂」。

〔四〕吳：至正本無。

〔五〕桓王：至正本作「恒王」。

〔六〕視：至正本作「伺」。

〔七〕登：原作「整」，據至正本改。

〔八〕警：至正本作「驚」。

〔九〕按「皇甫湜作東晉正閏論」下至「其不昭昭乎」原本無，據至正本補。

〔一〇〕齊桓公：至正本作「齊威公」。

〔一一〕安邊患：至正本作「攘夷狄」。

〔一二〕雖：至正本作「也」，屬上讀。

〔一三〕豪：至正本作「賢」。

〔一四〕北伐：至正本作「裕」。

〔一五〕邊塵内入：至正本作「胡馬飲江」。

〔一六〕外國：至正本作「夷狄」。

〔一七〕事：至正本作「夷狄」。

〔一八〕中國：原本無，據至正本補。

〔一九〕假令：至正本作「況夷狄」。

〔二〇〕按此句至正本作「此蓋以夷狄天資驕淫之性，而入中國紛華之域，必至於此。此慕容、苻、姚所以不能久也」。

〔二一〕猶夫：至正本作「夷狄」。

〔二二〕性：至正本作「夷狄」。

〔二三〕專言：至正本作「夷狄」。

〔二四〕形勢：至正本作「胡馬」。

〔二五〕追：至正本作「及」。

〔二六〕非：原作「南」，據至正本改。

〔二七〕後一「若」字，至正本作「與」。

〔二八〕守：至正本作「謀」。

〔二九〕心：至正本作「法」。

〔三〇〕必：至正本作「要」。

〔三一〕人民：至正本作「人材」。

〔三二〕振：至正本作「鼓」。

〔三三〕定：至正本作「備」。

〔三四〕然後：至正本作「將帥」。

〔三五〕北兵：至正本作「黠虜」。

〔三六〕其衆：至正本作「天下」。

〔三七〕神：原闕，據至正本補。

〔三八〕長享：至正本作「久立」。

〔三九〕冬涸：至正本作「寒洞」。

〔四〇〕萬里：至正本作「十里」。
〔四一〕所到：至正本作「和既」。
〔四二〕不：至正本作「應」。
〔四三〕地：原作「已」，據至正本改。
〔四四〕略：原作「路」，據至正本改。
〔四五〕外兵：至正本作「腥膻」。
〔四六〕依據：至正本作「巢穴」。
〔四七〕洎：至正本作「自」。
〔四八〕奏捷：至正本作「掃除」。
〔四九〕敵：至正本作「虜」。下同。
〔五〇〕計出百端：至正本作「動設詭詐」。
〔五一〕門戶：至正本作「巢穴」。
〔五二〕而：至正本作「奔」。
〔五三〕清：至正本作「稍」。

〔五四〕慮：至正本作「慈」。

〔五五〕山：至正本作「縣」。

〔五六〕名：原作「也」，據至正本改。

〔五七〕考：至正本作「謂」。

〔五八〕因話録：原作「因詔録」，誤。按《因話録》爲唐人趙璘所撰，四庫全書本著録有此書。

參考書目

《周易詳解》（宋）李杞撰　影印文淵閣四庫全書本
《毛詩注疏》（唐）孔潁達疏　影印文淵閣四庫全書本
《春秋左傳注疏》（漢）鄭玄箋（晉）杜預注（唐）陸德明音義（唐）孔潁達疏　影印文淵閣四庫全書本
《史記》（漢）司馬遷撰　中華書局一九七二年整理本
《漢書》（漢）班固撰　中華書局一九六二年整理本
《三國志》（西晉）陈壽撰　中華書局一九八二年整理本
《宋書》（梁）沈約撰　中華書局一九九三年整理本
《南齊書》（梁）蕭子顯撰　中華書局一九七二年整理本
《隋書》（唐）魏徵等撰　中華書局一九七一年整理本
《晉書》（唐）房玄齡等撰　中華書局一九七四年整理本

《南史》（唐）李延壽撰　中華書局一九八三年整理本
《北史》（唐）李延壽撰　中華書局一九七四年整理本
《梁書》（唐）姚思廉撰　中華書局一九七三年整理本
《陳書》（唐）姚思廉撰　中華書局一九七二年整理本
《周書》（唐）令狐德棻等撰　中華書局一九七一年整理本
《舊五代史》（宋）薛居正撰　中華書局一九七六年整理本
《新唐書》（宋）歐陽修撰　中華書局一九七五年整理本
《新五代史》（宋）歐陽修撰　中華書局一九七四年整理本
《宋史》（元）脱脱等撰　中華書局一九七七年整理本
《三國志補注》（清）杭世駿撰　影印文淵閣四庫全書本
《資治通鑑》（宋）司馬光撰　中華書局一九九五年整理本
《資治通鑑外紀》（宋）劉恕撰　影印文淵閣四庫全書本
《中興小紀》（宋）熊克撰　影印文淵閣四庫全書本
《續資治通鑑長編》（宋）李燾撰　中華書局一九九三年標點本

《建炎以來繫年要録》（宋）李心傳撰　影印文淵閣四庫全書本
《九朝編年備要》（宋）陳均撰　中國台灣商務印書館一九八三年影印本
《續宋編年資治通鑑》（宋）劉時舉撰　叢書集成初編本
《兩朝綱目備要》（宋）不著撰人　影印文淵閣四庫全書本
《宋史全文》（元）不著撰人　影印文淵閣四庫全書本
《歷代通鑑輯覽》（清）傅恒等撰　影印文淵閣四庫全書本
《通鑑紀事本末》（宋）袁樞撰　影印文淵閣四庫全書本
《宋史紀事本末》（明）陳邦瞻撰　影印文淵閣四庫全書本
《建康實録》（唐）許嵩撰　影印文淵閣四庫全書本
《通志》（宋）鄭樵撰　影印文淵閣四庫全書本
《路史》（宋）羅泌撰　叢書集成初編本
《歷代名臣奏議》（明）楊士奇、黄淮等撰　影印文淵閣四庫全書本

《名臣碑传琬琰集》（宋）杜大珪編　影印文淵閣四庫全書本
《金佗稡編》（宋）岳珂撰　影印文淵閣四庫全書本
《南唐書》（宋）陸游撰　影印文淵閣四庫全書本
《十國春秋》（清）吳任臣撰　徐敏霞等點校　中華書局一九八三年整理本
《元和郡縣圖志》（唐）李吉甫撰　賀次君點校　中華書局一九八三年整理本
《太平寰宇記》（宋）樂史撰　中華書局二〇〇〇年影印本
《元豐九域志》（宋）王存撰　影印文淵閣四庫全書本
《方輿勝覽》（宋）祝穆撰　中國臺灣文海出版社一九八〇年影印本
《六朝事跡編類》（宋）張敦頤撰　影印文淵閣四庫全書本
《景定建康志》（宋）周應合撰　王曉波點校　年四川大學出版社二〇〇七年校點本
《至正金陵新志》（元）張鉉撰　北京国家圖書館出版社二〇〇五年《中華再造善本叢書》影印元至正四年刻本
《至正金陵新志》（元）張鉉撰　南京市地方志編纂委員會辦公室田崇整理本　南京出版社一九九〇年校點本

《明一統志》（明）李賢等撰　影印文淵閣四庫全書本
《歷代帝王宅京記》（清）顾炎武撰　影印文淵閣四庫全書本
雍正《廣東通志》（清）郝　玉麟等監修　影印文淵閣四庫全書本
乾隆《江南通志》（清）趙宏恩等監修　影印文淵閣四庫全書本
《大清一統志》（清）乾隆時官修　影印文淵閣四庫全書本
《宋宰輔編年録》（宋）徐自明撰　影印文淵閣四庫全書本
《通典》（唐）杜佑撰　浙江古籍出版社二〇〇〇年影印本
《宋朝事實》（宋）李攸撰　影印文淵閣四庫全書本
《救荒活民書》（宋）董煟撰　影印文淵閣四庫全書本
《文獻通考》（元）馬端臨撰　影印文淵閣四庫全書本
《廟學典禮》（元）不著撰人　影印文淵閣四庫全書本
《集古録》（宋）歐陽修撰　影印文淵閣四庫全書本
《隷釋》（宋）洪适撰　中華書局一九八五年影印本
《寶刻叢編》（宋）陳思撰　影印文淵閣四庫全書本

《金石文字記》（清）顧炎武撰　影印文淵閣四庫全書本
《來齋金石刻考略》（清）林侗撰　影印文淵閣四庫全書本
《郡齋讀書志》（宋）晁公武撰　影印文淵閣四庫全書本
《直齋書錄解題》（宋）陳振孫撰　影印文淵閣四庫全書本
《朱子全書》（清）熊賜履等編　影印文淵閣四庫全書本
《本草乘雅半偈》（明）盧之頤撰　影印文淵閣四庫全書本
《六藝之一錄》（清）倪濤撰　影印文淵閣四庫全書本
《御定佩文齋廣群芳譜》（清）劉灝撰　影印文淵閣四庫全書本
《類說》（宋）曾慥編　影印文淵閣四庫全書本
《藝文類聚》（唐）歐陽詢編　上海古籍出版社一九八二年影印本
《太平御覽》（宋）李昉等編　中華書局一九六〇年影印本
《冊府元龜》（宋）王欽若等編　中華書局一九六〇年影印本
《氏族大全》（元）不著撰人　影印文淵閣四庫全書本
《古今事文類聚》（宋）祝穆編　影印文淵閣四庫全書本

《天中記》（明）陳耀文編　影印文淵閣四庫全書本
《說略》（明）顧起元編　影印文淵閣四庫全書本
《因話錄》（唐）趙璘撰　影印文淵閣四庫全書本
《太平廣記》（宋）李昉編　影印文淵閣四庫全書本
《夷堅志》（宋）洪邁撰　影印文淵閣四庫全書本
《分門古今類事》（宋）不著撰人　影印文淵閣四庫全書本
《庶齋老學叢談》（元）盛如梓撰　影印文淵閣四庫全書本
《神仙傳》（晉）葛洪撰　影印文淵閣四庫全書本
《真誥》（梁）陶弘景撰　影印文淵閣四庫全書本
《雲笈七籤》（宋）張君房　影印文淵閣四庫全書本
《文選注》（梁）蕭統編（唐）李善注　影印文淵閣四庫全書本
《六臣註文選》（唐）吕延祚編　影印文淵閣四庫全書本
《文苑英華》（宋）李昉等編　中華書局一九六六年影印本
《樂府詩集》（宋）郭茂倩輯　影印文淵閣四庫全書本

《瀛奎律髓》（元）方回編　影印文淵閣四庫全書本
《全唐詩》（清）彭定求等編　上海古籍出版社一九八六年整理本
《宋詩鈔》（清）吳之振編　影印文淵閣四庫全書本
《宋元詩會》（清）陳焯撰　影印文淵閣四庫全書本
《李太白文集》（唐）李白撰　巴蜀書社一九八六年影印本
《白氏長慶集》（唐）白居易撰　四部叢刊本
《乖崖集》（宋）張詠撰　影印文淵閣四庫全書本
《宛陵集》（宋）梅堯臣撰　影印文淵閣四庫全書本
《臨川文集》（宋）王安石撰　四部叢刊本
《山谷集》（宋）黄庭堅撰　影印文淵閣四庫全書本
《淮海集》（宋）秦觀撰　四部叢刊本
《梁谿集》（宋）李綱撰　影印文淵閣四庫全書本
《文忠集》（宋）周必大撰　影印文淵閣四庫全書本
《龍川集》（宋）陳亮撰　四部叢刊本

《漫塘集》（宋）劉宰撰　影印文淵閣四庫全書本
《王荆公詩注》（宋）李壁注　影印文淵閣四庫全書本
《金陵百詠》（宋）曾極撰　影印文淵閣四庫全書本
《誠齋集》（宋）楊萬里撰　四部叢刊本
《道園學古錄》（元）虞集撰　四部叢刊本
《白香山詩集》（清）汪立名編　影印文淵閣四庫全書本
《漁隱叢話》（宋）胡仔撰　四部叢刊本